21世纪国际经济与贸易专业系列教材

INTERNATIONAL TRADE PRACTICE

Fourth Edition

U0816570

第四版

国际贸易实务

黄海东 主编

东北财经大学出版社 大连
Dongbei University of Finance & Economics Press

图书在版编目（CIP）数据

国际贸易实务 / 黄海东主编. —4版. —大连：东北财经大学出版社，2021.11（2023.6重印）
（21世纪国际经济与贸易专业系列教材）
ISBN 978-7-5654-4363-3

Ⅰ. 国… Ⅱ. 黄… Ⅲ. 国际贸易-贸易实务-高等学校-教材 Ⅳ. F740.4

中国版本图书馆CIP数据核字（2021）第213459号

东北财经大学出版社出版
（大连市黑石礁尖山街217号 邮政编码 116025）
网 址：http：//www.dufep.cn
读者信箱：dufep@dufe.edu.cn

大连永盛印业有限公司印刷 东北财经大学出版社发行

幅面尺寸：170mm×240mm 字数：541千字 印张：26.25 插页：1
2021年11月第4版 2023年6月第2次印刷

责任编辑：李 彬 王 斌 责任校对：孙 平
封面设计：冀贵收 版式设计：钟福建

定价：57.00元

教学支持 售后服务 联系电话：（0411）84710309

如有印装质量问题，请联系营销部：（0411）84710711

21世纪国际经济与贸易专业系列教材编委会

总序

国际经贸活动是在原始社会末期和奴隶社会初期随着阶级和国家的出现而产生的，直至资本主义生产方式确立后才获得了广泛的发展，并真正具有了世界性。对国际经贸活动的系统研究始于15世纪的重商主义学派，至今已形成涉及领域广泛、结构完整的学科知识体系。

与一国国内经济不同，国际经贸活动要涉及两个或两个以上国家（或地区）的当事人，而全球范围内又不存在一个超国家的权力机构对这些活动进行规范和管理，因此国际经贸活动的习惯做法及各种规则往往是先发国家国内做法和规则的延伸。由此决定了先发国家和后发国家在国际经贸人才培养方面的差异：先发国家由于国内外经贸活动的做法和规则差异不大，因此很少专门设立国际经贸类专业，而是将其内容分散在相关专业的课程中进行介绍；后发国家由于国内外经贸活动的做法和规则差异很大，因此往往专门设立国际经贸类专业。

中华人民共和国成立后，在计划经济体制下，国际经贸本科层次人才的培养主要集中在少数几个财经类院校。改革开放以后，国内各类高校在本科层次纷纷设立了名称各异的外经贸相关专业或方向，包括对外贸易、国际贸易、国际经济、世界经济、国际经济合作、工业外贸等。1993年，国家教委印发了《普通高等学校本科专业目录》，将国际经贸本科层次专业规范为3个，即经济学学科门类下的“国际经济”专业和“国际贸易”专业、工学学科门类下的“工业外贸”专业。在1998年教育部颁布的《普通高等学校本科专业目录》中，进一步将1993年目录中的3个专业及原目录外专业“国际商务”合并为“国际经济与贸易”专业。2012年《普通高等学校本科专业目录》中，“国际经济与贸易”专业没有调整，是经济学学科门类下的“经济与贸易类”专业之一。

最先在国家（或地区）之间发生的经贸活动是货物贸易，至今仍是国际经贸领域的重要内容。关于国际货物贸易的教学与研究起步早，成果多，课程体系完整，主要包括理论、实务与惯例、专业外语3类课程。随着国际经贸活动领域的不断拓展，国际经贸类专业的课程体系也随之完善，增加了诸如“国际技术贸易”“国际经济合作”“国际投资”“国际服务贸易”“国际物流”等课程，国内部分院校还基于这些领域设立了专业方向，细化了课程体系。

21世纪是一个催人奋进的时代，科技革命迅猛发展，知识更替日新月异，国际竞争日趋激烈。从国际经济环境来看，跨国投资飞速发展，世界各国和地区间的经济依赖程度不断加深，经济全球化和区域经济一体化趋势不断增强，国际经济协调日显重要，经济集团内部以及经济集团之间的合作与竞争日益成为关注的焦点。

从国内经济环境来看，社会主义市场经济体制的建立与不断完善改善了我国企业参与国际竞争的条件，加入世界贸易组织承诺的逐步履行，我国产业结构和贸易结构的调整也为我国企业参与国际竞争提供了机遇和挑战。

为了培养熟悉国际经济运行规则、符合社会主义市场经济建设需要的人才，优化人才的知识结构，我们组织东北财经大学国际经济贸易学院的专业骨干教师编写了“21世纪国际经济与贸易专业系列教材”。这套教材在保留原有教材体系优点的同时，结合教师多年教学的经验，尽可能地反映本学科领域最新的研究成果和最新的发展趋势。

我们深知，教材从编写出来的那一天起就已经“过时”了，这就需要教师在讲授过程中不断充实、调整有关授课内容，我们也将根据国内外经济环境的变化适时修订本系列教材。为了便于读者深入理解相关知识和在教材更新期间及时获取信息，我们在部分教材（尤其是理论类教材）中设计了“延伸阅读”栏目，提供相关章节的主要数据来源和建议阅读的书目。

本系列教材是专门为国际经济与贸易专业本科生课程编写的，同时也适用于其他经济类专业和有兴趣学习、更新国际经济与贸易知识的人士使用。

由于作者学识和资料所限，本系列教材难免有不足之处，敬请广大读者批评指正。

21世纪国际经济与贸易专业系列教材编委会

第四版前言

国际贸易在经济全球化的背景下得到了飞速的发展，随着我国外贸经营权由行政审批改为登记制，越来越多的企业参与到国际商务的竞争中。如今国际贸易形势瞬息万变，国际贸易从业人员只有熟练掌握国际贸易实务中的基础知识、基本技能，以及与之息息相关的国际贸易法律和国际惯例，才能在激烈的竞争和多变的局势中立于不败之地。

国际贸易实务是专门研究国家间商品交换具体过程的学科，它涉及国际贸易理论与政策、国际贸易法律与惯例、国际金融、国际运输与保险等学科的基本原理与基本知识的运用，是一门具有涉外活动特点的实践性较强的综合性应用学科。

《国际贸易实务》一书重点研究国际贸易实务中的基本理论、基本业务程序、基本操作技能，以及与这些业务程序相关的法律规定和国际惯例。根据该课程的内容和特点，本书分为13章：第1章到第8章介绍国际货物买卖合同中的交易条件的概念、规定方法、法律规定、国际惯例和注意事项；第9章阐述国际货物买卖合同订立的相关知识、法律规定和注意事项；第10章介绍电子商务的相关知识；第11章和第12章阐述进出口合同的履行程序以及涉及的法律规定；第13章详细地介绍各种国际贸易方式。本书总结了以往同类教材的经验，突出内容的实用性，如费用的计算、国际贸易的具体流程、单证的制作与审核等操作性内容；注重介绍最新修订的国际贸易法律和惯例的规定，如2007年7月1日正式实施的《跟单信用证统一惯例》（《UCP600》）、2009年1月1日实施的新版本《协会货物运输保险条款》、2020年1月1日生效的《国际贸易术语解释通则®2020》以及2021年1月1日起施行的《中华人民共和国民法典》等。同时本书也介绍了我国新出台的有关国际贸易法律，如《中华人民共和国进出口商品检验法》、《中华人民共和国票据法》和《中华人民共和国电子签名法》等。另外，本书还结合我国当前国际贸易的新发展和进出口业务的实际，设置了质量监督检验检疫、电子商务、出口结汇和出口退税等内容；精心设计了随堂测验、复习思考题、典型案例以及与前沿问题相关的拓展阅读，以帮助学生更好地掌握国际贸易实务的基本知识点，并将所学运用到具体案例中，增强学生分析问题和解决问题的能力。

特别要强调的是本教材为深入贯彻落实党的二十大精神，增加了与贸易强国等相关的思政教育内容。本教材通过在每一章的典型案例、拓展阅读等部分融入思政教育内容，使学生正确认识中国在国际贸易发展中作出的努力和取得的成就，让学生通过案例分析更加理解中国深化高质量对外开放和发展贸易强国的战略的重要性，让学生深刻领会党的二十大精神和思政元素在国际贸易实务中应用的价值，让学生更加热爱祖国，认清国际贸易实务在建设贸易强国的微观层面发挥的重要作用和具有的现实意义。

本书适合作为国际贸易、国际物流、电子商务等专业本科学生的教材，也可作为企业进行国际贸易培训的教材。

本书由黄海东任主编，并负责全书的修改和定稿工作。参加本书编写工作的有：王如意、李山珊、李剑奇、李红阳、杨玺暖（按姓氏笔画排序）等。感谢他们对本书编写工作的大力支持，谨此一并致谢。在编写过程中，编者参考了有关的国内外文献资料，在此，向这些参考文献的作者表示诚挚的谢意。

由于编者水平有限，书中不妥之处在所难免，敬请各位同行和读者批评指正。

编　者

2023年6月

目　录

全书思政概况表

章节	总体目标	思政元素	涉及内容
第1章/合同的当事人与标的物	政治认同、家国情怀、道德修养	了解世情国情、诚实守信、公平贸易、法律意识	拓展阅读1：进口玉米因品质问题被销毁，损失由谁承担？
第2章/国际贸易术语	政治认同、家国情怀、文化素养	了解世情国情、与时俱进、开拓创新、专业能力	拓展阅读：FOB和CIF该如何选择？
第3章/进出口商品的价格	政治认同、家国情怀、文化素养	了解世情国情、四个自信、公平贸易、专业能力	拓展阅读1：如何拯救你的报价？
第4章/国际货物运输	政治认同、家国情怀、法治意识、道德修养	了解世情国情、法治思维、专业能力、与时俱进	典型案例4
第5章/国际货物运输保险	政治认同、法治意识、道德修养	了解世情国情、法治思维、契约精神、专业能力	拓展阅读2：中信保到底值不值得做？
第6章/国际货款的收付	政治认同、文化素养、法治意识、道德修养	了解世情国情、大国担当、法治思维、契约精神	拓展阅读1：信用证单证不符，进出口双方谁负责？
第7章 /进出口商品检验检疫	政治认同、文化素养、法治意识、道德修养	了解世情国情、公平贸易、诚实守信、责任意识	典型案例1
第8章 /国际贸易争议与处理	政治认同、家国情怀、法治意识、道德修养	公平正义、开放包容、诚实守信、法治思维	典型案例4
第9章 /国际货物买卖合同的磋商与订立	政治认同、家国情怀、法治意识、道德修养	法治思维、公平贸易、诚实守信、专业能力	典型案例2
第10章 /电子商务	政治认同、家国情怀、道德修养	了解世情国情、国际视野、四个自信、开拓创新	拓展阅读2：“618”跨境电商“精耕细作”推动行业迈向高质量发展
第11章 /出口合同的履行	政治认同、法治意识、道德修养	了解世情国情、法治思维、诚实守信、专业能力	拓展阅读3：细数出口企业履约过程中的那些“坑”
第12章 /进口合同的履行	政治认同、家国情怀、文化素养	了解世情国情、开放包容、开拓创新、专业能力	拓展阅读1：乳品进口通关指南
第13章 /国际贸易方式	政治认同、文化素养、道德修养	了解世情国情、探索精神、与时俱进、开拓创新	拓展阅读2：新型贸易方式“市场采购”助中小微企业圆出口梦

绪 论

国际贸易实务是研究国际货物买卖的具体过程及相关活动内容与商务运作规范的学科，也是一门实践性很强的综合性应用学科。该课程重点研究国际贸易实务的基本理论、基本业务程序、基本操作技能以及与这些业务程序相关的法律规定和国际惯例。它是国际经济贸易类专业的必修课程，也是该专业的核心课程。

本课程的教学目的是通过对国际贸易实务基本原理、主要的国际经济惯例，特别是国际贸易实务知识的学习及模拟操作，使学生理解和掌握有关国际贸易惯例，掌握国际贸易实务的业务流程，能够自如地进行进出口业务的操作。

1）国际贸易的含义

广义的国际贸易是指世界各国之间货物、技术和服务的交换活动，是各国之间分工的表现形式，反映了世界各国在经济上的相互共存。1986年启动的关贸总协定乌拉圭回合谈判根据国际贸易的标的物不同，把国际贸易分为三个部分，即国际货物贸易、国际技术贸易和国际服务贸易。

狭义的国际贸易是指国与国之间有形商品即货物的买卖活动，也称“国际货物买卖”，它是国际贸易中最基本最主要的部分，许多技术转让和各种服务贸易的业务操作方法都是从货物进出口贸易的基本做法中借鉴的。本课程研究的是国际货物买卖。

2）国际货物买卖的特点

国际货物买卖是指在营业地处于不同国家或地区的当事人之间进行的，由一方提供货物并转移所有权，另一方支付价款的交易方式。《联合国国际货物销售合同公约》所采用的是以营业地是否分别位于不同国家或地区作为衡量国际货物买卖的标准，至于双方当事人的国籍及其他因素，均不予考虑。与国内货物买卖相比，国际货物买卖具有下列特征：

（1）交易的复杂性

由于国际货物买卖是跨越一国国界的贸易活动，需要得到国内外的运输、保险、海关和银行等部门的协作、配合，或接受监督与管理，关系错综复杂，容易造成损失或引起纠纷。

（2）交易的不稳定性

国际货物买卖容易受到交易双方所在国的政治经济关系以及其他社会客观条件的影响。此外，还涉及有关政府对外贸易法律和政策的改变，因此，国际货物买卖合同是当事人权利、义务、风险责任的综合体。

（3）交易的风险性

国际货物买卖一般交易数量和金额大，间隔时间长，地理跨度大，货物需长途运输，有时还需结合多种运输方式，双方当事人要与运输公司、保险公司或银行发生法律关系，长距离运输会遇到各种自然灾害、意外事故和其他外来风险，使用外汇支付货款和采用国际结算方式，可能发生外汇风险。

（4）法律体系的差异性

在国际货物买卖中，买卖双方面临着法律适用差异性的问题。国内货物买卖合同中一般只适用本国法即可，而国际货物买卖合同从签订到履行要涉及国内法、外国法、国际法等一系列的法律规范。贸易受到有关国家的对外贸易政策、措施、法律以及外汇管制等条件的制约。

3）国际货物买卖合同所适用的法律

根据各国司法实践和国际仲裁实践，通常可供当事人选择作为处理国际货物买卖争议的依据主要包括三类：国内法、国际公约及国际惯例。具体而言，国内法主要指一个国家的民商事立法，因国而异。国际公约主要指《联合国国际货物销售合同公约》。国际贸易惯例主要包括国际经济组织、国际法协会、国际商会（International Chamber of Commerce，ICC）等组织编纂、制定的国际贸易统一规则；国际经济组织、国际贸易协会、商业团体等制定的提供给当事人选用的标准合同；在某些行业中长期流行的惯例；特定贸易方式下形成的一些习惯性做法以及港口、码头惯例等。

（1）各国有关货物买卖的国内法

国内法（Domestic Law）是指由某一国家制定或认可，并在本国主权管辖内生效的法律。国内法的适用情况有三种：①适用本国法律。由于交易主体对自己国家的法律非常熟悉，因而这一约定条款对自己十分有利。②适用对方国家法律。这是一种对对方最有利的法律适用约定。按照这一约定，合同一旦出现纠纷，解决合同适用的实体法律是对方国家的法律，聘请律师也只能到对方国家去选择，对本国交易主体相对不利。③适用第三国法律。在对外贸易谈判中，由于双方对法律适用的约定问题比较敏感，有时双方互不让步，很难达到统一，可能出现谈判双方排除适用各自国家的法律，选择适用第三国的法律作为解决合同争议的实体法。

（2）关于国际货物买卖的国际公约

国际公约是指两个或两个以上国家之间，或国家组成的国际组织之间，或国家与国际组织之间，共同议定的在政治、经济、科技、文化、军事等方面，按照国际法规定它们相互间权利和义务关系的国际法律文件的总称，包括条约、专约、公约、协定等。当前在国际货物买卖方面最重要的国际公约是1980年3月在维也纳通过的《联合国国际货物销售合同公约》。该公约是在1964年两项有关国际货物买卖的公约的基础上制定的。全文共101条，1988年1月1日起生效。截至2015年12月29日，核准和参加该公约的共有84个国家。我国是《联合国国际货物销售合同公约》的最早成员国之一。我国派代表参加了1980年的维也纳会议，并于1986年12

月向联合国递交了关于该公约的核准书，成为该公约的缔约国。但是，我国在核准该公约时，对公约关于国际货物买卖合同的形式和公约的适用范围的规定提出了两项重要的保留。2013年1月中国政府正式通知联合国秘书长，撤回对《联合国国际货物销售合同公约》所作“不受公约第11条及与第11条内容有关的规定的约束”的声明，该撤回已正式生效。

（3）关于国际货物买卖的国际贸易惯例

国际贸易惯例是指国际组织或权威机构为了减少贸易争端、规范贸易行为，在国际贸易实践的基础上，根据贸易习惯和做法制定的成文规则，且这些规则，根据当事人意思自治的原则，被国际上普遍接受和广泛使用，成为公认的国际贸易惯例。国际贸易惯例本身并不是法律，因而不具有法律效力，不能强制推行，但通过政府立法或国际立法可赋予它法律效力。有些国家的法律规定，凡本国法律未规定的，可适用国际惯例。《联合国国际货物销售合同公约》对国际贸易惯例的作用作了充分的肯定，其中规定：如果合同没有排除，则人们经常使用和反复遵守的惯例以及人们已经知道和应当知道的惯例，均适用于合同。根据《中华人民共和国民法典》的规定，涉外合同应优先适用我国对外缔结或参加的国际条约与公约，此外，也可参照适用国际惯例。国际贸易惯例弥补了国际贸易法律的不足，它是国际贸易法律的重要来源之一。在推动国际贸易发展的历程中，国际贸易惯例与国际贸易法律起着相辅相成的作用。国际商会制定、公布的《国际贸易术语解释通则》和《跟单信用证统一惯例》，已被贸易界、银行界和法律界普遍接受，并成为国际上公认的、通行的常规做法、行为和模式，这就有利于简化交易手续，加速成交进程，提高履约率，便于处理合同争议。由此可见，国际贸易惯例，对促进国际贸易正常有序地进行和确保其持续向前发展，起到了非常重要的作用。

第1章/合同的当事人与标的物

学习目标

了解合同当事人的主体资格，订好合同当事人条款；掌握商品品名、品质、数量和包装条款的基本内容、有关法律规定以及需要注意的问题，确保合同的履行。

合同当事人和标的物是合同的主要条款之一。合同当事人是指以自己的名义订立与履行合同并享有一定的权利与承担约定义务的人，合同当事人条款是说明当事人的基本情况和明确合同主体资格的最基本的条款。而合同标的物是当事人权利义务所共同指向的对象，也是其在履行义务时应尽最大努力追求实现的一项利益目标。国际货物买卖的标的物是合同成立的重要条件，缺少了它合同就失去了权利和义务的载体。合同标的物有具体的品名、品质、数量和包装，因此，双方在订立合同时，应该明确订立成交商品的品名、品质、数量与包装条款，以保证合同的顺利履行。

1.1 合同的当事人

1.1.1 合同当事人的含义

合同当事人是指以自己的名义订立与履行合同并享有一定的权利与承担约定义务的人。合同当事人条款是说明合同当事人的基本情况和明确合同主体资格的一项不可缺少的最基本的条款。

自然人的姓名指经过户籍登记管理机关核准登记的正式用名，一般为其身份证上的用名。自然人的住所是指自然人长期生活和活动的主要处所。

法人或其他组织的名称是指经登记主管机关登记的名称，如果是公司，则必须以营业执照上的名称为准。法人和其他组织的住所是指它们的主要办事机构所在地。

《中华人民共和国对外贸易法》第8条规定："本法所称对外贸易经营者，是指依法办理工商登记或者其他执业手续，依照本法和其他有关法律、行政法规的规定从事对外贸易经营活动的法人、其他组织或者个人。"国际贸易合同的当事人既包括我国对外贸易的经营者，也包括境外合法从事国际贸易的经营者。

1.1.2　规定合同当事人条款的意义

1）合同当事人的合法权益可以受法律保护

当事人是合同法律关系的主体，为了购买和销售货物而订立具有权利义务关系的协议，合同的目的是使当事人的意思表示的效果得到实现，只有明确规定了当事人的名称才能使其合法权益得到保证。比如，合同订立后出现合同当事人违约，使另一方遭受损失，则受损方有权采取各种救济措施来追究违约方责任，这就要求在买卖合同中具体订明合同当事人的名称，以明确合同的主体资格，这样有利于合同纠纷的解决。

2）合同当事人是主张各自合法权益的主体

合同当事人在订立合同或履行合同时发生纠纷，如果经友好协商不能解决，可以通过诉讼或仲裁解决，那么受理机构就会审查申诉人和被申诉人的名称是否具有合同当事人的主体资格。如果与合同当事人规定的名称不符，则不具备合同当事人主体资格，法院或仲裁机构有权拒绝受理申诉纠纷。

3）合同当事人是合同解释的主体

广义的合同解释主体不仅包括法院、仲裁机构，还包括当事人本身和其他人。《中华人民共和国民法典》（以下简称《民法典》）第466条规定："当事人对合同条款的理解有争议的，应当依据本法第一百四十二条第一款的规定，确定争议条款的含义。"《民法典》第142条第1款规定："有相对人的意思表示的解释，应当按照所使用的词句，结合相关条款、行为的性质和目的、习惯以及诚信原则，确定意思表示的含义。"可见该条款规定允许当事人对合同进行解释。

1.1.3　合同当事人条款的主要内容

在国际货物买卖中，合同当事人条款通常包括下列内容：

1）合同当事人的名称或姓名

合同当事人通常为企业法人。所谓企业法人，是指具有国家规定的独立财产，有健全的组织机构、组织章程和固定场所，能够独立承担民事责任、享有民事权利和承担民事义务的，并具备相应的缔约能力和主体资格的经济组织。除列明法人的名称、住所外，合同还应列明法定代表人的姓名。

一般企业都是提前拟好标准的合同格式，在合同的首部，都印有"卖方"和"买方"字样的栏目，供交易双方当事人分别载明各自公司的具体名称。另外，合同尾部也印有"卖方"和"买方"字样的栏目，专供交易双方当事人分别签字或加盖公章。凡经买卖双方共同签署的合同，一般视为合同当事人真实意思的表示。

2）合同当事人的地址

国际货物买卖合同的当事人，分别处在不同的国家和地区，一般相距遥远。为了便于交易双方在履约过程中相互联系及顺利办理货物交接和货款结算等事项，需要在合同中分别载明各当事人所在地的详细住址以及电话、传真和电子信箱等内容。如果对外订立合同时漏写或错写买卖双方的名称和地址，将给履约造成麻烦。

1.1.4 订立合同当事人条款应该注意的问题

在订立合同当事人条款时，需要注意以下事项：

1）国际货物买卖的当事人必须有对外贸易经营权

在我国，当事人在订立合同时必须遵守国家法律和行政法规，在核准的经营范围内订立经济合同。尽管《中华人民共和国对外贸易法》规定，对外贸易经营者可以是法人和其他组织或个人，但是由于国家目前仍然实施有限配额、许可证、指定经营范围等进出口管理，因此有对外贸易经营权不等于可以经营任何进出口商品，违背国家上述管理规定的，签订的买卖合同是无效的。

2）当事人应当具备一定的履行合同的能力

当事人是否具备履约能力直接关系到合同能否顺利履行。各国法律一般都规定，订立合同的自然人必须是具有缔约能力的人，未成年人、精神病人和禁治产人订立合同必须受到限制。关于法人签订的合同的行为能力，各国法律一般认为，法人必须通过其代表或其授权的其他人在法人的经营范围内签订合同，越权的合同无效。因此，在订立合同时，一定要注意当事人的缔约能力和主体资格问题。

3）合同当事人名称的中文和外文应该真实准确

在实际业务中，签订国际货物买卖合同有时应客户的要求采用两种文字书写或者用中文书写合同文本，约定合同当事人的名称，不论中英文都应该真实准确，不能用缩写来表示，而是要列明全称，更不能漏写和错写，以免造成误解，产生不良后果导致无法履行合同。

4）合同当事人的地址应该正确具体

《联合国国际货物销售合同公约》第10条规定："如果当事人有一个以上的营业地，则以与合同及合同的履行关系最密切的营业地为其营业地，但要考虑到双方当事人在订立合同前任何时候或订立合同时所知道或所设想的情况；如果当事人没有营业地，则以其惯常居住地为准。"

作为营业地应该与合同签订最密切，并具备发出报价、接受报价、交货、付款的能力。营业地如有变动，应以订立合同的营业地为准。由此可见《联合国国际货物销售合同公约》的营业地是指当事人经营活动的场所，并不一定在主营业所，其法律地位也不一定要求是具有独立法人资格的法定住所。为了便于合同的履行，必须正确具体地载明各合同当事人的地址、电话、传真号和电子信箱等内容，以利于各当事人之间保持业务联系。

1.2　商品的品名

1.2.1　商品品名的含义

商品的品名（Name of Commodity），法律上称为合同标的物（Subject Matter）。商品的品名应该能够高度概括地体现出该商品的自然属性、用途以及主要性能特征。一般以其用途、使用原料、成分、制作工艺或人名、地名来命名。

1.2.2　约定商品品名的意义

国际货物买卖中，双方地处不同的国家和地区，往往相距遥远，很少见到具体商品，一般只是凭借对买卖的商品作必要的描述来确定交易的标的物。按照有关的法律和惯例，对交易物品的描述，是商品说明（Description of Goods）的一个主要组成部分，是买卖双方交接货物的依据，卖方如果交付不符合约定的品名或说明的货物，买方有权提出损害赔偿要求，甚至拒收货物或撤销合同。因此，列明合同标的物的具体名称，具有重要的法律和实践意义。

《民法典》第470条规定："合同的内容由当事人约定，一般包括以下条款：①当事人的姓名或者名称和住所；②标的；③数量；④质量；⑤价款或者报酬；⑥履行期限、地点和方式；⑦违约责任；⑧解决争议的方法。"可见标的物是合同中不可缺少的主要内容之一。

从业务角度来看，品名或说明的规定是双方交易的物质内容，是交易赖以进行的物质基础和前提条件。只有在明确规定具体品名的前提下，才能在此基础上决定合同的其他条款的具体内容以及实现合同的履行，因此买卖双方在磋商和签订进出口合同时，一定要明确、具体地订明商品的品名，避免履约中出现争议和纠纷。

1.2.3　合同中的品名条款

1）主要内容

国际货物买卖合同中的品名条款一般比较简单，通常都是在"商品名称"或"品名"的标题下，列明缔约双方同意买卖的商品名称。有时为省略起见，也可以不加标题，只在合同开头部分，列明双方同意买入卖出某种商品的文字。对一般商品而言，在只列明双方意欲买卖的商品名称时，由于一种商品有许多不同的品种、型号、等级，为明确起见，可以把有关品种或品质、产地概括性地描述进去，在这种情况下，它即是品名条款和品质条款的合并。

2）品名条款示例

（1）Sale Contract for Northeast Soybean.

（2）We hereby conclude the following terms and conditions for the sale of Forever Brand Bicycle.

（3）Name of Commodity：Sport Shoes.

（4）Chinese Groundnut，FAQ Moisture （Max. 13%），Admixture （Max. 5%），Oil Content（Min. 44%）.

1.2.4 订立品名条款需要注意的问题

品名条款是国际货物买卖合同中的主要条款之一，在规定此条款时，应注意以下问题：

（1）在国际贸易合同中，商品的名称应该明确、具体，必须能确切反映交易标的物的特点，避免内容空泛的规定，以利于合同的履行。

（2）针对商品实际情况作出实事求是的规定。合同条款中规定的品名，必须是卖方能够提供的商品，凡做不到或不必要的描述性词句都不应列入，以免给履行合同带来不利影响。

（3）采用外文名称时，要做到翻译正确，与原名称意思保持一致，符合实际词语内涵，品名尽量不要使用汉语拼音，同时不要使用含糊不清或过于空泛的译名，避免造成误解、引起争议。

（4）尽可能使用国际上通用的名称。有些商品的名称，各地叫法不同，为了避免误解，应尽可能使用国际上通行的称呼。若使用地方性名称，交易双方应事先就其含义取得共识，对于某些新商品的定名及其译名，应力求准确、易懂，并符合国际上的习惯。

（5）确定品名时，应注意有关国家的海关税则和进出口限制的有关规定，恰当选择有利于降低关税和方便进出口的名称。特别值得注意的是，目前世界各国的海关统计以及给予GSP待遇等都依据《协调商品名称及编码制度》（以下简称《HS编码制度》）进行，所以在合同中应尽量采用与《HS编码制度》一致的商品名称。

（6）确定品名时必须考虑其与运费的关系，目前国际上班轮运费是按照商品名称来划分计收运费标准的，在实际业务中，常常是同一种商品因名称不同，其收费标准也有所不同。为了节省运费开支，应该采用运费较低的商品名称以达到降低成本的目的。

1.3 商品的品质

1.3.1 商品品质的含义

商品的品质（Quality of Commodity）是指商品的内在质量和外观形态的综合，前者包括商品的物理性能、机械性能、化学成分和生物特性等自然属性；后者包括商品的外形、色泽、款式和透明度等。

商品品质的好坏，不仅关系到商品的使用价值和商品价格高低，还影响商品的销路和信誉。在当前国际竞争空前激烈的条件下，许多国家都把提高商品的品质，力争以质取胜，作为非价格竞争的一个主要组成部分，它是加强对外竞销的重要手段之一。因此，在出口贸易中，不断改进和提高出口商品的品质，不仅可以增强出口竞争能力、扩大销路、提高销价，为国家和企业创造更多的外汇收入，还可以提高出口商品在国际市场上的声誉，反映出口国的科学技术和经济发展水平；在进口贸易中，严格把好进口商品质量关，使进口商品适应国内生产建设、科学研究和消费的需要，是关系到维护国家和人民利益，确保提高企业经济效益的重要问题。

1.3.2　约定商品品质条款的意义

合同中的品质条件是构成商品说明的重要组成部分，是买卖双方交接货物的依据。《联合国国际货物销售合同公约》规定，卖方交付的货物必须与合同所规定的数量、质量和规格相符。除双方当事人另有协议外，货物除非符合以下规定，否则即为与合同不符：货物应适用于同一规格货物通常使用的目的；货物适用于订立合同时曾明示或默示地通知卖方的任何特定目的；符合卖方向买方提供的样品或样式；货物按照同类货物通用的方式装箱或包装，如果没有此种通用方式，则按照足以保全和保护货物的方式装箱包装。英国《1979年货物买卖法》（Sale of Goods Act，1979）把品质条件作为合同的要件（Condition）。所谓要件条款，就是由一个事实陈述或一个承诺所构成的合约的实质性重要条款，如果这一事实陈述被证明是不真实的或者这一承诺并没有得到履行，受害方将把这种破坏条款的行为视为动摇了合同根基的严重违约，从而取消合约或提出索赔。我国《民法典》第563条和第566条规定，一方违约（卖方交付与合同不符的货物）使合同目的不能实现的，另一方可以解除合同并有权要求损失赔偿。这从法律的角度说明了品质的重要性。

为了使进出口商品的品质适应国内外市场的需要，在出口商品的生产、运输、存储、销售过程中，必须加强对品质的全面管理，在进口商品的订货、运输、接收等环节中，应当切实把好质量关。

由于国际贸易的商品种类繁多，即使是同一种商品，在品质方面也可能因自然条件、技术和工艺水平以及原材料的使用等因素的影响而存在种种差别。这就要求买卖双方在商定合同时首先就品质条件作出明确规定。

1.3.3　品质的表示方法

1）以实物表示

以作为交易对象的商品的实际品质或以代表商品品质的样品来表示商品的品质，包括：

（1）看货买卖

看货买卖又称凭现货买卖，即根据现有商品的实际品质买卖。具体做法是：在货物存放地卖方向买方展示货物，买方或其代理人逐一检视，对货物满意即与卖方达成交易。这种做法，多见于寄售、拍卖、展卖等贸易业务中。

（2）凭样品买卖

凭样品买卖是指交易双方规定以样品表示商品的品质并以此作为卖方交货品质的依据。样品通常是从一批商品中抽出来的或由生产、使用部门设计、加工出来的，足以反映和代表整批商品品质的少量实物，这种样品称为标准样品（Standard Sample）。凡以标准样品表示商品品质并以此作为交货依据的，称为“凭样品买卖”（Sale by Sample）。《民法典》第615条规定：“出卖人应当按照约定的质量要求交付标的物。出卖人提供有关标的物质量说明的，交付的标的物应当符合该说明的质量要求。”

英国《1979年货物买卖法》规定：“凭样品买卖包含下列默示条件：一是整批货物与样品一致；二是买方有合理的机会进行整批货物与样品比较；三是所交货物不得含有对样品进行合理检验所不易发现的、不能令人满意的缺陷。”

在国际贸易实务中，有些商品难以用文字来说明其品质，代之以实物样品来表示。凭样品买卖的适用范围主要包括：工艺品、古董、字画、服装、轻工品、土特产品等不易用文字描述的商品。

根据样品提供者的不同，凭样品买卖可分为：

①凭卖方样品买卖（Sale by Seller' Sample）

在国际贸易中，通常由卖方提供样品，凡以卖方样品作为交货的品质依据的，称为“凭卖方样品买卖”。卖方所交货物的品质，必须与提供的样品相同。

②凭买方样品买卖（Sale by Buyer' Sample）

有时买方为了使其订购的商品符合自身要求，也会提供样品交由卖方依样承制，如果卖方同意按买方提供的样品成交，则称为“凭买方样品买卖”。

③凭对等样品买卖（Sale by Counter Sample）

在凭买方样品买卖时，卖方可根据买方提供的样品，加工复制出一个类似的样品交买方确认，这种经确认后的样品称为“对等样品”（Counter Sample）或“回样”，当对等样品被买方确认后，日后卖方所交货物的品质，必须以对等样品为准。需要注意的问题包括：一是所取之样要有一定的代表性；二是保留好复样。

此外，买卖双方为了发展贸易关系和增进彼此对对方商品的了解，往往采用互相寄送样品的做法。这种以介绍商品为目的而寄出的样品，最好标明“仅供参考”（for Reference only）字样，以免与标准样品混淆。

2）以文字说明表示

凭说明表示品质是指用文字、图纸、图片等方式来说明成交商品的品质。这类表示品质的方法可细分为以下几种：

（1）凭规格买卖（Sale by Specification）

商品规格是指一些足以反映商品品质的主要指标，如化学成分及含量、纯度、性能、容量、长短、粗细等。国际贸易中的商品由于品质特点不同，其规格也各异，买卖双方凡用商品的规格确定品质时，均可称为“凭规格买卖”，如“××梨汁，果汁含量100%”。凭规格表示商品的品质一般说来是比较准确的，所以大多数商品交易都采用这种方法。但是，对商品的品质规格应当说得既明确、又灵活，既不含糊不清、模棱两可，又不应订得太死。具体而言，所谓明确，指的是表示为一定的量化关系；所谓灵活，指的是在表述上不说绝对的话，有的商品的品质规格应订有公差或有一定的机动幅度。

（2）凭等级买卖（Sale by Grade）

商品的等级是指同一类商品按规格上的差异，分为品质优劣各不相同的若干等级。凭等级买卖时，由于不同等级的商品具有不同的规格，为了便于履行合同和避免争议，在品质条款列明等级的同时，最好一并规定每一等级的具体规格。这对简化手续、促进成交和体现按质论价等，都有好处。例如："2020 Chinese Green Tea, Super Grade"。

（3）凭标准买卖（Sale by Standard）

商品的标准是指将商品的规格和等级予以标准化。商品的标准有的由国家或有关政府主管部门规定，有的由同业公会、交易所或国际性的工商组织规定。有些商品习惯凭标准买卖，人们往往使用某种标准作为说明和评定商品品质的依据。

为了促进各国产品质量的提高，完善企业管理制度，保护消费者利益，国际标准化组织推出了ISO 9000质量管理和质量保证系列标准以及ISO 14000环境管理系列标准。我国是国际标准化组织理事国。1992年10月，原国家技术监督局将ISO系列标准等效转化为GB/T 19000系列国家标准，以双编号形式出现，自1993年1月1日起实施。实施ISO的这两个一体化管理体系，有助于改善和提高我国企业和产品在国内外消费者、客户中的形象，降低经营及管理成本，使我国产品适应国际市场对产品在质量上的新需求，提高我国产品的国际竞争能力。

在国际贸易中，对于某些品质变化较大而难以规定统一标准的农副产品，往往采用"良好平均品质"（Fair Average Quality，FAQ）这一术语来表示其品质。"良好平均品质"是指一定时期内某地出口货物的平均品质水平，一般是指中等货，也称大路货。在标明大路货的同时，通常还约定具体规格作为品质依据。

（4）凭说明书和图样买卖（Sale by Descriptions and Illustrations）

在国际贸易中，有些机、电、仪等技术密集型产品，因其结构复杂，对材料和设计的要求严格，用以说明其性能的数据较多，很难用几个简单的指标来表明品质的全貌，而且有些产品，即使其名称相同，但由于所使用的材料、设计和制造技术的某些差别，也可能导致功能上的差异。因此，对这类商品的品质，通常以说明书并附以图样、照片、设计图纸、分析表及各种数据来说明具体性能和结构特点。按此方式进行交易，称为"凭说明书和图样买卖"。

（5）凭商标或品牌买卖（Sale by Trade Mark or Brand）

商标（Trade）是指生产者或商号用来识别所生产或出售的商品的标志。品牌（Brand）是指企业给制造或销售的商品所冠的名称。商标或品牌自身实际上是一种品质象征。人们在交易中可以只凭商标或品牌进行买卖，无须对品质提出详细要求，如"瑞士"军刀、"海尔"家用电器。作为卖方，一定要保持商品质量的稳定性，以免因一两批货质量不够好而有损整个品牌的声誉，特别是多家工厂共用一个品牌的，更应注意这一问题。作为买方，第一，要注意这些商品是否因其他原因造成损坏或变化；第二，要注意同一商标或品牌的商品是否来自不同的工厂，以防止商品品质与商标、品牌所代表的品质不一致；第三，还要谨防假冒商标，以免受骗上当。

（6）凭产地名称买卖（Sale by Name of Origin）

在国际货物买卖中，有些产品，因产区的自然条件、传统加工工艺等因素的影响，在品质方面具有其他产区的产品所不具有的独特风格和特色，对于这类产品，一般也可用产地名称来表示品质，如四川涪陵榨菜、浙江金华火腿、山东龙口粉丝等。

在实际业务中，上述各种表示品质的方法，一般单独使用，但有时也可酌情将其混合使用。比如，有的交易既使用品牌名，又使用规格；有的交易既以规格为准，又以标准衡量。

1.3.4 合同中的品质条款

品质条款的内容及繁简，应视商品特性而定，合同中品质条款的主要内容及示例如下：

1）主要内容

（1）一般内容

在买卖合同中，品质条款的内容有繁有简，一般视不同商品和不同表示品质的方法而定，主要包括商品的品名、规格、等级、品牌、标准以及交付货物的品质依据等。凭样品买卖时，应列明样品的编号、寄送日期，有时还要加列交货品质与样品“大致相符”或“完全相符”的说明等。凭标准买卖时，应标明标准名称及其版本年份。

（2）品质公差与品质机动幅度

由于商品的特性、生产技术条件、运输条件以及气候等多种因素的影响，卖方所交货物的品质难免会与合同约定的品质有些出入。因此，在合同中允许货物的品质可在一定范围之内略高或略低于合同的品质要求。

①品质公差（Quality Tolerance）

有些工业制成品，由于在生产过程中不能做到很精确，可根据有关标准、国际上同行业所公认的或经买卖双方协商同意的范围，对合同中的品质指标订有允许的“公差”，这就是品质公差，如手表走时的误差，棉纱支数的确定等。交付商品的品质在品质公差以内的，视为卖方履行了品质保证义务，不另作调整。

②品质机动幅度

品质机动幅度指对于初级产品或农副产品，允许卖方所交货物的质量指标在一定幅度内有所浮动。在品质机动幅度内，有时需要按比例计算增减价格，并在合同中订立“增减价条款”。

规定品质机动幅度的方法主要有3种：

A.规定范围：对某项商品的品质指标规定允许差异范围。例如，白坯布，幅阔35/36英寸，即布的幅阔只要在35英寸到36英寸的范围内，均视为合格。

B.规定极限：对有些货物的品质规格，规定上下极限。规定极限的表示方法常用的有：最大、最高、最多（Maximum，缩写为Max.）；最小、最低、最少（Minimum，缩写为Min.）。例如：籼米：碎粒35%（最高）；水分15%（最高）；杂质1%（最高）（Long Shaped Rice，Broken Grains 35%（Max.）；Moisture 15%（Max.）；Admixtures 1%（Max.））。

C.规定上下差异：规定上下差异也是使货物的品质规格具有必要的灵活性的有效方法。例如：灰鸭毛，含绒量18%，上下1%（Grey Duck Feather，Down Content 18%，1% more or less）。

2）示例

（1）Plush Bear，Article No：T 260，details as per the sample dispatched by the Seller on 10 Sep. 2020.

（2）Zhangyu dry red wine，twelve degree of sugar.

（3）Sesames，Moisture 8%（Max.）；Admixture 2%（Max.）；Oil Content 52%（Min.）.

（4）China green tea，special chummy grade.

（5）Frozen Rabbit Bone-in Specification：fresh，without skin，head，paws and entrails，with or without kidneys and livers，well frozen. Special Size：1 500 gms per carcass；Large Size：1 000 gms per carcass；Medium Size：600 gms per carcass；Small Size：400 gms per carcass.

（6）Changhong Brand Color TV Sets，details as per attached descriptions and illustrations.

1.3.5　规定品质条款应注意的问题

1）从实际出发，了解有关法律规定

签订贸易合同中的品质条款，必须从实际出发，在兼顾买卖双方利益的前提下，通过调查研究，全面考虑国内外的生产情况和消费需要，结合商品的特性，确定合理的品质条款。确定品质条款时还必须全面考虑，要符合国内外有关进出口商品品质的法律、法规，以使我国商品能顺利地进入国际市场。

2）正确选用各种品质表示方法

一般来说，难以规格化、标准化的商品，宜选用凭样品买卖；凡能用科学指标说明商品品质的，宜选用凭规格、等级、标准买卖；品质稳定、具有一定特色的名优产品，宜选用凭商标或品牌、产地买卖；某些结构、性能复杂的机械产品、电器和仪表，宜选用凭说明书和图样买卖；具有地方风味和特色的，宜选用凭产地名称买卖。应注意不同品质表示方法的配合使用，比如规格和商标同时使用，可以互相补充，更好地反映商品的品质。但是值得注意的是，在规格和样品同时使用时，必须明确以何种方法为准。因为根据相关法律，既凭样品又凭规格表示商品品质，应当理解为卖方所交货物必须既与样品一致又要符合规格的要求，否则就是违反合同的品质条款。

3）品质条款的订立既要注意科学性也要留有余地

品质条款的文字、内容必须明确具体，用语、数据、计量单位应当准确、恰当，便于检验核对。应当避免使用“大约”“左右”“先进设备”“良好品质”等含糊不清的字样。但是也不要订得过于烦琐，注意品质条款应留有余地，重要质量指标不能遗漏，次要质量指标尽量少订。凭样品买卖时，应规定品质与样品“大致相同”；对工业制成品应当规定“品质公差”；对初级产品规定机动幅度，这样可以便利生产和交货。

4）凭样品买卖应注意的问题

凭卖方样品买卖时，要注意选择的标准样品一定要具有代表性，并留存复样（Duplicate Sample），而且原样与复样都应封样（Sealing of Sample）。交付的货物必须与样品一致，除外表符合样品外，还应符合货物的通常标准。在凭样品买卖中，卖方同样也要承担标的物质量瑕疵的默示担保责任。这里的瑕疵，是标的物存在不符合法律规定或者通用质量标准的内在缺陷，或者影响使用方面的情况。样品有瑕疵未能发现的，不论是任何一方故意隐瞒还是疏忽，都应以通常标准为准。在凭买方样品买卖时应考虑生产原料、加工技术、生产能力的可能性，同时规定以卖方复制的对等样品（Counter Sample）为准，这样就把凭买方样品买卖转成凭卖方样品买卖，使主动权掌握在卖方手里，另外需要在合同中订明如果买方样品出现知识产权的侵权责任由买方负责。

1.4 商品的数量

1.4.1 约定商品数量的意义

商品的数量是国际货物买卖合同中不可缺少的主要条件之一。卖方交货数量必须与合同规定相符，否则，买方有权提出索赔，甚至拒收货物。《联合国国际货物销售合同公约》也规定，按约定的数量交付货物是卖方的一项基本义务，如卖方交货数大于约定的数量，买方可以拒收多交的部分，也可收取多交部分中的一部分或全部，但应按合同价格付款；如卖方交货数少于约定的数量，卖方应在规定的交货期满前补交，但不得使买方遭受不合理的不便或承担不合理的开支，即使如此，买方也保留要求损害赔偿的权利。《民法典》第488条规定：“有关合同标的、数量、质量、价款或者报酬、履行期限、履行地点和方式、违约责任和解决争议方法等的变更，是对要约内容的实质性变更。”这说明数量条款是合同的重要条款。

由于交易双方约定的数量是交接货物的依据，因此，正确掌握成交数量和订好合同中的数量条款，具有十分重要的意义，买卖合同中成交数量的确定，不仅关系到进出口任务的完成，还涉及对外政策和经营意图的贯彻，正确掌握成交数量，对促进交易的达成和争取有利的价格，也有一定的作用。

1.4.2　计量单位

在国际贸易中，确定买卖商品的数量时，必须明确采用什么样的计量单位。由于商品的种类和性质不同，采用的计量单位也不同，通常采用的计量单位有下列几种：

1）按重量（Weight）计算

适用于农副产品、矿产品和工业制成品。常用计量单位：公吨（Metric Ton）、长吨（Long Ton）、短吨（Short Ton）、千克（Kilo Gram）、克（Gram）、盎司（Ounce）等。对黄金、白银等贵重商品常采用克、盎司来计量，钻石采用克拉计量。

2）按数量（Number）计算

适用于工业制成品，尤其是日用消费品、轻工业品、机械产品及部分土特产品。常用计量单位：件（Piece）、双（Pair）、套（Set）、打（Dozen）、罗（Gross，12打）、卷（Roll）、令（Ream，纸张的计量单位，一般为500张）、袋（Bag）、包（Bale）等。

3）按长度（Length）计算

适用于金属绳索、丝绸、布匹等商品。常用计量单位：米（Meter）、英尺（Foot）、码（Yard）等。

4）按面积（Area）计算

适用于玻璃板、地毯、皮革等商品。常用计量单位：平方米（Square Meter）、平方英尺（Square Foot）、平方码（Square Yard）等。

5）按体积（Volume）计算

适用于木材、天然气和化学气体。常用计量单位：立方米（Cubic Meter）、立方英尺（Cubic Foot）、立方码（Cubic Yard）等。

6）按容积计算

适用于谷物和流体货物。常用计量单位：公升（Litre），加仑（Gallon，约等于4.546升），蒲式耳（Bushel），1蒲式耳的小麦、大豆为60磅，原油买卖中使用桶计量，1桶原油等于143升。

由于各国度量衡制度不同，所使用的计量单位也各不相同，因此，了解和熟悉相互之间的折算方法是很重要的。目前国际贸易中通常使用的有公制（Metric System）、英制（British System）和美制（U. S. System）三种。此外，还有在公制基础上发展起来的国际单位制（System International，SI）。

《中华人民共和国计量法》第3条规定："国家实行法定计量单位制度。国际单位制计量单位和国家选定的其他计量单位，为国家法定计量单位。"我国于20世纪

80年代末，基本完成向法定计量单位的过渡。自1991年1月起，除个别特殊领域外，不允许再使用非法定计量单位。在对外贸易中，出口货物除合同规定需采用公制、英制或美制计量单位外，也应使用法定计量单位。一般不进口非法定计量单位的仪器设备，如有特殊需要，需经有关省、自治区、直辖市及以上的计量管理机构批准。

1.4.3 计算重量的方法

在国际贸易中，有许多商品是按重量买卖的，其主要计算方法有：

1）按毛重计算

毛重（Gross Weight），是指货物本身的重量加上皮重，即加上包装材料的重量。有些单位价值不高的货物，可采用按毛重计量的方法，也就是按毛重作为计算价格的基础。这种计量和计价方法，在国际贸易中称为“以毛作净”（Gross for Net）。

2）按净重计算

净重（Net Weight）是指货物本身的重量，即不包括皮重的货物的实际重量，合同中未明确规定用毛重还是净重计量、计价的，则按惯例“以净重计价”。皮重的计算方法一般有以下几种：

（1）按实际皮重计：对所有包装物称重所得的重量。

（2）按平均皮重计：总皮重=抽样平均单件皮重×总件数。

（3）按习惯皮重计：总皮重=习惯单件重量×总件数。

（4）按约定皮重计：总皮重=约定单件重量×总件数。

3）按公量计算

所谓“公量”（Conditioned Weight），就是用科学方法抽出商品中的水分后，再加上标准含水量所求得的重量。这种方法通常用于价值较高而水分含量极不稳定的货物，如羊毛、生丝等。计算方法：公量=干净重×（1+公定回潮率）。

4）按理论重量计算

理论重量（Theoretical Weight）是指某些有固定规格形状和尺寸的商品，如马口铁、钢板等，只要规格一致，每件重量大体上相同，故可以从其件数推算出总量。

5）按法定重量计算

法定重量（Legal Weight）是指海关在征收从量税时的征税重量，即商品的实物净重（Actual Net Weight）加上商品的销售包装重量。

1.4.4 合同中的数量条款

1）一般内容

一般内容包括商品数量以及计量单位。以重量计算的，应订明重量的规定方法。计量单位应写明适用的度量衡制度。

2）数量机动幅度

在国际贸易中，应明确规定具体的买卖数量，但由于多种因素限制，比如大宗散货的难以精确交付、包装条件和运输工具的限制，以及自然损耗等，实际交货数量往往不容易做到绝对准确。为了避免日后发生纠纷争执，买卖双方应在合同中订明交货数量的机动幅度。

规定数量机动幅度的方法有两种：一是规定“溢短装条款”；二是规定“大约”数量。

（1）溢短装条款

所谓溢短装条款（More or Less Clause），就是允许交货时可多交或少交一定百分比的数量的条款。溢短装条款中一般包括三方面内容：①溢短装的伸缩幅度；②选择权；③溢短装部分计价。一般而言，溢短装条款由卖方决定，但是在买方负责租船接货的情况下，为了便于同租船合同衔接，也可规定由买方或船方决定。在数量机动范围内多装或少装的货物，有三种计算方法：一是按合同规定的价格计算；二是对溢装或短装部分按装运时的市场价格计算；三是按到货时的市场价格计算。后两种方法主要是为了避免享有溢短装权利的一方，在商品价格波动时人为地故意多装或少装。

《跟单信用证统一惯例》（国际商会第600号出版物，简称《UCP 600》）第30条b款规定：“在信用证未以包装单位件数或货物自身件数的方式规定货物数量时，货物数量允许有5%的增减幅度，只要总支取金额不超过信用证金额。”但是，该项规定只涉及信用证项下结算的数量和金额问题，并不涉及买卖合同项下卖方保证交货数量义务，即如果买卖合同没有约定数量机动幅度，卖方则必须按照合同约定的数量交付货物，否则将构成违约。

（2）“大约”数量

在合同数量前加“大约”（About）字样，即可多交或少交一定百分比的数量。但是国际上对“大约”的具体含意没有统一解释，为了防止争议，应避免这种表示方法。应当注意，尽管《UCP 600》第30条a款规定：“‘约’或‘大约’用于信用证金额或信用证规定的数量或单价时，应解释为允许有关金额或数量或单价有不超过10%的增减幅度。”但是，该项规定只适用于信用证结算，而不能自动适用于买卖合同。

3）数量条款示例

（1）Soybeans，10 000 metric tons in bags of 50 kg each，gross for net，5% more or less at seller' option.

（2）Rice，1 000 metric tons，5% more or less at buyer' option.

1.4.5　订立合同数量条款应该注意的问题

1）正确掌握成交数量

对出口商品数量的掌握应该考虑国外市场的供求状况、国内市场的货源供应情况、国际市场的价格动态以及国外客户的资信状况和经营能力。对进口商品数量的掌握应该考虑国内实际需要、国内支付能力以及市场行情变化等。

2）数量条款的各项内容应具体、明确

在数量条款中应明确计量单位、计量方法和计量工具，并选择使用共同接受的度量衡制度。切忌模糊不清，避免使用笼统的字眼，以避免履约时的纠纷。

3）规定合理的数量机动幅度

数量机动幅度大小应合理。存在分批装运时，应争取每批都有机动幅度。否则，应前几批装运数量争取准确，最后一批留做调整，机动幅度的选择权应合理，同时溢短装数量的计价方法要合理。

1.5 商品的包装

包装是指按照一定的要求，采用一定的技术方法将货物用某些容器、材料及辅助材料包裹商品，达到保护商品、方便运输、易于存储、便于销售以及提高销售价值的目的。

在国际贸易中，除少数商品因其本身的原因不需要包装外，绝大多数商品都需要一定的包装。需要包装的货物被称为“包装货”；不需要包装的货物被称为“散装货”（如粮食、煤炭、矿石等）或裸装货（如木材、钢铁型材、车辆等），本节介绍的是包装货。

1.5.1 约定商品包装的意义

商品包装是商品生产的继续，凡需要包装的商品，只有通过包装，才算完成生产过程，商品才能进入流通领域和消费领域，才能实现其使用价值和价值。经过适当包装的商品，便于运输、装卸、搬运、储存、保管、清点，为各方面提供了便利。在当前国际市场竞争十分激烈的情况下，许多国家都把改进包装作为加强对外销售的重要手段之一，因为良好的包装，不仅可以保护商品，还能宣传美化商品、提高商品身价、吸引顾客、扩大销路、增加售价，并在一定程度上显示出口国的科学、文化、艺术水平。

在国际货物买卖中，包装是对货物进行说明的重要组成部分，包装条件是买卖合同中的一项主要条件，按照某些国家的法律规定，如卖方交付的货物未按规定的条件包装，或者货物的包装与行业习惯不符，买方有权拒收货物；如果货物按约定的方式包装，但却与其他货物混杂在一起，买方可以拒收违反约定包装的那部分货物，甚至可以拒收整批货物。

《民法典》第619条规定：“出卖人应当按照约定的包装方式交付标的物。对包装方式没有约定或者约定不明确，依据本法第510条的规定仍不能确定的，应当按照通用的方式包装；没有通用方式的，应当采取足以保护标的物且有利于节约资源、保护生态环境的包装方式。”

《联合国国际货物销售合同公约》第35条第（1）款规定：卖方交付的货物必须与合同所规定的数量、质量和规格相符，并须按照合同所规定的方式装箱或包装。第（2）款规定：除双方当事人业已另有协议外，货物除非符合以下规定，否则即为与合同不符：

（a）货物适用于同一规格货物通常使用的目的；

（b）货物适用于订立合同时曾明示或默示地通知卖方的任何特定目的，除非情况表明买方并不依赖卖方的技能和判断力，或者这种依赖对买方是不合理的；

（c）货物的质量与卖方向买方提供的货物样品或样式相同；

（d）货物按照同类货物通用的方式装箱或包装，如果没有此种通用方式，则按照足以保全和保护货物的方式装箱或包装。

由此可见，按照法律规定或按约定的条件包装，是卖方履行合同义务的一项重要内容。

1.5.2　商品包装的种类

包装一般可以分为运输包装（Outer Packing for Transportation）和销售包装（Consumer Packing for Sale）两种。

1）运输包装

运输包装又称“外包装或大包装”。它是将货物装入特定容器，或以特定方式成件或成箱地包装。它的作用主要在于保护商品、便于运输、减少费用、方便储运、便于点数等。良好的包装有助于货物运输各个环节的顺利进行。

商品在运输过程中，不一定都需要包装。随着运输装卸技术的进步，越来越多的大宗颗粒状或液态商品，如粮食、水泥、石油等，都采用散装方式，即直接装入运输工具内运送，配合机械化装卸工作，既降低了成本，又加快了速度。另外，有一类可以自行成件的商品，在运输过程中，只需加以捆扎即可，这种方式称为“裸装”，如车辆、钢材、木材等。但绝大多数商品，在长途运输过程中，都需要进行运输包装，根据包装方式的不同，运输包装主要可分为单件运输包装和集合运输包装。

（1）单件运输包装

单件运输包装指货物在运输过程中作为一个计件单位的包装。

按照包装形式和使用的材料，单件运输包装可分为：箱（Case）、桶（Drum，Cask）、袋（Bag）、包（Bale）、捆（Bundle）、罐（Can）等。

① 箱：不能紧压的货物通常装入箱内。按不同材料，箱有木箱（Wooden Case）、板条箱（Crate）、纸箱（Carton）、瓦楞纸箱（Corrugated Carton）、漏孔箱（Skeleton Case）等。

② 桶：液体、半液体以及粉状、颗粒状货物，可用桶装。桶有木桶（Wooden

Drum)、铁桶（Iron Drum）、塑料桶（Plastic Cask）等。

③ 袋：粉状、颗粒状、块形的农产品及化学原料，常用袋装。袋有麻袋（Gunny Bag）、布袋（Cloth Bag）、纸袋（Paper Bag）、塑料袋（Plastic Bag）等。

④ 包、捆：羽毛、羊毛、棉花、生丝、布匹等可紧压的商品可以先经机压打包，压缩体积后，再以棉布、麻布包裹，外加箍铁和塑料带，捆装成件。

（2）集合运输包装

集合运输包装是在单件包装的基础上，把若干单件包装组合成一件大的包装或装入一个大的包装容器内，以适应港口机械化作业的要求。集合运输包装能更好地保护商品，提高装卸效率，节省运输费用。常见的集合运输包装方式有托盘（Pallet）、集装袋（Flexible Container）和集装箱（Container）等。

①托盘

托盘是现代工商业生产、运输、储存及包装的一种很重要的工具，是由可以承载若干数量物品的负荷面和叉车插口构成的装卸用垫板。它是一种基本的物流搬运器具，在商品流通中广泛应用，被誉为“活动的地面”“移动的货台”。随着机械化程度的提高，使用量也越来越大。根据材质的不同，可分为木制、钢制、塑料、纸质及复合等多种托盘。托盘规格一般分为80厘米×100厘米、80厘米×120厘米、100厘米×120厘米三种。除此之外还有超大型的，规格为120厘米×160厘米和120厘米×180厘米两种。

②集装袋

集装袋主要用于大型货物的搬运，如化工原料、食品、塑料等块状、颗粒状、粉状物体，一袋可装0.5~3吨。原材料以聚丙烯（pp）为主，一条袋的重量在0.5~4千克不等，有一次性使用和回收周转使用两种。

③集装箱

国际标准化组织（ISO）对集装箱的定义如下：集装箱是一种运输设备；具有足够的强度，可长期反复使用；为便于商品运送而专门设计的，在一种或多种运输方式下运输时，无须中途换装；具有快速装卸和搬运的装置，特别是从一种运输方式转换到另一种运输方式时；设计时注意到便于货物装满或卸空；内容积为1立方米或1立方米以上。

集装箱标准化经历了一个发展过程。国际标准化组织第104技术委员会（ISO/TC104）自1961年成立以来，对集装箱国际标准作过多次补充、增减和修改，现行的国际标准共13种，常用规格有4种：8英尺×8.8英尺×40英尺、8英尺×8.6英尺×20英尺、8英尺×8英尺×40英尺、8英尺×8英尺×20英尺。在以上4种中又以8英尺×8英尺×40英尺、8英尺×8英尺×20英尺使用最为广泛，前者箱容约为67立方米，实际装货一般限制在最多25吨；后者箱容约为31立方米，实际装货一般限制在最多17吨。在集装箱运输中，以20英尺（8英尺×8英尺×20英尺）的集装箱作为集装箱的标准箱位（Twentyfoot Equivalent Unit，TEU），即“20英尺集装箱等量单位”，是统计集装箱装载量或装卸量的一种方法。

使用集装箱运输货物，可直接在发货人的仓库装货，运到收货人的仓库卸货，中途更换车、船时，无须将货物从箱内取出换装。按所装货物种类分，有杂货集装箱、散货集装箱、液体货集装箱、冷藏集装箱等；按制造材料分，有木集装箱、钢集装箱、铝合金集装箱、玻璃钢集装箱、不锈钢集装箱等；按结构分，有折叠式集装箱、固定式集装箱等，其中固定式集装箱还分为密闭集装箱、开顶集装箱、板架集装箱等；按装载量分，有30吨集装箱、20吨集装箱、10吨集装箱、5吨集装箱、2.5吨集装箱等。

2）销售包装

销售包装又称“内包装（Inner Packing）”，是在商品制造出来以后，以适当的材料或容器所进行的初次包装。销售包装除了保护商品的品质外，还能美化商品、吸引顾客，便于宣传推广、陈列展销，方便消费者识别、选购、携带和使用，从而能起到促进销售、提高商品价值的作用。有的商品如胶卷、罐头食品等只有进行了销售包装，生产才真正完成。销售包装应符合销售地的法律和法规。销售包装习惯上称为小包装，其特点是便于分配、销售和消费。随着国际市场竞争的日益加剧，超级市场和连锁商店迅速发展，商品的销售包装可以起到“无声售货员”的作用，因此，各国厂商无不竞相改进销售包装，以扩大销路、争夺市场。在包装设计上不仅要别具匠心，力求包装美观、新颖以激发消费者的购买欲望，还要重视介绍使用商品的知识，以期赢得顾客的赞许而乐于选用。

（1）销售包装的种类

目前国际流行的销售包装大体上有以下几种：①便于陈列展销类，如堆叠式包装、挂吊式包装、展开式包装等；②便于识别商品类，如透明和开窗包装、贴体包装等；③便于使用类，如携带包装、易开包装、喷雾包装、复用包装、配套包装、一次性包装、礼品包装、软包装、微型包装等；④便于保存类，如真空包装。为美化商品，增加商品的吸引力，给人以名贵感，常会根据不同商品的特点使用不同的包装附件，如吊牌、丝带、花结、装饰衬垫等来装饰包装。

（2）销售包装的装潢和文字说明

商品销售包装上的装潢和文字说明，主要用于美化商品、宣传商品、吸引消费者，使消费者了解商品的特性和妥善使用商品。装潢、图案和文字说明通常直接印刷在商品包装上，也有采用粘贴、加标签、挂吊牌等方式。销售包装的装潢通常包括图案与色彩。装潢应美观大方，富于艺术吸引力，并能突出商品的特性。同时，还应适应进口国或销售地区的消费者习惯和爱好，以利扩大出口。

文字说明通常包括商品名称、商标品牌、数量规格、成分构成与使用说明等内容。这些文字说明应与销售包装的装潢紧密结合、和谐统一，以达到树立产品及企业的形象，同时达到宣传和促销的目的。使用文字说明或粘贴、悬挂的商品标签、吊牌等，还应注意符合有关国家的标签管理规定。

（3）条形码

条形码是指在商品包装上打印的一组平行线条，下面配有数字标记，这些线条与间隔表示一定的信息，通过光电扫描设备，就可以准确地判断该产品的产地、厂家及商品的一些属性。条形码在零售商业中，对于结算订单、缩短顾客等待时间、加快服务，以及盘点存货、提高管理效益等方面，都有着良好的功能。采用这种技术，有利于发展国际贸易和实现现代化经营管理。

条形码自问世以来，为适应多种需要，产生了众多的编码系统。但目前得到国际公认的用于商品包装的条形码主要有两种，即UPC和EAN。UPC（Uniform Product Code）是由美国和加拿大共同组织的"统一编码委员会"（Universal Code Council，UCC）选定的以IBM公司提出的Dalta-Distance为基础建立的，作为美、加产品统一的标志符号。EAN（European Article Number）是欧共体的"欧洲物品编码协会"（European Article Numbering Association）在吸取了UPC的经验后确立的物品标志符号。"欧洲物品编码协会"于1977年改名为"国际物品编码协会"（International Article Numbering Association）。迄今为止，使用EAN条形码的该协会成员国已有数十个，除欧洲外，亚洲许多国家也使用此条形码。

由于国际上存在这两种编码系统，因此我国产品销往美国和加拿大时应使用UPC，而出口到其他国家和地区则需使用EAN。1988年12月28日成立的"中国物品编码中心"是我国条形码技术的归口管理单位，该中心代表我国正式加入"国际物品编码协会"，从1991年7月1日起正式履行该会会员的权利和义务。EAN分配给我国的国别号为690～695。

1.5.3 商品包装的标志

为了便于在运输过程中识别商品，通常在商品包装上都印有某种特定的文字或图形，即商品包装的标志。它的主要作用是便于识别商品、准确迅速地运输货物、避免差错、加速流转等。按其用途的不同，包装标志可以分为运输标志、指示性标志、警告性标志、重量体积标志和产地标志等。

1）运输标志

运输标志（Shipping Mark），俗称"唛头"，是为了方便货物交接，防止错发、错运、错提货物，方便货物的识别、运输、仓储，有助于及时、准确地将商品运到指定的地点或收货单位。在商品的外包装上标明或刷写的标志，也是国际货物买卖合同、货运单据中有关货物标志事项的基本内容。

（1）一般运输标志的内容

运输标志一般由一个简单的几何图形以及字母、数字和简单文字组成，通常印刷在运输包装的明显部位，目的是使货物运输途中的有关人员辨认货物，核对单证，如图1-1所示。

（2）国际标准化组织运输标志的内容

按国际标准化组织的建议，运输标志应包括4项内容（如图1-2所示）：

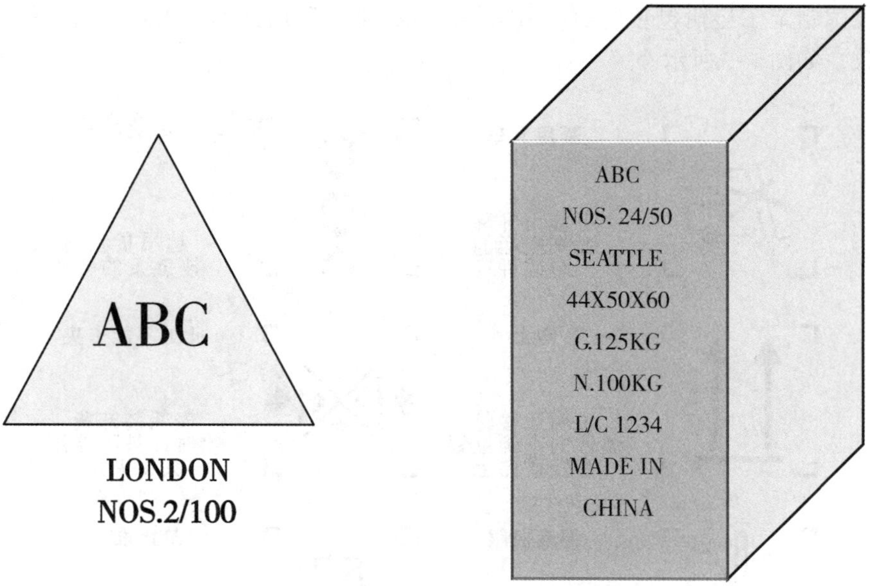

图1-1　一般运输标志示例

JAME SMITH

CONTRACT NO. IM20068

HAMBURG VIA HONGKONG

NO. 1—50

图1-2　运输标志的内容

① 收货人或买方的名称字首或简称。

② 参照号码。如买卖合同号码、订单、发票、运单或信用证号码等。

③ 目的地。货物运送的最终目的地或目的港的名称。

④ 件数号码。本批每件货物的顺序号和该批货物的总件数。

需要指出的是，为了便于刻唛、刷唛，节省时间和费用，便于在制单及其信息传递过程中使用通信设备，国际标准化组织推荐的标准运输标志不使用几何图形或其他图形。在我国实际外贸业务中，我国外贸企业应尽量参照该标准运输的标志，设计和制作唛头。

2）指示性标志

指示性标志（Indicative Mark）是根据商品的特性对一些容易破碎、残损、变质的商品，在搬运、装卸、操作和存放保管条件方面提出的要求和注意事项，是用图形或文字表示的标志。例如，“怕湿”、“向上”、“小心轻放”和“切勿用钩”等。

为了统一各国运输包装指示标志的图形与文字，一些国际组织，如国际标准化组织（ISO）、国际航空运输协会（IATA）和国际铁路运输危险货物国际规则（RID）分别制定了包装储运指示性标志，并建议各会员国予以采纳。

我国制定了运输包装指示性标志的国家标准，所用图形与国际上通用的图形基本一致，如图1-3所示。

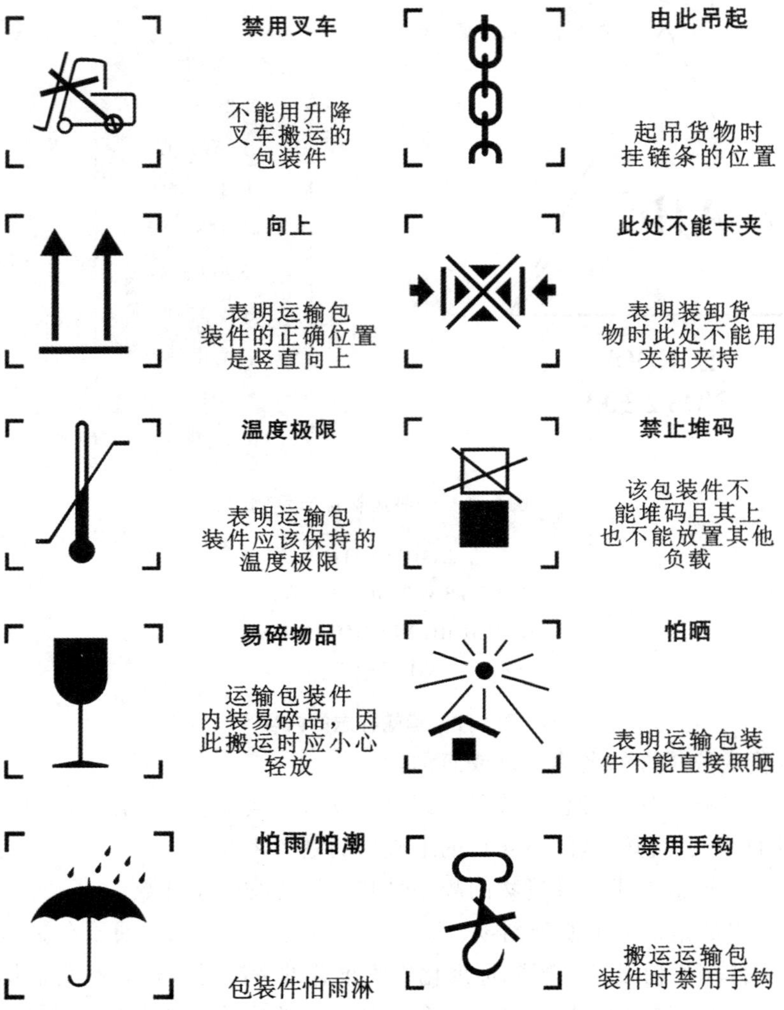

图1-3 我国指示性标志的国家标准

3）警告性标志

警告性标志（Warning Mark），又称危险品标志（Dangerous Cargo Mark），是指在装有爆炸品、易燃物品、腐蚀性物品、氧化剂和放射性物质等危险货物的运输包装上，用图形或文字表示各种危险品的标志。其作用是警告有关装卸、运输和保管人员按货物特性采取相应的措施，以保障人身和物资的安全。为保证国际危险货物运输的安全，联合国、国际海事组织、国际铁路合作组织和国际民航组织分别制定了国际海上、铁路、航空危险货物运输规则。在我国危险品的外包装上，应分别依照上述规则，刷写必要的危险品标志。

《国际海运危险货物规则》所规定的一些危险品标志如图1-4所示。

图1-4　《国际海运危险货物规则》的危险品标志

4）重量体积标志

重量体积标志是指在运输包装上标明包装物的体积和毛重，以方便储运过程中安排装卸作业和舱位，如图1-5所示。

GROSS WEIGHT　　88 kg

NET WEIGHT　　85 kg

MEASUREMENT　　45 ×35 ×25cm

图1-5　重量体积标志

5）产地标志

商品产地是海关统计和征税的重要依据，是产证说明。一般在商品的内外包装上均注明产地，作为商品说明的一个重要内容。例如，我国出口商品包装上均注明“MADE IN CHINA”。

1.5.4　中性包装和定牌加工

1）中性包装

中性包装（Neutral Packing）是指在商品和内外包装上不注明生产国别和生产厂商名称的包装。它主要用于一些尚待进一步加工的半成品，如供印染用的棉坯布，或供加工成批服装用的呢绒、布匹和绸缎等。其目的主要是避免浪费、降低成本。国外有的大百货公司、超级市场订购低值易耗的日用消费品时都要求采用中性包装方式，其原因是中性包装商品无须广告宣传，可节省广告费用，降低销售成本，从而达到薄利多销的目的。

另外，采用中性包装，通过转口销售，可以打破某些进口国的关税和非关税壁垒，有利于扩大销售。但需注意，近年来中性包装的做法在国际上屡遭非议。因此，当国外商人要求对其所购货物采用中性包装时，我方必须谨慎从事。对于我国和其他国家订有出口配额协定的商品，则应从严掌握，因为万一中间进口商将商品转口至有关配额国，将可能对我国产生不利影响。

2）定牌加工

定牌是指在国际贸易中，买方要求在出口商品或包装上使用买方指定的商标或牌号的做法。定牌加工（Original Equipment Manufacturer，OEM），又称“贴牌”，是加工贸易的一种形式，它是指在来料加工和来样加工业务中，由境外委托方提供商标（一般是已注册的商标），经境内企业加工或装配后，再贴上境外委托方提供的商标或品牌返销国外的经营活动。定牌商品有的在其定牌商标下标明产地，有的则不标明产地和生产厂商，后一种做法，被称为定牌中性。

采用定牌加工是为了利用国外买方的（包括生产厂商、大百货公司、超级市场和专业商店）经营能力和企业商誉或名牌声誉，以提高商品售价和扩大销售数量。但应注意的是，由于常常使用国外客户提供的商标或品牌，如果企业缺少商标权保护意识，就会出现侵犯他人商标权的现象，需要承担民事责任、行政责任，严重者还会承担刑事责任，给企业造成巨大的经济损失。有的外商利用向我方订购定牌商品来挤占我方商标的货物销售，从而影响我国产品在国际市场上树立品牌。我国出口企业在进行定牌生产时，一定要及时与客户进行沟通，得到所使用商标的法定授权，以免造成不必要的争议和损失。

1.5.5 买卖合同中的包装条款

包装是主要交易条件之一，是国际货物买卖合同的重要内容，买卖双方必须认真洽商，取得一致意见，并且在合同中作出明确具体的规定。

1）主要内容

合同中包装条款的内容一般包括包装材料、包装方式（木箱装、纸箱装、铁桶装、麻袋装等）和每件包装中所含物品的数量、重量、尺寸和加固条件等。对一些特殊商品如精密设备，还应规定防震措施等条件。运输标志或唛头一般由卖方设计确定。包装费用一般有两种规定：

（1）卖方承担，订明是否要求返回包装材料，返回运费由谁承担。

（2）买方承担，即包装材料包括在货价中，如“以毛作净”，如买方提供包装材料，应订明买方应及时提供包装材料，否则，影响装运由买方承担责任。

2）示例

（1）木箱装，每箱50千克净重。

In wooden cases of 50 kg net each.

（2）纸箱或板条箱装，每箱净重约12千克，每个水果包纸。

In cartons or crates of about 12 kg net，each fruit wrapped with paper.

（3）布包，每包20匹，每匹42码。

In cloth bales each containing 20 pcs of 42 yds.

（4）铁桶装，每桶净重185~190千克。

In iron drums of 185~190 kg net each.

（5）铁桶或纸板桶装，每桶净重60千克。

In iron drums or cardboard drums of 60 kg net each.

（6）单层新麻袋装，每袋约50千克。

In new single gunny bags of about 50 kg each.

（7）布袋装，内衬聚乙烯袋，每袋净重25千克。

In cloth bags，lined with polythene bags of 25 kg net each.

（8）每台装1个出口纸箱，810纸箱装1个40英尺集装箱运送。

Each set packed in one export carton，810 cartons transported in one 40ft container.

1.5.6　规定合同中的包装条款应注意的问题

（1）在实际业务中，有时对包装条款只作笼统的规定。例如，使用“适合海运包装（Sea Worthy Packing）”、“习惯包装（Customary Packing）”或“卖方惯用包装（Sellers Usual Packing）”等术语。由于此类规定缺乏统一解释，容易引起纠纷与争议。因此，除非买卖双方对包装方式的具体内容事先充分交换意见，或由于长期的业务交往已取得共识，合同中不宜采用笼统规定。

（2）包装费用一般都包括在货价内，合同条款不必列入。但如买方要求特殊包装，则可增加包装费用，如何计费及何时收费也应在条款中列明。如果全部或部分包装材料由买方供应，则条款中应明确包装材料最迟到达卖方的时限，该项时限应同合同的交货时间相衔接，同时也应明确逾期到达时买方应负的责任。如买方要求特殊包装，除非事先明确包装费用包括在货价内，否则超出的包装费用原则上应由买方负担，并应在合同中具体规定负担的费用金额和支付办法。

在进口合同中，特别是对包装技术性较强的商品，通常要在单价条款后注明“包括包装费用（Packing Charges Included）”，以免事后发生纠纷。

（3）运输标志按国际贸易习惯一般由卖方决定，并无必要在合同中作具体规定。如买方要求，也可以在合同中作具体规定。应规定标志到达时间（标志内容需经卖方同意）及逾期不到时买方应负的责任等。如买方要求在合同订立以后由其另行指定，则应具体规定指定时限，并订明若到时尚未收到有关唛头通知，卖方可以自行决定。

（4）考虑商品特点及进口地消费习惯规定销售包装方式。随着我国对外贸易的不断发展，出口商品销往的国家和地区也越来越多，因而对这方面的情况就应有更多的了解。例如，我国以红色为大吉大利，而西欧国家则视红色为凶兆；我国历来视荷花出淤泥而不染，象征清洁高雅，而在日本荷花却无人问津。此外，有些国家对数字也有忌讳，如英国对13忌用，日本对4忌用，因此，有的国家对日出口餐具和玻璃器皿时从原先的4件一包改为5件一包。商品的包装和装潢设计一定要考虑不同国家的消费者对图案和色彩的不同爱好和禁忌。

（5）考虑进口国有关法律、法规决定包装方式。应了解国外对包装的有关法律规定，不少国家对包装作出规定，凡包装不符合其规定的商品均不准进口或进口后亦不准投入市场销售。如加拿大规定包装上的文字说明要用英、法两种文字书写；希腊规定商品包装上要用希腊文写明代理商、进口公司、生产国别、重量和数量；科威特规定各种食品包装上都应用阿拉伯文写明生产日期和有效期。此外，还有些国家对包装材料的含铅量、含砷量都有规定，因此，在向国外出口商品时应注意不同国家的这些相关规定。

□ 本章小结

国际货物买卖合同是买卖双方当事人签订的以转移标的物的所有权为目的的合同，合同中订立双方当事人条款具有重要的经济和法律意义；而品名、品质、数量和包装是合同的限定因素，是合同规定的货物的具体内容。明确合同标的物名称及品质，是贸易合同首先要解决的问题。而货物种类的繁多，规格、花色、品质等存在较大差异还会影响货物的使用性能及销售价格；数量的规定是合同中不可缺少的内容，包装是保证货物完整交付、促进销售的重要手段。上述交易条件都直接关系到双方当事人的权益，在合同中必须明确表示。

□ 复习思考题

随堂测验

1.为什么要在买卖合同中规定当事人条款？应该注意什么问题？

2.约定品质条款的意义是什么？

3.合同中的品质条款包括哪些内容？

4.订立品质条款时应注意哪些问题？

5.订立品质机动幅度有哪几种方法？

6.试述品质机动幅度和品质公差的含义及其作用。

7.什么是溢短装条款？《UCP600》对其有哪些规定？

8.订立合同中的数量条款时应该注意什么问题？

9.什么是运输标志？它有哪些主要内容？

10.什么是毛重、净重、公量？

11.订立合同包装条款时应注意哪些问题？

□ 典型案例

1.甲国卖方与乙国买方签订出口某商品合同。数量为1 000长吨，单价为每长吨CIF Bremen 80英镑，品质规格为：水分不超过15%，杂质不超过3%，交货品质以卖方商品检验机构出具的品质检验证书为最后依据。在成交前，卖方向买方寄送了样品，合同签订后，买方曾传真要求卖方保证交货品质，卖方回复称保证交货品质与寄送的样品一致。货物经卖方商品检验机构检验合格后装运。货物运抵目的地后，买方检验后提出，虽然货物品质与卖方商品检验机构出具的检验证书一致，但是却远低于样品的品质，卖方有义务保证所交货物品质与寄送的样品一致，于是提出每长吨降价6英镑，共计6 000英镑。卖方以合同未规定凭样品成交为由不同意降价。于是，买方请当地公正检验人对该商品进行检验，出具了货物平均品质比样品低7%的检验证书，向合同规定的仲裁机构提交仲裁。请问，你对本案如何处理?

分析与提示：

本案争论的焦点是：该笔交易是凭规格买卖还是凭样品买卖，或者是既凭规格买卖又凭样品买卖。凭样品买卖可以是明示的，也可以是默示的。前者是指以样品为交货依据，并在合同中明确规定；后者是指根据交易的情况推断当事人有以样品为交货依据的意思，但没有在合同中规定出来。

本案中，从合同条款看，只规定了凭规格买卖，并未规定凭样品买卖。但在成交前，卖方曾向买方寄送了样品，并在后来的来往通信中保证货物品质不会低于样品。尽管卖方辩称该传真并未写明构成合同不可分割的一部分，但从整个交易过程看，该传真是对合同条款的补充。因此，该笔交易由于这个传真就从凭规格买卖转变为既凭规格买卖又凭样品买卖了。

2.某厂外销布匹40 000米，合同订明：红白黄绿4种颜色各10 000米，并附有溢短装10%条件。该厂实际交货数量为：红色10 400米，白色8 000米，黄色9 100米，绿色9 000米，共计36 500米。虽然白布超过10%溢短装限制，但是就整批货来说仍未超过此限制。在这种情况下，是否构成数量违约？如果构成违约，是白布部分违约，还是整批货违约?

分析与提示：

本案的焦点是在一笔交易中存在不同品种情况下应如何理解溢短装条款。在国际贸易实务中，若同一合同中包括了若干关联商品，则对于溢短装条款的正确理解是：溢短装条款应适用于每种不同商品，而且，如无特别说明，关联商品的多装少装方向应一致，比例应一致。这样，可保证买方配套生产。

在实际工作中，经常出现某一花色多一点，另一花色存货又不足的情况，出口商为满足交货总量要求，采取互相替补方法来解决，这是错误的。对纺织品、服装制品、轻工业品的出口尤其应注意。

3.菲律宾某公司与上海某自行车厂洽谈业务，打算从我国进口“永久”牌自行车1 000辆。要求我们将商标改为“剑牌”，包装上不得注明“中国制造”。请问，我方可否接受？在处理此类业务时应注意什么问题?

分析与提示：

该案例涉及的是定牌和中性包装问题。在国际贸易实务中，定牌和中性包装都是可以接受的。但应注意以下两个重要问题：

第一，对方要求使用的商标有无第三者注册，这涉及工业产权侵权问题，合同应规定，如因使用买方提供的商标导致卖方遭受第三人索赔，买方应承担一切责任。

第二，如果我方商品在对方市场上已经树立了良好的形象，很畅销，则不宜接受定牌和中性包装的要求，以免影响我方产品的销售，造成市场混乱。

4.广东省某县盛产柑橘，并培育出一种优质品种，被称为“××柑”。该县A公司曾与英国B公司订立了一份向英国出口大宗柑皮的合同，合同中的品质条款仅规定“××种柑皮”。货物交收后，B公司提出异议：这些柑皮不是该县所生产的。因为B公司已派人调查了该县所有产地，即使用该县生产的所有柑橘也无法剥出这么多柑皮。A公司解释为，合同仅规定“××种柑皮”，只要是××品种的柑橘皮就符合合同规定。B公司认为，合同规定的“××种柑皮”必须是在该县种植的柑橘所剥出的柑皮。虽然双方各执己见，但是A公司为维持双方业务关系，最终赔偿了B公司。试分析从此案例中可得到哪些启示。

分析与提示：

本案例是一个涉及品质条款的案例，在订立合同的品质条款时，条款内容应尽量准确、严密，否则，笼统的条款内容往往会使双方因对合同含义的不同理解而产生纠纷。不过，此案若A公司坚持，胜诉机会很大，因为按当地习惯，“××种柑皮”为××品种的柑橘皮，而不一定是在该县种植的柑橘所剥出的柑皮。

5.我方出口苹果酒一批，国外开来信用证上货物的名称为“Apple Wine”，于是为了单证一致，所有单据上均用了“Apple Wine”，不料货到国外后被海关扣留罚款，因该批酒的内外包装上均写的是“Cider”字样，结果外商要求我方赔偿其罚款损失。请问我方对此有无责任？

分析与提示：

（1）我方对此承担一定的责任。按照有关的法律和惯例，对成交商品的描述是构成商品说明的一个主要组成部分，是买卖双方交接货物的一项基本依据，它关系到买卖双方的权利和义务。若卖方交付的货物不符合约定的品名或说明，买方有权提出损害赔偿要求直至拒收货物或撤销合同。本案例中的“Cider”一词既有苹果酒也有苹果汁的意思，因此货到目的港后海关以货物与品名不符，对该货物扣留罚款我方应承担一定的责任。

（2）在贸易实践中如果出现此种情况，我方应在收到信用证后要求改证，即对信用证中的品名进行修改，这样既可以做到单证一致，收款有保障，同时又避免了实际货物与单据上的商品品名不符，从而遭受海关扣留罚款的不利损失。

□ 拓展阅读

拓展阅读 1

进口玉米因品质问题被销毁，损失由谁承担？

拓展阅读 2

国际贸易中质量检验条款的重要性

拓展阅读 3

海关贴心服务助“锂”新能源企业腾飞

第2章/国际贸易术语

学习目标

了解贸易术语的含义、作用，以及有关贸易术语的惯例。重点掌握《国际贸易术语解释通则®2020》中关于11种贸易术语的基本含义和买卖双方的主要义务的规定，以及该惯例相对以前版本所作的主要改变，重点学习和掌握这些贸易术语的主要内容及其差别，并了解在实践中如何更好地选择适当的贸易术语。

国际贸易术语是国际货物买卖合同的重要组成部分。尽管贸易术语一般在合同的价格条款中作出约定，但事实上它除了能够说明商品的价格构成外，更主要的是明确了合同双方在货物交接方面各自应承担的责任、费用和风险。因此，三个英文字母表示的贸易术语是合同义务的一种表示方法。

贸易术语的使用能够简化交易磋商的手续，缩短成交的时间。由于不同国家对贸易术语有不同的解释，不利于国际贸易的发展，为统一贸易术语解释，国际商会等组织相继出台了有关贸易术语的国际惯例解释通则，这些国际惯例对买卖双方在货物交付环节上应该承担的义务，作了完整而确切的解释，避免了由于对合同条款的理解不一致，在履约中可能产生的某些争议。

2.1 贸易术语的含义与作用

2.1.1 贸易术语的含义

贸易术语（Trade Terms）是指用一个简短的概念或简短的外文缩写字母来表明买卖合同中货物交接过程中买卖双方各自承担的责任、费用与风险划分的专门用语，它同时也反映了买卖价格的构成。

国际贸易的买卖双方，一般来说远隔重洋，相距遥远。货物自产地运至最终目的地的过程中，往往要经过长途运输，多次转运装卸和存储，其间尚需办理进出口手续，需要洽租运载工具，办理保险等。与此同时，需要支付相应的费用，如运费、装卸费、保险费、仓储费以及各种税费和杂项费用等。此外，货物在转运过程中还可能遭到各种自然灾害和意外事故等风险。

有关上述责任，由谁负责，手续由谁办理，费用由谁负担，风险如何划分就成为国际贸易实际业务中买卖双方必须明确约定的问题。这样，经过长期的国际贸易实践，就逐渐形成了适应各种需要的贸易术语。如果由卖方承担较多的风险、责任和费用，其价格自然要高一些；反之，如果由买方承担较多的风险、责任和费用，货价则要低一些。

2.1.2 贸易术语在国际贸易中的作用

贸易术语在国际贸易中的作用，有下列几个方面：

1）有利于买卖双方简化交易洽商内容，缩短洽商时间，节省交易费用

由于每种贸易术语都有其特定的含义，因此，买卖双方只要商定好按何种贸易术语成交，即可明确彼此在交接货物方面所应承担的责任、费用和风险。这就简化了交易洽商内容，缩短了交易的洽商时间，从而有利于买卖双方迅速达成交易和订立合同。

2）有利于买卖双方核算价格和成本

由于贸易术语反映出了价格构成因素，因此在买卖双方确定成交价格时，必然要考虑采用的贸易术语中包含哪些费用，这就有利于买卖双方进行比价和加强成本核算。

3）有利于解决履约当中的争议

买卖双方商订合同时，如对合同条款考虑欠周，某些事项规定不明确或不完备，将会导致在履约当中产生的争议无法依据合同的规定解决。在此情况下，可以援引有关贸易术语的一般解释来处理。因为，贸易术语的一般解释已成为国际惯例，它是大家所遵循的一种类似行为规范的准则。

2.2 有关贸易术语的国际贸易惯例

国际贸易惯例，是指根据长期的国际贸易实践中逐步形成的某些通用的习惯做法而制定的规则。国际贸易惯例本身并不是法律，因而不具有普遍的法律拘束力。但通过政府立法或国际立法可赋予它解释合同效力，并且按照各国的法律，在国际贸易中都允许当事人有选择适用国际贸易惯例的自由，一旦当事人在合同中采用了某项惯例，它对双方当事人就具有法律拘束力。有些国家的法律还规定，法院有权按照有关的贸易惯例来解释双方当事人的合同。根据《中华人民共和国民法典》的规定，涉外合同应优先适用我国对外缔结或参加的国际条约与公约。此外，也可参照适用国际惯例。而在国际贸易中影响最大的是国际商会制定的《国际贸易术语解释通则》和《跟单信用证统一惯例》，这些国际贸易惯例已被贸易界、银行界和法律界普遍接受，并成为国际上公认的、通行的常规做法和行为模式。由此可见，国际贸易惯例对于维持国际贸易的正常有序进行起到了非常重要的作用。

在国际贸易业务实践中，因各国法律制度、贸易惯例和习惯做法不同，国际上

对各种贸易术语的理解与运作互有差异，从而容易引起贸易纠纷。为了避免各国在对贸易术语解释上出现分歧和引起争议，有些国际组织和商业团体便分别就某些贸易术语作出统一的解释与规定，其中影响较大的主要有：国际商会制定的《国际贸易术语解释通则》（International Rules for the Interpretation of Trade Terms，INCOTERMS）；国际法协会制定的《1932年华沙-牛津规则》（Warsaw-Oxford Rules，1932）；美国一些商业团体制定的《1941年美国对外贸易定义（修订本）》（Revised American Foreign Trade Definitions）。

2.2.1 《国际贸易术语解释通则》

国际商会为统一各种贸易术语的不同解释，于1936年制定了《国际贸易术语解释通则》，其宗旨是为国际贸易中普遍使用的贸易术语提供一套解释的国际规则，以避免因各国不同的解释而出现的不确定性，或至少在一定程度上减少这种不确定性。为适应国际贸易实践发展的需要，国际商会先后于1953年、1967年、1976年、1980年、1990年、1999年和2010年进行修订和补充。考虑到无关税区的不断扩大、商业交易中电子信息使用的增加、货物运输中对安全问题的进一步关注以及运输方式的变化等方面，国际商会再次对《国际贸易术语解释通则》进行修订，以使这些规则适应当前国际贸易实践的发展，并于2019年9月公布了《国际贸易术语解释通则®2020》（也称《INCOTERMS®2020》），2020年1月1日起开始生效。它是当今世界上影响最大的贸易术语解释，是重要的国际惯例之一。

1）《INCOTERMS®2020》的基本内容与变化解释

相对于《INCOTERMS®2010》，《INCOTERMS®2020》的主要内容与变化解释如下：

（1）《INCOTERMS®2020》的基本内容

首先，在《INCOTERMS®2020》中，DAT（运输终端交货）和DAP（目的地交货）呈现的顺序被颠倒过来，即交货发生在卸载之前的DAP现在出现在DAT之前；其次，DAT规则的名称已被改为DPU（Delivered at Place Unloaded）（见表2-1），强调了目的地可以是任何地方，而不仅仅是“运输终端”的现实。但是，如果该地点不在运输终端，卖方应确保其打算交付货物的地点是能够卸货的地点。

贸易术语的数量保持不变，仍然是11个，分为两大类。第一类是适用于任何运输方式或多种运输方式的术语，包括7个贸易术语：EXW、FCA、CPT、CIP、DAP、DPU和DDP。不论选用何种运输方式，也不论使用一种还是多种运输方式，都可以使用这部分术语，甚至没有海运时也可以使用这些术语。但是，重要的是要记住，当船舶用于部分运输时，可以使用这些术语。第二类是适用于海运和内河运输的术语，包括4个贸易术语：FAS、FOB、CFR和CIF。因为其交货地点和将货物交至买方的地点都是港口，因此被划分为“适用于海运及内河运输的术语”。

表2-1 《INCOTERMS®2020》的11个贸易术语

组别	术语缩写	术语英文名称	术语中文名称
适用于任何运输方式或多种运输方式的术语	EXW	Ex Works	工厂交货
	FCA	Free Carrier	货交承运人
	CPT	Carriage Paid to	运费付至
	CIP	Carriage and Insurance Paid to	运费和保险费付至
	DAP	Delivered at Place	目的地交货
	DPU	Delivered at Place Unloaded	目的地卸货后交货
	DDP	Delivered Duty Paid	完税后交货
适用于海运和内河运输的术语	FAS	Free alongside Ship	船边交货
	FOB	Free on Board	船上交货
	CFR	Cost and Freight	成本加运费
	CIF	Cost Insurance and Freight	成本、保险费加运费

有关各贸易术语的具体解释见本章的2.3节与2.4节

（2）FCA术语下的已装船批注提单

货物以FCA术语销售经由海运方式运输，卖方或买方（或者更可能是它们的银行）如使用信用证可能需要已装船批注提单。然而，FCA术语下的交货在货物装船之前已经完成，无法确定卖方是否能够从承运人处获取已装船提单。为满足这种情形，《INCOTERMS®2020》规定FCA中的A6/B6现在提供了一个附加选项。买方和卖方可以约定，买方将指示其承运人在货物装船后向卖方签发已装船提单，然后卖方有义务，通常通过银行，向买方提交该提单。国际商会认识到，尽管已装船提单和FCA交货之间的结合有些不恰当，但这迎合了市场中显而易见的需求。

如果卖方在装船前通过将集装箱货物移交给承运人来交货给买方的话，建议卖方最好以FCA而不是以FOB条款销售。但是，《INCOTERMS®2020》做了改变，即，如果此时卖方仍然希望或需要已装船批注提单，FCA术语A6/B6中的新的附加选项对该种单据作出了规定。

（3）费用（如列出）

在《INCOTERMS®2020》的新排序中，费用现显示在每条INCOTERMS®规则的A9/B9中。INCOTERMS®规则中不同术语中各条款划分的各种费用传统上出现在INCOTERMS®规则中每个术语的不同部分。但是，在《INCOTERMS®2020》中，相当于《INCOTERMS®2010》中A6/B6条款的A9/B9现在列出了由INCOTERMS®规则每一特定术语划分的所有费用。因而《INCOTERMS®2020》中的A9/B9比《INCOTERMS®2010》中的A6/B6篇幅更长。

（4）CIF和CIP中保险险别的不同层级

在《INCOTERMS®2020》的CIF和CIP术语中规定不同的最低险别。CIF术语更可能用于海运大宗商品贸易，但维持《伦敦保险协会货物保险条款》条款（C）作为默示立场的现状，当然双方当事人仍可以自由商定较高的保险险别。《INCOTERMS®2020》CIP术语中，卖方现在必须取得符合《伦敦保险协会货物保险条款》条款（A）的保险险别，尽管双方当事人仍可以自由商定较低的保险险别。

（5）在FCA、DAP、DPU、DDP中使用卖方或买方自己的运输工具安排运输

在《INCOTERMS®2010》中始终设定，在货物由卖方运往买方的情况下，货物将依据具体使用的INCOTERMS®规则，由卖方或买方为此目的而雇用的第三方承运人运输。然而，在某些情况下，虽然货物要从卖方运往买方，但仍然可以在根本不雇用任何第三方承运人的情况下进行运输。因此，《INCOTERMS®2020》考虑到了这些可能性，不仅明确允许订立运输合同，而且也允许仅安排必要的运输。

（6）在运输义务和费用中加入与安全有关的要求

在21世纪初与安全相关的问题变得如此普遍之后，《INCOTERMS®2010》是INCOTERMS®规则生效后的第一个修订本。这些问题以及随之创建的相关装运实务，现在已经更多了。由于与运输要求相关，与安全相关的义务的明确划分现已添加到《INCOTERMS®2020》的A4/A7中。这些要求产生的费用现在在费用条款中，即A9/B9，也占有更为突出的地位。

（7）用户解释说明

在2010版中，每个INCOTERMS®规则开头处出现的“使用说明”现在作为“用户解释说明”出现。这些用户说明解释了2020版中每个规则的基本原理，例如应该何时使用、风险何时转移和卖方与买方之间如何划分费用等。解释说明的意图是：①帮助用户在特定交易中更准确、更高效地选择合适的INCOTERMS®规则；②为那些《INCOTERMS®2020》调整的争议或合同提供解决方案，或者咨询者就可能需要的解释事项提供指南。

2）《INCOTERMS®2020》对各贸易术语下买卖双方应承担的义务总的划分

《IINCOTERMS®2020》对各贸易术语下买卖双方应承担的义务总的划分方法见表2-2。

表2-2 买卖双方应承担的义务

卖方义务		买方义务	
A1	卖方的一般义务	B1	买方的一般义务
A2	交货	B2	提货
A3	风险转移	B3	风险转移
A4	运输	B4	运输
A5	保险	B5	保险
A6	交货/运输单据	B6	交货/运输单据
A7	出口/进口清关	B7	出口/进口清关
A8	查验/包装/标记	B8	查验/包装/标记
A9	费用划分	B9	费用划分
A10	通知	B10	通知

3）使用《INCOTERMS®2020》时应注意的问题

第一，选择适合的国际贸易术语。如果对特定的合同选择了错误的INCOTERMS®规则，则可能会产生漏洞、重叠以及不必要的成本。造成“错误的”不匹配的原因是未对《INCOTERMS®2020》中包含的贸易术语的两个最重要的特征给予充分关注，两个特征互为镜像，即交货和风险转移的港口、地方或地点。但是无论选择何种贸易术语，买卖双方都应该清楚，对其合同的解释很可能会受到使用的港口或地点特有的惯例的影响。

第二，将《INCOTERMS®2020》以最佳方式并入合同。如果当事人希望《INCOTERMS®2020》适用于他们的合同，确保实现这一希望的最安全做法就是在他们的合同中通过诸如这样的措辞明确其意图：“［所选择的INCOTERMS®规则］［指定的港口、地方或地点］INCOTERMS®2020。”具体并入方式如：CIF Shanghai Incoterms®2020或DAP No 123，ABC Street，Importland Incoterms®2020。

第三，《INCOTERMS®2020》本身不是一份销售合同，因此不能作为销售合同的替代。《INCOTERMS®2020》设计的目的在于反映任何种类的货物的贸易实务，而非特定货物的贸易实务，其既可以适用于散装铁矿石交易，也可以适用于5个集装箱的电子设备或10个托盘的空运鲜花交易。必须强调的是，《INCOTERMS®2020》不涉及所售货物的财产/权利/所有权的转移问题。当事人需要在其销售合同中对这些事项作出具体约定，否则，如果日后产生履约或违约纠纷就容易产生问题。

2.2.2 《1932年华沙-牛津规则》

《1932年华沙-牛津规则》是国际法协会专门为解释CIF合同而制定的，这一规则对于CIF的性质、买卖双方所承担的风险、责任和费用的划分以及所有权转移的方式等问题都作了比较详细的解释。1926年，国际法协会（International Law Association）在维也纳开会时，认为国际贸易间商人使用的贸易条件过于混乱，必须进行统一，于是决定对使用最广泛的CIF条件加以整理。经过2年的努力，参照英国贸易习惯及判例，就CIF条件下买卖双方的权利和义务制定了22条规则，并于1929年华沙会议中通过，称为《1928年华沙规则》（Warsaw Rules，1928）。

其后在国际商会的协助下，国际法协会在1930年纽约年会及1931年巴黎会议时对该规则进行重新修订，并于1932年牛津会议中讨论通过，修订后的条文共21条，称为《1932年华沙-牛津CIF合同规则》（Warsaw-Oxford Rules for CIF Contract，1932），简称《1932年华沙-牛津规则》。

本规则自1932年通过以来，至今再没有修订，以致其中若干规定难以适应实际需要，因而在应用中，使用的人不多。但由于此规则专门为CIF而订立，对CIF买卖合同的性质、风险和费用以及所有权转移等问题作了较全面的规定，至今对国际贸易CIF合同当事人的权利和义务划分仍有一定的参考作用。

2.2.3 《美国对外贸易定义（修订本）》

早在1919年，美国的几个商业团体即共同制定了有关对外贸易定义的统一解释，供从事对外贸易人员参考使用，后鉴于贸易做法的演变，在1940年第27届美国对外贸易会议上要求对原有定义进行修改。1941年7月30日，由美国商会、美国进口商会理事会和美国对外贸易理事会所组成的联合委员会正式通过并采用了此项定义，并由美国对外贸易理事会发布。此项定义定名为《1941年美国对外贸易定义（修订本）》（Revised American Foreign Trade Definitions，1941）。为了顺应贸易环境的变化，在1990年，针对新的形势，对《1941年美国对外贸易定义（修订本）》进行了一些修改，通过了《1990年美国对外贸易定义（修订本）》。在此次修改中，增加了一些买卖双方的责任。同时原有的责任划分更加细致，以便双方都能从变化中受惠。对《1990年美国对外贸易定义（修订本）》的广泛应用，将会使对外贸易程序更加规范化，同时也将会避免交易过程中产生的误解。

《1990年美国对外贸易定义（修订本）》共分序言、注意要点和价格术语定义3大部分，对Ex Point of Origin、FAS、FOB、C&F、CIF和Ex Dock这6种贸易术语作了解释。值得注意的是，该定义把FOB分为6种类型。其中只有第5种，即指定的装运港船上交货（FOB Vessel）才同国际贸易中一般通用的FOB的含义大体相同，而其余5种FOB的含义则完全不同，为了具体说明买卖双方在各种贸易术语下承担的权利和义务，在此修订本中所列各种贸易术语之后，一般附有注释，这些注释实际上是贸易术语定义不可分割的组成部分。因此，为充分了解在各种贸易术语下买卖双方各自承担的权利和义务，不仅应考虑定义本身，还应明了附加的有关贸易术语后的注释。

2.3 适用于任何运输方式或多种运输方式的术语

这部分包括《INCOTERMS®2020》中的7个术语，即EXW、FCA、CPT、CIP、DAP、DPU和DDP。不论选用何种运输方式，也不论使用一种还是多种运输方式，都可以使用这部分术语。当船舶用于部分运输时，也可以使用这些术语。

2.3.1 EXW（Ex Works）工厂交货

1）EXW术语的含义

EXW的全称是Ex Works（Insert Named Place of Delivery）INCOTERMS®2020，即工厂交货（插入指定交货地点），是指当卖方在其所在地或其他指定地点（如在其他地点的工厂、车间或仓库等）将货物交由买方处置时，即完成交货。该指定地点可以是卖方所在地，也可以不是卖方所在地。卖方不需要将货物装上任何前来接收货物的运输工具，需要清关时，卖方也无须办理出口清关手续。

该术语可适用于任何运输方式，也可适用于多种运输方式。

2）EXW术语买卖双方的义务

（1）A卖方的义务

①A1一般义务

卖方必须提供符合销售合同约定的货物和商业发票，以及合同可能要求的其他与合同相符的证据。

卖方提供的任何单据，根据双方约定可以是纸质或电子形式，如果没有约定，则按照惯常做法提供。

②A2交货

卖方必须在指定交货地或位于该地的约定点（如有），将未装载到任何接收货物的运输工具上的货物交由买方处置的方式交货。若在指定交货地来约定特定点，且在该地有多个地点可用，则卖方可选择最适合其目的之交货点。卖方必须在约定日期或约定交货期限内交货。

③A3风险转移

除B3规定的灭失或损坏情况外，卖方承担按照A2完成交货前货物灭失或损坏的一切风险。

④A4运输

卖方对买方没有订立运输合同的义务。但是，应买方要求并由其承担风险和费用的情况下，卖方必须向买方提供卖方拥有的买方安排运输所需的任何信息，包括与运输有关的安全要求。

⑤A5保险

卖方对买方没有订立保险合同的义务。但是，在应买方要求并由其承担风险和费用的情况下，卖方必须向买方提供卖方所拥有的买方取得保险所需的信息。

⑥A6交货/运输单据

卖方对买方没有义务。

⑦A7出口/进口清关

如适用，在应买方要求并由其承担风险和费用的情况下，卖方必须协助买方获取出口国/过境国/进口国要求的与所有出口/过境/进口清关手续有关的任何单据及/或信息，诸如：出口/过境/进口许可证；出口/过境/进口安检清关；装运前检验及任何其他官方授权。

⑧A8查验/包装/标记

卖方必须支付按照A2交货所需的查验操作费用（如查验品质、丈量、计重、点数的费用）。卖方必须自付费用包装货物，除非该特定贸易运输的所售货物通常无须包装。除非双方已经约定好具体的包装或标记要求，否则，卖方必须以适合该货物运输的方式对货物进行包装和标记。

⑨A9费用划分

卖方必须支付按照A2完成交货前与货物相关的所有费用，按照B9应由买方支付的费用除外。

⑩A10通知

卖方必须向买方发出为买方提取货物所需的任何通知。

（2）B买方的义务

①B1一般义务

买方必须按照销售合同约定支付货物价款。买方提供的任何单据，根据双方约定可以是纸质或电子形式，如果没有约定，则按照惯常做法提供。

②B2提货

当卖方已按照A2完成交货，并按照A10发出通知时，买方必须提取货物。

③B3风险转移

买方承担按照A2交货时起货物灭失或损坏的一切风险。如果买方未按照B10发出通知，则买方承担自约定的交货日期起或交货期限届满之时起的货物灭失或损坏的一切风险，但以该货物已被清楚地确定为合同项下货物为前提条件。

④B4运输

应由买方负责自费签订运输合同或安排自指定交货地起的货物运输。

⑤B5保险

买方对卖方没有订立保险合同的义务。

⑥B6交货证据

买方必须向卖方提供其已提取货物的适当证据。

⑦B7出口/进口清关

如适用，应由买方办理出口国/过境国/进口国所要求的所有出口/过境/进口清关手续，并支付该类费用，诸如：出口/过境/进口许可证；出口/过境/进口安检清关；装运前检验以及任何其他官方授权。

⑧B8查验/包装/标记

买方对卖方没有义务。

⑨B9费用划分

买方必须：

a）支付按照A2完成交货之时起与货物有关的所有费用；

b）偿付卖方为按照A4、A5或A7提供协助或信息而产生的所有费用和开支；

c）如适用，支付货物出口应缴纳的所有关税、税款和其他费用，以及办理出口清关手续而产生的费用；

d）支付因买方未提取已交由其处置的货物或未按照B10发出适当通知而产生的额外费用，但以该货物已被清楚地确定为合同项下货物为前提条件。

⑩B10通知

无论何时根据约定，当买方有权决定在约定交货期限内的时间及/或在指定地点的提货点时，买方必须给予卖方充分通知。

3）使用EXW术语应注意的问题

（1）国内贸易问题

按EXW贸易术语达成的交易，在性质上类似于国内贸易。因为卖方是在本国国内完成交货，其所承担的风险、责任和费用也都局限于出口国的国内，卖方不必过问货物出境、入境及运输、保险等事项，由买方安排车辆或其他运输工具到约定的交货地点接运货物，因此在卖方与买方达成的契约中可不涉及运输和保险的问题。

EXW适合国内贸易，而FCA一般更适合国际贸易。

（2）装货义务问题

卖方对买方没有装货的义务，即使实际上卖方也许更方便这么做。如果卖方装货，则由买方承担相关风险和费用。当卖方更方便装货时，FCA一般更为合适，因为该术语要求卖方承担装货义务（当交货地点是卖方所在地时），以及与此相关的风险和费用。

（3）交货地或交货点问题

买卖双方仅需指定交货地。但是，特别建议双方还应尽可能清楚地指明交货地范围内的精确交货点，精确交货点会让双方均可清楚货物交付的时间和风险转移至买方的时间以及卖方承担费用的地点。如果双方不指定交货点，则视为留待由卖方选择“最适合卖方目的”的交货点。这意味着，卖方可能会选择某个点作为交货点，而货物恰好在该点之前发生了灭失或损坏，从而可能使买方承担风险。因此，买方最好选择将要交货地范围内的精确地点。

（4）出口清关问题

按这一术语成交，买方要承担办理货物出口和进口的清关手续的义务，因此买方还应考虑在这方面有无困难。如果买方不能直接或间接地办理出口和进口手续，则不应采用这一术语成交。另外，买方仅是有限地承担向卖方提供货物出口相关信息的责任。但是，卖方则可能出于缴税或申报等目的，需要这方面的信息。

（5）买方义务和风险问题

由于在EXW条件下，买方要承担过重的义务，并且可能面临更多风险，例如装载风险，即当货物置于交货地、尚未装载、由买方处置时，交货已完成，其风险随之转移。但是，货物装载很可能是由卖方操作，装载操作中发生的货物灭失或损坏的风险很可能由没有实际参与货物装载的买方承担。因此对外成交时，买方不能仅仅考虑价格低廉，还应认真考虑可能遇到的各种风险以及运输环节等问题，要权衡利弊，注意核算经济效益。如果买方希望规避在卖方场所装载货物期间的风险，则应当考虑选择FCA规则

2.3.2　FCA（Free Carrier）货交承运人

1）FCA术语的含义

FCA的全称是Free Carrier（Insert Named Place of Delivery）INCOTERMS®2020，即货交承运人（插入指定交货地点），是指卖方在卖方所在地或其他指定地点将货物交给买方指定的承运人或其他人。由于风险在交货地点转移至买方，因此特别建议双方尽可能清楚地写明指定交货地内的交付点。如果双方希望在卖方所在地交货，则应将卖方所在地址明确为指定交货地。如果双方希望在其他地点交货，则必须确定特定交货地点。如适用时，FCA要求卖方办理货物出口清关手续。但卖方无义务办理进口清关、支付任何进口税或办理进口的任何海关手续。

在《国际贸易术语解释通则®2020》术语中，承运人是签约承担运输责任的一方。

该术语可适用于任何运输方式，也可适用于多种运输方式。

2）FCA术语买卖双方的义务

（1）A卖方义务

①A1一般义务

卖方必须提供符合销售合同约定的货物和商业发票，以及合同可能要求的其他与合同相符的证据。

卖方提供的任何单据，根据双方约定可以是纸质或电子形式，如果没有约定，则按照惯常做法提供。

②A2交货

卖方必须在指定地或指定点（如有），向买方指定的承运人（或其他人）交付货物，或以取得已经如此交付货物的方式交货。

卖方必须按照下述要求交货：在约定日期；在买方按照B10（b）所通知的约定期间内的交货时间；如果未通知上述时间，则在约定期限届满之时。

以下情形，交货完成：

a）若指定交货地在卖方所在地，则当货物被装上买方提供的运输工具时；

b）在任何其他情况下，当货物在卖方的运输工具上做好卸载准备，并交由买方指定的承运人（或其他人）处置时。

如果买方未按照B10（d）通知在指定交货地内的特定交货点交货，且有数个交货点可用，则卖方可以选择最符合其目的之交货点。

③A3风险转移

除B3规定的灭失或损坏情况外，卖方承担按照A2完成交货前货物灭失或损坏的一切风险。

④A4 运输

卖方对买方没有订立运输合同的义务。但是，在应买方要求并由其承担风险和费用的情况下，卖方必须向买方提供卖方拥有的买方安排运输所需的任何信息，包括与运输有关的安全要求。如已约定，卖方必须按照惯常条款订立运输合同，由买方承担风险和费用。

卖方必须在完成交货之前遵守任何与运输有关的安全要求。

⑤A5保险

卖方对买方没有订立保险合同的义务。但是，应买方要求并由其承担风险和费用，卖方必须向买方提供卖方所拥有的买方获取保险所需的信息。

⑥A6交货/运输单据

卖方必须自付费用向买方提供已按照A2交货的通常证明。在应买方要求并由其承担风险和费用的情况下，卖方必须协助买方取得运输单据。若买方指示承运人向卖方出具B6项下的运输单据，则卖方必须向买方提交承运人出具的这一单据。

⑦A7出口/进口清关

a）出口清关。如适用时，卖方必须办理和支付出口国要求的所有出口清关手续，诸如：出口许可证；出口安检清关；装运前检验及任何其他官方授权。

b）协助进口清关。如适用时，应买方要求并由其承担风险和费用，卖方必须协助买方获取任何过境国或进口国需要的与所有过境/进口清关手续有关的任何单据及/或信息，包括安全要求和装运前的检验。

⑧A8查验/包装/标记

卖方必须支付为了按照A2交货所需要进行的查验费用（如查验品质、丈量、计重、点数的费用）。

卖方必须自付费用包装货物，除非该特定贸易运输的所售货物通常无须包装。除非双方已经约定好具体的包装或标记要求，否则，卖方必须以适合该货物运输的方式对货物进行包装和标记。

⑨A9费用划分

卖方必须支付：

a）按照A2完成交货前与货物相关的所有费用，按照B9应由买方支付的费用除外；

b）按照A6向买方提供已经交货的惯常证据的费用；

c）如适用，按照A7（a）办理出口清关有关的关税、税款和任何其他费用；

d）买方为按照B7（a）提供协助获取单据及信息相关的所有成本和收费。

⑩A10通知

卖方必须就其已按照A2完成交货或买方指定的承运人或其他人未在约定期限内提货的情况给予买方充分通知。

（2）B买方义务

①B1一般义务

买方必须按照销售合同约定支付货物价款。买方提供的任何单据，根据双方约定可以是纸质或电子形式，如果没有约定，则按照惯常做法提供。

②B2提货

当卖方已按照A2完成交货，买方必须提取货物。

③B3风险转移

买方承担按照A2交货时起货物灭失或损坏的一切风险。

如果满足以下条件，则买方承担货物灭失或损坏的所有风险：

a）买方未按照A2指定承运人（或其他人）或未按照B10发出通知。

b）买方按照B10（a）指定的承运人（或其他人）未接管货物：

（i）自约定日期起；如无约定的日期，则（ii）自买方根据B10（b）选择的时间起；或者，如未通知该时间，则（iii）从任何约定交货期限届满之日起，但以该货物已被清楚地确定为合同项下货物为前提条件。

④B4运输

除非卖方根据A4订立运输合同，否则，买方必须自付费用订立运输合同或安排从指定交货地开始的货物运输。

⑤B5保险

买方对卖方没有订立保险合同的义务。

⑥B6交货/运输单据

买方必须接受已按照A2完成交货的证据。如果双方已如此约定，买方必须自担费用及风险，指示承运人向卖方出具载明货物已经装载的运输单据（如已装船提单）。

⑦B7出口/进口清关

a）协助出口清关。如适用时，应卖方要求并由其承担风险和费用，买方必须协助卖方获取出口国需要的与所有出口清关手续有关的任何单据及/或信息，包括安全要求和装运前检验。

b）进口清关。如适用时，买方必须办理和支付过境国和进口国要求的所有手续，诸如：进口许可证及过境所需的任何许可证；进口及任何过境安检清关；装运前检验及任何其他官方授权。

⑧B8查验/包装/标记

买方对卖方没有义务。

⑨B9费用划分

买方必须支付：

a）按照A2完成交货之时起与货物有关的所有费用，按照A9应由卖方支付的费用除外。

b）卖方为按照A4、A5、A6及A7（b）提供协助获取单据及信息相关的所有成本和收费。

c）如适用时，按照B7（b）办理过境或进口清关有关的关税、税款和任何其他费用。

d）由于以下原因之一产生的任何额外费用：

（i）买方未按照B10指定承运人或其他人；

（ii）按照B10由买方指定的承运人或其他人未接管货物，但以该货物已被清楚地确定为合同项下货物为前提条件。

⑩B10通知

买方必须通知卖方：

a）指定的承运人或其他人的名称，该通知留出充分时间，以便卖方能按照A2完成交货；

b）在约定交货期限内所选择的由指定的承运人或其他人收取货物的时间（如有）；

c）指定的承运人或其他人使用的运输方式，包括任何与运输有关的安全要求；

d）在指定交货地的收货点。

3）使用FCA术语应注意的问题

（1）卖方交货义务

若在卖方所在地交货，则卖方有装载货物的义务，只有当卖方将货物装上买方指定的运输工具并支付相应装货费用，其交货义务才算完成。

如果买方指定的交货地点在卖方所在地之外的其他地点，则卖方有义务将货物运到指定交货地点使货物置于买方指定的承运人或其代理人或其他人的支配之下，此时卖方才完成交货义务。应该指出的是，卖方没有卸货的义务，货物运到指定地点后卸货前其交货义务即已完成。

卖方为了避免因交货地点不明确而增加费用支出，应该在签订买卖合同时，约定卖方将货物交给承运人确定的地点并明确货物以何种方式向承运人交货，或货物是否应装入集装箱内等。卖方可将承担的费用包括在货物价格中，防止造成损失。

（2）货与运输工具的衔接

在FCA合同中，由买方指定承运人以及订立运输合同，卖方负责交货，货物与运输工具衔接是否顺利是一个非常重要的问题。在实际业务中，常常出现货物等待运输工具或运输工具等待货物的现象，这样会引起费用损失，费用损失由买方负担还是由卖方负担往往会产生争议。有时买方请求卖方协助与承运人订立合同，只要买方承担费用和风险，卖方也可以办理。当然，卖方也可以拒绝接受，若拒绝接受，则应立即通知买方，以便买方另作安排。

（3）风险转移问题

尽管惯例规定，自约定的交货日期或约定的交货期间届满之日起，因买方未指定承运人或其他人，或者买方指定承运人或其他人未接管货物，货物灭失或损坏的风险由买方承担，但是此种损失往往需要通过法院或仲裁机构的判决或裁决，甚至需要法院的强制执行才能得到经济补偿，给卖方带来许多麻烦。为了避免此类情况发生，卖方在签订买卖合同时可以规定："买方不及时指定承运人或其他人接管货物，或者买方指定的承运人或其他人不及时接管货物，卖方有权在交货期截止时起代为指定承运人或其他人，订立运输合同，因此而产生的风险和费用由买方承担。"

（4）FCA下的已装船批注提单

为满足卖方用FCA术语销售时对已装船批注提单的可能需求，FCA Incoterms®2020首次提供了以下可选机制：如果双方在合同中如此约定，则买方必须指示承运人出具已装船批注提单给卖方。当然，承运人可能不同意买方的请求。但是，如果在买方承担费用与风险的情况下，承运人已经向卖方出具了提单，卖方必须将该单据提供给买方，以便买方用该提单从承运人处提取货物。当然，如果双方已约定卖方将提交给买方一份仅声明货物已收妥待运而非已装船的提单，则不需要选择该方案。此外，应强调的是，即使采用该可选机制，卖方对买方也不承担运输合同条款下的义务。最后，如采用该可选机制，内陆交货及装船的日期将可能不同，这将可能对信用证下的卖方造成困难。

2.3.3　CPT（Carriage Paid to）运费付至

1）CPT术语的含义

CPT的全称是Carriage Paid to（Insert Named Place of Destination）Incoterms®2020，即运费付至（插入指定目的地），是指卖方将货物在双方约定地点（如双方已经约定了地点）交给卖方指定的承运人或其他人。卖方必须签订运输合同并支付将货物运至指定目的地所需费用。在使用该术语时，当卖方将货物交付给承运人时，而不是当货物到达目的地时，即完成交货。

CPT术语要求卖方办理出口清关手续。但卖方无进口清关义务、支付任何进口税或办理进口相关的任何海关手续。

该术语可适用于任何运输方式，也可适用于多种运输方式。

2）CPT术语买卖双方的义务

（1）A 卖方义务

①A1一般义务

卖方必须提供符合销售合同规定的货物和商业发票，以及合同可能要求的其他与合同相符的证据。

卖方提供的任何单据，根据双方约定可以是纸质或电子形式，如果没有约定，则按照惯常做法提供。

②A2交货

卖方必须以将货物交给按照A4订立合同的承运人或以取得已经如此交付的货物的方式交货。在这两种情形下，卖方均必须在约定日期或约定期限内交货。

③A3风险转移

除按照B3的灭失或损坏情况外，卖方承担按照A2完成交货前货物灭失或损坏的一切风险。

④A4运输

卖方必须签订或取得运输合同，将货物自交货地内的约定交货点（如有），运送至指定目的地，或位于该目的地的任何交货点（如已约定）。运输合同必须按照惯常条款订立，由卖方承担费用，经由通常路径，按照所售货物类型的惯常运输方式运送货物。如果该具体地点未经约定，也未根据实务确定，则卖方可以选择最符合其目的之交货点和位于指定目的地内的交货点。

卖方必须遵守运至目的地过程中任何与运输有关的安全要求。

⑤A5保险

卖方对买方无订立保险合同的义务。但是，在应买方要求并由其承担风险和费用的情况下，卖方必须向买方提供卖方所拥有的买方取得保险所需的信息。

⑥A6交货/运输单据

依惯例或应买方要求，卖方必须承担费用，向买方提供其按照A4订立的运输合同项下的通常运输单据。

该运输单据必须载明合同项下货物，且其签发日期应在约定的运输期限内。如已凭约定或依惯例，该运输单据还必须能使买方在指定目的地向承运人索取货物，并能使买方通过向其下家买方转让该单据或通过通知承运人来转卖在途货物。

当该运输单据以可转让方式签发且有数份正本时，全套正本必须向买方提交。

⑦A7出口/进口清关

a）出口清关。如适用，卖方必须办理出口国要求的所有出口清关手续并支付费用，诸如：出口许可证；出口安检清关；装运前检验及任何其他官方授权。

b）协助进口清关。如适用，应买方要求并由其承担风险和费用，卖方必须协助买方获取任何过境国或进口国需要的与所有过境/进口清关手续有关的任何单据及/或信息，包括安全要求和装运前检验。

⑧A8查验/包装/标记

卖方必须支付为了按照A2交货所需要进行的查验费用（如查验品质、丈量、计重、点数的费用）。

卖方必须自付费用包装货物，除非该特定贸易运输的所售货物通常无须包装。除非双方已经约定好具体的包装或标记要求，卖方必须以适合该货物运输的方式对货物进行包装和标记。

⑨A9费用划分

卖方必须支付：

a）按照A2完成交货前与货物相关的所有费用，按照B9应由买方支付的费用除外；

b）按照A4所发生的运费和所有其他费用，包括装货费用及与运输有关的安全费用；

c）在约定目的地产生的任何卸货费用，但仅以运输合同规定应由卖方承担此类费用为条件；

d）根据运输合同应由卖方承担的过境费用；

e）按照A6向买方提供已经交货的通常证据的费用；

f）如适用，按照A7（a）办理出口清关有关的关税、税款和任何其他费用；

g）买方为按照B7（a）提供协助获取单据及信息相关的所有费用和开支。

⑩A10通知

卖方必须向买方发出已按照A2完成交货的通知以及其他任何所需通知以便买方收取货物。

（2）B买方义务

①B1一般义务

买方必须按照销售合同约定支付货物价款。买方提供的任何单据，根据双方约定可以是纸质或电子形式，如果没有约定，则按照惯常做法提供。

②B2提货

当卖方按照A2交货时，买方必须提取货物，并在指定目的地或在该地方内约定地点自承运人处收取货物。

③B3风险转移

买方承担按照A2交货时起货物灭失或损坏的一切风险。如买方未按照B10发出通知，则买方承担自约定的交货日期起或约定交货期限届满之时起的货物灭失或损坏的一切风险，但以该货物已清楚地确定为合同项下货物为前提条件。

④B4运输

买方对卖方没有订立运输合同的义务。

⑤B5保险

买方对卖方没有订立保险合同的义务。

⑥B6交货/运输单据

如果运输单据与合同相符，买方必须接受按照A6提供的运输单据。

⑦B7出口/进口清关

a）协助出口清关。如适用时，应卖方要求并由其承担风险和费用，买方必须协助卖方获取出口国需要的与所有出口清关手续有关的任何单据及/或信息，包括安全要求和装运前检验。

b）进口清关。如适用时，买方必须办理任何过境国和进口国要求的所有手续并支付费用，诸如：进口许可证及过境所需的任何许可证；进口及任何过境安检清关；装运前检验及任何其他官方授权。

⑧B8查验/包装/标记

买方对卖方没有义务。

⑨B9费用划分

买方必须支付：

a）按照A2完成交货之时起与货物有关的所有费用，按照A9应由卖方支付的费用除外；

b）过境费用，除非根据运输合同该项费用应由卖方承担；

c）卸货费用，除非根据运输合同该项费用应由卖方承担；

d）卖方为按照A5和A7（b）提供协助获取单据及信息相关的所有费用；

e）如适用，按照B7（b）办理过境或进口清关有关的关税、税款和任何其他费用；

f）由于未按照B10发出通知而产生的自约定交货日期或自约定交货期限届满之时起的任何额外费用，但以该货物已清楚地确定为合同项下货物为前提条件。

⑩B10通知

无论何时根据约定，当买方有权决定发货时间及/或指定目的地的收货点时，买方必须给予卖方充分通知。

3）使用CPT术语应注意的问题

（1）卖方及时发出交货通知

《国际贸易术语解释通则®2020》规定："卖方必须向买方发出已按照A2完成交货的通知以及其他任何所需通知以便买方收取货物。"交货通知的作用是使买方及时办理货物运输保险和进口手续、报关，做好接货准备。交货通知的内容通常包括合同号或订单号、信用证号、货物名称、数量、总值、运输标志、起运地、起运日期、运输工具名称及预计到达目的地日期等。如果买方需要卖方提供特殊信息，应在买卖合同中约定或在信用证中作出规定。按照国际惯例，若卖方未按惯例规定发出或未及时发出交货通知，使买方投保无依据或造成买方漏保，货物在运输过程中一旦发生灭失或损坏，应由卖方承担赔偿责任。

（2）卖方应买方请求提供投保信息

尽管在该贸易术语下卖方对买方无投保义务，但一旦买方请求并支付费用，提供保险信息就成为卖方的一项义务。一般情况下，装运通知中的内容能够满足买方对投保信息的要求，但某些保险公司可能要求额外的信息，买方也有可能选择卖方所在国家的保险公司办理保险，所以要求卖方将指定保险公司的保险条款等情况提供给买方。按惯例，若买方提出请求卖方提供投保信息，卖方未能提供该信息，致使买方来不及或无法为货物投保，一旦货物在运输途中出现灭失或损坏，卖方应承担因其过错导致的损害赔偿责任。

（3）该术语的两个关键点

由于风险转移和费用转移的地点不同，该术语有两个关键点：特别建议双方尽可能在合同中明确交货地点（风险在这里转移至买方）以及指定的目的地（卖方必须签订运输合同至目的地）。如果全程运输涉及多个承运人，且双方不能就交货点达成协议时，可以推定：当卖方在某个完全由其选择且买方不能控制的地点将货物交付给第一个承运人时，风险转移至买方。如果双方希望风险晚些转移（如在某港或机场转移），则需要在合同中订明。

由于卖方需承担将货物运到目的地具体地点的费用，特别建议双方尽可能确切地在指定目的地内明确地点。建议卖方取得完全符合该选择的运输合同。如果按照运输合同卖方需要承担在指定目的地发生的卸货费用，除非双方另有约定，卖方无权向买方要求偿付。

2.3.4 CIP（Carriage and Insurance Paid to）运费和保险费付至

1）CIP术语的含义

CIP的全称是Carriage and Insurance Paid to（Insert Named Place of Destination）INCOTERMS®2020，即运费和保险费付至（插入指定目的地），是指卖方将货物在双方约定地点交给指定的承运人或其他人。卖方必须签订运输合同并支付将货物运至指定目的地所需的费用。同时，卖方必须为买方在运输途中货物的灭失或损坏风险签订保险合同。

CIP术语要求卖方办理出口清关手续。但是卖方无义务办理进口清关或经由第三国过境的清关，支付任何进口关税或办理进口相关的任何海关手续。

在使用CIP术语时，当卖方将货物交付给承运人时，而不是当货物到达目的地时，即完成交货。一旦货物以此种方式交付给买方，卖方并不保证货物将以良好的状态、约定的数量或是否确实到达目的地。这是因为在将货物移交给承运人完成对买方的交货时，风险即从卖方转移到了买方。

该术语可适用于任何运输方式，也可适用于多种运输方式。

2）CIP术语买卖双方的义务

（1）A卖方义务

①A1一般义务

卖方必须提供符合销售合同约定的货物和商业发票，以及合同可能要求的其他与合同相符的证据。

卖方提供的任何单据，根据双方约定可以是纸质或电子形式，如果没有约定，则按照惯常做法提供。

②A2交货

卖方必须以将货物交给按照A4订立合同的承运人或以取得已经如此交付的货物的方式交货。在这两种情形下，卖方均必须在约定日期或约定期限内交货。

③A3风险转移

除按照B3的灭失或损坏情况外，卖方承担按照A2完成交货前货物灭失或损坏的一切风险。

④A4运输

卖方必须签订或取得运输合同，将货物自交货地内的约定交货点（如有），运送至指定目的地，或位于该目的地的任何交货点（如已约定）。运输合同必须按照惯常条款订立，由卖方承担费用，经由通常路径，按照所售货物类型的惯常运输方式运送货物。如果该具体地点未经约定，也未根据实务确定，则卖方可以选择最符合其目的之交货点和位于指定目的地内的交货点。

卖方必须遵守运至目的地过程中任何与运输有关的安全要求。

⑤A5保险

除非另有约定或在特定贸易中的习惯做法，卖家须自付费用取得货物保险。该保险需符合《伦敦保险协会货物保险条款》（Institute Cargo Clauses）任何附加险所需信息，LMA/IUA（劳合社市场协会/伦敦国际承保人协会）条款或任何适于货物运输方式的类似条款。保险应与信誉良好的承保人或保险公司订立，并应使买方或任何其他对货物具有可保利益的人有权直接向保险人索赔。

当买方要求且能够提供给卖方任何所需的信息时，卖方必须提供任何附加险，由买方承担费用，如果能够办理，诸如符合《伦敦保险协会货物保险条款》中的战争险条款（Institute War Clauses）及/或《伦敦保险协会货物保险条款》中的罢工险条款（Institute Strikes Clauses，LMA/IUA）或任何其他类似条款的险别（除非该险别已经包括在前款所述的货物保险中）。最低保险金额应是合同规定价格另加10%（即110%），并应采用合同货币。保险范围应从货物自A2规定的交货点起，至少至指定的目的地止。

卖方必须提供给买方保险单或保险证明或任何其他保险投保证据。此外，应买方要求并由其承担风险和费用，卖方必须向买方提供买方取得任何附加险所需信息。

⑥A6交货/运输单据

依惯例或应买方要求，卖方必须承担费用，向买方提供其按照A4订立的运输合同项下的通常运输单据。

该运输单据必须载明合同项下货物，且其签发日期必须在约定的运输期限内。如已凭约定或按照惯例，该运输单据还必须能使买方在指定目的地向承运人索取货物，并能使买方通过向其下家买方转让该单据或通过通知承运人来转卖在途货物。

当该运输单据以可转让方式签发并且有数份正本时，全套正本必须向买方提交。

⑦A7出口/进口清关

a）出口清关

如适用，卖方必须办理出口国要求的所有出口清关手续并支付费用，诸如：出口许可证；出口安检清关；装运前检验及任何其他官方授权。

b）协助进口清关

如适用，应买方要求并由其承担风险和费用，卖方必须协助买方获取任何过境国或进口国需要的与所有过境/进口清关手续有关的任何单据及/或信息，包括安全要求和装运前检验。

⑧A8查验/包装/标记

卖方必须支付为了按照A2交货所需要进行的查验费用（如查验品质、丈量、计重、点数的费用）。

卖方必须自付费用包装货物，除非该特定贸易运输的所售货物通常无须包装。除非双方已经约定好具体的包装或标记要求，卖方必须以适合该货物运输的方式对货物进行包装和标记。

⑨A9费用划分

卖方必须支付：

a）按照A2完成交货前与货物相关的所有费用，按照B9应由买方支付的费用除外；

b）按照A4所发生的运费和所有其他费用，包括装货费用及与运输有关的安全费用；

c）在约定目的地产生的任何卸货费用，但仅以运输合同规定应由卖方承担此类费用为条件；

d）根据运输合同应由卖方承担的过境费用；

e）按照A6向买方提供已经交货的通常证据的费用；

f）按照A5产生的保险费用；

g）如适用，按照A7（a）办理出口清关有关的关税、税款和任何其他费用；

h）买方为按照B7（a）提供协助获取单据及信息相关的所有费用和开支。

⑩A10通知

卖方必须向买方发出已按照A2完成交货的通知，以及任何所需通知以便买方收取货物。

（2）B买方义务

①B1一般义务

买方必须按照销售合同约定支付货物价款。

买方提供的任何单据，根据双方约定可以是纸质或电子形式，如果没有约定，则按照惯常做法提供。

②B2提货

当卖方按照A2交货时，买方必须提取货物，并在指定目的地或在该地方内约定地点自承运人处收取货物。

③B3风险转移

买方承担按照A2交货时起货物灭失或损坏的一切风险。

如买方未按照B10发出通知，则买方承担自约定的交货日期起或约定交货期限届满之时起的货物灭失或损坏的一切风险，但以该货物已清楚地确定为合同项下货物为前提条件。

④B4运输

买方对卖方没有订立运输合同的义务。

⑤B5保险

买方对卖方没有订立保险合同的义务。但是，应卖方要求，买方必须向卖方提供卖方按照A5要求的投保任何附加险所需的信息。

⑥B6交货/运输单据

如果运输单据与合同相符，买方必须接受按照A6提供的运输单据。

⑦B7出口/进口清关

a）协助出口清关

如适用，应卖方要求并由其承担风险和费用，买方必须协助卖方获取出口国需要的与所有出口清关手续有关的任何单据及/或信息，包括安全要求和装运前检验。

b）进口清关

如适用，买方必须办理任何过境国和进口国要求的所有手续并支付费用，诸如：进口许可证及过境所需的任何许可证；进口及任何过境安检清关；装运前检验及任何其他官方授权。

⑧B8查验/包装/标记

买方对卖方没有义务。

⑨B9费用划分

买方必须支付：

a）按照A2完成交货之时起与货物有关的所有费用，按照A9应由卖方支付的费用除外；

b）过境费用，除非根据运输合同该项费用应由卖方承担；

c）卸货费用，除非根据运输合同该项费用应由卖方承担；

d）应买方要求，按照A5投保附加险所发生的费用；

e）卖方为按照A5和A7（b）提供协助获取单据及信息相关的所有费用和开支；

f）如适用，按照B7（b）办理过境或进口清关有关的关税、税款和任何其他费用；

g）由于未按照B10发出通知而产生的自约定交货日期或自约定交货期限届满

之时起的任何额外费用，但以该货物已清楚地确定为合同项下货物为前提条件。

⑩B10通知

无论何时根据约定，当买方有权决定发货时间及/或指定目的地的收货点时，买方必须给予卖方充分通知。

3）使用CIP术语应注意的问题

（1）关于办理保险问题

《国际贸易术语解释通则®2020》规定，在CIP贸易术语条件下由卖方负责与保险人签订保险合同，支付保险费。在CIP条件下，卖方投保的性质与CIF条件一样，都是卖方为买方利益保险，是卖方代替买方投保的性质，可以从投保险别的选择、保险金额的确定、保险期限和保险权利转让等方面充分说明这一点。

① 在CIP Incoterms®2020规则下，卖方需要投保符合《伦敦保险协会货物保险条款》（A）款或其他类似条款下的范围广泛的险别，而不是符合《伦敦保险协会货物保险条款》（C）款下的范围较为有限的险别。但是，双方仍然可以自行约定更低的险别。

② 保险金额的确定是由买卖双方按CIP合同的规定进行一定的加成，至于加成率多少是根据买方要求确定的。如果买方未提出任何加成要求，卖方必须按CIP价款加成110%，并应当以买卖合同货币的币种投保。

③ 保险期限已在CIP贸易术语中作出明确规定。尽管保险条款规定保险人承担责任起讫是“仓至仓”，但在“仓至仓条款”中却有两个可保利益阶段，即在货物交给承运人或其他人接管时止为卖方可保利益阶段；在货物交给承运人或其他人接管时起直至目的地指定收货地点为买方可保利益阶段。因此按惯例，在CIP条件下，卖方投保期限为本术语卖方承担风险区间和从买方接受交货时起，也就是买方可保利益阶段。

④ 卖方必须向买方转让保险权利。CIP术语下，卖方必须使买方或任何其他对货物有可保利益者有权直接向保险人索赔。为了实现上述目标，卖方在投保后，必须在保险单或其他单据上背书，实施保险权利转让。买方合法取得保险单据后，一旦货物在运输途中遭受承保范围内的风险，造成货物灭失或损坏，买方或任何其他对货物有可保利益的人有权持保险单据向保险公司索赔。

按照CIP贸易术语签订的进口合同，由国外的卖方办理保险。尽管按惯例，卖方必须与信誉良好的保险人或保险公司订立保险合同。但是，在实际进口业务中，国外卖方为了节省保险费而选择资信较差的保险公司办理保险，如果货物发生重大损失，保险公司可能无力赔偿。

（2）订立运输合同问题

CIP贸易术语适合各种运输方式，其中包括空运、陆运、铁路运输和多式联运。卖方订立运输合同是有条件的，只限“按照通常方式经惯常路线”，按照通常条件订立运输合同。这里所指惯常路线“应该是从事此类贸易人士经常性使用的路线”。也就是说，如果卖方在订立运输合同时，惯常路线发生不可抗力受阻，卖方对订立运输合同可以免责，因此而造成延迟交货或不交货，卖方不承担责任。

（3）装卸费和过境海关费用

在CIP条件下，卖方应该在合同规定日期或期间内将货物交给承运人或其他人或第一承运人接管。若交货地点在卖方所在地，卖方应该负责装货并承担费用和风险；若在其他地点交货，卖方则不负责装货。在目的地（港）的卸货费由买方负担，但根据运输合同应由卖方负担卸货费的，卖方无权要求买方支付。

按照惯例，在CIP条件下，由卖方订立运输合同，需经第三国转运时，由买方还是卖方负担经由第三国海关的有关费用，必须在买卖合同中加以明确，否则会产生争议。在《国际贸易术语解释通则®2020》中提出该类税费原则上由买方负担，这样与买方负责办理途经第三国的进口清关手续相协调。但是，有时根据运输合同规定，卖方有可能需要负担货物经第三国过境运输所产生的有关海关费用，这一点必须引起卖方的注意。

（4）该术语的两个关键点

由于风险转移和费用转移的地点不同，该术语有两个关键点：特别建议双方尽可能确切地在合同中明确货物的交货地或交货点（如有）（用于确定风险转移），以及约定为货物终点的目的地或目的点（作为卖方承诺签订运输合同运至的地点）。当全程运输涉及多个承运人，且双方不能就交货点达成协议时，可以推定：当卖方在由其选择，且买方不能控制的地点将货物交付给第一个承运人时，风险转移至买方。如果双方希望风险晚些转移（如在某港或机场转移），则需要在合同中订明。

由于卖方需承担将货物运到目的地的具体地点的费用，特别建议双方尽可能确切地在指定目的地内明确地点。建议卖方取得完全符合该选择的运输合同。如果卖方按照运输合同在指定的目的地卸货发生了费用，除非双方另有约定，否则卖方无权向买方要求偿付。

2.3.5 DAP（Delivered at Place）目的地交货

1）DAP术语的含义

DAP的全称是Delivered at Place（Insert Named Place of Destination）INCOTERMS®2020，即目的地交货（插入指定目的地），是指当卖方在指定目的地或该指定目的地内的约定交货点（如已约定该交货点）将仍处于抵达的运输工具上，且已做好卸载准备的货物交由买方处置时，即为交货。卖方必须承担货物运到指定目的地或该指定目的地内的约定交货点的一切风险。

DAP要求卖方办理出口清关手续。但是卖方无义务办理进口清关或交货后经由第三国过境的清关、支付任何进口税或办理任何进口海关手续。

如果双方希望卖方办理货物进口清关、支付任何进口关税或税款，并办理任何进口海关手续，双方可以考虑使用DDP。

该术语可适用于任何运输方式，也可适用于多种运输方式。

2）DAP术语买卖双方的义务

（1）A卖方义务

①A1一般义务

卖方必须提供符合销售合同约定的货物和商业发票，以及合同可能要求的其他与合同相符的证据。

卖方提供的任何单据，根据双方约定可以是纸质或电子形式，如果没有约定，则按照惯常做法提供。

②A2交货

卖方必须在指定目的地的约定地点（如有），以将放置在抵达的运输工具上并做好卸货准备的货物交由买方处置，或以取得已经如此交付的货物的方式交货。在这两种情况下，卖方必须在约定日期或约定期限内交货。

③A3风险转移

除按照B3的灭失或损坏情况外，卖方承担按照A2完成交货前货物灭失或损坏的一切风险。

④A4运输

卖方必须自付费用签订运输合同或安排运输，将货物运至指定目的地或者指定目的地内的约定交货点（如有）。如果该具体地点未经约定，也未根据实务确定，则卖方可以选择最符合其目的之指定目的地内的交货点。

卖方必须遵守运至目的地过程中任何与运输有关的安全要求。

⑤A5保险

卖方对买方没有订立保险合同的义务。

⑥A6交货/运输单据

卖方必须自付费用向买方提交所要求的任何单据，以便买方能够接管货物。

⑦A7出口/进口清关

a）出口和过境清关

如适用，卖方必须办理出口国和任何过境国（除了进口国之外）要求的所有出口和过境清关手续，并支付费用，诸如：出口过境许可证；出口/过境安检清关；装运前检验及任何其他官方授权。

b）协助进口清关

如适用，应买方要求并由其承担风险和费用，卖方必须协助买方获取进口国所需的所有与进口清关手续相关的任何单据及/或信息，包括安全要求和装运前检验。

⑧A8查验/包装/标记

卖方必须支付为了按照A2交货所需要进行的查验费用（如查验品质、丈量、计重、点数的费用）。卖方必须自付费用包装货物，除非该特定贸易运输的所售货物通常无须包装。除非双方已经约定好具体的包装或者标记要求，否则，卖方必须以适合该货物运输的方式对货物进行包装和标记。

⑨A9费用划分

卖方必须支付：

a）按照A2完成交货前与货物及其运输相关的所有费用，按照B9应由买方支付的费用除外；

b）在目的地产生的任何卸货费用，但仅以运输合同规定应由卖方承担此类费用为条件；

c）按照A6提供交货/运输单据的费用；

d）如适用，按照A7（a）办理出口和任何过境清关有关的关税、税款和其他费用；

e）买方为按照B5和B7（a）提供协助获取单据及信息相关的所有成本和收费。

⑩A10通知

卖方必须向买方发出买方收取货物所需的任何通知。

（2）B买方义务

①B1一般义务

买方必须按照销售合同约定支付货物价款。

买方提供的任何单据，根据双方约定可以是纸质或电子形式，如果没有约定，则按照惯常做法提供。

②B2提货

当卖方按照A2交货时，买方必须提取货物。

③B3风险转移

买方承担按照A2交货时起货物灭失或损坏的一切风险。

如果：

a）买方未按照B7履行义务，则承担因此造成的货物灭失或损坏的一切风险；

b）买方未按照B10发出通知，则自约定交货日期起或交货期限届满之时起，买方承担货物灭失或损坏的一切风险，但以该货物已清楚地确定为合同项下货物为前提条件。

④B4运输

买方对卖方没有订立运输合同的义务。

⑤B5保险

买方对卖方无订立保险合同的义务。但是，应卖方要求并由其承担风险和费用，买方必须向卖方提供卖方取得保险所需的信息。

⑥B6交货/运输单据

买方必须接受按照A6提交的单据。

⑦B7出口/进口清关

a）协助出口和过境清关

如适用，应卖方要求并由其承担风险和费用，买方必须协助卖方获取出口国和任何过境国（除了进口国之外）需要的与所有出口/过境清关手续相关的任何单据及/或信息，包括安全要求和装运前检验。

b）进口清关

如适用，买方必须办理进口国要求的所有手续并支付费用，诸如：进口许可证；进口安检清关；装运前检验及任何其他官方授权。

⑧B8查验/包装/标记

买方对卖方没有义务。

⑨B9费用划分

买方必须支付：

a）按照A2完成交货之时起与货物相关的所有费用；

b）在指定目的地从抵达运输工具上提取货物所必需的所有卸货费用，除非根据运输合同该费用应由卖方承担；

c）卖方为按照A7（b）提供协助获取单据及信息相关的所有费用和开支；

d）如适用，按照B7（b）办理进口清关有关的关税、税款和任何其他费用；

e）如买方未按照B7履行义务或未按照B10发出通知，导致卖方发生的任何额外费用，但以该货物已清楚地确定为合同项下货物为前提条件。

⑩B10通知

无论何时根据约定，当买方有权决定约定期限内的时间及/或指定目的地的提货点时，买方必须给予卖方充分通知。

3）使用DAP术语应注意的问题

（1）关于卸货义务

在DAP条件下，卖方只需要做好卸货准备无须卸货即完成交货。由于卖方承担在特定地点交货前的风险，特别建议双方尽可能清楚地约定指定目的地或该指定目的地内的约定交货点（如已约定该交货点）。建议卖方取得完全符合该选择的运输合同。如果卖方按照运输合同在交货地/目的地发生了卸货相关的费用，除非双方另有约定，卖方无权另行向买方追偿该费用。

（2）买卖双方的通知义务

DAP条件成交，因卖方负责订立运输合同将货物运送至约定地点，故卖方应将货物预期到达时间通知买方，方便买方做好接收货物的准备。如果买方有权确定交货时间和接收货物的地点，则应当给予卖方充分的通知，以便货物交接工作的顺利进行；如果买方未按规定给予通知，或未按时接收货物，则由此引起的额外费用和风险，应由买方承担。

2.3.6 DPU（Delivered at Place Unloaded）目的地卸货后交货

1）DPU术语的含义

DPU的全称是Delivered at Place Unloaded（Insert Named Place of Destination）INCOTERMS®2020，即目的地卸货后交货（插入指定目的地），是指当卖方在指定目的地或该指定目的地内的约定交货点（如有），将货物从抵达的载货运输工具上卸下，交给买方处置时，即为交货。卖方承担将货物运送到指定目的地以及卸载货物的一切风险。

DPU要求卖方办理出口清关手续。但卖方无义务办理进口清关或交货后经由第三国过境的清关、支付任何进口税或办理任何进口海关手续。

如果双方希望卖方办理货物进口清关、支付任何进口关税或税款，并办理任何进口海关手续，双方可以考虑使用DDP。

该术语可适用于任何运输方式，也可适用于多种运输方式。

2）DPU术语买卖双方的义务

（1）A卖方义务

①A1一般义务

卖方必须提供符合销售合同约定的货物和商业发票，以及合同可能要求的其他与合同相符的证据。

卖方提供的任何单据，根据双方约定可以是纸质或电子形式，如果没有约定，则按照惯常做法提供。

②A2交货

卖方必须在指定目的地的约定地点（如有），以将货物从抵达的运输工具上卸下并交由买方处置，或以取得已经如此交付的货物的方式交货。在这两种情况下，卖方必须在约定日期或约定期限内交货。

③A3风险转移

除按照B3的灭失或损坏情况外，卖方承担按照A2完成交货前货物灭失或损坏的一切风险。

④A4运输

卖方必须自付费用签订运输合同或安排运输，将货物运至指定目的地或者指定目的地内的约定交货点（如有）。如果该具体地点未经约定，也未根据实务确定，则卖方可以选择最符合其目的之指定目的地内的交货点。

卖方必须遵守运至目的地过程中任何与运输有关的安全要求。

⑤A5保险

卖方对买方没有订立保险合同的义务。

⑥A6交货/运输单据

卖方必须自付费用向买方提交所要求的任何单据，以便买方能够接管货物。

⑦A7出口/进口清关

a）出口和过境清关

如适用，卖方必须办理出口国和任何过境国（除了进口国之外）要求的所有出口和过境清关手续，并支付费用，诸如：出口过境许可证；出口/过境安检清关；装运前检验；及任何其他官方授权。

b）协助进口清关

如适用，应买方要求并由其承担风险和费用，卖方必须协助买方获取进口国所需的所有与进口清关手续相关的任何单据及/或信息，包括安全要求和装运前检验。

⑧A8查验/包装/标记

卖方必须支付为了按照A2交货所需要进行的查验费用（如查验品质、丈量、计重、点数的费用）。卖方必须自付费用包装货物，除非该特定贸易运输的所售货物通常无须包装。除非双方已经约定好具体的包装或者标记要求，否则，卖方必须以适合该货物运输的方式对货物进行包装和标记。

⑨A9费用划分

卖方必须支付：

a）按照A2完成交货前与货物及其运输相关的所有费用，按照B9应由买方付的费用除外；

b）按照A6提供交货/运输单据的费用；

c）如适用，按照A7（a）办理出口和任何过境清关有关的关税、税款和任何其他费用；

d）买方为按照B5和B7（a）提供协助获取单据及信息相关的所有费用和开支。

⑩A10通知

卖方必须向买方发出买方收取货物所需的任何通知。

（2）B买方义务

①B1一般义务

买方必须按照销售合同约定支付货物价款。

买方提供的任何单据，根据双方约定可以是纸质或电子形式，如果没有约定，则按照惯常做法提供。

②B2提货

当卖方按照A2交货时，买方必须提取货物。

③B3风险转移

买方承担按照A2交货时起货物灭失或损坏的一切风险。

如果：

a）买方未按照B7履行义务，则承担因此造成的货物灭失或损坏的一切风险；

b）买方未按照B10发出通知，则自约定交货日期起或交货期限届满之时起，买方承担货物灭失或损坏的一切风险，但以该货物已清楚地确定为合同项下货物为前提条件。

④B4运输

买方对卖方没有订立运输合同的义务。

⑤B5保险

买方对卖方无订立保险合同的义务。但是，应卖方要求并由其承担风险和费用，买方必须向卖方提供卖方取得保险所需的信息。

⑥B6交货/运输单据

买方必须接受按照A6提交的单据。

⑦B7出口/进口清关

a）协助出口和过境清关

如适用，应卖方要求并由其承担风险和费用，买方必须协助卖方获取出口国和任何过境国（除了进口国之外）需要的与所有出口/过境清关手续相关的任何单据及/或信息，包括安全要求和装运前检验。

b）进口清关

如适用，买方必须办理进口国要求的所有手续并支付费用，诸如：进口许可证；进口安检清关；装运前检验及任何其他官方授权。

⑧B8查验/包装/标记

买方对卖方没有义务。

⑨B9费用划分

买方必须支付：

a）按照A2完成交货之时起与货物相关的所有费用；

b）卖方为按照A7（b）提供协助获取单据及信息相关的所有费用和开支；

c）如适用，按照B7（b）办理进口清关有关的关税、税款和任何其他费用；

d）如买方未按照B7履行合同义务或未按照B10发出通知，导致卖方发生的任何额外费用，但以该货物已清楚地确定为合同项下货物为前提条件。

⑩B10通知

无论何时根据约定，买方有权决定约定交货期限内的时间及/或指定目的地的提货点，买方必须给予卖方充分通知。

3）使用DPU术语应注意的问题

（1）关于DPU与DAT的异同

在《国际贸易术语解释通则®2020》中，DPU代替了《国际贸易术语解释通则®2010》中的DAT。DAT规则的名称已被改为DPU（Delivered at Place Unloaded），强调了目的地可以是任何地方，而不仅仅是“运输终端”的现实。但是，如果该地点不在运输终端，卖方应确保其打算交付货物的地点是能够卸货的地点。

（2）费用的划分

《国际贸易术语解释通则®2020》规定，卖方必须支付：

a）按照A2完成交货前与货物及其运输相关的所有费用，按照B9应由买方付的费用除外；

b）按照A6提供交货/运输单据的费用；

c）按照A7（a）办理出口和任何过境清关有关的关税、税款和任何其他费用；

d）买方为按照B5和B7（a）提供协助获取单据及信息相关的所有费用和开支。

（3）关于交货地点

由于卖方承担在交货地或交货点/目的地或目的点之前的风险，特别建议双方尽可能清楚地约定目的地或目的点。建议卖方取得的运输合同应与所做选择确切吻合。但是如果双方不希望卖方承担卸货的风险和费用，则不应使用DPU规则，而应使用DAP规则。

2.3.7 DDP（Delivered Duty Paid）完税后交货

1）DDP术语的含义

DDP的全称是Delivered Duty Paid （Insert Named Place of Destination） INCOTERMS®2020，即完税后交货（插入指定目的地），是指卖方在指定的目的地将仍处于抵达的运输工具上，但已完成进口清关，且可供卸载的货物交由买方处置时，即为交货。卖方承担将货物运至目的地的一切风险和费用，并且有义务完成货物出口清关和进口清关，支付所有出口和进口的关税和办理所有海关手续。

DDP术语下卖方承担最大责任。

若卖方不能直接或间接地取得进口许可证，则不应使用此术语。除非买卖合同中另行明确规定，任何增值税或其他应付的进口税款由卖方承担。

该术语适用于各种运输方式，也可适用于多种运输方式。

2）DDP术语买卖双方的义务

（1）A卖方义务

①A1一般义务

卖方必须提供符合销售合同约定的货物和商业发票，以及合同可能要求的其他与合同相符的证据。

卖方提供的任何单据，根据双方约定可以是纸质或电子形式，如果没有约定，则按照惯常做法提供。

②A2交货

卖方必须在指定目的地的约定地点（如有），以将放置在抵达的运输工具上并做好卸货准备的货物交由买方处置，或以取得已经如此交付的货物的方式交货。在这两种情况下，卖方必须在约定日期或约定期限内交货。

③A3风险转移

除按照B3的灭失或损坏情况外，卖方承担按照A2完成交货前货物灭失或损坏的一切风险。

④A4运输

卖方必须自付费用签订运输合同或安排运输，将货物运至指定目的地或者指定目的地内的约定交货点（如有）。如果该具体地点未经约定，也未根据实务确定，则卖方可以选择最符合其目的之指定目的地内的交货点。卖方必须遵守运至目的地过程中任何与运输有关的安全要求。

⑤A5保险

卖方对买方没有订立保险合同的义务。

⑥A6交货/运输单据

卖方必须自付费用向买方提交所要求的任何单据，以便买方能够接管货物。

⑦A7出口/进口清关

如适用，卖方必须办理出口国、过境国和进口国要求的所有出口/过境/进口清关手续，并支付费用，诸如：出口/过境/进口许可证；出口过境进口安检清关；装运前检验及任何其他官方授权。

⑧A8查验/包装/标记

卖方必须支付为了按照A2交货所需要进行的查验费用（如查验品质、丈量、计重、点数的费用）。卖方必须自付费用包装货物，除非该特定贸易运输的所售货物通常无须包装。除非双方已经约定好具体的包装或者标记要求，否则，卖方必须以适合该货物运输的方式对货物进行包装和标记。

⑨A9费用划分

卖方必须支付：

a）按照A2完成交货前与货物及其运输相关的所有费用，按照B9应由买方支付的费用除外；

b）在目的地产生的任何卸货费用，但仅以运输合同规定应由卖方承担此类费用为条件；

c）按照A6提供交货/运输单据的费用；

d）如适用，按照A7办理出口/过境及进口清关有关的关税、税款和其他费用；

e）买方为按照B5和B7提供协助获取单据及信息相关的所有款项和费用。

⑩A10通知

卖方必须向买方发出买方收取货物所需的任何通知。

（2）B买方义务

①B1一般义务

买方必须按照销售合同约定支付货物价款。买方提供的任何单据，根据双方约定可以是纸质或电子形式，如果没有约定，则按照惯常做法提供。

②B2提货

当卖方按照A2交货时，买方必须提取货物。

③B3风险转移

买方承担按照A2交货时起货物灭失或损坏的一切风险。

如果：

a）买方未按照B7履行义务，则承担因此造成的货物灭失或损坏的一切风险；

b）买方未按照B10发出通知，则自约定交货日期起或交货期限届满之时起，买方承担货物灭失或损坏的一切风险，但以该货物已清楚地确定为合同项下货物为前提条件。

④B4运输

买方对卖方没有订立运输合同的义务。

⑤B5保险

买方对卖方无订立保险合同的义务。但是，应卖方要求并由其承担风险和费用，买方必须向卖方提供卖方取得保险所需的信息。

⑥B6交货/运输单据

买方必须接受按照A6提交的单据。

⑦B7出口/进口清关

如适用，卖方要求并由其承担风险和费用，买方必须协助卖方办理出口国/过境国/进口国需要的所有与出口/过境/进口清关手续有关的单据及/或信息，诸如：出口/过境/进口许可证；出口/运输/进口安检清关；装运前检验及任何其他官方授权。

⑧B8查验/包装/标记

买方对卖方没有义务。

⑨B9费用划分

买方必须支付：

a）按照A2完成交货之时起与货物相关的所有费用；

b）在指定目的地从抵达运输工具上提取货物所必需的所有卸货费用，除非根据运输合同该费用应由卖方承担；

c）如买方未按照B7履行义务或未按照B10发出通知，导致卖方发生的任何额外费用，但以该货物已清楚地确定为合同项下货物为前提条件。

⑩B10通知

无论何时根据约定，当买方有权决定约定期限内的时间及/或指定目的地的提货点时，买方必须给予卖方充分通知。

3）使用DDP术语应注意的问题

（1）进口手续与清关问题

DDP交货条件下，卖方有义务在办理好进口报关手续后在指定目的地交货，这实质上是卖方已将货物运进了进口方的国内市场，除非买卖合同中另行明确规定，任何增值税或其他应付的进口税款由卖方承担。若卖方不能直接或间接地取得进口许可证，则不应使用此术语。如果双方希望买方承担所有进口清关的风险和费用，则应使用DAP术语。

（2）卖方办理保险事宜

DDP术语下卖方对买方无订立保险合同的义务，但由于卖方承担的责任、费用及风险最大，为了能在货物受损或灭失时及时得到经济补偿，卖方应该为了自己的利益办理货运保险。选择险别的原则，要考虑货物的性质、运输方式等来灵活决定。

（3）关于交货地点和卸货费

由于卖方承担在特定地点交货前的风险，特别建议双方尽可能清楚地约定指定目的地内的交货点。建议卖方取得完全符合该选择的运输合同。如果卖方按照运输合同需要支付在目的地发生的卸货费用，则除非双方另有约定，否则卖方无权向买方要求偿付。

2.4 适用于海运和内河水运的术语

这部分包括4个术语：FAS、FOB、CFR和CIF。这一类术语交货地点和目的地都是港口，因此被划分为“适用于海运和内河水运的术语”。在FOB、CFR和CIF 3个术语中，取消了以船舷作为交货点的表述，取而代之的是货物置于“船上”时完成交货。

2.4.1 FAS（Free alongside Ship）船边交货

1）FAS术语的含义

FAS 的全称是 Free alongside Ship（Insert Named Port of Shipment）INCOTERMS®2020，即船边交货（插入指定装运港），是指当卖方在指定的装运港将货物交到买方指定的船边（如在码头或驳船上）时，即完成交货。买方必须承担自那时起货物灭失或损坏的一切风险。

如适用时，FAS要求卖方办理出口清关手续。但卖方无义务办理进口清关、支付任何进口税或办理任何进口海关手续。

该术语仅适用于海运和内河水运。

2）FAS术语买卖双方的义务

（1）A卖方义务

①A1一般义务

卖方必须提供符合销售合同约定的货物和商业发票，以及合同可能要求的其他与合同相符的证据。卖方提供的任何单据，根据双方约定可以是纸质或电子形式，如果没有约定，则按照惯常做法提供。

②A2交货

卖方必须提供符合销售合同约定的货物和商业发票，以及合同可能要求的其他与合同相符的证据。卖方提供的任何单据，根据双方约定可以是纸质或电子形式，如果没有约定，则按照惯常做法提供。

卖方必须在买方指定的装运港内的装货点（如有），以将货物置于买方指定的船舶旁边，或以购得已经如此交付的货物的方式交货。

卖方必须按照下述要求交货：

在约定日期；在买方按照B10所通知的约定期限内的交货时间；如果未通知上述时间，则在约定期限届满之时；按照该港口的习惯方式，如果买方未指定具体的装货点，卖方则可以在指定的装运港内选择最符合其目的之装货点。

③A3风险转移

除根据B3的灭失或损坏情况外，卖方承担按照A2完成交货前货物灭失或损坏的一切风险。

④A4运输

除根据B3的灭失或损坏情况外，卖方承担按照A2完成交货前货物灭失或损坏的一切风险。卖方对买方没有订立运输合同的义务。但是，应买方要求并由其承担风险和费用，卖方必须向买方提供卖方所拥有的买方安排运输所需的任何信息，包括与运输有关的安全要求。如已约定，卖方必须按照通常条款订立运输合同，由买方承担风险和费用。

卖方必须在完成交货之前遵守任何与运输有关的安全要求。

⑤A5保险

卖方对买方没有订立保险合同的义务。但是，应买方要求并由其承担风险和费用，卖方必须向买方提供卖方所拥有的买方获取保险所需的信息。

⑥A6交货/运输单据

卖方必须自付费用向买方提供已按照A2交货的通常证明。除非上述证明是运输单据，否则，应买方要求并由其承担风险和费用，卖方必须协助买方获取运输单据。

⑦A7出口/进口清关

a）出口清关如适用，卖方必须办理出口国要求的所有出口清关手续并支付费用，例如：出口许可证；出口安检清关；装运前检验及任何其他官方授权。

b）协助进口清关如适用，应买方要求并由其承担风险和费用，卖方必须协助买方取得与所有过境/进口清关手续有关的任何单据及/或信息，包括任何过境国或进口国需要的安全要求和装运前检验。

⑧A8查验/包装/标记

卖方必须支付为了按照A2交货所需要进行的查验费用（如查验品质、丈量、计重、点数的费用）。卖方必须自付费用包装货物，除非该特定贸易运输的所售货物通常无须包装。除非双方已经约定好具体的包装或标记要求，卖方必须以适合该货物运输的方式对货物进行包装和标记。

⑨A9费用划分

卖方必须支付：

a）按照A2完成交货之前与货物相关的所有费用，按照B9应由买方支付的费用除外；

b）按照A6向买方提供已经交货的通常证据的费用；

c）如适用，按照A7（a）办理出口清关有关的关税、税款和任何其他费用；

d）买方为按照B7（a）提供协助获取单据及信息相关的所有费用和开支。

⑩A10通知

卖方必须就其已按照A2完成交货或船舶未在约定时间内提货给予买方充分通知。

（2）B买方义务

①B1一般义务

买方必须按照销售合同约定支付货物价款。买方提供的任何单据，根据双方约定可以是纸质或电子形式，如果没有约定，则按照惯常做法提供。

②B2提货

当卖方按照A2完成交货时，买方必须提取货物。

③B3风险转移

买方承担按照A2交货时起货物灭失或损坏的一切风险。

如果：

a）买方未按照B10发出通知；

b）买方指定的船舶未准时到达，致使卖方未能遵循A2的规定、未接收货物，或早于BI0通知的时间停止装货。

则：

（i）自约定日期，或在未约定日期的情况下；（ii）自买方根据B10所选择的日期，或，如未通知该日期；（iii）自任何约定期限届满之时起，买方承担货物灭失或损坏的一切风险，但以该货物已清楚地确定为合同项下货物为前提条件。

④B4运输

除非卖方按照A4的规定订立了运输合同，否则，买方必须自付费用订立自指定装运港起的货物运输合同。

⑤B5保险

买方对卖方没有订立保险合同的义务。

⑥B6交货/运输单据

买方必须接受按照A6提供的交货证明。

⑦B7出口/进口清关

a）协助出口清关。如适用，应卖方要求并由其承担风险和费用，买方必须协助卖方获取出口国需要的与所有出口清关手续有关的任何单据及/或信息，包括安全要求和装运前检验。

b）进口清关。如适用，买方必须办理任何过境国和进口国要求的所有手续并支付费用，例如：进口许可证及过境所需的任何许可；进口及任何过境安检清关；装运前检验及任何其他官方授权。

⑧B8查验/包装/标记

买方对卖方没有义务。

⑨B9费用划分

买方必须支付：

a）按照A2完成交货之时起与货物相关的所有费用，按照A9应由卖方支付的费用除外。

b）卖方为按照A4、A5、A6和A7（b）提供协助获取单据及信息相关的所有款项和费用。

c）如适用，按照B7（b）办理过境或进口清关有关的关税、税款和任何其他费用。

d）由于以下原因之一发生的任何额外费用：(i）买方未按照B10发出通知；(ii）买方按照B10指定的船舶未准时到达、未提取货物，或早于B10通知的时间停止装货，但以该货物已清楚地确定为合同项下货物为前提条件。

⑩B10通知

买方必须就任何与运输相关的安全要求、船舶名称、装货点以及约定期限内所选择的交货时间（如有）给予卖方充分通知。

3）使用FAS术语应注意的问题

（1）关于装货地点

由于卖方承担在特定地点交货前的风险和费用，而且这些费用和相关作业可能因各港口惯例不同而变化，特别建议双方尽可能清楚地约定指定港口内的装货点。另外，当货物装在集装箱里时，卖方通常将货物在集装箱码头移交给承运人，而非交到船边。这时，使用FAS术语不合适，而应当使用FCA术语。

（2）关于交货方式

在《国际贸易术语解释通则®2020》中，对交货作了新的补充，即除了“卖方必须在买方指定的装运港内的装船点，将货物置于买方指定的船舶旁边”外，又增加了“取得已经如此交付的货物”。此处使用的“取得”一词适用于商品贸易中常见的交易链中的链式销售（String Sales）。与特定产品的销售不同，在商品销售中，货物在运送至销售链终端的过程中常常被多次转卖。出现此种情况时，在销售链中间的卖方实际上不运送货物，因为处于销售链始端的卖方已经安排了运输。因此，处在销售链中间的卖方不是以运输货物的方式，而是以“取得”货物的方式，履行对其买方的义务。为了澄清此问题，《国际贸易术语解释通则®2020》中包括“取得运输中货物”的义务，并以其作为在相关术语中运输货物义务的替代义务。

（3）《1990年美国对外贸易定义（修订本）》对FAS术语的不同解释

①交货地点和适用的运输方式不同

《1990年美国对外贸易定义（修订本）》中的FAS是指Free along Side，说明本定义下FAS适用于各种运输方式，包括在轮船等运输工具旁边交货，而通则的FAS只适合海运和内河水运。在《1990年美国对外贸易定义（修订本）》下，FAS只有在其后面加Vessel，即FAS Vessel（在船边或指定的码头交货），才包括船边交货。

②办理出口手续及相关费用的承担不同

《1990年美国对外贸易定义（修订本）》中，由买方支付因领取从原产地及/或装运地国家签发的为货物出口或在目的地进口所需的各种证件（但清洁的码头收据或轮船收据除外）而发生的一切费用，买方还要支付出口税及因出口而征收的其他税款。而在《国际贸易术语解释通则®2020》中，FAS由卖方办理上述手续和承担上述费用。

2.4.2 FOB（Free on Board）船上交货

1）FOB术语的含义

FOB的全称是Free on Board（Insert Named Port of Shipment）INCOTERMS®2020，即船上交货（插入指定装运港），是指卖方以在指定装运港将货物装上买方指定的船舶或通过取得已交付至船上货物的方式交货。货物灭失或损坏的风险在货物交到船上时转移，同时买方承担自那时起的一切费用。

FOB要求卖方办理货物出口清关。但是，卖方没有义务办理货物进口清关或经由第三国过境的清关，或支付任何进口关税或办理任何进口海关手续。

本规则仅适用于海运或内河水运运输方式下双方意在将货物交到船上即完成交货的情形。因此，FOB规则不适合于货物在交到船上之前已经移交给承运人的情形，如在集装箱终端被交给承运人。在此种情况下，双方应当考虑使用FCA规则，而非FOB规则。

2）FOB术语买卖双方的义务

（1）A卖方义务

①A1一般义务

卖方必须提供符合销售合同约定的货物和商业发票，以及合同可能要求的其他与合同相符的证据。

卖方提供的任何单据，根据双方约定可以是纸质或电子形式，如果没有约定，则按照惯常做法提供。

②A2交货

卖方必须在买方指定的装运港内的装货点（如有），以将货物置于买方指定的船上，或以取得已经如此交付的货物的方式交货。

卖方必须按照下述要求交货：在约定日期；在买方按照B10所通知的约定期限内的交货时间；如果未通知上述时间，则在约定期限届满之时；按照该港口的习惯方式，如果买方未指定具体的装货点，卖方则可以在指定的装运港内选择最符合其目的之装货点。

③A3风险转移

除根据B3的灭失或损坏情况外，卖方承担按照A2完成交货前货物灭失或损坏的一切风险。

④A4运输

卖方对买方没有订立运输合同的义务。但是，应买方要求并由其承担风险和费用，卖方必须向买方提供卖方所拥有的买方安排运输所需的任何信息，包括与运输有关的安全要求。如已约定，卖方必须按照惯常条款订立运输合同，由买方承担风险和费用。卖方必须在完成交货之前遵守任何与运输有关的安全要求。

⑤A5保险

卖方对买方没有订立保险合同的义务。但是，应买方要求并由其承担风险和费用，卖方必须向买方提供卖方所拥有的买方获取保险所需的信息。

⑥A6交货运输单据

卖方必须自付费用向买方提供已按照A2交货的通常证明。除非上述证明是运输单据，否则，应买方要求并由其承担风险和费用，卖方必须协助买方获取运输单据。

⑦A7出口/进口清关

a）出口清关

如适用，卖方必须办理出口国要求的所有出口清关手续并支付费用，例如：出口许可证；出口安检清关；装运前检验及任何其他官方授权。

b）协助进口清关

如适用，应买方要求并由其承担风险和费用，卖方必须协助买方取得与所有过境/进口清关手续有关的任何单据及/或信息，包括任何过境国或进口国需要的安全要求和装运前检验。

⑧A8查验/包装/标记

卖方必须支付为了按照A2交货所需要进行的查验费用（如查验品质、丈量、计重、点数的费用）。卖方必须自付费用包装货物，除非该特定贸易运输的所售货物通常无须包装。除非双方已经约定好具体的包装或标记要求，卖方必须以适合该货物运输的方式对货物进行包装和标记。

⑨A9费用划分

卖方必须支付：

a）按照A2完成交货之前与货物相关的所有费用，按照B9应由买方支付的费用除外；

b）按照A6向买方提供已经交货的通常证据的费用；

c）如适用，按照A7（a）办理出口清关有关的关税、税款和任何其他费用；

d）买方为按照B7（a）提供协助获取单据及信息相关的所有费用和开支。

⑩A10通知

卖方必须就其已按照A2完成交货或船舶未在约定时间内提货给买方充分通知。

（2）B买方义务

①B1一般义务

买方必须按照销售合同约定支付货物价款。买方提供的任何单据，根据双方约定可以是纸质或电子形式，如果没有约定，则按照惯常做法提供。

②B2提货

当卖方按照A2完成交货时，买方必须提取货物。

③B3风险转移

买方承担按照A2交货时起货物灭失或损坏的一切风险。

如果：

a）买方未按照B10发出通知；

b）买方指定的船舶未准时到达，致使卖方未能遵循A2的规定、未接收货物，或早于B10通知的时间停止装货。

则：

（i）自约定的日期起，或在未约定日期的情况下；（ii）自买方根据B10所选择的日期起，或，如未通知该日期；（iii）自任何约定期限届满之时起，买方承担货物灭失或损坏的一切风险，但以该货物已清楚地确定为合同项下货物为前提条件。

④B4运输

除非卖方按照A4的规定订立了运输合同，否则，买方必须自付费用订立自指定装运港起的货物运输合同。

⑤B5保险

买方对卖方没有订立保险合同的义务。

⑥B6交货/运输单据

买方必须接受按照A6提供的交货证明。

⑦B7出口/进口清关

a）协助出口清关

如适用，应卖方要求并由其承担风险和费用，买方必须协助卖方获取出口国需要的与所有出口清关手续有关的任何单据及/或信息，包括安全要求和装运前检验。

b）进口清关

如适用，买方必须办理任何过境国和进口国要求的所有手续并支付费用，例如：进口许可证及过境所需的任何许可；进口及任何过境安检清关；装运前检验及任何其他官方授权。

⑧B8查验/包装/标记

买方对卖方没有义务。

⑨B9费用划分

买方必须支付：

a）按照A2完成交货之时起与货物相关的所有费用，按照A9应由卖方支付的费用除外。

b）卖方为按照A4、A5、A6和A7（b）提供协助获取单据及信息相关的所有款项和费用。

c）如适用，按照B7（b）办理过境或进口清关有关的关税、税款和任何其他费用。

d）由于以下原因之一发生的任何额外费用：

（i）买方未按照B10发出通知；

（ii）买方按照B10指定的船舶未准时到达、未提取货物或早于B10通知的时间停止装货，但以该货物已清楚地确定为合同项下货物为前提条件。

⑩B10通知

买方必须就任何与运输相关的安全要求、船舶名称、装货点以及约定期限内所选择的交货时间（如有）给予卖方充分通知。

3）使用FOB术语应注意的问题

（1）风险划分界限的改变

在《国际贸易术语解释通则®2020》中，对于风险划分的界限做了重大的修改。在《国际贸易术语解释通则®2000》中，船舷是FOB术语买卖双方风险划分的界限，“船舷为界”表明货物在装上船之前的风险，包括在装船时货物跌落码头或海中所造成的损失，均由卖方承担。货物上船之后，包括在运输过程中所发生的损坏或灭失，则由买方承担。而在《国际贸易术语解释通则®2020》中，为了更符合当今商业现实，且避免那种已经过时的“风险在一条假想垂直线上摇摆不定”的情形出现，在FOB、CFR和CIF中取消了以船舷作为风险转移点的表述，取而代之的是将货物置于“船上”时作为风险转移的界限。

（2）交货方式

在《国际贸易术语解释通则®2020》中，FOB术语下卖方通过以下方式向买方完成交货：在指定装运港将货物装上由买方指定的船舶或者取得已经如此交付的货物，此处的“取得”一词适用于交易链中的多层销售（链式销售），在大宗商品贸易中尤其常见。与特定产品的销售不同，在商品销售中，货物在运送至销售链终端的过程中常常被多次转卖。出现此种情况时，在销售链中间的卖方实际上无须装运货物，因为处于销售链始端的卖方已经装运了货物。因此，处在销售链中间的卖方不是以装运货物的方式，而是以“取得”货物的方式，履行对其买方的义务。为了澄清此类问题，《国际贸易术语解释通则®2020》中包括“取得运输中货物”的义务，并以其作为在相关术语中装运或运输货物义务的替代义务。

（3）船货衔接问题

按FOB术语成交的合同，卖方负责在指定的装运港把货装在买方派来的船上，因此船货衔接就是一个重要的问题。如果船只提前或延迟到达指定的装运港，则船等货或货等船引起的费用损失均要由买方负担。因此，在FOB合同中，必须对船货衔接问题进行明确规定，可在合同中规定：如买方没能按期派船，包括未经卖方同意提前将船派到和延迟派到装运港，卖方有权拒绝交货，并由买方承担由此造成的各种损失和费用，如空舱费（Dead Freight）、滞期费（Demurrage）和仓储费等。如成交数量不大，只需部分舱位或用班轮装运时，卖方可接受买方委托代为租船或订舱。但这纯属代办性质，运费仍应由买方负担，如租不到船只或订不到舱位，其风险由买方承担。

（4）关于装船费用的划分

FOB合同买卖双方费用的划分是以货物交到船上为界。在班轮运输情况下，由于班轮运费包括装船费用和在目的港的卸货费用，因此装船费用实际上由买方负担。但是在买方用定程租船方式装运货物时，涉及与装船有关的理舱费和平舱费由谁负担的问题，需要买卖双方进行洽商。为了明确有关装船费用的划分，也可以在FOB术语后加列字母或缩写表示附加条件，即用FOB术语的变形来表示。常见的

FOB术语变形有以下几种：

① FOB班轮条件（FOB Liner Terms），指装船费用如同班轮装运一样，由船方负担。

② FOB吊钩下交货（FOB Under Tackle），指卖方将货物置于轮船吊钩所及之处，从货物起吊开始的装船费用由买方负担。

③ FOB包括理舱（FOB Stowed，FOB.S.），指卖方负责将货物装入船舱并支付包括理舱费在内的装船费用。

④ FOB包括平舱（FOB Trimmed，FOB.T.），指卖方负责将货物装入船舱并支付包括平舱费在内的装船费用。

⑤ FOB包括理舱、平舱（FOB Stowed and Trimmed，FOB.S.T.），指卖方负责将货物装入船舱，并支付包括理舱费和平舱费在内的装卸费用。

使用贸易术语变形可以明确和改变买卖双方关于费用和手续的划分，但不改变交货点和风险划分的界限。

《国际贸易术语解释通则®2020》对这些术语后添加的词句不提供任何指导性规定，建议买卖双方在合同中明确规定。

（5）《1990年美国对外贸易定义（修订本）》中的FOB术语的不同解释

《1990年美国对外贸易定义（修订本）》中的FOB（Free on Board），即FOB运输工具上交货，实际上是6个各不相同的FOB的总称。其中只有指定装运港船上交货FOB Vessel与《国际贸易术语解释通则®2020》中解释的FOB术语相近。主要区别是《1990年美国对外贸易定义（修订本）》规定，FOB Vessel的卖方只有在买方提出请求，并由买方负担风险的情况下，才有义务协助买方取得出口证件，并且出口税以及其他捐税和费用也需由买方负担。《国际贸易术语解释通则®2020》则将其作为卖方的一项专门义务。当然，也有一些相同点，在《国际贸易术语解释通则®2020》中，也将风险和费用的划分点设定为船上，因此在这方面和《1990年美国对外贸易定义（修订本）》中FOB Vessel的货物风险和费用划分点是一致的。另外，《1990年美国对外贸易定义（修订本）》中FOB Vessel具有国内和国际买卖双重性质，但一般应用于国内贸易。《国际贸易术语解释通则®2020》的副标题（国际商会制定的适用国内和国际贸易的术语通则）正式确认这些术语对国际和国内货物买卖合同均可适用。因此，《国际贸易术语解释通则®2020》在多处明确说明，只有在适用时，才产生遵守进出口手续要求的义务。

2.4.3 CFR （Cost and Freight）成本加运费

1）CFR术语的含义

CFR的全称是Cost and Freight（Insert Named Port of Destination） INCOTERMS®2020，即成本加运费（插入指定目的港），是指卖方在船上交货或以取得已经这样交付的货物的方式交货。货物灭失或损坏的风险在货物交到船上时转移，而无论货物是否实际以良好的状态、约定的数量或是否确实到达目的地。卖方必须签订合同，并支付必要的成本和运费，将货物运至指定的目的港。卖方按照所选择的方式将货物交付给承运人时，即完成其交货义务，而不是货物到达目的地之时。

如适用时，CFR术语要求卖方办理出口清关。但卖方无义务办理进口清关、支付任何进口税或办理任何进口海关手续。

本规则仅适用于海运或内河水运运输方式。如果使用多种运输方式，常见于货物在集装箱终端被交给承运人的情形，如用集装箱运输的货物通常是在集装箱码头交货，则适合使用的规则是CPT，而非CFR。

2）CFR术语买卖双方的义务

（1）A卖方义务

①A1一般义务

卖方必须提供符合销售合同约定的货物和商业发票，以及合同可能要求的其他与合同相符的证据。

卖方提供的任何单据，根据双方约定可以是纸质或电子形式，如果没有约定，则按照惯常做法提供。

②A2交货

卖方必须以将货物装上船，或者以取得已经如此交付的货物的方式交货。在这两种情况下，卖方均必须在约定日期或期限内，按照该港口的习惯方式交货。

③A3风险转移

除根据B3的灭失或损坏情况外，卖方承担按照A2完成交货前货物灭失或损坏的一切风险。

④A4运输

卖方必须签订或取得运输合同，将货物自交货地内的约定交货点（如有），运送至指定目的港，或位于该港内的任何交货点（如已约定）。运输合同必须按照惯常条款订立，由卖方承担费用，经由通常航线，用通常用于运输该类所售货物的船舶运送货物。

卖方必须在完成交货之前遵守任何与运输有关的安全要求。

⑤A5保险

卖方对买方没有订立保险合同的义务。但是，应买方要求并由其承担风险和费用，卖方必须向买方提供卖方所拥有的买方获取保险所需的信息。

⑥A6交货/运输单据

卖方必须承担费用，向买方提供运至约定目的港的通常运输单据。该运输单据必须载明合同货物且其签发日期必须在约定的运输期限内，还必须能使买方在目的港凭此向承运人索取货物，并且除非另有约定，须能使买方通过向其下家买方转让该单据或通知承运人来转卖在途货物。当该运输单据以可转让形式签发并有数份正本时，全套正本必须向买方提交。

⑦A7出口/进口清关

a）出口清关

如适用，卖方必须办理出口国要求的所有出口清关手续并支付费用。例如：出口许可证；出口安检清关；装运前检验及任何其他官方授权。

b）协助进口清关

如适用，应买方要求并由其承担风险和费用，卖方必须协助买方取得与所有过境/进口清关手续有关的任何单据及/或信息，包括任何过境国或进口国需要的安全要求和装运前检验。

⑧A8查验/包装/标记

卖方必须支付为了按照A2交货所需要进行的查验费用（如查验品质、丈量、计重、点数的费用）。卖方必须自付费用包装货物，除非该特定贸易运输的所售货物通常无须包装。除非双方已经约定好具体的包装或标记要求，卖方必须以适合该货物运输的方式对货物进行包装和标记。

⑨A9费用划分

卖方必须支付：

a）按照A2完成交货之前与货物相关的所有费用，按照B9应由买方支付的费用除外；

b）按照A4所发生的运费和所有其他费用，包括货物装船费用及与运输相关的安全费用；

c）根据运输合同规定应由卖方承担的在约定卸货港产生的任何卸货费用；

d）根据运输合同应由卖方承担的过境费用；

e）按照A6向买方提供已经交货的通常证据的费用；

f）如适用，按照A7（a）办理出口清关有关的关税、税款和任何其他费用；

g）买方为按照B7（a）提供协助获取单据及信息相关的所有费用和开支。

⑩A10通知

卖方必须向买方发出已按照A2完成交货的通知。卖方必须向买方发出买方收取货物任何所需通知以便买方收取货物。

（2）B买方义务

①B1一般义务

买方必须按照销售合同支付价款。买方提供的任何单据，根据双方约定可以是纸质或者电子形式，如果没有约定，则按照惯常做法提供。

②B2提货

当卖方按照A2完成交货时，买方必须提取货物，并在指定目的港自承运人处收取货物。

③B3风险转移

买方承担按照A2交货时起货物灭失或损坏的一切风险。如买方未按照B10发出通知，则买方承担自约定交货日期或约定期限届满之时起的货物灭失或损坏的一切风险，但以该货物已清楚地确定为合同项下货物为前提条件。

④B4运输

买方对卖方没有订立运输合同的义务。

⑤B5保险

买方对卖方没有订立保险合同的义务。

⑥B6交货/运输单据

如果运输单据与合同相符，买方必须接受按照A6提供的运输单据。

⑦B7出口/进口清关

a）协助出口清关

如适用，应卖方要求并由其承担风险和费用，买方必须协助卖方获取出口国需要的与所有出口清关手续有关的任何单据及/或信息，包括安全要求和装运前检验。

b）进口清关

如适用，买方必须办理任何过境国和进口国要求的所有手续并支付费用，例如：进口许可证及过境所需的任何许可；进口及任何过境安检清关；装运前检验及任何其他官方授权。

⑧B8查验/包装/标记

买方对卖方没有义务。

⑨B9费用划分

买方必须支付：

a）按照A2完成交货之时起与货物相关的所有费用，按照A9应由卖方支付的费用除外；

b）过境费用，除非根据运输合同该项费用应由卖方承担；

c）包括驳运费和码头费在内的卸货费用，除非根据运输合同该项费用应由卖方承担；

d）卖方为按照A5及A7提供协助获取单据及信息相关的所有款项和费用；

e）如适用，按照B7（b）办理过境或进口清关有关的关税、税款和任何其他费用；

f）由于未按照B10发出通知而产生的自约定交货日期或自约定交货期限届满之时起任何额外费用，但以该货物已清楚地确定为合同项下货物为前提条件。

⑩B10通知

无论何时根据约定，当买方有权决定运输时间及/或指定目的港的收货点时，买方必须给予卖方充分通知。

3）使用CFR术语应该注意的问题

（1）CFR术语中装运港、目的港以及卸货港的问题

在CFR中，两个港口很重要：货物交到船上的港口和约定为目的港的港口。当货物在装运港装上船或者以取得已经如此交付的货物的方式交付给买方时，风险

即从卖方转移到买方。但是，卖方必须签订将货物从交货地运往约定目的地的运输合同。因此，例如，货物在上海（港口）装船，运往南安普顿（也是港口）。货物在上海装到船上时交付，风险于此时即转移到买方；而卖方必须签订从上海到南安普顿的运输合同。

尽管合同中总会指定一个目的港，但却未必会指定装运港，而装运港是风险转移给买方的地方。如果装运港对买方具有特殊意义，例如，买方也许希望借以确定货物价格中的运费构成是否合理，那么特别建议双方在合同中尽可能清楚地指定装运港。

特别建议双方尽可能精准地指定目的港的特定地点，因为卖方需承担将货物运往该地点的费用。卖方必须签订涵盖货物运输的一份或多份合同，包括从货物交付到运至指定港或销售合同中已约定的该港口范围内约定地点。如果卖方按照运输合同在目的港交付点承担卸货费用，则除非双方事先另有约定，卖方无权向买方要求补偿该项费用。

（2）CFR术语的交货问题

在《国际贸易术语解释通则®2020》中，将货物装上船或者取得已经如此交付的货物，即完成交货，此外，卖方还需要签订一份运输合同，或者取得一份这样的合同。此处使用“取得”一词适用于商品贸易中常见的交易链中的链式销售。货物灭失或损坏的风险在货物交到船上时转移，这样卖方即被视为已履行了交货义务，而无论货物是否实际以良好的状态、约定的数量或是否确实到达目的地。在CFR中，卖方对买方没有购买保险的义务，因此，特别建议买方为其自身购买一定的保险。

（3）CFR术语下装船通知的重要性

装船通知也称装运通知（Shipping Advice），其目的在于让进口商做好付款、购买保险或提货手续准备。CFR术语下卖方负责安排运输，而买方自行办理保险，因此《国际贸易术语解释通则®2020》强调卖方必须向买方发出已装船通知，以便买方采取收取货物通常所需要的措施。

按照国际惯例，如果卖方未能及时向买方发出已装船通知，致使买方未能及时办理保险，则货物在运输途中发生灭失或损坏，其风险仍由卖方承担。因此，CFR术语下装船通知具有重要的作用。

（4）CFR术语下租船订舱问题

CFR术语下，卖方必须签订或取得运输合同，将货物自交货地内的约定交货点运送至指定目的港或该目的港的交付点。必须按照通常条件订立合同，由卖方支付费用，经由常规航线，由通常来运输该类商品的船舶运输。基于此，如果买方提出对船龄、船籍、船级、船型等限制性要求以及指定某航运公司的船只，卖方可以拒绝接受，如果卖方接受了买方限制性的条件，则必须严格执行。

（5）关于卸货费用的划分

在班轮运输情况下，由于班轮运费包括装船费用和在目的港的卸货费用，因此

CFR条件下的卸货费用实际上由卖方负担。但大宗商品的交易通常采用程租船运输，在多数情况下，船公司一般是不负担装卸费的。因此，CFR条件下买卖双方容易在卸货费用由何方负担的问题上引起争议。船方是否承担装卸责任，即运费中是否包括装卸费用，需由租船合同另行规定。买卖双方在商定买卖合同时，应明确装卸费用由谁负担。CFR术语下有关卸货费用通常采用CFR术语的变形来说明。常见的CFR术语变形有以下几种：

① CFR班轮条件（CFR Liner Terms）：指卸货费由承运人支付，实际上由卖方支付。

② CFR舱底交货（CFR Ex Ships Hold）：指买方负担将货物从舱底吊卸到码头的费用。

③ CFR吊钩下交货（CFR Under Tackle）：指卖方负责将货卸离船舶吊钩。如船不能靠泊在锚地卸货，买方需承担风险和费用租用驳船，在载货船的吊钩下接收货物。

④ CFR卸到岸上（CFR Landed）：指卖方负责将货卸到岸上。如船不能靠泊在锚地卸货，卖方需承担风险和费用租用驳船。

使用贸易术语变形可以明确和改变买卖双方关于费用和手续的划分，但不改变交货点和风险划分的界限。

《国际贸易术语解释通则®2020》对这些术语后添加的词句不提供任何指导性规定，建议买卖双方在合同中明确规定。

（6）多个承运人的问题

海运的不同航段可能由不同的承运人负责，例如，货物先由承运人驾驶支线船舶从香港地区运到上海，再由远洋船舶从上海运到南安普顿。此时产生的问题在于，风险是在香港地区还是在上海从卖方转移到买方：交货发生在哪里？买卖双方很可能已在销售合同中约定。但是，如果无此约定，则默认的立场是风险在货物交付给第一个承运人时转移，即在香港地区，这就延长了买方承担灭失或损坏风险的时间。如买卖双方希望风险晚些转移的话（此例中的上海），则双方需要在销售合同中予以明确。

2.4.4　CIF（Cost Insurance and Freight）成本、保险费加运费

1）CIF术语的含义

CIF的全称是Cost Insurance and Freight （Insert Named Port of Destination） INCOTERMS®2020，即成本、保险费加运费（插入指定目的港），是指卖方在船上交货或以取得已经这样交付的货物的方式交货。货物灭失或损坏的风险在货物交到船上时转移。卖方必须签订合同，并支付必要的成本和运费，以将货物运至指定目的港。卖方按照所选择的方式将货物交付给承运人之时，即完成其交货义务，而不是货物到达目的地之时。

CIF要求卖方办理货物出口清关。但是，卖方没有义务办理货物进口清关或经

由第三国过境的清关、支付任何进口税或办理任何进口海关手续。

本规则仅适用于海运或内河水运运输方式。如果使用多种运输方式（常见于货物在集装箱终端交给承运人的情形），则适合使用的规则是CIP，而非CIF。

2）CIF术语买卖双方的义务

（1）A卖方义务

①A1一般义务

卖方必须提供符合销售合同约定的货物和商业发票，以及合同可能要求的其他与合同相符的证据。

卖方提供的任何单据，根据双方约定可以是纸质或电子形式，如果没有约定，则按照惯常做法提供。

②A2交货

卖方必须以将货物装上船，或者以取得已经如此交付的货物的方式交货。在这两种情况下，卖方均必须在约定日期或期限内，按照该港口的习惯方式交货。

③A3风险转移

除根据B3的灭失或损坏情况外，卖方承担按照A2完成交货前货物灭失或损坏的一切风险。

④A4运输

卖方必须签订或取得运输合同，将货物自交货地内的约定交货点（如有），运送至指定目的港，或位于该港内的任何交货点（如已约定）。运输合同必须按照惯常条款订立，由卖方承担费用，经由通常航线，用通常用于运输该类所售货物的船舶运送货物。

卖方必须在完成交货之前遵守任何与运输有关的安全要求。

⑤A5保险

除非另有约定或特定贸易中的习惯做法，卖家须自付费用取得货物保险。该保险需符合《伦敦保险协会货物保险条款》（Institute Cargo Clauses，LMA/IUA）条款（C）或任何适于货物运输方式的类似条款。保险应与信誉良好的承保人或保险公司订立，并应使买方或任何其他对货物具有可保利益的人有权直接向保险人索赔。

当买方要求且能够提供给卖方任何所需的信息时，卖方必须提供任何附加险，由买方承担费用，如果能够办理，诸如符合《协会战争险条款》（Institute War Clauses）及/或《协会罢工险条款》（Institute Strikes Clauses）或任何其他类似条款的险别（除非该险别已经包括在前款所述的货物保险中）。

最低保险金额应是合同规定价格另加10%（即110%），并应采用合同货币。保险范围应从货物自A2规定的交货点起，至少至指定的目的港止。

卖方必须提供给买方保险单或保险证明或其他投保证据。此外，在应买方要求并由其承担风险和费用的情况下，卖方必须向买方提供买方取得任何额外保险所需信息。

⑥A6交货/运输单据

卖方必须承担费用，向买方提供运至约定目的港的通常运输单据。

该运输单据必须载明合同货物，且其签发日期必须在约定的运输期限内，还必须能使买方在目的港凭此向承运人索取货物，除非另有约定，须能使买方通过向其下家买方转让该单据或通知承运人来转卖在途货物。当该运输单据以可转让形式签发并有数份正本时，全套正本必须向买方提交。

⑦A7出口/进口清关

出口清关

如适用，卖方必须办理出口国要求的所有出口清关手续并支付费用，例如：出口许可证；出口安检清关；装运前检验及任何其他官方授权。

b）协助进口清关

如适用，应买方要求并由其承担风险和费用，卖方必须协助买方取得与所有过境/进口清关手续有关的任何单据/或信息，包括任何过境国或进口国需要的安全要求和装运前检验。

⑧A8查验/包装/标记

卖方必须支付为了按照A2交货所需要进行的查验费用（如查验品质、丈量、计重、点数的费用）。卖方必须自付费用包装货物，除非该特定贸易运输的所售货物通常无需包装。除非双方已经约定好具体的包装或标记要求，卖方必须以适合该货物运输的方式对货物进行包装和标记。

⑨A9费用划分

卖方必须支付：

a）按照A2完成交货之前与货物相关的所有费用，按照B9应由买方支付的费用除外；

b）按照A4所发生的运费和所有其他费用，包括货物装船费用及与运输相关的安全费用；

c）根据运输合同规定应由卖方承担的在约定卸货港产生的任何卸货费用；

d）根据运输合同应由卖方承担的过境费用；

e）按照A6向买方提供已经交货的通常证据的费用；

f）按照A5产生的保险费用；

g）如适用，按照A7（a）办理出口清关有关的关税、税款和任何其他费用；

h）买方为按照B7（a）提供协助获取单据及信息相关的所有费用和开支。

⑩A10通知

卖方必须向买方发出已按照A2完成交货的通知。卖方必须向买方发出买方收取货物任何所需通知以便买方收取货物。

（2）B买方义务

①B1一般义务

买方必须按照销售合同约定支付货物价款。买方提供的任何单据，根据双方约定可以是纸质或电子形式，如果没有约定，则按照惯常做法提供。

②B2提货

当卖方按照A2完成交货时，买方必须提取货物。并在指定目的港自承运人处收取货物。

③B3风险转移

买方承担按照A2交货时起货物灭失或损坏的一切风险。如买方未按照B10发出通知，则买方承担自约定交货日期或约定期限届满之时起的货物灭失或损坏的一切风险，但以该货物已清楚地确定为合同项下货物为前提条件。

④B4运输

买方对卖方没有订立运输合同的义务。

⑤B5保险

买方对卖方没有订立保险合同的义务。但是，应卖方要求，买方必须向卖方提供卖方按照A5要求的投保任何附加险所需的信息。

⑥B6交货/运输单据

如果运输单据与合同相符，买方必须接受按照A6提供的运输单据。

⑦B7出口/进口清关

a）协助出口清关

如适用，应卖方要求并由其承担风险和费用，买方必须协助卖方获取出口国需要的与所有出口清关手续有关的任何单据或信息，包括安全要求和装运前检验。

b）进口清关

如适用，买方必须办理任何过境国和进口国要求的所有手续并支付费用，例如：进口许可证及过境所需的任何许可；进口及任何过境安检清关；装运前检验以及任何其他官方授权。

⑧B8查验/包装/标记

买方对卖方没有义务。

⑨B9费用划分

买方必须支付：

a）按照A2完成交货之时起与货物相关的所有费用，按照A9应由卖方支付费用除外；

b）过境费用，除非根据运输合同该项费用应由卖方承担；

c）包括驳运费和码头费在内的卸货费用，除非根据运输合同该项费用应由卖方承担；

d）应买方要求，按照A5和B5投保附加险所发生的费用；

e）卖方为按照A5和A7（b）提供协助获取单据及信息相关的所有费用和开支；

f）如适用，按照B7（b）办理过境或进口清关有关的关税、税款和任何其他费用；

g）由于未按照B10发出通知而产生的自约定交货日期或自约定交货期限届满

之时起的任何额外费用，但以该货物已清楚地确定为合同项下货物为前提条件。

⑩B10通知

无论何时根据约定，买方有权决定运输时间及/或指定目的港的收货点，买方必须给予卖方充分通知。

3）使用CIF术语应注意的问题

（1）CIF术语的装运港、目的港以及卸货港的问题

在CIF中，两个港口很重要：货物交到船上的港口和约定为目的港的港口。当货物在装运港装上船或者以取得已经如此交付的货物的方式交付给买方时，风险即从卖方转移到买方。但是，卖方必须签订将货物从交货地运送往约定目的地的运输合同。因此，例如，货物在上海（港口）装船、运往南安普顿（也是港口）。货物在上海装到船上时交付，风险于此时即转移给买方；而卖方必须签订从上海到南安普顿的运输合同。

尽管合同中总会约定一个目的港，但却未必会指定装运港，而装运港是风险转移给买方的地方。如果装运港对买方具有特殊意义，例如，买方也许希望借以确定货物价格中的运费构成是否合理，那么特别建议双方在合同中尽可能清楚地指定装运港。

建议双方尽可能精准地指定目的港的特定地点，因为卖方需承担将货物运往该地点的费用。卖方必须签订涵盖货物运输的一份或多份合同，包括从货物交付到运至指定港或销售合同中已约定的该港口范围内约定地点。

（2）关于卸货费用的划分

同CFR术语一样，CIF术语有关卸货费用的划分也是通过变形来说明，主要包括：

① CIF班轮条件（CIF Liner Terms）：指卸货费由承运人支付，实际上由卖方支付。

② CIF舱底交货（CIF Ex Ships Hold）：指买方负担将货物从舱底吊卸到码头的费用。

③ CIF吊钩下交货（CIF Under Tackle）：指卖方负责将货卸离船舶吊钩。如船不能靠泊在锚地卸货，买方需承担风险和费用租用驳船，在载货船的吊钩下接收货物。

④ CIF卸到岸上（CIF Landed）：指卖方负责将货卸到岸上。如果船不能靠泊在锚地卸货，则卖方需承担风险和费用租用驳船。

使用贸易术语变形可以明确和改变买卖双方关于费用和手续的划分，但不改变交货点和风险划分的界限。

《国际贸易术语解释通则®2020》对这些术语后添加的词句不提供任何指导性规定，建议买卖双方在合同中明确规定。

（3）CIF术语下租船订舱问题

与CFR术语一致，不再累述。

(4) 有关保险问题

在CIF合同中，卖方还必须签订保险合同，以对由买方承担的从装运港至少到目的港过程中货物灭失或损坏的风险投保。如目的地国家要求在本地购买保险，则可能会造成困难。在此种情况下，双方应考虑使用CFR。买方还应注意，在CIF INCOTERMS®2020规则下，卖方需要投保符合《伦敦保险协会货物保险条款》(C)款或其他类似条款下的有限的险别，而不是《伦敦保险协会货物保险条款》(A)款下的较高险别。但是，双方仍然可以约定较高的险别。

(5) 象征性交货（Symbolic Delivery）

所谓象征性交货，是针对实际交货（Physical Delivery）而言的。象征性交货是指卖方只要按期在约定地点完成装运，并向买方提交合同规定的包括物权凭证在内的有关单证，就算完成了交货义务，而无须保证将货物实际交到买方手上。实际交货是指卖方要在规定的时间和地点，将符合合同规定的货物提交给买方或其指定人，而不能以交单代替交货。在象征性交货方式下，卖方是凭单交货，买方是凭单付款，只要卖方按时向买方提交了符合合同规定的全套单据，即使货物在运输途中损坏或灭失，买方也必须履行付款义务。反之，如果卖方提交的单据不符合要求，即使货物完好无损地运达目的地，买方仍有权拒付货款。由此可见，CIF交易实际上是一种单据的买卖，装运单据在CIF交易中具有特别重要的意义。但是，必须指出，按CIF术语成交，卖方履行其交单义务，只是得到买方付款的前提条件，除此之外，卖方还必须履行交货义务。如果卖方提交的货物不符合要求，买方即使已经付款，仍然可以根据合同的规定向卖方提出索赔。事实上，在CFR、CPT、CIP条件下都具有象征性交货的特征。

(6) 多个承运人的问题

海运的不同航段可能由不同的承运人负责，例如，货物先由承运人驾驶支线船舶从香港地区运到上海，再由远洋船舶从上海运到南安普顿。此时产生的问题在于，风险是在香港地区还是在上海从卖方转移到买方：交货发生在哪里？买卖双方很可能已在销售合同中约定。但是，如果无此约定，则默认的立场是风险在货物交付给第一个承运人时转移，即在香港地区，这就延长了买方承担灭失或损坏风险的时间。如买卖双方希望风险晚些转移的话（此例中的上海），则双方需要在销售合同中予以明确。

2.5 贸易术语的选用

因为使用不同的贸易术语，所以买卖双方承担不同的义务。采用何种贸易术语，既关系到双方的利益，也关系到能否顺利履约，因此在洽谈交易时，双方应恰当地选择贸易术语。目前在国际贸易中，较多地使用在装运港或装运地交货的贸易术语，即FOB、CFR、CIF与FCA、CPT、CIP。

2.5.1 FOB、CFR、CIF与FCA、CPT、CIP的比较

FOB、CFR、CIF三种术语与FCA、CPT、CIP三种术语有以下三个共同点：①买卖合同均为装运合同；②均由出口方负责出口报关，进口方负责进口报关；③买卖双方所承担的运输、保险责任互相对应，即FCA和FOB一样，由买方办理运输，CPT和CFR一样，由卖方办理运输，而CIP和CIF一样，由卖方承担办理运输和保险的责任。

不同点主要表现在以下几个方面：

1）适用的运输方式不同

FOB、CFR、CIF 3种术语仅适用于海运和内河水运，其承运人只限于水运承运人；而FCA、CPT、CIP 3种术语适用于各种运输方式，包括多式联运，其承运人可以是船公司、铁路局、航空公司，也可以是安排多式联运的联合运输经营人。

2）交货和风险转移的地点不同

FOB、CFR、CIF的交货地点均为装运港，风险均已在货物装到船上时从卖方转移至买方。而FCA、CPT、CIP的交货地点，需视不同的运输方式和不同的约定而定，它可以是在卖方处所由承运人提供的运输工具上，也可以是在铁路、公路、航空、内河、海洋运输承运人或多式联运承运人的运输站或其他收货点。至于货物灭失或损坏的风险，则于卖方将货物交由第一承运人接管时，自卖方转移至买方。

3）装卸费用负担不同

在FOB、CFR、CIF术语下，卖方承担货物到装到船上时为止的一切费用。但是，由于租船合同对装卸费用规定的不同，各港口的习惯做法又不尽一致，因此在使用程租船运输的FOB合同中，应明确装船费由何方负担，在CFR和CIF合同中，则应明确卸货费由何方负担。而在FCA、CPT、CIP术语下，如涉及使用程租船装运，在卖方所支付的运费（CPT、CIP术语）或由买方支付的运费（FCA术语）中，已包含了在装运港的装船费和目的港的卸货费。这样，在FCA合同中的装货费负担和在CPT、CIP合同中的卸货费负担问题均已明确。

4）运输单据不同

在FOB、CFR、CIF术语下，卖方一般应向买方提交已装船清洁提单。而在FCA、CFR、CIP术语下，卖方提交的运输单证则视不同的运输方式而定。例如，在海运和内河运输方式下，卖方应提供可转让的提单或不可转让的海运单和内河运单；又如，在铁路、公路、航空运输或多式联运方式下，则应分别提供铁路运单、公路运单、航空运单或多式联运单据。

2.5.2 选用贸易术语应注意的问题

如果贸易术语选用不当，可能会造成进出口合同履行中的种种隐患，甚至使企业由此承担巨大的经济损失。贸易术语的合理选用已经成为国际贸易中交易磋商及合同履行的首要问题。在进出口业务中，贸易术语的选用主要考虑下列因素：

1）安排运输的能力

如果进出口双方中的一方有足够的能力安排运输事宜，且经济上又比较划算，在能争取最低运费的情况下，可争取采用自行安排运输的贸易术语。例如，出口企业可争取使用CFR、CIF或CPT、CIP等术语，而进口企业则可尽力争取FOB、FCA或FAS等术语。如果其中一方无意承担运输或保险责任，应尽力选用由对方负责此项责任的术语。我国在进口贸易中，大多使用FOB或FCA术语；在出口贸易中，则争取按CIF或CIP方式成交，这有利于出口公司控制贸易风险，同时也有利于我国远洋运输业和保险业的发展。

2）有利于发展双方的合作关系

在国际市场竞争中，贸易术语可以随着行情的变化成为出口企业争取客户的重要手段。出口企业为了调动对方的购货积极性，可考虑采用对进口商较为有利的DAP、DPU或DDP等目的地交货术语。有些国家规定进口贸易必须在本国投保，有些买方为了谋求保险费的优惠，与保险公司订有预约保险合同，以扶持本国保险的发展，则卖方可同意按CFR或CPT方式出口。在大宗商品出口时，国外买方为谋求以较低运价租船，卖方也可按FOB或FCA方式与之成交。因此，交易双方应当照顾对方的利益诉求和国内相关规定，从是否有利于双方长期合作关系角度考虑贸易术语的选择。

3）运输方式和运输路线

FOB、CFR、CIF只适合于海洋运输和内河水运，在航空运输和铁路运输情况下，则应采用FCA、CPT、CIP术语。在以集装箱方式运输时，出口商在货交承运人后即失去了对货物的控制，因而作为出口方，应尽量采用FCA、CPT、CIP方式成交。此类贸易术语还有利于出口方提早转移风险，提前出具运输单据，早日收汇，加快资金周转。运输路线不仅关系到运费的高低，更重要的是关系到风险的大小和有关保险事宜的办理。如果出口企业不愿意承担过多风险，则不要选择DAP、DPU、DDP术语；相反，如果进口企业不愿意承担货物在运输途中的风险，则可选用以上三个术语。

4）风险规避

在出口贸易中，出口企业应尽量采用CFR、CPT、CIF、CIP术语成交，由卖方负责签订运输合同，保证运输工具与货物的衔接，因为卖方对运输公司和货代状况比较了解，容易控制货物。在进口贸易中，进口企业应采用FOB或FCA方式，由买方自行订立运输合同、自行投保，以避免出口方与承运方勾结，利用提单骗取货款。

5）运费和附加费的变动趋势

运费和附加费也是货价的构成因素之一，在选用贸易术语时还要考虑到租船市场运价的变化，把运费上涨或下跌的风险考虑到货价中。一般来说，如果运费和附加费（如燃油费）等看涨时，为避免承担有关成本，可选择由对方安排运输的术语。例如，进口时可选用CIF、CFR、CIP、CPT或DAP、DPU、DDP术语；出口时可选用FAS、FOB、FCA术语。当有关运费和附加费看跌时，则相反。

6）货源情况

选择贸易术语时，还需要考虑货物的特性、成交量的大小并选择相应的运输工具。如果货物需要特定的运输工具，而出口企业无法完成时，可选用FOB、FAS、FCA术语，交由进口企业负责安排运输。当成交量太小而又无班轮直达运输时，如果出口企业负责安排运输的费用太高且风险也加大，最好选用由对方负责安排运输的术语。当然，进出口企业还需要考虑本国租船市场的行情。

7）通关的难易程度

在国际贸易中，办理货物的通关手续是进出口双方的重要责任。通常由进口商负责进口通关，由出口商负责出口通关。但是，按照《国际贸易术语解释通则®2020》的规定，EXW术语下进出口通关工作都由进口商负责，而DDP术语下进出口通关工作都由出口商负责。因此，当选用这两个术语时，负责通关工作的一方必须对对方国家通关工作的政策规定、手续和费用等事宜详细了解，如果没有能力完成此项工作，应尽量选用其他术语，如进口商可将EXW改为FCA。

□ 本章小结

国际贸易术语是国际货物买卖合同的重要组成部分，在合同价格条款中使用贸易术语，明确了双方在货物交接方面各自应承担的责任、费用和风险，说明了商品的价格构成，从而简化了交易磋商的手续，缩短了成交时间。

在《国际贸易术语解释通则®2020》中，贸易术语的数量是11个，分为两大类，适用于任何运输方式或多种运输方式的贸易术语，包括EXW、FCA、CPT、CIP、DAP、DPU和DDP 7个；适用于海运和内河水运的贸易术语，包括FAS、FOB、CFR和CIF 4个。

在《INCOTERMS®2020》中，DAT（运输终端交货）和DAP（目的地交货）呈现的顺序被颠倒过来，即交货发生在卸载之前的DAP现在出现在DAT之前；其次，DAT规则的名称已被改为DPU （Delivered at Place Unloaded），强调了目的地可以是任何地方，而不仅仅是“运输终端”的现实。但是，如果该地点不在运输终端，卖方应确保其打算交付货物的地点是能够卸货的地点。

在出口时，贸易术语的选择非常重要，如果选用不当，可能会造成进出口合同履行中的种种隐患，甚至使企业由此承担巨大的经济损失。因此，企业要注意比较各种贸易术语的异同点，从而在对外贸易的时候能够选择有利于自身的术语，以减少企业要承担的风险和费用。

□ 复习思考题

随堂测验

1. 什么是国际贸易术语？为什么在国际贸易中要使用这些术语？
2. 如何理解国际贸易惯例的性质？它与法律规定有什么区别？
3. 国际贸易术语包含了哪些主要内容？

4.为什么说CFR、CIF合同是象征性交货？如何正确理解象征性交货？

5.在CIF中“卖方必须以将货物装上船，或以取得已经这样交付的方式交货”，如何理解“取得已经这样交付的方式交货”？

6.试比较FOB、CFR、CIF三种术语的含义，买卖双方应承担的风险、费用和责任以及采用它们时应注意的事项。

7.如何理解“到达合同”和“装运合同”？

8.DPU与DAP的区别是什么？

9.什么是贸易术语变形？贸易术语变形是否改变了原术语规定的买卖双方义务？

10.选用贸易术语时应该注意什么问题？

□ 典型案例

1.某年11月，我国某外贸公司与一外商签订了出口5 000公吨钢材的合同，价格条款为CIF温哥华，支付方式为即期不可撤销信用证。我方按合同规定办理了租船订舱和保险并支付了相关费用，取得了全套合格单据并到议付行付货款，不料货物在航行途中遭遇海啸，全部灭失。外商以货物灭失为由拒绝付款赎单，请问我方如何处理？

分析与提示：

这个案例并不复杂。在CIF术语中，买卖双方风险划分地点是装运港船舷，货物装上船后的风险由买方承担，卖方办理保险仅仅是代理性质，出险后应由买方办理索赔事宜。另外CIF属于象征性交货，即凭全套合格单据，买方就不得拒付货款。还有，信用证业务属于银行信用，应由议付行承担第一付款责任。

因此，首先，我方应向议付行议付货款，再由议付行向付款行申请付款，只要全套单据合格，付款行不得拒付。其次，我方应向买方讲明道理，提出严正交涉，只要对方不无理取闹，就会按照国际惯例迅速支付货款。最后，我方可以协助买方办理向保险公司索赔事宜，但相关费用要由买方承担。

2.国内某公司向韩国出口水泥10 000吨，价格为FOB青岛 USD40.00/ MT。韩国买方租用越南籍货轮从青岛运往韩国，支付方式为即期信用证。因我国货源紧张，请求韩国买方延迟派船，买方同意延期，但要求信用证不展期，付款方式改为托收，我方只好同意。信用证过期后，买方船到，我方装船后取得船长签发的提单并随附其他单据送中国银行托收，但韩国买方拒不付款赎单，并声称货已失踪。经查，韩国买方在无提单情况下早已从船方手中提走货物，而该越南公司随后宣告破产。此案例带给我们什么教训？

分析与提示：

在使用FOB术语情况下，租船订舱的义务由买方来履行，在用非信用证结算的情况下，买方很容易获得机会与船公司串通，在不支付货款的情况下，从船公司手中提取货物。由于船是买方租用的，卖方对船公司没有选择权，因此卖方的风险很大。就算是采用信用证结算，只要卖方在做单的过程中存在疏忽，单据里有不符点，买方就可以轻易地拒付货款，甚至会故意在信用证上设置软条款，轻易达到拒付货款的目的，然后利用与船公司的关系提取货物，导致卖方钱货两空。

3.我国太原某出口公司于2020年2月向日本出口30吨甘草膏，每吨40箱共1 200箱，每吨售价1 800美元，FOB新港，共54 000美元，即期信用证，装运期为2月25日之前，货物必须装集装箱。该出口公司在天津设有办事处，于是在2月上旬便将货物运到天津，由天津办事处负责订箱装船。不料货物在天津存仓后的第二天，仓库午夜着火，抢救不及，1 200箱甘草膏全部被焚。办事处立即通知公司总部并要求尽快补发30吨，否则无法按期装船。结果该出口公司因货源不济，只好请求日商将信用证的有效期和装运期各延长15天。此案例带给我们什么启示？

分析与提示：

我国一些进出口企业长期以来不管采用何种运输方式，习惯用FOB、CFR和CIF 3种贸易术语。但是，在滚装、滚卸、集装箱运输的情况下，应尽量改用FCA、CPT和CIP 3种贸易术语。该出口公司所在地正处在铁路交通的干线上，外运公司和中远公司在该市都有集装箱中转站，既可接受拼箱托运也可接受整箱托运。假如当初采用FCA（太原）对外成交，出口公司在当地将1 200箱交中转站或自装自集后将整箱（集装箱）交中转站，不仅风险转移给买方，而且当地承运人（即中转站）签发的货运单据即可在当地银行办理议付结汇。该公司自担风险将货物运往天津，再装集装箱出口，不仅加大了自身风险，而且推迟了结汇。

4.西安某公司（卖方）以FOB条件出口一批冻鸡。合同签订后接到买方来电，称租船较为困难委托卖方代为租船，有关费用由买方承担。为了方便合同履行，卖方接受了买方的要求。但时至装运期卖方在规定装运港仍无法租到合适的船只，且买方又不同意改变装运港。因此，到装运期满时货仍未装船，买方因销售季节即将结束便来函以卖方未按期租船履行交货义务为由撤销合同。此情此景，卖方该何去何从？

分析与提示：

卖方应该拒绝买方撤销合同的无理要求。按照FOB成交的合同，应由买方负责租船订舱。卖方可以接受买方的委托，代买方办理租船订舱，但由买方自担风险和费用，卖方不承担租不到船的责任及因租不到船所带来的延误装运的责任。因此，买方撤销合同的理由不成立。

5.西安阳光公司从韩国月牙公司进口一批货物，签订“CFR烟台”合同，货物在胶东半岛附近海域沉没。由于韩国月牙公司未及时发出装船通知，西安阳光公司未能办理投保，无法向保险公司索赔，因此西安阳光公司要求对方承担责任。但是，韩国月牙公司以货物离港，风险已经转移为由拒绝承担责任。试分析韩国月牙公司的行为是否合理，究竟应由谁承担责任？为什么？

分析与提示：

韩国月牙公司的行为不合理，应由韩国月牙公司承担责任。按照CFR条件达成的交易，卖方在货物装船后必须及时向买方发出装船通知，以便买方办理投保。货物在海运途中遭遇损失时，如果由于卖方未及时发出装船通知，使买方未办理投保，那么卖方不能以风险已转移为由免除责任。在本案例中，韩国月牙公司未及时发出装船通知，使西安阳光公司未能办理投保，货轮沉没，韩国月牙公司应承担责任。

6.2020年11月11日，上海明珠出口公司按CIF Canberra向澳大利亚某公司出售一批云花，由于商品季节性比较强，双方在合同中约定到货期限条款：卖方保证运货船只不得迟于12月12日抵达目的港。如果运货船只迟于12月12日抵达目的港，那么买方有权降价或拒收货物。请问这一合同的性质是否属于CIF合同？

分析与提示：

在本案例中，此合同性质已不属于CIF合同。因为CIF合同是"装运合同"，卖方必须在合同规定装运期内在装运港将货物交至运往指定目的港的船只上，即完成了交货义务。卖方对货物运输途中发生损失的风险、交货后的费用，以及货物是否及时安全到达目的港均不承担责任。而本案例的合同条款规定："卖方保证运货船只不得迟于12月12日抵达目的港。如果运货船只迟于12月12日抵达目的港，那么买方有权降价或拒收货物。"这不符合装运合同的性质，应变更为到达合同。

□ 拓展阅读

拓展阅读

FOB 和 CIF 该如何选择？

第3章/进出口商品的价格

学习目标

学习进出口商品的定价原则及考虑因素，掌握主要贸易术语的价格构成与换算，灵活运用佣金和折扣，同时了解出口商品的成本核算，学会拟定合同中的价格条款。

商品的价格是国际货物买卖的主要交易条件，价格条款是买卖合同中必不可缺的合同条款。价格条款的确定不仅直接关系到买卖双方的利益，而且与合同中的其他条款也有密切联系。商品的价格是根据不同的定价依据、定价目标、定价方法和定价策略来制定的，商品价格的构成一般受商品成本、商品质量、成交数量、供求关系、竞争条件、运输方式和价格政策等多种因素的影响。因此，对于外贸业务人员而言，确定商品的价格是一项复杂而又十分艰巨的工作。为了做好这项工作，外贸业务人员必须熟悉进出口商品作价的原则及影响因素、了解进出口商品的作价方法、掌握主要贸易术语的价格构成和换算方法，以及出口商品的成本核算，才能合理地制定国际货物买卖合同中的价格条款。

3.1 进出口商品作价原则及影响因素

3.1.1 进出口商品作价原则

进出口商品的作价原则是：在贯彻平等互利的原则下根据国际市场价格水平，结合国别（地区）政策，并按照我们的购销意图确定适当的价格。

所谓国际市场价格，又称世界市场价格或国际价格，是国际范围市场价值或其转化形态的货币表现，是指某种商品在国际市场的一定时期内客观形成的具有代表性的成交价格。具有代表性的成交价格通常是指：一是某些国际市场集散中心成交的商品价格，集散地的市场价格；二是某些商品主要出口国（或地区）具有代表性的出口价格；三是某些商品主要进口国（或地区）具有代表性的进口价格；四是某些重要商品的拍卖价格、开标价格等。

3.1.2 进出口商品作价的影响因素

由于价格构成因素不同，影响价格变化的因素也多种多样。因此，在确定进出口商品价格时，除应遵循上述作价原则外，还必须充分考虑影响价格的种种因素。

1）商品的质量因素

在国际市场上，一般都贯彻按质论价的原则，即好货好价，次货次价。品质的优劣，档次的高低，包装装潢的好坏，式样的新旧，商标、品牌的知名度，都影响商品的价格。

2）市场供求因素

商品的价格还受市场供求状况的影响。当商品供过于求时，价格就下跌；反之，商品价格就会上涨。应根据商品在市场上现在和将来的需求状况进行分析。另外，谈判人员还要考虑该商品的市场生命周期、市场定位、市场购买力等因素，判断市场供求变化趋势和签约后可能发生的价格变动，从而确定商品交易价格。

3）运输因素

国际货物买卖，一般都要通过长途运输。运输距离的远近，影响运费和保险费的开支，从而影响商品的价格。因此，确定商品价格时，必须核算运输成本，做好比价工作，以体现地区差价。

4）销售季节因素

在国际市场上，某些节令性商品，如赶在节令前到货，抢行应市，即能卖上好价。过了节令的商品，其售价往往很低，甚至以低于成本的价格出售。因此，应充分利用季节性需求的变化，切实掌握好季节性差价，争取按对我方有利的价格成交。

5）成交数量因素

按国际贸易的习惯做法，成交量的大小影响价格，即成交量大时，在价格上应给予适当优惠，或者采用数量折扣的办法；反之，成交量过少，甚至低于起订量时，也可以适当提高出售价格。那种不论成交量多少，都采取同一个价格成交的做法是不当的，我们应当掌握好数量方面的差价。

6）支付条件因素

支付条件是否有利往往影响商品的价格。例如，同一商品在其他交易条件相同的情况下，采取预付货款方式，可以考虑给予价格优惠；如果采用凭信用证付款方式付款，则价格可以适当提高。因此，不同的支付条件其价格应当有所区别。

7）货币与汇率变动因素

确定商品价格时，买卖双方还应该明确规定使用何种货币和货币单位。要注意所采用货币的安全性及币值的稳定性、可兑换性。一般应争取采用对自身有利的货币成交，出口商应争取选择保持上浮趋势的硬币；进口商则应选择有下浮趋势的软币支付。如采用不利的货币成交，应当把汇率变动的风险考虑到货价中去，即适当提高出售价格或压低购买价格，或采用订立保值条款的办法来避免汇率变动可能产生的风险。

此外，交货期的远近，新老客户、市场销售习惯和消费者的爱好与否等因素，对确定价格也有不同程度的影响，在制定商品价格时，也要予以认真考虑。

3.2 进出口商品的作价方法

3.2.1 固定价格

我国进出口合同，绝大部分都是在双方协商一致的基础上，明确地规定具体价格，这也是国际上常见的做法。按照各国法律的规定，合同价格一经确定，就必须严格执行。除非合同另有约定，或经双方当事人一致同意，任何一方都不得擅自更改。在合同中规定固定价格是一种常规做法。它具有明确、具体、肯定和便于核算的特点。不过，由于市场行情瞬息万变，价格涨落不定。因此，在国际货物买卖合同中规定固定价格，就意味着买卖双方要承担从订约到交货付款以至转售时价格变动的风险。如果行市变动过于剧烈，这种做法则可能影响合同的顺利执行。一些不守信用的商人很可能为逃避亏损，而寻找各种借口拒绝履行合同。为了降低价格风险，在采用固定价格时应该注意以下问题：

（1）综合分析影响商品供需的各种因素，准确对价格的变动趋势作出判断，以此作为决定合同价格的依据。

（2）慎重选择交易的对象，必须对客户的资信进行充分的了解和调查，控制客户的信用风险，尤其是在业务人员获得的信息不充分的情况下，必须进行专业的资信调查，以发现和防范有可能产生的风险。

（3）大宗交易一般应订立外汇保值条款，国际商品市场的变化往往受各种临时性因素的影响，变幻莫测。由于各种货币汇价动荡不定、商品市场变动频繁，在此情况下，固定价格往往会给买卖双方带来巨大的风险。因此，为了降低风险，促成交易，提高履约率，在合同价格的规定方面，可以采用订立外汇保值条款，防止从订约到交货期间由于计价货币币值的变动给买卖双方当事人带来损失。

通常，买卖双方愿意选择汇率稳定的货币作为计价货币。但是，在汇率不稳定的情况下，出口方倾向于选用“硬币”，即币值坚挺、汇率看涨的货币，而进口方则倾向于选用“软币”，即币值疲软、汇率看跌的货币。

合同中规定外汇保值条款的方法主要有3种：

（1）计价货币和结算货币均为同一“软币”。确定订约时这一货币与另一硬币的汇率，支付时按当日汇率折算成原货币支付。

（2）“软币”计价，“硬币”支付。将成品单价或总金额按照计价货币与结算货币当时的汇率，折合成另一种“硬币”，按另一种“硬币”支付。

（3）“软币”计价，“软币”支付。由双方协商同意确定某一货币与另几种货币的算术平均汇率，或用其他方式计算出的汇率，按支付当日与另几种货币算术平均汇率或其他汇率的变化作相应的调整，折算成原货币支付。这种保值可称为“一揽子汇率保值”。几种货币的综合汇率可有不同的计算办法，如简单平均法、加权平均法等。

3.2.2 非固定价格

非固定价格，即一般业务上所说的“活价”，大体上可分为下述几种：

1）待定价格

待定价格是指商品价格待定，买卖双方只在合同中约定未来确定价格的依据和方法。这种定价方法又可分为以下两种具体做法：

（1）在价格条款中明确规定定价时间和定价方法。例如，在合同中规定，在装船月份前30天，参照当地商品交易所该商品的收盘价，协商议定正式价格，或按提单日期的国际市场价格计算。

（2）只规定作价时间，例如：由双方在某年某月某日协商确定价格。这种方式由于未就作价方式作出规定，容易给合同带来较大的不稳定性，双方可能因缺乏明确的作价标准，而在商定价格时产生争议，导致合同无法执行。因此，这种方式一般只适用于双方有长期交往并已形成比较固定的交易习惯的合同。

2）暂定价格

在合同中先订立一个初步价格，作为开立信用证和初步付款的依据，待双方确定最后价格后再进行最后清算，多退少补。例如，单价暂定CIF纽约，每公吨1 000美元，作价方法：以纽约商品交易所3个月期货，按装船月份月平均价加5美元计算，买方按本合同规定的暂定价开立信用证。由于国际市场价格瞬息万变，买卖双方在合同中的价格仅供参考，因此这种做法可能在商定最后价格时，因没有订明定价依据而导致合同无法履行。

3）部分固定价格，部分非固定价格

为了兼顾买卖双方的利益，也可采用部分固定价格，部分非固定价格，或分批作价的方法。交货期近的商品价格在订约时固定下来，余者在交货前一定期限内作价。采用这种做法有助于暂时解决双方在价格方面的分歧，解除客户对价格风险的顾虑，不但有利于巩固和扩大出口市场，也有利于生产、收购和出口计划的安排。对进出口双方而言，虽然不能完全排除价格风险，但是对出口商来说，可以不失时机地做成生意；对进口商来说，可以保证一定的转售利润。

非固定价格的做法，是先订约后作价，合同的关键条款价格是在订约之后由双方按一定的方式来确定的。这就不可避免地给合同带来较大的不稳定性，存在双方在作价时不能取得一致意见，而使合同无法执行的可能，或由于合同作价条款规定不当，而使合同失去法律效力的危险。在采用非固定作价时，应注意以下问题：

（1）要明确规定作价方法

为减少非固定价格条款给合同带来的不稳定因素，消除双方在作价方面的矛盾，明确订立作价方法就是一个重要的、必不可少的前提，作价标准可根据不同商品酌情作出规定。例如，以某商品交易公布的价格为准，或以某国际市场价格为准等。

（2）要明确规定作价时间

关于作价时间的确定，可以采用下列几种做法：①在装船前作价。一般是规定在合同签订后若干天或装船前若干天作价。采用此种作价办法，交易双方仍要承担自作价至付款转售时的价格变动风险。②装船时作价。一般是指按提单日期的行市或装船月的平均价作价。这种做法实际上只能在装船后进行，除非有明确的客观的作价标准，否则卖方不会轻易采用，因为其怕承担风险。③装船后作价。一般是指在装船后若干天，甚至在船到目的地后进行作价。采用这类做法，卖方承担的风险也较大，故一般很少使用。

3.2.3　调整价格

在国际货物买卖中，还可以采用调整价格的方法定价，即在合同中规定一个初始价格和交货时的价格调整方法，这样合同中会增加一个价格调整条款。例如，卖方对其他客户的成交价高于或低于合同价格5%，对本合同未执行的数量，双方协商调整价格。这种做法的目的是把价格变动的风险规定在一定范围之内，以提高客户经营的信心。

值得注意的是，在国际上，随着某些国家通货膨胀的加剧，有些商品合同，特别是加工周期较长的机器设备合同，都普遍在“价格调整条款”（Price Adjustment Clause）中规定初始价格（Initial Price），同时规定原料价格、工资等影响商品生产成本变化的调整方法。

在价格调整条款中，通常使用下列公式来调整价格：

$$P=P_0\times(A+BM/M_0+CW/W_0) \tag{3.1}$$

式中：P代表商品交货时经调整后的价格；P_0代表签订合同时约定的初始价格；M代表计算最后价格时引用的有关原料的平均价格或指数；M_0代表签订合同时引用的有关原料的价格或指数；W代表计算最后价格时引用的有关工资的平均数或指数；W_0代表签订合同时引用的有关工资的平均数或指数；A代表经营管理费用和利润在价格中所占的比重；B代表原料在价格中所占的比重；C代表工资在价格中所占的比重。A、B、C所分别代表的比重在合同确定后固定不变。

合同可以约定，调整价格与初始价格的差额不超过某一范围，初始价格可不予调整。调整价格是出口厂商转嫁国内通货膨胀、确保利润的一种手段。

值得注意的是，这种做法已被联合国欧洲经济委员会纳入它所制定的一些“标准合同”之中，而且其应用范围已从原来的机械设备交易扩展到一些初级产品交易，因而具有一定的普遍性。由于这类条款是以工资和原料价格的变动作为调整价格的依据，因此在使用这类条款时必须注意工资指数和原料价格指数的选择，并在合同中予以明确。此外，在国际贸易中，人们有时也将物价指数作为调整价格的依据。如合同期间的物价指数发生的变动超出一定的范围，价格即作相应调整。总之，在使用价格调整条款时，合同价格的调整是有条件的。用来调整价格的各个因素在合同期间所发生的变化，如约定必须超过一定的范围才予调整，而未超过限度的，即不予调整。

3.3 主要贸易术语的价格构成与换算

3.3.1 主要贸易术语的价格构成

国际贸易中的价格主要由成本、费用、利润三部分构成。成本（Cost），是整个价格的核心，它是出口企业为出口其产品进行生产、加工或采购所产生的含税成本；费用（Expenses），是指整个交易过程中发生的费用，出口报价中的费用主要有国内和国外费用两部分；利润（Profit），是指企业预期净收入。

1）FOB、CFR、CIF 3种贸易术语的价格构成

以上3种贸易术语在价格构成中也主要包括成本、费用和利润三方面。其中费用包括国内费用和国外费用。

（1）国内费用主要有：

① 加工整理费用；

② 包装费用；

③ 保管费用（仓租费、火险费等）；

④ 国内运输费用；

⑤ 证件费用（商检费、公证费、领事签证费、产地证费、许可证费、报关单费等）；

⑥ 装船费（装船费、起吊费和驳船费等）；

⑦ 银行费用（贴现利息、手续费等）；

⑧ 预计损耗（耗损、短损、漏损、破损、变质等）；

⑨ 邮电费（电报、电传、邮件等）。

（2）国外费用主要有：

① 国外运费（自装运港至目的港的海上运输费用）；

② 国外保险费（海上货物运输保险）；

③ 包括支付给中间商的佣金、国外促销费用等。

计算公式如下：

FOB价=进货成本价+国内费用+净利润 （3.2）

CFR价=进货成本价+国内费用+国外运费+净利润 （3.3）

CIF价=进货成本价+国内费用+国外运费+国外保险费+净利润 （3.4）

2）FCA、CPT和CIP 3种贸易术语的价格构成

这3种贸易术语在价格构成中也包括三方面内容：进货成本、费用和净利润。其中费用的核算包括国内费用和国外费用。

（1）国内费用主要有：

① 加工整理费用；

② 包装费用；

③ 保管费用（仓租费、火险费等）；

④ 国内运输费用；

⑤ 拼箱费（如果货物构不成一整集装箱）；

⑥ 证件费用（商检费、公证费、领事签证费、产地证费、许可证费、报关单费等）；

⑦ 银行费用（贴现利息、手续费等）；

⑧ 预计损耗（耗损、短损、漏损、破损、变质等）；

⑨ 邮电费（电报、电传、邮件等）。

（2）国外费用主要有：

① 国外运费（自出口国起运地至国外目的地的运输费用）；

② 国外保险费；

③ 包括支付给中间商的佣金、国外促销费用等。

计算公式如下：

FCA价=进货成本价+国内费用+净利润　（3.5）

CPT价=进货成本价+国内费用+国外运费+净利润　（3.6）

CIP价=进货成本价+国内费用+国外运费+国外保险费+净利润　（3.7）

3.3.2　主要贸易术语的价格换算

1）FOB、CFR和CIF 3种术语的换算

（1）FOB价换算为其他价

CFR价= FOB价+国外运费　（3.8）

CIF价=（ FOB价+国外运费）÷（1−投保加成×保险费率）　（3.9）

（2）CFR价换算为其他价

FOB价=CFR价−国外运费　（3.10）

CIF价= CFR价÷（1−投保加成×保险费率）　（3.11）

（3）CIF价换算为其他价

FOB价=CIF价×（1−投保加成×保险费率）−国外运费　（3.12）

CFR价= CIF价×（1−投保加成×保险费率）　（3.13）

2）FCA、CPT和CIP 3种术语的换算

（1）FCA价换算为其他价

CPT价= FCA价+国外运费　（3.14）

CIP价=（ FCA价+国外运费）÷（1−投保加成×保险费率）　（3.15）

（2）CPT价换算为其他价

FCA价=CPT价− 国外运费　（3.16）

CIP价= CPT价÷（1−投保加成×保险费率）　（3.17）

（3）CIP价换算为其他价

FCA价=CIP价×（1−投保加成×保险费率）−国外运费　（3.18）

CPT价= CIP价×（1-投保加成×保险费率） （3.19）

3.4 佣金与折扣

在订立合同价格条款中，有时会涉及佣金（Commission）和折扣（Discount）。价格条款中所规定的价格，可分为包含佣金或折扣的价格和不包含这类因素的净价（Net Price）。包含佣金的价格，在业务中通常称为“含佣价”。

3.4.1 佣金

1）佣金的含义

在国际贸易中，有些交易是通过中间代理商进行的。因中间商介绍生意或代买代卖而需收取一定的酬金，此项酬金叫佣金。凡在合同价格条款中，明确规定佣金的百分比的做法被称为“明佣”。如不标明佣金的百分比，甚至连“佣金”字样也不标示出来，有关佣金的问题由双方当事人另行约定，这种暗中约定佣金的做法被称为“暗佣”。佣金直接关系到商品的价格，货价中是否包括佣金和佣金比例的大小，都影响商品的价格。显然，含佣价比净价要高。正确运用佣金，有利于调动中间商的积极性和扩大交易。

2）佣金的表示办法

在商品价格中包括佣金时，通常应以文字来说明。例如，每公吨200美元CIF纽约，包括2%佣金（USD 200 per M/T CIF New York including 2%commission）。也可在贸易术语上加注佣金的缩写英文字母“C”和佣金的百分比来表示。例如，每公吨200美元CIFC 2%纽约（USD 200 per M/T CIFC 2% New York）。商品价格中所包含的佣金，除用百分比表示外，也可以用绝对数来表示。例如，每公吨付佣金25美元。

3）佣金的计算方法

在国际贸易中，计算佣金的方法不一，有的按成交金额约定的百分比计算，也有的按成交商品的数量来计算，即按每一单位数量收取若干佣金计算。在我国进出口业务中，计算方法也不一致，有以下几种方法：

（1）按FOB价计算佣金

不管买卖双方以何种价格成交，均按FOB价计算佣金。理由是：运费、保险费是卖方固定支付的，而不是卖方销售收入，因此不应支付佣金。

例如，CIF价格为1 000美元，运费为100美元，保险费为10美元，佣金率为2.5%。则：

佣金=（1 000-100-10）×2.5%

=22.25（美元）

（2）按成交价格净价计算佣金

例如，CIF价格为1 000美元，佣金率为2.5%。则：

佣金=1 000×2.5%=25（美元）

（3）按含佣价计算佣金

这种方法是最为常见的，计算佣金的公式如下：

单位货物佣金额=含佣价×佣金率 （3.20）

含佣价=净价÷（1−佣金率） （3.21）

例如，已知A商品CIF纽约价格为每吨1 000美元，现美商要求改报CIFC 5%纽约，如果要保持卖方的收入不变，则应报价为：

含佣价=净价÷（1−佣金率）=1 000÷（1−5%）=1 052.63（美元）

佣金=1 052.63×5%=52.63（美元）

在这里，值得注意的是，如在洽商交易时，我方报价为1 000美元，对方要求5%的佣金，在此情况下，我方改报含佣价，按上述公式算出应为1 052.63美元，这样才能保证实收1 000美元。

佣金的支付一般有两种做法：一种是由中间代理商直接从货价中扣除佣金；另一种是在委托人收清货款之后，再按事先约定的期限和佣金比率，另行付给中间代理商。在支付佣金时，应防止错付、漏付和重付等情况发生。按照一般惯例，在独家代理情况下，如委托人同约定地区的其他客户达成交易，即使未经独家代理过手，也得按约定的比率付给其佣金。

3.4.2 折扣

1）折扣的含义

折扣是指卖方按原价给予买方一定百分比的减让，即在价格上给予适当的优惠。国际贸易中使用的折扣，名目很多，除一般折扣外，还有为扩大销售而使用的数量折扣（Quantity Discount），为实现某种特殊目的而给予的特别折扣（Special Discount）以及年终回扣（Turnover Bonus）等。凡在价格条款中明确规定折扣率的被称为“明扣”；凡交易双方就折扣问题已达成协议，而在价格条款中却不明示折扣率的被称为“暗扣”。折扣直接关系到商品的价格，货价中是否包括折扣和折扣率的大小，都影响商品价格，折扣率越高，则价格越低。折扣同佣金一样，都是市场经济的必然产物，正确运用折扣，有利于调动采购商的积极性和扩大销路，是加强对外竞销的一种手段。

2）折扣的表示方法

在国际贸易中，折扣通常在合同价格条款中用文字明确表示出来。例如，CIF伦敦每公吨200美元，折扣3%（USD 200 per M/T CIF London including 3% discount）。此例也可这样表示：CIF伦敦价格为每公吨200美元，减3%折扣（USD 200 per M/T CIF London less 3% discount）。此外，折扣也可以用绝对数来表示。例如，“每公吨折扣6美元”，在实际业务中，也有用“CIFD”或“CIFR”来表示CIF价格中包含的折扣。这里的“D”和“R”是“Discount”和“Rebate”的缩写。鉴于在贸易往来中加注的“D”或“R”含义不清，可能引起误解，因此最好不使用此缩写语。

3）折扣的计算方法

折扣通常是以成交额或发票金额为基础计算出来的。其计算方法如下：

单位货物折扣额=原价（或含折扣价）×折扣率 (3.22)

卖方实际净收入=原价−单位货物折扣额 (3.23)

例如，某商品报价CIF伦敦，每公吨2 000英镑，折扣2%，卖方的实际净收入为：

折扣额=2 000×2%= 40（英镑/每公吨）

卖方实际净收入=2 000−40=1 960（英镑/每公吨）

折扣一般是在买方支付货款时预先予以扣除。也有的折扣金额不直接从货价中扣除，而按暗中达成的协议另行支付给买方，这种做法通常在给“暗扣”或“回扣”时采用。

3.4.3 佣金和折扣的区别

佣金和折扣的不同表现在，前者是付给中间商的报酬，后者是卖方付给买方的价格减让。有的人往往忽略了二者的区别。对佣金收入要征收所得税，对折扣则不征税，这对卖方有切身的利益，对买方也不是毫无关系。当按CIF成交由卖方投保并付保险费的情况下，如将折扣当佣金处理会多付一些保险费，因为保险费是按保险金额计算的，而在有佣金的情况下，保险金额习惯上应高一些。在有折扣的情况下，一般是按减掉折扣金额后的发票净值计算保额的，因而保额相对低一些，所付保险费相应低一些。将佣金和折扣区分开对买卖双方均有好处。

3.5 出口商品的成本核算

为了制定合理的成交价格，外贸企业要加强出口商品价格的审核，及时分析出口商品价格变动情况，防止抬价抢购、低价竞销造成的损失，严格按照外贸企业当期实际出口收汇额和核定的出口成本进行清算，完善内部价格管理制度，提高出口效益。在出口成本核算中，要掌握一些相关的指标，包括出口总成本、出口外汇净收入、出口换汇成本，以及出口盈亏额与盈亏率、出口创汇率。

3.5.1 出口总成本

出口总成本是指外贸企业为出口商品支付的国内总成本，包括进货成本和国内费用以及出口税。国内费用一般包括银行利息、工资支出、邮电通信费用、交通费用、仓储费用、码头费用以及其他的管理费用，为了计算简便一般以定额费用率形式核算。出口商品购进价格通常包含增值税，很多国家为了降低出口商品的成本，增强其商品在国际市场上的竞争力，往往对出口商品采取增值税全部或部分退回的做法。在实施出口退税制度的情况下，在核算出口商品价格时，就应该将含税的采购成本中的税收部分根据出口退税比率予以扣除，从而得出退税后的总成本。

出口商品总成本（退税后）=出口商品购进价格（含增值税）+定额费用-出口退税收入 (3.24)

定额费用=出口商品购进价格×定额费用率 (3.25)

出口退税收入=出口商品购进价（含增值税）÷（1+增值税税率）×退税率 (3.26)

例如，某产品每件的进货成本是28元人民币，一共1 000件。其中包括17%的增值税，13%的退税，如果该产品的定额费用率是6%，则该产品出口总成本（退税后）应该为：

出口商品总成本（退税后）=［28+28×6%-28÷（1+17%）×13%］×1 000=26 570（元）

3.5.2 出口外汇净收入与出口换汇成本

1）出口外汇净收入

出口外汇净收入是指出口外汇总收入扣减非贸易外汇收入后的FOB外汇收入，即出口商品按FOB价格出售所得外汇净收入。如果按CFR术语成交，则要扣除国外运费；如果按CIF术语成交，则要扣除国外运费和保险费；如果按含佣价成交，则要扣除佣金。计算公式为：

出口外汇净收入= 出口外汇总收入-（国外运费 + 国外保险费 ） (3.27)

例如，某公司出口100吨钢材，价格为USD 220/MT CIF Bangkok，其中海运费为每吨15美元，海上货物保险费为每吨5美元，则该笔业务的出口外汇净收入为：

出口外汇净收入= 100 ×（220-15-5）= 20 000（美元）

2）出口换汇成本

出口换汇成本是指某商品出口净收入一个单位的外汇所需要的人民币成本，它是反映企业出口交易盈亏的重要指标。计算公式为 ：

出口换汇成本=出口总成本（人民币）÷出口外汇净收入（外汇） (3.28)

例如，我国甲公司出口新加坡乙公司货物，总货价是CIF新加坡80 000美元，其中从上海到新加坡的海运费是3 800美元，保险费是176美元，该货物的出口总成本是580 000元人民币，则该货物的出口换汇成本为：

出口换汇成本= 580 000÷（80 000-3 800-176）=580 000÷76 024

=7.63（元人民币/美元）

从以上公式可以看出，出口商品换汇成本的高低，取决于出口总成本与出口外汇净收入的比例关系，出口总成本越高或出口外汇净收入越少，则换汇成本越高；反之，出口总成本越低或出口外汇净收入越多，则换汇成本就越低。因此，换汇成本与出口总成本成正比关系，而与外汇净收入成反比关系。

3）出口盈亏额与盈亏率

出口盈亏额是指出口销售的人民币净收入与出口总成本的差额。差额为正数，则为盈余额；差额为负数，则为亏损额。计算公式为：

出口盈亏额=（FOB出口外汇净收入×银行外汇买入价）-出口总成本（退税后） (3.29)

出口盈亏率是盈亏额与出口成本的比例，用百分比表示，该指标说明出口盈亏额在出口总成本中所占的百分比，正值为盈，负值为亏。计算公式为：

出口盈亏率=（FOB出口人民币净收入-出口总成本）÷出口总成本×100%　　(3.30)

例如，某商品出口销售净收入为50万元人民币，出口总成本为40万元人民币，则出口盈亏率为：

出口盈亏率=（50-40）÷40×100%=25%

4）出口创汇率

出口创汇率也称外汇增值率，或出口收汇率，用于加工贸易，反映了以外汇购买原料、辅料，经加工成为成品后再出口的创汇效果。具体计算方法是以成品出口所得的外汇净收入减去进口原料所支出的外汇，算出成品出口外汇增值的数额，即创汇额，再将其与原料外汇成本相比，计算出百分率。在采用国产原料的正常出口业务中，也可以计算创汇率，这就要以该原料的FOB出口价格作为原料外汇成本。计算公式为：

出口创汇率=（成品出口外汇净收入-原料外汇成本）÷原料外汇成本×100%　　(3.31)

公式中的成品出口外汇净收入减去原料外汇成本为外汇增值额。结果为正数，则表示外汇增值；结果为负数，则表示“倒贴外汇”。要注意的是，其中原料外汇成本是进口的CIF价，出口外汇净收入是出口的FOB价。

例如，某企业进口原材料CIF上海价格为每公吨22 600美元，加工后成品的出口价格为FOB上海每打117.52美元，已知每公吨原材料可加工250打成品，则出口创汇率为：

出口创汇率=（117.52×250-22 600）÷22 600×100%

=（29 380-22 600）÷22 600×100%=30%

3.6 合同中的价格条款

3.6.1 价格条款的基本内容

合同中的价格条款，一般包括商品的单价和总值两项基本内容。有时还包括作价方法以及佣金和折扣的运用。

1）单价

单价由4个部分组成，即计量单位、单位价格金额、计价货币和贸易术语。

例如，CIF洛杉矶价格为每公吨2 000美元（USD 2 000 per M/T CIF Los Angeles）。

（1）计量单位

一般来说，计量单位应该与数量条款所使用的计量单位一致，并要注意使用同一度量衡制度。

（2）单位价格金额

单位价格金额应按双方协商一致的价格，正确填写在书面合同中，不得有误。

（3）计价货币

应该明确使用哪国货币，单价和总值所使用的货币应该一致。

（4）贸易术语

在使用贸易术语时，应该根据不同的含义加注不同的地点，如果有重名地点问题，应该加注国别或地区名称。

2）总值

总值（或称总价）是单价同数量的乘积，也就是一笔交易的贷款总金额。总值所使用的货币必须与单价的货币一致，除用阿拉伯数字填写外，还要用文字表示，并防止计算、书写错误。

例如，中国大米，良好平均品质，100公吨，麻袋装，每袋50千克，每公吨175美元CIF新加坡，总额17 500美元。（Chinese Rice，FAQ，100M/T，In Gunny Bags，50KG Each ，USD 175 per M/T CIF Singapore，Total Amount USD 17 500）。

3.6.2　规定价格条款应注意的问题

合同中的价格条款应真实反映买卖双方价格磋商的结果，条款内容应该完整、明确、具体、准确。在制定价格条款时，应该注意以下问题：

1）合理地确定商品的价格水平

贯彻我国进出口商品作价原则，考虑各种影响价格的因素，并结合购销意图来确定适当的价格水平，防止偏高或偏低。出口商品价格过高不利于市场的开拓，过低会造成外汇收入的减少，甚至会导致反倾销诉讼。进口商品价格过高会导致外汇的浪费，影响企业的经济效益。

2）选择适当的贸易术语

贸易术语可以反映商品的价格构成，而各种贸易术语的价格构成各不相同，运费、保险费是价格的一部分。因此，在选用贸易术语时，应考虑运费、保险费的因素。一般来说，在出口贸易中，我方应争取选用CIF和CFR术语。在进口贸易中，应争取选用FOB术语。对FCA、CPT和CIP术语的选用也应按上述原则掌握。这样有利于节省运费和保险费的外汇支出，并有利于促进我国对外运输事业和保险事业的发展。另外，在选用贸易术语时，还应注意运费变动的趋势。当运费看涨时，为了避免承担运费上涨的风险，出口时应选用FOB术语，进口时应选用CIF或CFR术语。如果因某种原因采用由我方安排运输的贸易术语，则应对货价进行调整，将运费上涨的风险考虑到货价中去。

3）争取选择有利的计价货币或订立外汇保值条款

计价货币（Money of Account）是指合同中规定用来计算价格的货币。在国际货物买卖合同价格条款中，必须对货币作出明确的规定。用来计价的货币，可以是出口国家货币，也可以是进口国家货币或双方同意的第三国货币，一般由买卖双方协商确定。在出口业务中，一般尽可能争取多使用在成交期内汇率比较稳定且有上升趋势的货币，即“硬币”。而在进口业务中，则应争取多使用在成交期内汇率比较疲软且有下降趋势的货币，即“软币”，否则，应考虑订立外汇保值条款来避免汇率变动的风险。

4）应订立品质与数量机动幅度的计算方法

当交货品质、交货数量有机动幅度或包装费另行计价时，应一并订明机动部分作价和包装费计价和支付的具体办法，以利于合同的顺利履行。

5）合理运用佣金和折扣

在合同价格条款中，有时会涉及佣金和折扣，正确运用佣金和折扣，有利于调动中间商和采购商的积极性和扩大销路，在国际贸易中，它是加强对外竞销的一种手段。

□ 本章小结

商品的价格直接关系到买卖双方的经济利益，而且它与其他各项交易条件都有密切关联，价格的高低，决定其他各项交易条件的规定，其他条件的不同规定，也必然会反映到价格上来。因此，买卖双方必须就价格达成协议，否则，合同不能成立。价格不仅是构成买卖合同有效成立的必备条件，也是买卖合同的主要交易条件之一。

在国际市场上，影响商品价格的因素很多，而且是千变万化的。外贸企业应加强调查研究，以国际市场价格水平为依据，并结合企业的经营意图，来确定进出口商品的价格，其目的是体现我国的平等互利原则，维护企业和国家的经济利益，促进对外贸易的正常发展。

商品的价格，除个别交易按总价或总值达成交易外，通常是指商品的单价。在国际贸易中，商品单价的规定远较国内贸易复杂，除了应规定单位价格外，还应标明计价数量单位、计价货币名称和国际贸易中惯用的贸易术语。

本章主要阐述合同中价格条款的规定方法，以及出口商品成本核算、佣金和折扣等方面的一些基本知识和操作技能。

□ 复习思考题

1.影响出口商品价格的主要因素有哪些？

2.进出口商品价格中的主要国内外费用有哪些？

3.FOB、CFR、CIF 3种价格术语的价格构成主要有哪些区别？

4.简述固定价格的利弊及采用固定价格时应注意的问题。

5.简述非固定价格的利弊及采用非固定价格时应注意的问题。

6.如何规定合同中的佣金和折扣？应注意哪些问题？

7.如何正确制定合同的价格条款？应注意哪些问题？

8.大连某出口公司出口某产品对外报价：每公吨1 200美元FOB大连，现外商要求我方将价格改为CIF中国香港。问：大连出口公司能否接受？为什么？

9.下面为几则我方出口合同价格条款的单价，如有错误请予改正，并说明理由：

随堂测验

（1）CIF 3.00 per case C2 London

（2）USD 50/CN CIF less D2

（3）USD 1 100/MT FOB KOBE

（4）USD 1 200/MT CFR Dalian C2

（5）CIFC Hamburg EUR 33

（6）CIF USD 25/YD Dalian

（7）USD 15 per set CIF USA

（8）500 per doz. DAT

10. 欲出口一批玩具，国内含税采购价每个15元，一个20英尺集装箱可装30 000个。按下列资料计算CIF马赛价格。报价信息如下：

税　　费：增值税税率为17%，退税率为9%。

国内费用：出口一个20英尺集装箱所需费用为运杂费860元；报关费300元；港口杂费600元；申请原产地证费50元；业务费1 000元。

海洋运费：从上海至马赛，一个20英尺集装箱的运费为2 700美元。

海运保险：按CIF价格加10%投保一切险，保险费率为1%。

佣　　金：出口报价的5%。

外汇汇率：1美元 = 6.44元人民币。

利　　润：出口报价的10%。

□ 计算题示例

根据下面产品信息，分别计算YE803 / TE600两种山地自行车的出口报价。

商　　品：山地自行车。

货　　号：YE803 / TE600。

包装方式：1辆/纸箱。

尺　　码：120×76×50厘米/纸箱。

毛 / 净重：33/28kg。

供货单价：（含税）310元/辆 / 350元/辆。

税　　费：已知自行车的增值税税率为17%；出口退税率为9%。

国内费用：出口包装费每辆10元；整批货物（两个货号1 200辆）共需仓储费500元；国内运杂费1 000元；商检费650元；报关费50元；港口费800元；业务费2 000元；其他费用1 000元。

出口运费：上海至哥本哈根的集装箱运费为拼箱每运费吨103美元；20′整箱（$25M^3$）为2 065美元；40′整箱（$55M^3$）为3 935美元。

保　　险：发票金额加10%投保一切险和战争险，费率分别为0.6%和0.3%。

佣　　金：出口报价的5%。

公司要求的预期利润率为成交价格的10%，并以即期信用证作为付款方式。人民币对美元汇率为6.44：1。

答案：

货号：YE803

1.实际成本=310-（310÷1.17）×9%=310-23.85=286.15（元）

2.国内费用= 10 +（1 000+650+50+800+500+2 000+1 000）÷1 200 =15（元）

3.出口运费：用40′集装箱装最合适。

55÷（1.2 ×0.76×0.5）（取整）=120（箱）

3 935÷120×6.44=211.18（元）

$$4.CIFC5=\frac{286.15+15+211.18}{1-(110\%\times 0.9\%)-5\%-10\%}=\frac{512.33}{0.84}$$

=609.92（元）= 94.71（美元）

货号：TE600

1.实际成本=350-（350÷1.17）×9%=350-26.92=323.08（元）

2.国内费用= 10 +（1 000+650+50+800+500+2 000+1 000）÷1 200 =15（元）

3.出口运费：用40′集装箱装最合适。

55÷（1.2×0.76×0.5）（取整）=120（箱）

3 935÷120×6.44=211.18（元）

$$4.CIFC5=\frac{323.08+15+211.18}{1-(110\%\times 0.9\%)-5\%-10\%}=\frac{549.26}{0.84}$$

= 653.88（元）=101.53（美元）

□ 拓展阅读

拓展阅读 1

如何拯救你的报价？

拓展阅读 2

进出口货物完税价格如何确定？

第4章/国际货物运输

学习目标

通过本章的学习，掌握有关国际货物运输的运输方式、装运条款以及运输单据等基本知识，了解订立合同中的装运条款的注意事项，力求各项条款明确、合理、切实可行，为保证进出口商品交接任务的顺利完成打下基础。

国际货物运输是使进出口合同顺利完成的重要环节。它涉及多种运输方式，其中以海洋运输使用最为广泛。海洋运输主要有班轮和租船运输。海运合同中的装运条款主要包括装运期和交货期、装运港和目的港、装运通知、分批和转船、装卸时间、装卸率、滞期费和速遣费等内容。由于运输方式和合同中当事人对单据的要求不同，因此国际货物运输中所使用的单据各异，主要有海运提单、铁路运单、航空运单、邮包收据和多式联运单据等。海运提单可作为收货的凭证、货物所有权的凭证和运输协议的证明，除备运、不清洁、过期提单等外，其他提单均可作为协议付款的凭证之一。

4.1 运输方式

目前国际贸易货物运输方式有海洋运输、铁路运输、航空运输、国际邮政运输、集装箱运输、大陆桥运输和国际多式联运等。在国际贸易中要认真选择合理的运输方式，保证“安全、迅速、准确、节省”地完成对外贸易货物运输任务。

4.1.1 海洋运输

海洋运输是历史悠久的国际贸易运输方式，其运量占国际货物运输总量的80%以上。由于海洋运输具有运量大、通过能力强、不受道路和轨道的限制、运费低廉等优点，许多国家，特别是沿海国家和地区都普遍采用海洋运输。海洋运输已成为国际贸易中最重要的运输方式。

虽然海洋运输具有上述优点，但是也存在不足之处。海洋运输的速度较慢，不宜用来运输易腐烂的货物。商船在海上航行，受气候和自然条件影响较大，航期有时不能得到保证，遇险的可能性很大。同时，海洋运输也存在着社会风险，如战争、罢工、贸易禁运等。因此，海洋货物运输需要利用保险规避损失。

按照海洋运输船舶经营方式的不同，可分为班轮运输（Liner Transport）和租船运输（Shipping by Chartering）。

1）班轮运输

班轮运输是指船舶按照固定的航行时间表，在固定的航线上、挂靠固定的港口并收取相对固定运费的运输方式。

（1）班轮运输的特点

① “四固定”。班轮运输的最基本特征是“四固定”，即固定船期、固定航线、固定港口和相对固定费率。

② 由船方负责配载装卸，装卸费包括在运费中，货方不再另付装卸费，船货双方也不计算滞期费和速遣费。

③ 以签订订舱单（Booking Note）的方式订舱，船、货双方的权利、义务与责任豁免，以船方签发的提单（B/L）为依据。

④ 通常要求托运人送货至承运人指定的码头仓库交货，收货人在承运人指定的码头仓库提货。

⑤ 班轮承运货物的数量比较灵活，货主按需订舱，特别适合一般杂货和集装箱货物的运输。

（2）班轮运价

班轮公司运输货物所收取的运送费用是按照班轮运价表（Liners Freight Tariff）的规定计收的。运价表也称费率本或运价本，是船公司承运货物向托运人收取运费的费率表的汇总，主要由条款规定、商品分类和费率3部分组成。

国际班轮运价表可分为4种：

第一，航运公会运价表：由航运公会制定并进行调整，供参加公会的班轮公司使用，货方按此支付运费。航运公会实际上是由船方垄断的公司组成的，制定的运价较高，承运条件也明显有利于船方。

第二，班轮公司运价表：由未参加国际航运公会的班轮公司自己制定的运价表。货方可以对这种运价表和运价的调整提出意见，但解释权和决定权仍属船方。

第三，双方运价表：是指由货、船双方协商共同制定的运价表。

第四，货方运价表：由货方制定运价，船方接受使用的运价表。运价也可由双方协商，最后由货方决定。

按运价制定形式不同，运价表可以分为等级费率运价表和列名费率运价表。

① 等级费率运价表的运价是按商品等级来确定的。这种运价是按照货物负担运费能力进行定价。根据货物价格将货物分为若干等级，在每一商品后都注明商品等级，商品分类部分按其英文字母顺序排列，在商品等级基础上再根据不同航线或港口确定不同等级运价。

② 列名费率运价表，也称单项费率运价表，其中的运价是根据商品名称来确定的。这种运价表是对各种不同货物在不同航线上逐一确定运价，每一种商品都给定一个运价，因此其使用不方便，查阅量大。

目前，我国海洋班轮运输公司使用的是“等级费率运价表”，即将承运的货物分成20个等级，每一个等级的货物有一个基本费率。其中1级费率最低，20级费率最高。在等级表后列有各航线的杂货与集装箱货物的费率（等级费率和包箱费率），同时附有计收标准以及各种附加费的收取。

（3）班轮运费的计收标准

基本运费按照班轮运价表规定的标准计收，主要有以下几种：

①按重量吨（Weight Ton）计收。运价表上用“W”表示。按货物毛重（t）计算，吨以下取小数点后3位。适用于价值不高、体积小、重量大的货物。

②按尺码吨（Measurement Ton）计收。运价表上用“M”表示。按货物体积（m^3）计算，m^3以下取小数点后3位。适用于价值不高、体积大、重量轻的货物。

重量吨和尺码吨统称为运费吨或计费吨（Freight Ton，FT）。

③按价格计收，又称从价运费。运价表上用“Ad.Val”或“A.V.”表示。以货物价值作为运费计收标准，一般按FOB货价百分之零点几收费，一般不超过5%。适用于黄金、白银、精密仪器、手工艺品等贵重商品。

④按重量吨或尺码吨计收。运价表上用W/M表示。这是常见的一种计收标准，由船公司从其中选择收费较高的一种计收。

⑤按重量吨或尺码吨或从价运费计收。运价表上用“W/M or A.V.”标注。由船公司从3种计收标准中选择收费最高的一种计收。

⑥按重量吨或尺码吨中收费较高的作为标准，再另行加收一定百分比从价运费。运价表上用“W/M Plus A.V.”标注。

⑦按货物的件数（Per Unit /Per Head）计收。例如，卡车按辆、活牲畜按头计收。

⑧按议价（Open Rate）计收。货主和船公司临时商定运价，如粮食、矿石、煤炭等运量大的货物。一般来说议价货物的运费率比较低。

（4）班轮运费中的附加费（Additional Charge）

船公司除收取基本运费外，还征收附加费，以弥补基本运费的不足。常见的附加费有以下几种：

① 超重附加费（Heavy Lift Add）。一件货物毛重超过运价表规定的重量，即为超重货，需要加收附加费。

② 超长附加费（Long Length Add）。一件货物的长度超过运价表规定的长度，即为超长货，需要加收附加费。

③ 转船附加费（Transhipment Surcharge）。这是指在货物转船时，船公司在转船港口办理换装和转船手续而收取的费用。

④ 燃油附加费（Bunker Adjustment Factor，BAF）。这是指燃油价格上涨时，船公司按基本运价的一定百分比加收的燃油涨价费。

⑤ 直航附加费（Direct Surcharge）。一批货物达到规定的数量，托运人要求将一批货物直接运达非基本港口卸货，船公司为此加收的费用，称为直航附加费。直航附加费一般比转船附加费低。

⑥ 港口附加费（Port Add）。这是指对于有些设备条件差或装卸效率低的港口，船公司为了弥补船舶靠港时间长造成的损失收取的费用。一般按基本运价的一定百分比计收。

⑦ 港口拥挤费（Port Congestion Surcharge）。这是指对于有些港口由于压港压船，导致停泊时间较长，船方因此而收取的费用。

⑧ 选卸附加费（Additional on Optional Discharging Port）。对于选卸货物（Optional Cargo）需要在积载方面给予特殊的安排，这要增加一定的手续和费用，甚至有时需要翻船（指倒舱翻找货物），因此而追加的费用，称为选卸附加费。

⑨ 绕航附加费（Deviation Surcharge）。正常航道不能通行，需绕道才能到达目的港时，船方便要加收此费。

⑩ 货币贬值附加费（Devaluation Surcharge 或 Currency Adjustment Factor，CAF）。当运价表中规定的货币贬值时，船公司便按基本运价加收一定百分比的附加费。

另外，还有一些其他的附加费，如洗舱附加费、冰冻附加费、苏伊士运河附加费、熏蒸附加费等。集装箱运输中还有旺季附加费、目的地交货费等附加费用。

（5）班轮运费的计算

①杂货班轮运费的计算

杂货班轮运费是由基本运费和各项附加运费组成的，其计算公式为：

$$F = F_b \times (1 + \sum S) \times Q \tag{4.1}$$

式中，F表示运费总额；F_b表示基本运费额；$\sum S$表示附加费率之和；Q为总货运量。

运费计算的基本步骤：

第一，查明所运货物的装货港和目的港所属的航线。

第二，了解货物名称、特性、包装状态，是否为超重或超长货件、冷藏货物。

第三，从货物分级表中查出货物所属等级，确定应采用的计算标准。

第四，查找所属航线等级费率表，找出该等级货物的基本费率。

第五，查出各项应收附加费的计费办法及费率。

第六，列式进行具体计算。

杂货班轮运费计算示例：

我国口岸某公司出口货物共5 000箱，对外报价每箱USD 275 CFR Copenhagen。几天后，国外商人要求将价格改为FOB Shanghai。已知该批货物每箱毛重38kg，每箱体积为45cm×35cm×25cm。该货物对应的航线的运价为100美元/运费吨，计费标准为W/M，另加收燃油附加费20%、港口附加费20%、货币贬值附加费10%。该批货物的运费为多少？

解析：从该题中可知该货物对应的航线的运价、计费标准，有燃油附加费、货币附加费与港口附加费，且附加费均按基本费率的百分比计算。W/M为取重量与体积较大者。

该批货物的毛重为：0.038×5 000=190（公吨）

该批货物的体积为：$45\times35\times25\times10^{-6}\times5\,000=197$（立方米）

货物的体积大于毛重，因此按体积计算运费。

该批货物的运费为：

$$F = F_b \times (1 + \sum S) \times Q = 100 \times (1 + 20\% + 20\% + 10\%) \times 197 = 29\,550(\text{美元})$$

②集装箱运费的计算

集装箱运输的费用构成和计算方法与传统的运输方式不同。它包括内陆或装运港市内运输费、拼箱服务费、堆场服务费、海运运费、集装箱及其设备使用费等。

集装箱运费由船舶运费和一些有关的杂费组成。目前，有下列两种计费方法：

A.按件基本费率加附加费（等级费率×基本运费率×运费吨数量+附加费额）计算，这是传统的按件杂费计算法，以每运费吨为计算单位，再加收一定的附加费。

B.按包箱运费计算。以租用某一规格的集装箱，运到某一目的港为依据来计算运费。不同时期、不同承运方、不同目的港的集装箱运费也不同。采用这种方式计算运费的情况较多，适合于FCL情况下的运费计算。集装箱包箱费率有三种方式：第一，FAK包箱费率（Freight for All Kinds），即不分货物种类，按每个集装箱收取的费率。第二，FCS包箱费率（Freight for Class），即按货物等级制定的包箱费率。第三，FCB包箱费率（Freight for Class & Basis），即按货物等级和不同类型的计价标准制定的费率。

经营集装箱运输的船公司为了保证营运收入不低于成本，通常还有最低运费的规定。所谓最低运费，是指起码运费。在拼箱货的情况下，最低运费的规定与班轮运输中的规定基本相同，即在运价表中都订有最低运费，如果任何一批货的运费金额低于规定的最低运费金额，则按最低运费金额计收。在非包干计费的整箱货的情况下，由货主自行装箱，如果箱内所装货物没有达到规定的最低计费标准，则亏舱损失由货主负担。各船公司都分别按重量吨和尺码吨为不同类型与用途的集装箱规定了最低的装箱吨数，并以两者中高者作为装箱货物的最低运费吨。因此，货主提高集装箱的积载技术，充分利用集装箱容积，有利于节省运输费用。

集装箱运费计算示例：

某托运人通过中远集装箱公司承运一票货物（2×20ft FCL），采用包箱费率，从黄埔港出口到勒哈弗尔港。另加收货币贬值附加费10%、燃油附加费5%。

另外，查中国—欧洲集装箱费率表得知：从黄埔港到勒哈弗尔港，须经中国香港地区转船，运费为直达基础上加USD 150/20ft。从黄埔港出口直达费率为USD 1 550/20ft。

分析与提示：

海运运费计算公式：$F = F_b \times (1 + \sum S) \times Q$

因此，该批货物的运费为：F=（1 550+150）×（1+10%+5%）×2=3 910（美元）

2）租船运输

租船运输又称“不定期船运输”，是指根据租船合同，船东将船舶的全部或者部分舱位出租给租船人使用，以完成特定的货运任务，租船人按商定的运价支付运费。

（1）租船运输方式

① 定程租船（Voyage Charter），又称航次租船，是指由船舶所有人负责提供船舶，在指定港口之间进行一个航次或数个航次，由承租人支付运费，承运指定货物的租船运输。定程租船就其租赁方式的不同分为单程租船（单航次租船）、来回航次租船、连续航次租船和包运合同。

② 定期租船（Time Charter）是指由船舶所有人将船舶出租给承租人，供其使用一定时期的租船运输。承租人也可将此期租船当作班轮或程租船使用。

定程租船与定期租船有许多不同之处，主要表现在以下几个方面：

第一，定程租船是按航程租用船舶，而定期租船则是按期限租用船舶。关于船、租双方的责任和义务，前者以定程租船合同为准，后者以定期租船合同为准。

第二，定程租船的船方直接负责船舶的经营管理，船方除负责船舶航行、驾驶和管理外，还应对货物运输负责。定期租船的船方仅对船舶的维护、修理、机器正常运转和船员工资与给养负责，而船舶的调度、货物运输、船舶在租期内的营运管理和日常开支，如船用材料、港口费、税费以及货物装卸、搬运、理舱、平舱等费用，均由租船方负责。

第三，定程租船的运费一般按装运货物的数量计算，也有按航次包租总金额计算的。而定期租船的运费一般按租期中每月每载重吨（Dead Weight Ton，DWT）若干金额计算。同时，在采用定程租船时，船、租双方要规定装卸期限和装卸率，凭此计算滞期费和速遣费；而在采用定期租船时，船、租双方不规定装卸率和滞期费、速遣费。

③光船租船（Bareboat Charter），又称净船期租船，是指船舶所有人将船舶出租给承租人使用一定期限，船舶所有人提供的是空船，承租人要自己任命船长、配备船员，负责船员的给养和船舶经营管理所需的一切费用。这种租船方式往往是卖船先兆，光船租船方式实际上属于单纯的财产租赁。光船租船合同是财产租赁合同而不是海上运输合同。

④航次期租（Time Charter on Trip Basis，TCT）是近年来国际上发展起来的介于定程租船和定期租船之间的一种方式。其以完成一个航次运输为目的，按完成航次所花的时间、约定的租金率来计算租金。

租船运输通常适用大宗货物的运输，我国大宗货物如粮食、油料、矿产品和工业原料等进出口通常采用租船运输方式。就外贸企业来说，使用较多的租船方式是定程租船。

（2）租船市场

租船是通过租船市场（Chartering Market）进行的。在租船市场上，船舶所有人是船舶的供给方，而承租人则是船舶的需求方。

租船市场按船舶类型划分为：干货船市场、油船市场、冷藏货船市场和客船市场。其中干货船市场又分为干散货船市场（Dry Bulk）、传统杂货船市场（General Cargo）、集装箱船市场（Container）、滚装船市场（Ro-Ro）、支线船市场、特种用途船市场。

按租期长短划分为：短期租船市场和长期租船市场。前者针对航次租船，后者针对定期租船、包运合同运输、连续航次租船等。

世界主要租船市场包括：伦敦租船市场，纽约租船市场，汉堡、鹿特丹、奥斯陆租船市场，远东租船市场，东南亚租船市场等。

（3）租船合同

在世界租船市场上，有些国家和地区的航运组织或商会，根据有关的航线、货类或租船方式的特点制定各种标准的租船合同，以便船、租双方在办理租船业务时以这些合同中的条款为依据进行洽商，从而加速交易的进行。

在实际业务中，外贸企业如有大宗货物进出口，一般使用航次租船方式运输。因此，相比而言，在国际货物运输领域中，航次租船合同应用最为广泛。《中华人民共和国海商法》（以下简称《海商法》）规定："航次租船合同，是指船舶出租人向承租人提供船舶或者船舶的部分舱位，装运约定的货物，从一港运至另一港，由承租人支付约定运费的合同。"

航次租船合同的标准格式，大都是由各个国际航运组织制定的。航次租船合同范本很多，根据船舶航次的航线、承运货物种类等不同而有所区别。由波罗的海国际航运公会（The Baltic and International Maritime Conference，BIMCO）制定的统一杂货租船合同（Uniform General Charter），简称"金康合同"（GENCON），适用于不分航线的杂货运输。金康合同是最具有代表性的航次租船合同，它在实践中的使用也最为频繁。

航次租船合同一般订有以下条款：船舶说明条款、预备航次条款、船东责任条款、运费支付条款、装卸条款、滞期费和速遣费条款、受载期及销约条款、留置权条款、提单条款、共同海损条款、佣金条款、通用罢工条款、战争条款、通用冰冻条款、双方互有碰撞条款、新杰森条款和仲裁条款等。

（4）运费及装卸费用

①运费

租船运费的计算方式与支付时间，需由租船方与船主在租船合同中明确规定，其计算方式主要有两种：一种是按运费率（Freight Rate）计价，另一种是按整船包干价（Lump Sum Freight）计价。

②装卸费用的划分

A.班轮条件（Liner Terms）。船方负担装卸费用。

B.船方不负担装卸费（Free In and Out，FIO）。采用这一条件应在租船合同中明确理舱费和平舱费由谁负担。实践中一般都规定由货方负担，即船方不负担装卸费、理舱费和平舱费（Free In and Out，Stowed，Trimmed，FIOST）。

C.船方管装不管卸（Free Out，FO），即船方负担装货费，但不负担卸货费。

D.船方管卸不管装（Free In，FI），即船方负担卸货费，但不负担装货费。

有必要指出的是，虽然租船合同订明船方不负担装卸费，但是船方对货物的安全积载仍要负责。

4.1.2 其他运输方式

1）铁路运输（Rail Transport）

铁路运输是我国对外贸易运输中仅次于海洋运输的重要运输方式。它具有运行速度快、运载量较大、受气候影响小、风险小、准确性和连续性强等优点。我国对外贸易铁路运输包括国际铁路货物联运和国内铁路运输两部分。

（1）国际铁路货物联运

①有关国际铁路货物联运的国际公约

使用一份统一的国际联运票据，经过两个或者两个以上国家的铁路，并以连带责任办理货物的全程运输任务，且由一国铁路向另一国铁路移交货物时，无须发货人和收货人参加，这种运输称为国际铁路货物联运。开展国际铁路货物联运，对于简化货运手续，加速货物流转，降低运输费用，促进进出口贸易发展都很有利。国际铁路货物联运通常是依据有关的国际条约进行的。我国与欧洲一些国家相连铁路联运就涉及两个国际条约：《国际铁路货物联运协定》和《国际铁路货物运输公约》。

《国际铁路货物联运协定》简称《国际货协》，于1951年缔结，我国于1954年1月参加了该协定。凡参加《国际货协》的国家的进出口货物，从发货国家的始发站到收货国家的终到站，只要在始发站办妥托运手续，使用一份运送单据，即可由铁路以连带责任办理货物的全程运送。根据《国际货协》的规定，不仅可办理缔约国之间的货物运送，也可向非缔约国运送货物；反之，非缔约国也可向缔约国运送货物。具体做法是：从参加《国际货协》的国家出发，使用国际货协的联运运单，当货物运到《国际货协》最后一个参加国的国境站时，由铁路边境站负责改换适当的联运票据继续转运至最终到站。从未参加《国际货协》的国家向参加《国际货协》的国家的铁路发货，其继续转运发送事宜，则由参加《国际货协》的第一过境铁路的参加国国境站负责办理。

《国际铁路货物运输公约》简称《国际货约》，是1890年欧洲各国在瑞士伯尔尼举行的代表大会上制定的。参加国共有24个。

另外还有《国际货协》与《国际货约》的双重参加国，这就为国家间的铁路联运提供了更为便利的条件，参加《国际货协》的国家的进出口货物，也可以通过铁路转运至参加《国际货约》的国家。

②国际铁路货物联运的一般程序

铁路运单正本和副本是国际铁路货物联运的主要运输单据，它是参加联运的发送国铁路部门与发货人之间的运输契约，对收、发货人和铁路部门都具有法律约束力。当发货人向始发站提交全部货物，并付清应由发货人支付的一切费用，经始发站在运单正本和副本上加盖注明日期的印章证明货物已被接受承运，即认为运输契约已经生效。

铁路运单正本随同货物自始发站运送至终到站，最后在终到站由收货人付清应由收货人负担的运送费后，连同货物由终到站铁路交给收货人。运单副本由始发站铁路签发给发货人作为货物已经交运的凭证和凭以向银行办理货款结算的主要单据。由于收货人向铁路提取货物时无须提交运单，因此，铁路运单并非物权凭证，也不能通过背书转让和作为抵押品向银行融通资金。

国际铁路货物联运的运输费用有以下规定：

发送国铁路的运送费用，按发送国铁路的国内运价计算；到达国铁路的运送费用，按到达国铁路的国内运价计算；过境国铁路的运送费用，按《国际铁路货物联运统一过境运价规程》的规定计算。

（2）国内铁路运输

国内铁路运输是指仅在本国范围内按国内《铁路货物运输规程》的规定办理的货物运输。我国出口货物经铁路运至港口装船及进口货物卸船后经铁路运往各地，均属国内铁路运输的范畴。

在我国，供应港、澳地区的物资经铁路运往中国香港的九龙，也属于国内铁路运输的范围。内地至香港的铁路运输不同于国际联运，也不同于一般的内地铁路运输，而是一种特殊的租车方式的两段运输。它的全程是由内地段运输和港段运输两部分组成的，由中国对外贸易运输公司各地分支机构和香港中国旅行社联合组织进行。其具体做法是：从发货地至深圳北站的内地段运输，由发货人或发货地外运机构依照对港铁路运输计划的安排，填写内地铁路运单，先行运到深圳北站，收货人为中国对外贸易运输公司深圳分公司（以下简称“深圳分公司”）。深圳分公司作为各外贸企业的代理，负责在深圳与铁路局办理货物运输单据的交换，并向深圳铁路局租车，然后申报出口，经查验放行后，将货物运输至九龙港。货车过轨后，由深圳分公司在中国香港的代理人——香港中国旅行社向中国香港九广铁路公司办理港段铁路运输的托运、报关等工作，货车到达九龙目的站后，由香港中国旅行社将货物卸交给收货人。内地企业凭各地外运公司出具的承运货物收据（Cargo Receipt）办理收汇手续。

内地至香港铁路货物运输的费用按内地段和港段分别计算，内地段按人民币计算，港段按港币计算。内地段运费包括铁路运费、深圳过轨租车费和深圳分公司劳务费等。港段运费包括铁路运费、港段终点站卸货费、港段调车费及劳务费等。

2）航空运输（Air Transport）

航空运输是一种现代化运输方式，具有速度快、运输质量高、不受地面条件限制等优点，但由于运价较高，一般适宜运送鲜活、易腐、急需、贵重的货物。

（1）运输方式

航空运输方式可分为：

① 班机运输（Scheduled Airline）是定时、定线、定站、不定量的运输，适用于运送急需物品、鲜活商品和节令性商品。

② 包机运输（Chartered Carrier）是由货方包租整架飞机或由几个发货人（或航空货运代理公司）联合包租一架飞机来运送货物，适用于载送数量较大且急需的商品。

③ 集中托运（Consolidation）是由航空货运代理公司代理多个货主集中向航空公司托运货物，用一份总运单（附分运单）整批发运到预定目的地，由航空公司在那里的代理人收货、报关、分拨后交给实际收货人。

④ 航空快递（Air Express Service）是由专门的急件运送公司与航空快递公司合作，负责货物在货主、机场、收件人之间的传送，是一种“桌到桌”的运输方式。

（2）运价

空运货物通常按托运货物的重量或体积从高计收运费。实际重量（Actual Weight）按每kg毛重作为计费单位；体积重量（Measurement Weight）国际上按每6 000cm^3折合1kg重量计收运费，我国也按每6 000cm^3（0.006m^3）折合1kg重量计收运费。若不足500g按500g计收运费；若超过500g按1kg计收运费。

（3）承运人

①航空运输公司

航空运输公司是航空货物运输业务中的实际承运人，负责办理从起运机场至到达机场的运输，并对全程运输负责。

②航空货运代理公司

航空货运代理公司可以是货主的代理，负责办理航空货物运输的订舱，在始发机场和到达机场的交、接货与进出口报关等事宜；也可以是航空公司的代理，办理接货并以航空承运人身份签发航空运单，对运输过程负责。

3）国际多式联运（International Multi-model Transport）

国际多式联运是一种联合运输方式，是指按照多式联运合同，以至少两种不同的运输方式，由多式联运经营人将货物从一国境内接货地点运到另一国境内指定交货地点。通过一次托运，一次计费，一份单证，一次保险，将货物的全程运输作为一个完整的单一运输过程来完成。多式联运经营人（Multi-modal Transport Operator，MTO）是指其本人或通过其代表订立多式联运合同的任何人，其负有履行多式联运合同的责任。

国际多式联运必须具备下列6个条件：

① 必须有一个多式联运合同（Multi-modal Transport Contract）；

② 必须使用一份包括全程的多式联运单据（Multi-modal Transport Document）；

③ 必须至少是两种不同运输方式的连贯运输；

④ 必须是国家间的货物运输；

⑤ 必须由一个联运经营人对全程运输负责；

⑥ 必须是全程单一的运费费率（Single Factor Rate）。

国际多式联运极少由一个经营人承担全部运输。该运输方式往往是接受货主的委托后，联运经营人自己承担一部分运输工作，而将其余各段的运输工作再委托其他的承运人。由于多式联运主要采用集装箱运输，把海洋、铁路、航空、公路、江河运输连贯起来，因此它是实现“门到门”运输的有效途径。它具有传统单一运输方式无可比拟的优越性，主要表现在责任专属、手续简便、减少中间环节、缩短货运时间、提高货运质量、降低运输成本等方面。

4）集装箱运输（Container Transport）

集装箱运输是以集装箱为运输单位进行货物运输的一种现代化运输方式，它适用于海洋运输、铁路运输以及国际多式联运等各种运输方式。它可以从发货人仓库到收货人仓库，实现“门到门”的运输。

集装箱运输的优点很多，主要是加速货物装卸、提高港口吞吐能力、加速船舶周转、减少货损货差、节省包装材料、减少运杂费用、降低营运成本、简化货运手续和便利货物运输等。它的出现和广泛运用，不仅改变了传统的运输格局，而且对贸易做法乃至国际惯例都产生了影响。

（1）集装箱货物运输方式

根据集装箱货物装箱数量和方式不同可分为整箱货和拼箱货。

① 整箱货（Full Container Load，FCL）。整箱货适用于货方有足够的货源装载一个或数个整箱的情况。整箱货由货方在工厂或仓库自行装箱，也可由承运人代为装箱，装箱后加锁、铅封，并打上印记，直接送往集装箱堆场（Container Yard，YD）等待装运。承运人也可在内陆转运站（Inland Depot）接箱。货到目的港（地）后收货人可直接从目的港（地）集装箱堆场提走。

② 拼箱货（Less than Container Load，LCL）。拼箱货适用于发货人的货量不足一整箱的情况。由货方将货物运到集装箱货运站（Container Freight Station，CFS）或内陆转运站，再由承运人或其代理人根据货物的性质和所到目的地进行分类整理，将不同发货人的货物拼装在一个集装箱内，货到目的港（地）后，由承运人拆箱后分拨给各收货人。

（2）集装箱货物的交接方式

集装箱货物不仅在起运地有整箱装与拼箱装方式，在目的地卸货时也有整箱货交付与拆箱货交付的区别。因此，集装箱货物的交接方式和交接地点可以分为以下4类9个地点：

① FCL/FCL，即“整箱交/整箱收”，在这种方式下，集装箱的具体交接地点有以下4种情况：

A.Door to Door，即“门到门”，指在发货人的工厂或仓库整箱交货，承运人负责运至收货人的工厂或仓库整箱交给收货人。

B.Cy to Cy，即“场至场”，指发货人在起运地或集装箱港的集装箱堆场整箱交货，承运人负责运至目的地或卸货港的集装箱堆场整箱交给收货人。

C.Door to Cy，即“门到场”，指在发货人的工厂或仓库整箱交货，承运人负责运至目的地或卸货港的集装箱堆场整箱交给收货人。

D.Cy to Door，即“场到门”，指发货人在起运地或集装箱港的堆场整箱交货，承运人负责运至收货人的工厂或仓库整箱交给收货人。

② FCL/LCL，即“整箱交/拆箱收”，在这种交接方式下，集装箱的具体交接地点有以下两种方式：

A.Door to CFS，即“门到站”，指在发货人的工厂或仓库整箱交货，承运人负责运至目的地或卸货港的货运站。货运站拆箱按件分拨给有关收货人。

B.Cy to CFS，即“场到站”，指发货人在起运地或集装港的集装箱堆场交货，承运人负责运至目的地或卸货港的集装箱货运站，货运站负责拆箱分拨给有关收货人。

③ LCL/LCL，即“拼箱交/拆箱收”，在这种交接方式下，集装箱的交接地点只有一种，为CFS to CFS，即“站到站”，是指发货人将货物运往起运地或集装港的集装箱货运站，货运站将货物拼装后交承运人，承运人负责运至目的地或卸货港的集装箱货运站进行拆箱，当地货运站按件分拨给有关收货人。

④LCL/FCL，即“拼箱交/整箱收”，在这种交接方式下，集装箱的具体交接地点有以下两种情况：

A.CFS to Door，即“站到门”，指发货人在起运地或集装港的集装箱货运站按件交货，货运站进行拼箱，然后由承运人负责运至目的地的收货人工厂或仓库整箱交货。

B.CFS to Cy，即“站到场”，指发货人在起运地或集装港的集装箱货运站按件交货，货运站进行拼箱，然后由承运人负责运至目的地或卸货港的集装箱堆场，整箱交收货人。

5）大陆桥运输（Land Bridge Transport）

大陆桥运输是指使用横贯大陆的铁路（公路）运输系统作为中间桥梁，把大陆两端的海洋连接起来的集装箱连贯运输方式。

大陆桥运输诞生于1967年，当时因苏伊士运河关闭，航运中断，而巴拿马运河航运拥挤堵塞，船舶不得不改道绕航南非或南美，造成航程距离倍增，加上油价飞涨，海运成本急剧上升，又值集装箱运输的兴起，正是在这种历史背景下，大陆桥运输应运而生，把原来全程海运，改为海-陆-海运输，以此达到缩短运输里程、降低运输成本、加快货物运输的目的。

目前，世界上主要的大陆桥运输线有：

（1）北美大陆桥

北美大陆桥有两条：一条是从西部太平洋口岸到东部大西洋口岸的铁路（公路）运输系统；另一条是从西部太平洋口岸到南部墨西哥湾口岸的铁路（公路）运

输系统。该大陆桥将日本港至美、加西部港口的海运和美、加东部港口至欧洲的海运连接起来，形成海-陆-海的连贯运输。

（2）西伯利亚大陆桥

西伯利亚大陆桥又称欧亚大陆桥，是利用俄罗斯西伯利亚铁路作为陆地桥梁，将太平洋远东地区（东起纳霍德卡港）与波罗的海及黑海沿岸以及西欧大西洋口岸连接起来，全长约13 000千米，东接日本、韩国、菲律宾、中国台湾、中国香港等国家和地区，西抵西欧、中欧、南欧各国和中近东。它是世界上最长的运输大陆桥。

（3）新亚欧大陆桥

1992年9月，新亚欧大陆桥正式通车，标志着连接欧、亚两洲的第二条大陆桥运输路线正式开通。该大陆桥东起我国江苏连云港，经陇海线、兰新线，接北疆铁路，出阿拉山口与哈萨克斯坦的德鲁日巴站接轨，穿越哈萨克斯坦、俄罗斯，经白俄罗斯、波兰、德国直达荷兰鹿特丹，将太平洋西岸港口与里海、波罗的海及大西洋沿岸各港连接。

大陆桥运输具有运费低廉、运输时间短、手续简便的优点，是一种经济、快速、高效的运输方式。

另外，OCP（Overland Common Points）运输是美国大陆桥运输的形式之一，译为“陆路共同点”，是用来说明海上运输目的地的术语。所谓“陆路共同点”，是指与美国西海岸港口有陆路交通相连的内陆城市。美国内陆区域，是以落基山脉（Rocky Mountains）为界，即除紧邻太平洋的美国西部9个州以外，其以东地区均为适用OCP的地区范围。

按“OCP条款”达成的交易，托运人可以享受美国内陆运输的优惠费率，但要求同时满足以下3个条件：

第一，货物的最终目的地必须属于OCP的范围；

第二，货物必须在美国西海岸中转；

第三，提单上必须注明“OCP”字样。

例如，我国向美国出口一批货物，卸货港为美国旧金山，最终目的地是底特律。旧金山是美国西海岸港口之一，底特律属于美国内陆地区城市，此笔交易就符合OCP规定。经双方同意，就可采用OCP条款。在贸易合同和信用证内的目的港可填写“旧金山”括号内陆地区，即CIF San Francisco（OCP Detroit）。提单上除填写目的港旧金山外，还必须在备注栏内注明“内陆地区底特律”字样，即“OCP Detroit”。

6）国际快递业务

国际快递业务包括由国家办理的邮政业务和私人的国际快递业务。国际快递业务的特点是：①具有广泛的国际性；②具有多式联运和“门到门”运输性质；③适用于重量轻、体积小的货物的传递。一般规定单件货物重量不得超过20千克，长度不得超过1米。

国际快递业务主要有：

（1）DHL

DHL信使专递是由3位美国人（Adrian Dalsey，Larry Hillblom and Robert Lynn）于1969年组建的敦豪国际信使专递和民航快递服务（AIR Express Service，AE）。DHL是国际信使专递行业中具有代表性的专递公司，总部设在美国纽约，传递范围遍及世界各地。DHL是全球快递、洲际运输和航空货运的领导者，也是全球海运和合同物流的提供商。

（2）UPS

UPS全称是United Parcel Service（联合包裹运输服务公司）。UPS于1907年作为一家信使公司成立于美国，通过明确地致力于支持全球商业的目标，2019年UPS营业额达到740亿美元。作为世界上最大的快递承运商与包裹递送公司，UPS业务网点遍布全球220多个国家和地区。

（3）FedEx

FedEx全称是Federal Express（联邦快递）。1973年，FedEx正式开展快递业务，现已成为世界上最具规模的速递运输公司之一，是全球最具规模的全货运航空公司，提供快捷、可靠的速递服务。联邦快递分为5个全球性区域：美国区，加拿大区，亚太地区，欧洲、中东和非洲地区，拉丁美洲和加勒比地区。

（4）TNT

TNT，全称是Thomas Nationwide Transport（托马斯全国运输），于1946年创建于澳大利亚，公司总部位于荷兰，是欧洲最大的快递公司，在欧洲市场占有较多的市场份额，在欧洲和亚洲拥有高效的网络设施，并在世界范围内不断扩展业务网络，以实现其网络绩效的最大化。同前3位竞争对手的目标市场定位不同的是，TNT以欧洲市场为中心业务市场。

（5）EMS

EMS——全球邮政特快专递（Express Mail Service）是由各国邮政联合创办，由万国邮政联盟统一指定名称和标志。

我国于1980年开办EMS业务。通过40多年的不断探索，其已成为中国速递业的领头羊。目前，尚未与我国建立EMS业务联系的国家和地区，则通过EMS与TNT的合作（中速快件）来补充其网络的不足，使我国特快专递邮件可以通达世界200多个国家和地区。

前4家公司当前被称为国际4大快递巨头，在全球各有优势。例如，FedEx和UPS的强项在南北美洲线路、日本线路；TNT在欧洲有绝对优势；DHL则在日本、东南亚、澳大利亚有优势。

7）公路、内河、管道运输方式

（1）公路运输（Road Transportation）

公路运输是一种现代化的运输方式，是在公路上用货车或集装箱拖车进行国际货物运输的运输方式。主要用于内陆国家之间的跨国货物运输和多式联运中的陆陆运输。它不仅可以直接运进或运出货物，而且也是车站、港口和机场集散进出口货物的重要手段，其特点如下：

① 公路运输最适合于短途运输。它可以将两种或多种运输方式衔接起来，实现多种运输方式联合运输，做到进出口货物运输的“门到门”服务。

② 公路运输可以配合船舶、火车、飞机等运输工具完成运输的全过程，是港口、车站、机场集散货物的重要手段。尤其是鲜活商品、集港疏港抢运，往往能够起到其他运输方式难以起到的作用。

③ 集装箱货物通过公路运输实现国际多式联运。集装箱由交货点通过公路运到港口装船，或反之。大陆桥运输及我国内地通过香港地区的多式联运都可以通过公路运输来实现。

④ 公路运输也是一种独立的运输体系，可以独立完成进出口货物运输的全过程。公路运输是欧洲大陆国家之间进出口货物运输的最重要的方式之一。

公路运输具有机动灵活、速度快和方便等特点，尤其是在实现“门到门”运输中，更离不开公路运输。但公路运输也有一定的不足之处，如载货量有限，运输成本高，容易造成货损事故。

（2）内河运输（Inland Water Transportation）

内河运输是水上运输的重要组成部分，指在一国或跨国的河流上使用内河船舶进行货物运输的运输形式。内河运输船舶种类有内河货船、拖船、驳船、河/海型船等，其吨位较小，吃水浅，使用方便。它是连接内陆腹地与沿海地区的纽带，在运输和集散进出口货物中占重要的地位。

（3）管道运输（Pipeline Transportation）

管道运输是货物在管道内借助于高压气泵的压力输往目的地的一种运输方式，主要适用于运输液体和气体货物。

管道运输的优点在于：

① 运量大。一条输油管线可以源源不断地完成输送任务。根据其管径的大小不同，其每年的运输量可达数百万吨到几千万吨，甚至超过亿吨。

② 占地少。运输管道通常埋于地下，其占用的土地很少，分别仅为公路的3%，铁路的10%左右，在交通运输规划系统中，优先考虑管道运输方案，对于节约土地资源意义重大。

③ 管道运输建设周期短、费用低。国内外交通运输系统建设的大量实践证明，管道运输系统的建设周期与相同运量的铁路建设周期相比，一般来说要短1/3以上。

④ 管道运输安全可靠、连续性强。由于管道基本埋藏于地下，受运输过程中恶劣多变气候条件影响小，可以确保运输系统长期稳定地运行。

⑤ 管道运输耗能少、成本低、效益好。

虽然管道运输有很多优点，但是其缺点是灵活性差。管道运输常常要与铁路运输或公路运输、水路运输配合才能完成全程输送。

管道运输在美国、欧洲的许多国家以及石油输出国组织（OPEC）的石油运输方面起到了积极的作用。我国管道运输起步较晚，但发展很快。迄今为止，我国不少油田有输油管道直通海港。我国向其他国家出口的石油，主要通过管道运输。

4.2 装运条款

在国际贸易中，由于货物绝大部分都通过海洋运输，而且海运进出口合同的装运条款比较复杂，因此装运条款是否周密恰当，对合同履行影响重大。一般而言，装运条款主要包括装运期和交货期、装运港和目的港、装卸时间、装运通知、分批装运和转运、滞期费和速遣费等内容。

4.2.1 装运时间（Time of Shipment）

装运时间又称装运期，是指买卖合同中规定的卖方将合同规定的货物装上运输工具或交给承运人的期限。装运期（Time of Shipment）和交货期（Time of Delivery）是两个不同的概念。交货期是指卖方完成交货义务的期限。对于象征性交货合同而言，装运期就是交货期，但对于实际交货合同而言，二者是截然不同的概念。因此，不能将二者混淆，以避免不必要的纠纷。

1）装运时间的规定方法

（1）明确规定具体装运时间

① 规定在某月内装运。例如，Shipment during Jan.，1月份装运，即全部货物可以在1月1日至31日这一期限内的任何一天装运。

② 规定在某月月底之前装运。例如，Shipment at or before the end of September，9月底或其之前装运，即最迟不超过9月30日装运。

③ 规定在某月某日之前装运。例如，Shipment on or before June 20th，6月20日或其之前装运，即自订立合同之日起，最迟不超过6月20日装运。

④ 规定跨月装运。例如，Shipment during Jan./Feb./March，1/2/3月份装运，即可在1月1日至3月31日为止的任何一天装运。另外，装运时间也可以规定为跨年、跨季度装运。

《UCP 600》第3条规定：词语“×月×日止”（to）、“至×月×日”（until）、“直至×月×日”（till）、“从×月×日”（from）及“在×月×日至×月×日之间”（between）用于确定装运期限时，包括所述日期。词语“×月×日之前”（before）及“×月×日之后”（after）不包括所述日期。术语“上半月”和“下半月”应分别理解为自每月“1日至15日”和“16日至月末最后一天”，包括起讫日期。术语“月初”、“月中”和“月末”应分别理解为每月1日至10日、11日至20日和21日至月末最后一天，包括起讫日期。因此，在买卖合同采用上述方法规定装运期时，也应按照这一规定履行装运义务，以避免运输单证不符合信用证规定的现象发生。

（2）规定在收到信用证或收到预付货款后若干天装运

使用这种方法规定交货期的主要原因是合同签订后，买方因申请不到进口许可证，或其他国家不批准外汇，或因货物市场价格下跌对买方不利等情况，迟迟不开信用证。为防止买方不按时开证，一般还规定：买方必须不迟于某年某月某日将信用证开到卖方（The relevant L/C must reach the seller not later than ××）的限制性条款。

（3）笼统规定近期装运

采用这种规定方法时，不规定具体期限，而只是用以下的近期交货术语来表示：立即装运（Immediate Shipment）、即期装运（Prompt Shipment）、尽快装运（Shipment as soon as Possible，ASAP）、以备装运（Ready Shipment）等，对这类术语国际商会《UCP 600》第3条中规定："除非确需在单据中使用，银行对诸如'迅速''立即''尽快'之类词语将不予理会。"

2）规定装运时间应注意的问题

（1）买卖合同中的装运时间的规定要明确具体，装运期限应当适度。海运装运期限的长短，应视不同商品和租船订舱的实际情况而定。装运期限过短，势必给船货安排带来困难；装运期过长也不合适，特别是采用在收到信用证后多少天内装运的条件下，装运期过长，会造成买方积压资金，影响资金周转，从而反过来影响卖方的售价。

（2）应考虑货源和船源的实际情况，使船、货衔接。如不考虑货源，盲目成交，就可能出现有船无货的窘境，无法按时履约；如不考虑船源，包括运输能力、船期、航线和港口情况，盲目签约，就可能出现有货无船，同样造成不能如期履约的后果或者要经过多次转船，出现多付运费，甚至倒贴运费的严重后果。

（3）要根据不同货物和不同市场需求规定交货期。如无妥善装载工具和设备，易腐、易烂、易潮、易溶化的货物一般不宜在夏季、雨季装运。

4.2.2　装运港和目的港（Port of Shipment and Port of Destination）

装运港和目的港是装运条款中必不可少的内容。装运港是指货物开始装运的港口，一般由卖方提出，经买方同意后确定。目的港是指最后卸货的港口，通常由买方提出，经卖方同意后确定。

1）在买卖合同中，装运港和目的港的规定方法

就常规而言，规定装运港和目的港的方法有以下3种：

（1）明确规定装运港和目的港各一个，并详细标明港口名称。例如，装运港：大连（Port of Shipment：Dalian）；目的港：伦敦（Port of Destination：London）。

（2）规定两个或两个以上装运港或目的港。当货物分散多处，或磋商交易时尚不能确定在何处发货，可规定两个或两个以上装运港，并分别列明港口名称。例如，装运港：新港/上海（Xingang/Shanghai）；大连/青岛/天津（Dalian/Qingdao/Tianjin）。目的港：伦敦/利物浦（London/Liverpool）。

(3) 在交易磋商过程中，如果明确规定装运港或目的港有困难时，可以采用选择港（Optional Ports）方法。其具体方式有两种：一是在两个或两个以上港口中选择一个，如CIF伦敦/汉堡/鹿特丹（CIF London/Hamburg/Rotterdam）；二是笼统使用航区概念，如“欧洲主要口岸”（EMP）或“中国口岸”（Chinese Ports）。

2）规定国外装运港和目的港应注意的问题

(1) 装运港和目的港的规定要明确具体，避免笼统称谓。例如，最好不使用“欧洲主要口岸”等说法，以免产生误解。

(2) 不能接受内陆城市为装运港或目的港的条件。因为沿海港口到内陆城市的费用往往难以测算，且风险很大。对内陆国家的贸易，应选择最靠近的港口为装运港或目的港。

(3) 必须注意装卸港的具体条件。例如，有无直达班轮航线、港口装卸条件及运费和附加费的水平等。如果租船运输，还应考虑码头泊位水深，有无冰冻期等。

(4) 注意国外港口重名问题。世界各国重名港口较多，为防止出现差错，在交易合同中应明确注明装卸港所在国家和地区的名称。

(5) 对小批零星杂货的出口，一般不能接受在指定码头或泊位装卸货物的条款。对于大宗出口业务，也应特别慎重考虑，事先向买方了解有关码头的吃水、长度、设备能力、费用水平、装卸速度等情况。

3）规定国内装运港和目的港应注意的问题

(1) 对国内装运港的规定，一般以接近货源地的港口为宜，同时考虑港口、国内运输条件和费用水平。如果进出口公司对某一出口商品采取集中成交、分口岸交货，由于成交时还不能确定具体装运港口，在此种情况下，也可规定两个或两个以上港口，或规定“中国口岸”为装运港。

(2) 在进口业务中，对国内目的港的规定，原则上要选择接近用货单位或消费地区的港口为宜。但根据我国港口现有条件，为避免港口到船集中而造成堵塞，也可规定“中国口岸”为目的港。

4.2.3 分批装运和转运

分批装运和转运直接关系到买卖双方的利益。因此，分批装运和转运是买卖合同中交货条款的重要内容，需要在交易磋商时即予确定。

1）分批装运（Partial Shipment）

分批装运是指一笔成交数量较大的货物，可以分若干批次于不同的航次、车次、班次装运。

在大宗货物或成交数量较大的交易中，买卖双方根据交货数量、运输条件和市场销售等因素，可在合同中规定分批装运条款。

《UCP 600》第31条a款规定：“允许分批支款或分批装运。”也就是说，只要信用证未禁止就可以分批支款或分批装运。

《UCP 600》第31条b款规定：“表明使用同一运输工具并经由同次航程运输的

数套运输单据在同一次提交时，只要显示相同目的地，将不视为部分发运，即使运输单据上标明的发运日期不同或装卸港、接管地或发送地点不同。如果交单由数套运输单据构成，其中最晚的一个发运日将被视为发运日。”

《UCP 600》第31条b款还规定：“含有一套或数套运输单据的交单，如果表明在同一种运输方式下经由数件运输工具运输，即使运输工具在同一天出发运往同一目的地，仍将被视为部分发运。”

合同中规定分批装运的方法主要有以下两种：

（1）原则规定允许分批装运，对分批的具体批次、时间和每批数量均不作规定。例如，允许分批装运（Partial Shipment Allowed）。这种做法对卖方来说比较主动，卖方可根据货源和运输条件，自行安排分批装运。

（2）具体规定分批装运的时间和数量。例如，4月至7月分4批每月平均装运（Shipment during April/July in four equal monthly lots）。这种规定方法给予卖方的机动余地很小，只要其中任何一批未按时、按量装运，均构成卖方违约。但从买方角度来看，这种做法可按其使用或转售的需要进行安排，有利于资金周转和安排仓储。

《UCP 600》第32条对分期支款或分批装运还规定：“如信用证规定在指定的时间段内分期支款或分期发运，任何一期未按信用证规定期限支取或发运时，信用证对该期及以后各期均告失效。”例如，3月至6月分4批每月平均发运（Shipment during March/June in four equal monthly shipments），卖方应严格履行约定的分批发运条款，只要其中任何一批没有按时、按量发运，则本批及以后各批均告失效。

2）转运（Transhipment）

转运是指在货物装运后允许在中途港换装其他船舶转至目的港的运输方式。货物需要转运的主要原因是：至目的港无直达船或无合适的船、目的港不是班轮的基本港、货物零星分散、属于联运等。

在不同的运输方式下，《UCP 600》对转运的要求基本相同。

（1）多式联运下的转运

《UCP 600》第19条b款规定：“转运意指货物在信用证中规定的发运、接受监管或装载地点到最终目的地的运输过程中，从一个运输工具卸下并重新装载到另一个运输工具上（无论是否为不同运输方式）的运输。”《UCP 600》第19条c款规定：“只要同一运输单据包括运输全程，则运输单据可以注明货物将被转运或可被转运。即使信用证禁止转运，银行也将接受注明转运将发生或可能发生的运输单据。”

（2）海洋运输下的转运

《UCP 600》第20条b款规定：“转运意指在信用证规定的装货港到卸货港之间的海运过程中，将货物由一艘船卸下再装上另一艘船的运输。”《UCP 600》第20条c款规定：“只要同一提单包括全程运输，则提单可以注明货物将被转运或可被转运。即使信用证禁止转运，只要提单上证实有关货物已由集装箱、拖车或子母船运输，银行仍可接受注明将要发生或可能发生转运的提单。”《UCP 600》第20条d款规定：“对于提单中包含的声明承运人保留转运权利的条款，银行将不予置理。”

（3）航空运输下的转运

《UCP 600》第23条规定：“转运是指在信用证规定的起飞机场到目的地机场的运输过程中，将货物从一飞机卸下再装上另一飞机的行为。空运单据可以注明货物将要或可能转运，只要全程运输由同一空运单据涵盖。即使信用证禁止转运，注明将要或可能发生转运的空运单据仍可接受。”

（4）公路、铁路或内陆水运运输等下的转运

《UCP 600》第24条规定：“转运是指在信用证规定的发运、发送或运送的地点到目的地之间的运输过程中，在同一运输方式中从一运输工具卸下再装上另一运输工具的行为。即使信用证禁止转运，注明将要或可能发生转运的公路、铁路或内陆水运单据仍可接受。”

4.2.4 装运通知

装运通知是交易合同中必不可少的一项条款。买卖双方为了互相配合，共同搞好车、船、货的衔接和办理货运保险，不论采用何种贸易术语成交，交易双方都要承担互相通知的义务。规定这项条款的目的在于明确买卖双方的责任，促使双方相互配合，搞好船、货衔接工作，便于办理货运保险。

1）卖方的装运通知

根据贸易术语应由卖方安排运输的情况下，卖方在开始装运前应向买方发出预装运通知。其内容主要包括：船舶或其他运输工具的有关情况，以及货物已按合同要求备妥等事项，让买方了解有关运输和货物的准备工作已就绪。

货物装运后，卖方应向买方发出装运通知。其目的是让买方了解实际装运情况，做好接收货物准备。特别是在买方负责投保的贸易术语下，以便买方安排投保事宜，防止漏保。卖方向买方发装运通知应做到及时、充分。

2）买方的装运通知

在FOB、FAS、FCA等交易下，由买方安排运输。因此，当买方接到卖方货物已备妥的通知后，应及时将船舶等运输情况，如预计到港日期、受载日期等通知卖方，以便卖方及时安排发运或装运，并办理有关出口的手续。

4.2.5 装卸时间、滞期费和速遣费

国际贸易中大宗商品的交易多采取租船运输，因而要签订租船合同。在租船合同中负责租船的一方为促使对方及时完成装卸任务，都要求在买卖合同中对装卸时间、滞期费、速遣费的负担与计算问题，作出明确规定。

1）装卸时间

装卸时间（Laytime）是指航次租船合同中，船舶出租人允许承租人完成货物

装卸而无须额外支付费用的时间。在实际使用时间的计算中，应根据租约装卸时间条款的规定，按照起算原则，扣除应该中断或除外的时间。装卸时间的中断（Interruption）是指当发生了因出租人责任导致的阻碍装卸作业事件时，扣除这段时间，直到阻碍事件消除。装卸时间的除外是指按照合同约定将坏天气和节假日等阻碍装卸作业的时间从装卸时间中扣除的行为。

在规定的装卸期限内，还要具体明确装卸时间的计算方法，其计算方法一般有以下几种：

（1）按连续日（Running Days；Consecutive Days）计算。这是指24小时为一个连续日，在此期间内，不论是实际不可能进行装卸作业的时间（如雨天、施工或其他不可抗力），还是星期六、星期日或节假日，都应计为装卸时间。这种规定，对租船人不利，因而一般很少采用，仅适用于石油、矿砂等使用管道或传送带进行装卸作业，不受天气影响的商品。

（2）按工作日（Working Days）计算。这是指按照港口习惯，属于正常工作的日子，星期六、星期日和节假日除外。

（3）按晴天工作日（Weather Working Days）计算。这是指不受天气影响，可以进行装卸作业的时间。也就是说，除星期六、星期日和节假日外，因天气不良而不能进行装卸作业的工作日，不能计入装卸时间。

（4）按累计24小时好天气工作日（Weather Working Days of 24 Hours）计算。这是指在好天气情况下，不论港口习惯作业为几个小时，均以累计24小时作为一个工作日。如果港口规定每天作业8个小时，则一个工作日便跨几天的时间，这种规定对租船人有利，对船方不利。

（5）按连续24小时好天气工作日（Weather Working Days of 24 Consecutive Hours）计算。这是指在天气晴好、适于装卸的情况下，昼夜连续24小时算一个工作日。即使港口规定的工作时间是每天8个小时，其余的16个小时在此种方法下也应按规定计入装卸时间，但中间如有几小时坏天气不能作业，则应予以扣除。这种方法适用于昼夜作业的港口，在国际上应用比较普遍，我国在进出口合同中也一般采用这种方法。

（6）按港口习惯速度尽快装卸（Customary Quick Despatch，CQD）计算。这是指承租人保证按港口正常装卸速度进行装卸，但事实上由船舶出租人承担了港口拥挤和坏天气、节假日不装卸的时间损失。

2）滞期费和速遣费

在大宗货物的定程租船运输合同中，船方为了加速船舶的周转，促使租船人尽快装卸，一般都在合同中订有滞期、速遣条款。

根据这项条款的规定，在约定的装卸期限内，如果租船人未能在约定的允许时间内完成作业，租船人需向船方支付滞期费（Demurrage）。如果租船人在租船合同规定的时间内提前完成装卸，给船方节省了船期，那么船方为鼓励租船人则会向租船人支付一定金额作为报酬，称为速遣费（Despatch）。速遣费通常为滞期费的一半。滞期费和速遣费通常约定为每天若干金额，不足1天的，按比例计算。计算方法为：

滞期时间（节省时间）=使用的装卸时间-允许的装卸时间 (4.2)

滞期费=滞期时间×滞期费率 (4.3)

速遣费=节省时间×速遣费率 (4.4)

例如，某合同约定在天津新港的装卸率为每一工作日（按连续24小时好天气工作日）装花生米1 000M/T，速遣费为1天2 000美元，滞期费为1天4 000美元。该轮实际装运花生米7 200M/T出口。具体装货时间如下：

日　期	装货事实记录	实际使用时间
8月18日	14：00—24：00装货	10小时
8月19日	0：00—24：00装货	24小时
8月20日	0：00—24：00装货，其中下雨10小时	14小时

试计算速遣费或滞期费。

计算：

该批货物允许装运时间为：7 200÷1 000 = 7.2（天）

实际使用装卸时间为：10 + 24 + 14 = 48 （小时）；48 ÷ 24 = 2（天）

速遣时间：7.2-2=5.2（天）

速遣费为：2 000 ×5.2 = 10 400（美元）

4.3 运输单据

在国际货物运输中，承运人在收到承运货物后，应向托运人签发运输单据，作为交接货物、处理索赔与理赔以及向银行结算货款的凭据。在不同的运输方式中，承运人签发的运输单据有所不同。

4.3.1 海洋运输单据

海洋运输单据主要是指海运提单，还有在近洋运输中越来越多使用的海上货运单。

1）海运提单（Ocean Bill of Lading，B/L）

海运提单简称提单，是指用以证明海上货物运输合同和货物已经由承运人接收或装船，以及承运人保证据以交付货物的单证。

（1）海运提单的性质与作用

① 货物收据（Receipt of Goods）。提单是承运人（或其代理人）出具的货物收据，证明承运人已收到或接管提单上所列的货物。

② 物权凭证（Document of Title）。提单是货物物权的凭证，提单在法律上具有物权证书的作用，船货抵达目的港后，承运人应向提单的合法持有人交付货物。提单可以通过背书转让，从而转让货物的所有权。

③ 运输契约的证明（Evidence of Contract）。提单是承运人与托运人，以及提单转让后与提单持有人之间的运输契约的证明。提单条款明确规定了承运人与提单持有人双方之间的权利和义务以及责任豁免，是处理承运人与提单持有人之间争议的法律依据。

（2）海运提单的格式和内容

海运提单包括班轮提单和租船合同下的提单两种。这两种提单的格式不同，其内容也有很大差异。班轮提单除了提单正面列有托运人和承运人分别填写的有关货物与运费等的记载事项外，背面还印有涉及承运人与托运人、承运人与收货人之间的权利、义务与责任豁免的条款；租船合同下的提单仅在提单正面列有简单的记载事项，并标明“所有其他条款、条件和例外事项以某年某月某日租船合同为准”，提单背面则未印条款。

提单正面内容通常包括：

①海运提单名称（Marine Bill of Lading）

海运提单应表明其名称、承运人的名称和主要营业所。根据《UCP 600》第20条的规定，银行接受海运提单，而不论其名称如何。只要其内容符合信用证的要求，银行即可予以接受。

②提单号（B/L No.）

提单号通常与船公司签发的装货单和收货单所用的号码一致。该号码由承运人或其代理填写。

③托运人（Shipper）

托运人是指与承运人订立运输合同的人，或向承运人实际交付货物的人，提单应表明其名称和地址。在以信用证方式结算时，托运人一般填写受益人（出口商）的名称和地址；托收项下填写委托人（出口商）的名称和地址。

④收货人（Consignee）

收货人是指提单的抬头。其写法有以下几种：

Deliver to ×× only （只交付某某）（记名B/L）；

To bearer（凭来人）（不记名B/L）；

To order（凭指示）（指示B/L）；

To the order of ××（凭某某的指定）（记名指示B/L）。

⑤被通知人（Notify Party）

此栏是承运人在货物到达目的港后通知的对象（进口商或代理人）。

⑥前程运输船只（Pre-carriage by）

此栏填第一程船名，如果货物不需转运，本栏留空。

⑦船名及航次（Ocean Vessel，Voy.No.）

此栏按托运单上的船名和航次来填写。

若为转运方式，在Pre-carriage by栏内填写第一程船的名称；在Place of Receipt栏内填写出口地接货地点名称；在Ocean Vessel栏内填写第二程船的名称。

若为直达运输方式，Ocean Vessel栏内填写实际装运的船名；若为班轮运输方式，要加注航次号（Voy. No.）。

⑧装运港（Port of Loading）、卸货港（Port of Discharge）

按信用证规定填写实际的装运港口和卸货港口名称。如有同名港，须注明国家、地区或州、城市。如信用证未规定具体港口，只是笼统规定装运港为“中国口岸”或规定卸货港为“欧洲主要口岸”，制单时要填写实际的装船名和实际的目的港名称。

若货物运到卸货港，需经内陆转运或陆运至邻国时，应在填写卸货港名称后，另在货名栏下方空白处，或在唛头栏内加注In Transit to ××（切不可在“卸货港”名称后加填），以此说明卖方只负责将货物运至该卸货港，以后的转运由买方负责。

⑨交货地点（Place of Delivery）

填写货物的最终目的地。如果货物的目的地就是卸货港，此栏留空。

⑩唛头和件号（Marks and No.或Seal No.）

按信用证规定填写，并与发票相同栏目一致。当信用证无规定时，箱装货可按发票上的唛头填写；散装货可填写“No MARKS”；集装箱货物可填写铅封号“Seal No.”。

⑪件数、包装种类与货物的描述（Number，Kind of Packages，Description of Goods）

货物的描述：货物的名称既要符合信用证，又要与发票及其他单据一致。货物的名称可使用统称，但不得与发票的货名有任何抵触。

若是包装货应填写实际包装数量和计量单位，如1 000 Cartons，并在栏目下方空白处或在大写栏TOTAL NUMBER OF CONTAINERS OR PACKAGES（IN WORDS）内加注英文大写件数，如SAY ONE THOUSAND CARTONS ONLY。

若是裸装货必须填写件数，如××轿车100辆（100 Units），并加注大写数量。

若出口货物有若干种，而包装方式、包装材料完全不同，则应分别填列不同包装单位数量，然后再合计总件数。

若是散装货，件数栏内只填“In Bulk”，大写合计数可不填。

⑫毛重（Gross Weight）和尺码（Measurement）

有关货物的重量、尺码等必须与发票、装箱单或重量单一致，否则可能造成单单不一致。

除非信用证中另有规定，按毛重或尺码计费一定要注明总毛重或总体积。

⑬运费与费用（Freight and Charges）

A.除非信用证中明确规定提单中表明运费的计算与金额，否则提单中不填运费的数额为好。

B.在CIF、CFR等条件下，应填写“运费已付”（Freight Paid）或“运费预付”（Freight Prepaid）；在FOB、FAS等条件下，应填写“运费到付”（Freight Collect/

Freight Payable at Destination）；在租船全程运输时，应填写“运费按约定付”（Freight Payable as Arranged）或“运费按租约付”（Freight Payable as per C/P）。

⑭正本提单份数（No. of Original B/L ）

信用证项下，提单正本份数一定要按信用证规定的份数出具，并用英文大写的数字填写。

⑮提单签发地点与时间（Place and Date of Issue）

这是指承运人接管货物的地点与时间。提单签发日期除收妥备用提单外，均为装船完毕日期，应不晚于信用证或合同规定最迟装运时间。

⑯承运人签字（Signed for the Carrier）

《UCP 600》第20条规定，提单须表明承运人名称，并由承运人或其代理人、船长或其代理人签字。“承运人、船长或代理的任何签字必须分别表明其承运人、船长或代理的身份。代理的签字必须显示其是否作为承运人或船长的代理或代表签署提单。”

《UCP 600》第3条规定：“单据可以通过手签、签样印制、穿孔签字、盖章、符号表示的方式签署，也可以通过其他任何机械或电子证实的方法签署。”

（3）海运提单的背书

背书是提单转让的一种手段。提单经过背书后，提单本身所代表的货物的货主便产生变化，转让提单也就是转让了货物。

提单的背书分空白背书和记名背书两种。

①空白背书

空白背书是指背书人（提单转让人）在提单的背面签字盖章，即在提单背面写上：

（FOR）XYZ Co.，Ltd.（背书人的名称）

××（背书人签字）

②记名背书

记名背书是指在提单的背面既有背书人签字盖章，也列明被背书人的名称，即在提单背面写上：

DELIVER TO ××（被背书人的名称）

FOR XYZ Co.，Ltd.（背书人的名称）

××（背书人签字）

③指示提单抬头的填写和背书方法举例

提单的抬头与背书直接关系到货物所有权或处置权归属和能否转让等问题，因此，一定要严格按照信用证要求办理。

若信用证规定Full set of B/L made out to （drawn to or issued to）order ×× 或B/L made on to order ××，均解释为“指定人”。在提单Consignee一栏内填写To order或On to order（B/L以指定人为抬头），并由发货人空白背书或记名背书。

若信用证规定B/L made out to （drawn to or issued to）the order of shipper ×× 或

B/L made out to（drawn to or issued to）shipper's order ××，则在提单收货人一栏内填写 To the order of ×× Co.（发货人）或 To ×× Co.'s order（B/L以发货人，即托运人或其指定人为抬头），并由发货人空白背书或记名背书。

若信用证规定 B/L made out to （drawn to or issued to ）our order ××，则在提单收货人一栏内填写 To ×× bank's（开证行）order（B/L以开证行或其指定人为抬头），并由该银行背书。

若信用证规定 B/L made out to （drawn to or issued to ）order，delivery to order of ×× bank ，则在提单收货人一栏内填写 To order，由发货人在提单背面背书 Deliver to the order of ×× bank（B/L以指定人为抬头，并背书给 ×× 银行）（记名背书）。

若信用证规定 B/L made out to （drawn to or issued to）the order of ×× bank or to order，只能选择其中一种，或将 To the order of ×× bank 或将 To order 填入提单收货人一栏（B/L以 ×× bank 或其指定人为抬头），并由有关银行或发货人背书。

（4）海运提单的种类

海运提单可以从各种不同角度予以分类，主要有以下几种：

①根据货物是否已装船，分为已装船提单和备运提单

A.已装船提单（On Board B/L；Shipped B/L）

这种提单又称装船提单，是指货物已全部装上船，凭大副收据签发的提单，提单上除其他项目外，必须注明船名和装船日期，并标明货已装船（On Board）字样， 如 Shipped on board the vessel in apparent good order and condition。根据《UCP 600》第20条的规定，如信用证要求海运提单作为运输单据，银行接受注明货物已装上具名船舶的提单。

B.备运提单（Received for Shipment B/L）

备运提单又称收讫待运提单，是指货物（集装箱运输除外）在装船前已由承运人接管，承运人应托运人的要求而签发的提单。由于这种提单的货物没有装船，没有载明船名、装船日期，到货时间没有保证，对货方不利，因此进口商一般不愿接受备运提单。在跟单信用证支付方式下，银行一般都不接受这种提单。备运提单在货物装船后，可凭此向船公司换取已装船提单。一般做法是，由承运人在备运提单上加注已装指名船和装船日期并签名盖章，备运提单即变为已装船提单。

②按提单收货人抬头，分为记名提单、不记名提单和指示提单

A.记名提单（Straight B/L）

记名提单又称收货人抬头提单，是指提单上收货人（Consignee）一栏内已具体填写特定的人或公司名称的一种提单。根据这种提单，承运人在卸货港只能将货物交给提单上所指定的收货人。如果承运人将货物交给提单指定的以外的人，即使该人占有提单，承运人也应负责。记名提单原则上不能转让。一些国家的习惯做法是，如果采用记名提单，收货人只要在“到货通知”上背书即可提货，可以不凭记名提单。

B.不记名提单（Bearer B/L）

不记名提单是指提单上收货人一栏内没有指明任何收货人，而只注明提单持有人（Bearer）字样，承运人应将货物交给提单持有人。谁持有提单，谁就可以提货，承运人交付货物只凭单，不凭人。不记名提单无须背书即可转让，流通性极强。但一旦丢失或被窃，风险极大，因此国际上较少使用这种提单。另外，根据有些班轮公会的规定，凡使用不记名提单，在给大副的副本提单上必须注明卸货港通知人的名称和地址。

C.指示提单（Order B/L）

指示提单是指在提单上收货人一栏内只填写“凭指示”（To order）或“凭××指示”（To order of ××）字样的提单。这种提单可以通过背书的方式进行转让，因而在国际上使用较为广泛。

To order称为空白指示，或不记名指示；To order of ×× 称为记名指示，指示人有银行、发货人（Shipper）或收货人（Consignee）等。

指示提单转让时有两种背书方式：空白背书和记名背书。空白背书（Endorsed by Blank）仅有背书人（提单转让人）在提单背面签字盖章，而不注明被背书人（提单受让人）的名称。记名背书是指在提单背面既有背书人签名盖章，又记载被背书人的名称。空白指示、空白背书的提单一般又称“空白抬头、空白背书”提单。它是国际贸易中使用最多的一种提单。

指示提单在托运人（出口商）未指定收货人之前，出口商仍保有货物控制权或所有权，如经空白背书，则成为不记名提单，而作为凭提单提货的凭证；如经记名背书后即成为记名提单。

③按对货物外表状况有无不良批注，分为清洁提单和不清洁提单

A.清洁提单（Clean B/L）

清洁提单是指在装船时，货物外表状况良好，承运人在签发提单时，未在提单上加注任何有关货物残损、包装不良的批注，或其他妨碍结汇的批注，这种提单称为清洁提单。国际商会《UCP 600》第27条规定：“银行只接受清洁运输单据。”清洁提单也是提单转让时所必备的条件。

B.不清洁提单（Unclean or Foul B/L）

由于承运人须对承运的外表状况负责，因此在装船时，若发现货物包装不牢、破残、渗漏、玷污、标志不清等现象，大副将在收货单上对此加以批注，并将其转移到提单上，这种提单称为不清洁提单。不清洁提单是不能结汇的。为此，托运人应把外表状况有问题的货物进行修补或更换。但有时托运人向承运人出具“保函”（Letter of Indemnity），要求承运人签发清洁提单。这种做法是不可取的，承运人和托运人对此要承担相关的责任。

④根据运输方式的不同，分为直达提单、转船提单、联运提单和多式联运提单

A.直达提单（Direct B/L）

直达提单是指货物由起运港装船直接运至目的港卸货的提单，提单的卸货港

(Port of Discharge) 一栏填写最终目的港。凡信用证规定不准转船者，必须使用这种直达提单，且提单上不得有"转船"字样的批注。

B.转船提单（Transhipment B/L）

转船提单是指货物从起运港装载的船舶不直接驶往目的港，需要在中途港口换装其他船舶转运至目的港卸货，承运人签发的这种提单称为转船提单。这种提单上注明"转运"或"在 ×× 港转船"字样。转船提单往往由第一程船的承运人签发。

C.联运提单（Through B/L）

联运提单是指货物运输需经两种或两种以上的运输方式完成，如海陆、海空或海海等联合运输所使用的提单。在这种情况下，签发的提单称为联运提单。转船提单有时也可能是联运提单。应当指出，虽然联运提单包括全程运输，但是签发联运提单的承运人一般都在提单中规定，只承担他负责运输的一段航程内的货损责任。

D.多式联运提单（Multimodal Transport B/L or Combined Transport B/L）

多式联运提单是指一批货物的运输需要两种以上的不同运输方式，由一个承运人负责全程运输所签发的提单。提单内的项目不仅包括起运港和目的港（港至港），而且列明一程、二程等运输路线，以及收货地和交货地（门到门）。

⑤按提单内容的简繁，分为全式提单和简式提单

A.全式提单（Long Form B/L）

全式提单是既有正面记载的事项，又有背面列明的承运人和托运人权利、义务条款的详细提单。

B.简式提单（Short Form B/L）

简式提单是指提单上只有正面的必要记载项目，无背面详细条款。这种提单多用于租船合同下所签发，提单注有"所有条件均根据×年×月×日签订的租船合同"(All terms and conditions as per charter party dated ××）字样。简式提单上一般均印有："各项条款及例外条款以本公司正式全式提单内所印就的条款为准"（Subjected to the conditions provisions and exceptions as contained in the carriers regular long form bill of lading）字样。

这种简式提单与全式提单在法律上一般具有同等效力。

由于这种提单中没有列明承运人的权利、义务、责任和免责等条款，在一定程度上影响了它的流通性，因此有些信用证明确规定不接受这种提单。但是，如果信用证中没有明确规定不接受这种提单，银行一般都接受这种提单予以结汇。

⑥按提单使用效力，分为正本提单和副本提单

A.正本提单（Original B/L）

正本提单是指提单上有承运人正式签字并注明签发日期。这种提单在法律上和商业上是公认的有效单据。正本提单的份数，若无明文规定，一般是一套2至3份且必须在提单上注明签发的份数。此外，提单上必须要有标明Original（正本）或Duplicate（第2份）、Triplicate（第3份）等字样，以区别于副本提单。《UCP 600》

规定，银行接受仅有一份的正本提单，如签发一份以上正本提单时，应包括全套正本提单。买方与银行通常要求卖方提供船公司签发的全部正本提单，即所谓的“全套（Full Set）提单”。

B.副本提单（Copy or Non-negotiable B/L）

副本提单是指与正本提单相对的提单，即提单上没有承运人签字盖章，只供工作上参考使用，不具备法律效力。副本提单上一般都标有Copy或Non-negotiable（不能流通转让）等字样，以示与正本提单有别。

⑦按船舶经营性质，分为班轮提单和租船提单

A.班轮提单（Liner B/L）

班轮提单是经营班轮运输的船公司出具的提单，是船方与货方权利、义务和责任豁免的唯一依据。

B.租船提单（Charter Party B/L）

租船提单是指合并有租船合同的一种提单，提单上批注有“某年某月某日签订租船合同合并进本提单”字样。因此，这种提单要受租船合同条款的约束。

根据《UCP 600》第22条的规定，若信用证要求或允许提交租船合同项下的提单，银行将接受含有受租船合同约束的提单；即使信用证要求提交与租船合同项下提单有关的租船合同，银行对该租船合同也不予审核。

⑧按收费方式，分为运费预付提单和运费到付提单

A.运费预付提单（Freight Prepaid B/L）

成交价格以CIF、CFR等为条件时，依据国际惯例，托运货物时，必须预付运费。在运费预付情况下出具的提单称为运费预付提单。这种提单正面通常载明“运费预付（Freight to Collect）”字样。这种提单付费后，若货物灭失，运费不退。

B.运费到付提单（Freight to Collect B/L）

以FOB等条件成交的货物，不论是进口商订舱还是进口商委托出口商订舱，运费均为到付，并在提单上载明“运费到付（Freight Collect/Freight payable at destination）”字样。这种提单称为运费到付提单。

⑨按签发提单的时间，分为倒签提单、顺签提单和预借提单

A.倒签提单（Antedated B/L）

倒签提单是指承运人或其代理人应托运人的要求，在货物装船完毕后，以早于该票货物实际装船完毕的日期作为提单签发日期的提单。这是托运人为了使提单上记载的签发日期符合信用证或合同关于装运期的规定，以便顺利结汇，承运人应托运人要求而倒填签发日期的提单。

承运人签发倒签提单的做法，掩盖了提单签发时的真实情况，将面临承担由此而引发风险的责任。特别是当市场上货价下跌时，收货人可以“伪造提单”为由拒绝收货，并向法院起诉，要求赔偿。

B.顺签提单（Postdated B/L）

顺签提单是指货物装船完毕后，承运人或其代理人应托运人的要求，以晚于该

票货物实际装船完毕的日期作为提单签发日期的提单。这是为了符合合同或信用证关于装运期的规定，承运人或其代理人应托运人要求而顺填日期签发的提单。有时信用证规定最早的装运期，而货物发货时间早于该装运期，货主往往开具保函，申请提单签发日向后延至规定的日期。

承运人签发顺签提单的做法同样掩盖了提单签发时的真实情况，也将面临承担由此而引发风险的责任。

C.预借提单（Advanced B/L）

预借提单是指在信用证所规定的结汇期，即信用证的有效期即将届满，而货物尚未装船或尚未装船完毕的情况下，托运人为了能及时结汇，而要求承运人提前签发的已装船清洁提单，即托运人为了能及时结汇而从承运人那里借用的已装船清洁提单。不少国家的法律规定和判例表明，在签发预借提单的情况下，承运人不但要承担货损的赔偿责任，还会丧失享受责任限制和援用免责条款的权利。即使该票货物是因免责事项的原因而受损的，承运人也必须承担全部的赔偿责任。

⑩集装箱提单（Container B/L）

集装箱提单是集装箱货物运输下主要的货运单据，由负责集装箱运输的经营人或其代理人，在收到货物后签发给货物托运人的凭证。它与普通提单的作用和法律效力基本相同，但也有其特点：

A.集装箱提单的装运地和目的地可以是港口，也可以是内陆城市。而海运提单只能是港口。

B.海运承运人或多式联运经营人，包括无船公共承运人均可签发集装箱提单。而海运提单只能由船公司或船舶承租人等海运承运人签发。

C.集装箱提单承运人的责任范围可以从“船边（舷）— 船边（舷）”延伸到“码头—码头”、“装货地收货站—卸货地收货站”或“门—门”。而海运提单承运人的责任范围一般为“船边（舷）—船边（舷）”。

D.集装箱提单上不出现“甲板（On Deck）货”字样，但承运人对装在甲板上的集装箱同装在舱内的集装箱负同样的责任。

E.集装箱提单上没有“装船”（Shipped on Board）字样，即不是“已装船提单”，提单上一般不载明船名或装船日期，它是收讫待运提单，但提单上却没有“收讫待运”字样。在多式联运中，一般用场站收据换取集装箱提单后进行结汇。而海运提单一般为“已装船提单”，并载明船名、装船日期，凭“大副收据”换取提单后进行结汇。

F.整箱货提单上所列的货物件数可以是集装箱的数目，也可以是每箱内的货物件数，一般注有“STC”条款。

在整箱货运输时，装箱工作一般是由托运人完成的，承运人收到的仅仅是外表状况良好、铅封完整的集装箱，至于箱内装有何物，则一无所知。因此，承运人一般在提单上加有一个条款“Said to contain ××，shipper’s load，count and seal”，以此免除承运人的责任。

若提单上只载明箱子的数目，而没有载明箱内的具体货物件数或其价值，遇有货损时，每箱则只能作为一个赔偿计算单位。因此，在整箱货运输时，托运人最好向承运人申报每箱内货物的件数和有关价值，以便按实际损失得到赔偿。

G.铅封完好交货条款。在整箱货运输时，承运人在铅封完好无损时接货；在交货时以铅封完好无损时完成其任务，并解除其所有责任。因此，整箱货的交接以铅封完好与否来确定承运人的责任。

⑪其他种类提单

A.过期提单（Stale B/L）

过期提单有两种含义：一是指出口商在装船后延滞过久才交到银行结汇的提单。国际商会《UCP 600》第14条规定，银行将拒收在运输单据签发日期后超过21天才提交的单据；但在任何情况下，交单不得晚于信用证到期日。二是指提单晚于货物到达目的港，这种提单也称过期提单。

B.舱面货提单（On Deck B/L）

舱面货提单又称甲板货提单，是指将货物积载于船舶露天甲板承运，并在提单上注明“装于舱面（On Deck）”字样的提单。

货物积载于舱面运输时，遭受灭失或损坏的可能性很大，除按商业习惯允许装于舱面的货物（如木材），法律或有关法规规定必须装于舱面的货物（如某些危险品），及承运人与托运人之间经协商同意装于舱面的货物外，承运人或船长不得随意将其他任何货物积载于舱面承运。如果承运人擅自将货物装于舱面，一旦遭受灭失或损坏，不但要承担赔偿责任，还将丧失享受赔偿责任限制的权利。但是，如果签发的是表明经承运人、托运人双方协商同意的，注有“装于舱面”字样的舱面货提单，而且实际上也是将货物积载于舱面，那么只要货物的灭失或损坏不是承运人的故意行为造成的，承运人仍可免责。

C.电子提单（Electronic B/L）

电子提单是指通过电子数据交换系统（Electronic Data Interchange，EDI）传递的有关海上货物运输合同的数据。电子提单不同于传统提单，它是无纸单证，即按照一定规则组合而成的电子数据。各有关当事人凭密码通过EDI进行电子提单相关数据的流转，既解决了因传统提单晚于船舶到达目的港，不便于收货人提取货物的问题，又具有一定的交易安全性，因而有着广阔的应用前景。

2）海上货运单（Sea Waybill；Ocean Waybill）

海上货运单简称海运单，是证明海上运输合同和货物由承运人接管或装船，以及承运人保证据以将货物交给单证所载明的收货人的一种不可流通的单证，因此又称“不可转让海运单”（Non-negotiable Sea Waybill）。

海运单具有3个基本作用：

（1）承运人收到货物的收据；

（2）运输契约的证明；

（3）在解决经济纠纷时作为货物担保的基础。

海运单有别于提单。海运单不是物权凭证，因而不可转让。收货人不是凭海运单提货，而是凭到货通知提货。因此，海运单收货人一栏不可签“to order”字样，而应填写实际收货人的名称和地址，以便货物到达目的港后通知收货人提货。近年来，欧洲、北美和某些远东、中东地区的贸易越来越倾向于使用不可转让的海运单，主要是因为海运单能方便进口商及时提货，简化手续，节省费用，而且在一定程度上减少了以假单据进行诈骗的现象。另外，由于EDI技术在国际贸易中的广泛使用，不可转让海运单更适用于电子数据交换信息。1990年国际海事委员会曾通过《1990年国际海事委员会海运单统一规则》，该规则适用于不使用可转让提单的运输合同，适用于全部海运的运输合同和含有海运的多式联运合同。

3）有关提单的国际公约

目前，有关海上货物运输的国际公约主要有《海牙规则》、《维斯比规则》、《汉堡规则》和《鹿特丹规则》。这些国际公约的简要介绍如下：

（1）《海牙规则》

《海牙规则》的全称是《统一提单的若干法律规定的国际公约》（International Convention for the Unification of Certain Rules of Law Relating to Bill of Lading），1924年8月25日由26个国家在布鲁塞尔签订，1931年6月2日起生效。《海牙规则》使得海上货物运输中有关提单的法律得以统一，在促进海运事业发展，推动国际贸易发展方面发挥了积极作用，是最重要的、目前仍被普遍使用的国际公约。

《海牙规则》共有16条，主要规定了承运人的义务、承运人的免责和责任限制、货物灭失或损坏的通知时间与诉讼时效、托运人的义务等内容。

《海牙规则》首先以国际公约的形式规定了承运人的最低限度义务，限制了承运人的“缔约自由”权利，《海牙规则》允许承运人与托运人就承运人（或船舶）在货物装船前或卸货后，关于保管、照料和搬运货物的义务，以及对货物灭失或损害的责任，订立任何协议、保留或免责条款。这些都在一定程度上调节了船货双方的风险和责任关系。

《海牙规则》的主要缺陷是：较多地维护了承运人的利益，在免责条款和最高赔偿责任限额上表现尤为明显，造成风险分担上的不均衡；未考虑集装箱运输形式的需要；责任期间的规定欠周密，出现装船前和卸货后两个实际无人负责的空白期间，不利于维护货方的合法权益；单位赔偿限额太低；诉讼时效期间过短；使用范围过窄等。这些问题引起了作为主要货主国的第三世界国家的不满，纷纷要求修改《海牙规则》，建立航运新秩序。

（2）《维斯比规则》（Visby Rules）

在第三世界国家的强烈要求下，修改《海牙规则》的意见已为北欧国家和英国等航运发达国家所接受，但这些国家只对《海牙规则》中明显不合理或不明确的条款作出局部的修订和补充，《维斯比规则》就是在此基础上产生的。《维斯比规则》又称《海牙-维斯比规则》（Hague-Visby Rules），它的全称是《修改统一提单若干法律规定的国际公约议定书》（Protocol to Amend the International Convention for the

Unification of Certain Rules of Law Relating to Bill of Lading)，或简称为《1968年布鲁塞尔议定书》，1968年2月23日在布鲁塞尔通过，自1977年6月23日起生效，也是目前国际海上货物运输方面的重要公约。

《维斯比规则》共17条，主要对《海牙规则》的适用范围、赔偿金额、集装箱运输的赔偿计算单位以及承运人的责任限制、提单证据效力等内容作出了修改。但对于诸如承运人的不合理免责条款等实质问题，却没有修改。

该规则扩大了适用范围，适用于在缔约国签发的提单、从某个缔约国起运货物的提单，并且当提单订明或者提单所证明的海上货物运输合同规定受该公约约束，或受实施该公约的任一国家立法约束时，该规则也适用于该提单。该公约不适用于租船合同，但是适用于根据租船合同签发、转让给第三者的提单。

(3)《汉堡规则》(Hamburg Rules)

《汉堡规则》是《1978年联合国海上货物运输公约》(United Nations Convention on the Carriage of Goods by Sea，1978)的简称。由于《维斯比规则》仍沿用了承运人责任体制，因而并未满足代表货方利益国家的需求，且其内容也不够完善、明确，因此1976年由联合国国际贸易法委员会草拟，1978年经联合国在汉堡主持召开有71个国家参加的全权代表会议上审议通过，该公约已于1992年生效。《汉堡规则》可以说是在第三世界国家的反复斗争下，经过各国代表多次磋商，并在某些方面作出妥协后通过的。《汉堡规则》全面修改了《海牙规则》，其内容在较大程度上加重了承运人的责任，保护了货方的利益，比较合理地制定了托运人与承运人之间对货物运输所承担的责任。

《汉堡规则》共分7章34条，在《汉堡规则》的制定过程中，除保留了《维斯比规则》对《海牙规则》修改的内容外，还对《海牙规则》进行了根本性的修改，是一个较为完备的国际海上货物运输公约，明显地扩大了承运人的责任。其主要内容包括：

①承运人的责任原则

凡是在承运人掌管货物期间发生的货损，除非承运人能证明其已为避免事故的发生及其后果采取了一切可能的措施，否则便推定损失系由承运人的过失造成，承运人应承担赔偿责任。很明显，《汉堡规则》较《海牙规则》扩大了承运人的责任。

②承运人的责任期间

承运人对货物的责任期间包括在装货港、在运输途中以及在卸货港，货物在承运人掌管的全部期间，即承运人的责任期间从承运人接管货物时起到交付货物时止。与《海牙规则》的“钩至钩”或“舷至舷”相比，其责任期间扩展到“港到港”。解决了货物从交货到装船和从卸船到收货人提货这两段没有人负责的问题，明显地延长了承运人的责任期间。

③承运人赔偿责任限额

承运人对货物灭失或损坏的赔偿，以每件或其他装运单位的灭失或损坏相当于835特别提款权或毛重每千克2.5特别提款权的金额为限，二者之中以其较高者为准。

④对迟延交付货物的责任

承运人对迟延交付的赔偿责任，以相当于迟延交付货物应支付运费的2.5倍的数额为限，但不得超过海上货物运输合同规定的应付运费总额。

《汉堡规则》的制定对国际贸易、国际航运等业务的发展都产生了较大的影响。

（4）《鹿特丹规则》（Rotterdam Rules）

2008年12月11日在联合国大会上通过了《联合国全程或部分海上国际货物运输合同公约》（也称《联合国统一运输法公约》或《联合国运输法公约》），并且大会决定在2009年9月23日于荷兰鹿特丹举行签字仪式，开放供成员国签署，因而该公约又被命名为《鹿特丹规则》，但目前尚未开始生效。《鹿特丹规则》制定的主要目的是取代现有的3个国际公约，即《海牙规则》、《维斯比规则》和《汉堡规则》，以真正实现海上货物运输法律制度的国际统一。从公约条文数量上看，公约共有96条，实质性条文为88条，是《海牙规则》的9倍，《汉堡规则》的3.5倍。因此，该公约被称为一部"教科书"式的国际公约。

《鹿特丹规则》是一个现代的、统一的、包含海上国际货物运输但不仅仅局限于港口到港口的货物运输的国际货物运输公约。从内容上看，《鹿特丹规则》是当前国际海上货物运输规则之集大成者，不仅涉及包括海运在内的多式联运、在船货两方的权利和义务之间寻求新的平衡点，还引入了如电子运输单据、批量合同、控制权等新的内容。此外，公约还特别增设了管辖权和仲裁的内容。除了为"门到门"的货物运输提供法律支持以外，公约还包含很多革新性的特征，比如允许以电子货物运输记录和一些其他的技术手段来弥补现行的货物运输体制中的漏洞，而且还扩大了承运方对货物丢失损坏的责任限制范围。

截至2018年1月28日，共有25个国家签署了《鹿特丹规则》，其中4个国家批准加入该公约，分别是西班牙、多哥、刚果和喀麦隆。根据第94条的规定，公约需要等待20个国家批准加入后一年生效。鉴于目前批准加入国家的数量增加缓慢，《鹿特丹规则》在未来10年也不太可能会生效。虽然国际社会对《鹿特丹规则》的前景，即是否能够生效、主要航运和贸易国家是否能够批准加入、是否能够在国际上发挥重要作用，存在不同看法，但毋庸置疑的是，《鹿特丹规则》必将引发国际海上货物运输立法的一场革命。该公约一旦生效，将会对船东、港口营运商、货主等各个国际海上货物运输相关方带来重大影响；也将会对船舶和货物保险、共同海损制度等带来影响。该公约即使未能生效，因其代表最新的国际立法趋势，其有关规定也将通过渗透进国内法等途径，对国际海上货物运输产生一定的影响。

4.3.2 铁路运输单据（Rail Waybill）

铁路运输可分为国际铁路联运和国内铁路运输两种方式，前者使用国际铁路联运运单，后者使用国内铁路运单。通过铁路向我国港、澳地区运送的货物，由于内地铁路运单不能作为对外结汇的凭证，故使用承运货物收据这种特定性质和格式的单据。

1）国际铁路联运单据

国际铁路货物联运运单是国际铁路联运的主要运输单据，它是参加联运的发送国铁路与发货人之间订立的运输契约，其中规定了参加联运的各国铁路和收发货人的权利与义务。当发货人向始发站交付货物并付清应由发货人负担的一切费用后，始发站在运单及副本上加盖日期戳记，证明货物已经被接受承运，运输合同即生效。运单正本随同货物送达终点站，并交收货人。运单副本是发货人据以结汇的凭证。

2）承运货物收据（Cargo Receipt）

承运货物收据是承运人出具的货物收据，也是承运人与托运人签订的运输契约，还是我国内地通过铁路向港、澳地区运送货物时所使用的运输单据。当出口货物装车发运后，对外贸易运输公司即签发一份承运货物收据给托运人，以此作为办理结汇的凭证。承运货物收据也是据以提货的凭证。

4.3.3　航空运单（Air Waybill）

航空运单是航空运输中承运人与托运人之间签订的运输契约，也是承运人或其代理人签发的货物收据。航空运单还可以作为承运人核收运费的依据和海关检验放行的基本单据。

采用航空运输方式时，当发货人把货物交由承运人之后，承运人要签发航空运单给发货人。航空运单有正本3份，副本可根据要求制作若干份。第1份正本交发货人，作为发货人向银行办理收取货款的单据之一；第2份正本由承运人留存；第3份正本随货走，在目的站交收货人，作为收货人核收货物的依据。航空运单不是物权凭证，不能背书转让，收货人不是凭航空运单而是凭航空公司的提货通知单提货。在航空运单的收货人栏内，必须详细填写收货人的全称和地址，而不可做成指示性抬头。海关在检查货物与有关单证相符后放行。收货人在领取货物后，需在随货的航空运单上签收。

4.3.4　国际多式联运单据（Multimodal Transport Document，MTD）

国际多式联运单据（Multimodal Transport Document，MTD或Combined Transport Document，CTD）称为国际多式联运提单（Multimodal Transport B/L or Combined Transport B/L），是指证明国际多式联运合同以及证明多式联运经营人接管货物，并负责按照合同条款交付货物的单据。多式联运单据是多式联运合同的证明，也是多式联运经营人收到货物的收据和凭以交付货物的凭证。根据发货人的要求，它可以做成可转让的，也可以做成不可转让的。它是适应国际集装箱运输需要而产生的，在办理国际多式联运业务时使用。

1）国际多式联运单据的性质与作用

（1）它是国际多式联运经营人与托运人之间订立的国际多式联运合同的证明，是双方在运输合同中确定的权利和责任的准则。在国际多式联运成立后签发多式联运单据，因此它不是运输合同，而是运输合同的证明。

（2）它是国际多式联运经营人接管货物的收据。国际多式联运经营人向托运人签发国际多式联运单据表明已承担运送货物的责任并占有了货物。

（3）它是收货人提取货物和国际多式联运经营人交货的凭证。收货人或第三人在目的地提取货物时，必须凭国际多式联运单据换取提货单（收货记录）才能提货。

（4）它是货物所有权的证明。这里指可转让的多式联运单据与传统提单相似，具有物权凭证功能。单据持有人可以押汇、流通转让。银行、承运人可以通过占有多式联运单据取得有条件的货物的占有权。

2）国际多式联运单据的种类

按是否可以转让分为两类：可转让的多式联运单据和不可转让的多式联运单据。

可转让的多式联运单据又可分为指示多式联运单据（Order MTD）和不记名多式联运单据（Bearer MTD）两类。不可转让的多式联运单据一般为记名多式联运单据（Straight MTD）。

3）国际多式联运单据与联运提单的区别

（1）范围不同。联运提单限于由海运与其他运输方式所组成的联合运输时使用。而多式联运单据既可用于海运与其他运输方式的联运，也可用于不包括海运的其他运输方式的联运，但必须是两种以上不同运输方式的联运。

（2）签发人不同。联运提单由承运人、船长或承运人的代理人签发。多式联运单据则由多式联运经营人或经其授权的人签发，多式联运经营人可以完全不掌握运输工具，如无船承运人，全程运输由经营人安排其他承运人负责。

（3）责任区间不同。联运提单的签发人仅对第一程运输负责。多式联运的签发人则要对全程负责，无论货物在任何区段发生属于承运人责任范围的灭失或损害，均对托运人负责。

（4）签发时间不同。联运提单是货物装船之后，由第一承运人签发的全程联运提单，它属于已装船提单。而多式联运单据可以是已装船的，但大部分是在联运经营人接管货物后待运时签发的单据。

4.3.5 邮政收据（Parcel Post Receipt）

邮政收据是邮政运输的主要单据，它是邮局收到寄件人的邮件后所签发的凭证，也是收件人据以提取邮件的凭证，当邮包发生损坏或丢失时，它还可作为索赔和理赔的依据，但邮政收据不是物权凭证。

□ 本章小结

国际贸易使用的运输方式主要有海洋运输、铁路运输、航空运输、国际邮政运输、大陆桥运输、集装箱运输、国际多式联运等方式。选择何种运输方式，关系到运费的高低、速度的快慢以及货物的安全。

装运条款应包括装运时间、装运港和目的港、分批装运和转船、装运通知、装卸时间、装卸率与滞期、速遣条款等内容。

装卸单据是合同条款中不可缺少的内容，是交接货物、处理索赔及向银行结算货款或进行议付的重要凭证，主要有海运提单、铁路提单、航空运单、多式联运单据、邮政收据等。

□ 复习思考题

随堂测验

1.海洋货物运输中，船舶有哪些种类？这些种类各自的特点是什么？

2.什么是国际多式联运？此联运方式必须具备什么条件？

3.集装箱货物的交接方式都有哪些？

4.分批转运和转运的区别是什么？《UCP 600》对此有何规定？

5.什么是滞期费和速遣费？在买卖合同中为什么要规定滞期和速遣条款？

6.什么是班轮运输？其有何特点？有哪些计费方式？

7.什么是租船运输？其有哪些特点？租船运输有哪几种方式？

8.什么是提单？提单有哪些性质和作用？

9.什么是记名提单、不记名提单、指示提单？这些种类的提单在国际贸易中的使用情况如何？

10.什么是过期提单？过期提单的效力如何？

11.海运单与提单有何区别？

12.多式联运单据和联运提单有何区别？

13.何谓清洁提单与不清洁提单？为什么买方要求卖方提供清洁提单？

14.某进出口公司对外出口100箱货物。货物按时装运并取得海运清洁提单，货物到目的港卸货时发现只有90箱货物，买方以此为由扣除10箱货物的货款。该做法是否正确？为什么？

□ 典型案例

1.有一批货物共50箱，由青岛运往纽约，船公司已签发了已装船提单。货到目的港后，收货人发现有下列情况：①2箱欠交；②5箱外包装严重破损，内部货物已散失30%；③10箱外包装良好，但箱内货物短量。试分析在上述三种情况中，哪些属于船方（承运人）的责任？为什么？

分析与提示：

①属于船方（承运人）的责任。因为船公司已签发了已装船提单，说明50箱

货物均已装船，但到目的港欠交2箱货物，船方没有合理的理由，其须承担责任。②由风险造成。③由卖方负责。

2.信用证规定：从中国港口运至神户100公吨红小豆，不许分批装运。受益人交来的单据中包含两套提单：

第一套提单表明载货船名为“Zhuanghe”，航次编号为“018”，装运港为“Tianjin”，卸货港为“Kobe”，净重为“51.48”，装运日期为“7月11日”。

第二套提单表明载货船名为“Zhuanghe”，航次编号为“018”，装运港为“Qingdao”，卸货港为“Kobe”，净重为“51.05”，装运日期为“7月17日”。

请分析：（1）银行能否接受单据并付款？

（2）此批货物的装运日期应为哪天？

分析与提示：

（1）《UCP 600》第31条b款规定：“表明使用同一运输工具并经由同次航程运输的数套运输单据在同一次提交时，只要显示相同目的地，将不视为部分发运，即使运输单据上标明的发运日期不同或装卸港、接管地或发送地点不同。”本案例十分清楚地表明，该批货物系使用同一运输工具（“Zhuanghe”号船）并经同一路线运输（“018”航程），运输单据注明的目的地（Kobe）相同。据此，不应视为分批装运。

《UCP 600》第30条b款规定：“在信用证未以包装单位件数或货物自身件数的方式规定货物数量时，货物数量允许有5%的增减幅度，只要总支取金额不超过信用证金额。”本案例中的100公吨红小豆可以有5%的增减幅度（51.48公吨+51.05公吨=102.53公吨），没有超过105公吨的上限。因此，银行接受并付款。

（2）该批货物的装运日期应为7月17日。

3.我国某公司与日本某公司签订了出口150公吨冷冻食品的合同。合同规定：3—7月平均每月装运30公吨，凭即期信用证支付。来证时又补充规定：装运前由海关出具船边测温证书作为议付单据之一。我方3—5月交货正常，顺利结汇。但6月货物由于船期延误推迟到7月6日装运，为顺利议付，托运人让承运人签发了6月30日装船提单，而送交议付的测温证书签发日是7月6日，议付行也没发现。7月10日，同船又装运了30公吨货物，测温证书的签发日是7月10日，但开证行收到单据后来电表示拒付这两笔货款。请评述开证行的行为。

分析与提示：

开证行的行为是正确的。因为：

（1）对第一笔货物来说，受益人倒签了提单，这点被测温证书所证实，而且议付的单据单单不符，提单日与测温证书日期互相矛盾。

（2）对第二笔货物来说，信用证已经失效。根据《跟单信用证统一惯例》，在信用证的有效期内，其中任何一批未按时装运，信用证对该批及以后各批货物均告失效。

从本案例中应吸取的教训是：第一，不论对贸易合同还是对信用证来说，按期装运都是卖方必须严格履行的义务，如遇无法按期装运的情况，应征得买方同意，并要求修改信用证。第二，信用证下议付必须保证单单一致、单证一致。如果本案中的第一批货物的测温证书也能倒签至7月6日，议付货款也应没问题。第三，应充分注意分批装运信用证的相关规定，对每一批货物都应严格按照信用证规定提供单据，以保证以后各批货物信用证的有效性。

4.我国某外贸公司按FOB条件于2016年从国外购买一批大宗商品，交易双方约定的装运港是一个吃水较浅、大船不能靠岸的港口，加之在买卖合同中，既未规定由卖方负责装船，又未规定滞期和速遣条款，结果，装运港的驳运费和发生的滞期费与速遣费，只好由该外贸公司全部承担，使其遭受了巨大的经济损失。试分析，我们应从中吸取哪些经验教训?

分析与提示：

在国际货物贸易中，合同的签订需要慎重考虑。每一个贸易术语均有多种变形条款及规定，因此不能仅依靠一个贸易术语涵盖合同中的装运费、滞期费、速遣费等问题，应明确规定各方的权利和义务，以防引发争议和纠纷。同时，在确定国外转运港时，应结合考虑装运港的特殊因素，如有无直达班轮航线、港口及装卸条件、运费和附加费水平、有无冰封期等，再在合同中作出相应的规定。

总之，买卖双方在明确装运港时，通常都是从自身利益和实际需要出发。为了使针对装运港和目的港的条款制定得合理，买方必须从多方面加以考虑，特别是国外港口很多，情况又复杂，在确定国外装运港和目的港时应格外谨慎。

5.某年，我国甲公司与新加坡A公司以FOB签订一笔出口2 000公吨散装货物合同。8月10日，甲公司收到经A公司申请开来的信用证。信用证要求，甲公司先装运1 000公吨货物，并在该批货物提单的托运人栏内填写A公司的名称。8月21日，甲公司将1 000公吨货物交给某外轮公司承运，并请求该外轮公司在提单托运人栏内填写A公司名称，收货人为“To Order”。甲公司装船后取得清洁提单，背书后到银行办理结汇。但银行在其背书上打了“×”，将提单退回甲公司。这意味着甲公司无法通过银行收取货款。后又得知，当货物抵达新加坡目的港后，承运人按照提单托运人A公司的声明，在没有正本提单的情况下，将货物直接交给了收货人。于是，甲公司以某外轮公司以无正本提单放货为由，要求其承担赔偿责任。但该外轮公司认为，甲公司虽然持有正本提单，但该提单为指示性提单，其托运人为A公司，而非甲公司，提单未经托运人A公司背书，甲公司不能证明其具有合法当事人的地位，因而甲公司与该外轮公司不存在合同关系。因此，甲公司不能向该外轮公司主张权利。问：甲公司应吸取什么教训？为什么？

分析与提示：

甲公司的教训是提单托运人的收货人填写失误，导致货款两空。提单中收货人不能直接填买方，这在国际贸易中一般都应知道。但托运人必须填卖方，这时收货人一栏的“To Order”才意味着凭卖方指示，而本案中则意味着凭买方（A公司）

指示，导致船方不理会卖方的正本提单，并且其说法也没有问题。

□ 拓展阅读

拓展阅读 1

如何防范国际航运风险？

拓展阅读 2

船东提单和货代提单区别

拓展阅读 3

外贸骗局那点伎俩

第5章/国际货物运输保险

学习目标

本章要求掌握海上风险、损失和费用的含义；我国海运货物保险的承保范围、承保责任、起讫期限和英国伦敦保险协会海运保险条款。同时，还要了解投保业务具体做法，以及如何订立买卖合同中的保险条款。

国际货物运输路途长、环节多，运输过程中会遇到各种风险而造成货物损失。买卖双方通过投保货物运输险，将不定的损失变为固定的费用。投保后万一货物在运输过程中发生约定范围内的损失，可从保险公司得到经济上的补偿。货物在运输过程中可能遭受的风险和损失是多种多样的。为了明确责任，保险公司在其保险条款中，对不同险别所承保的风险和损失都作了规定。有关货物保险事宜，买卖双方应该在买卖合同中订立保险条款，主要内容包括被保险人、保险人、保险险别、保险费率和保险金额等。

5.1 国际货物运输保险的原则

《中华人民共和国保险法》规定："保险是指投保人根据合同约定，向保险人支付保险费，保险人对于合同约定的可能发生的事故因其发生所造成的财产损失承担赔偿保险金责任。"货物运输保险就是投保人对某一特定的运输货物，按一定的险别和费率，向保险公司办理投保手续，并缴纳保险费，保险公司依约承保并发给投保人保险单作为凭证。保险公司对所承保的风险损失承担赔偿责任。

5.1.1 货物运输保险的作用

货物运输保险的作用是使运输中的货物在水路、铁路、公路和联合运输过程中，因保险责任范围内的自然灾害或意外事故所造成的损失能够得到经济补偿，并加强货物运输的安全防损工作，以利于商品的生产和流通。货物运输保险的具体作用体现在以下几个方面：

（1）转移风险。买保险就是把自己的风险转移出去，而接受风险的机构就是保险公司，它为众多有危险顾虑的人提供保险保障。

（2）分摊损失。转移风险并非灾害事故真正离开了投保人，而是保险人借助众人的财力，给遭受损失的投保人补偿经济损失。自然灾害、意外事故造成的经济损失有时是巨大的，是受灾个人难以应付与承担的。保险人以收取保险费用和支付赔款的形式，将少数人的巨额损失分散给众多的被保险人，从而使个人难以承受的损失变成多数人可以承受的损失，这实际上是把损失分摊给有相同风险的投保人。

（3）实施补偿。实施补偿要以双方当事人签订的合同为依据，其补偿的范围主要有：第一，投保人因灾害事故所遭受的财产损失；第二，投保人因灾害事故依法对他人应付的经济赔偿；第三，灾害事故发生后，投保人因施救保险标的物所发生的一切费用。

5.1.2 保险原则

保险原则是指在保险活动中当事人应当遵循的行为准则。根据国际惯例，这些基本原则可归纳为保险利益原则、损失赔偿原则、最大诚信原则、近因原则和代位追偿原则。

1）保险利益原则

保险利益是指投保人对于保险标的物所具有的法律上承认的可以确定的经济利益。只有对保险标的物真正具有这种经济利益的人才能同保险人订立有效的保险合同，才有权在该标的物发生保险责任范围内的损失时向保险人提出索赔。

保险利益是保险合同成立的前提条件，也是索赔的重要依据，但国际货物运输保险不像其他保险那样要求投保人在投保时就必须具有保险利益，而仅要求其在保险标的物发生损失时必须具有保险利益。如果投保人在发生损失时对保险标的物尚未取得保险利益，就不能再以任何手段或方式取得保险利益，这种特殊性规定是由国际贸易的特点决定的。

2）损失赔偿原则

保险的赔偿原则是指当投保人因保险标的物发生保险责任范围内的损失时，保险人应按照保险合同条款的规定向投保人履行赔偿责任，使投保人得到相应的补偿。保险的这一原则，虽然能使投保人得到一定的补偿，但仅以返回到受损前的经济状况为限，即通过保险，投保人只能得到其实际损失的补偿，而不能得到超过损失的额外利益，补偿额不能大于损失额。

保险人在对投保人理赔时，对补偿原则主要掌握的标准是：投保人确实受到损失时才能得到补偿；赔偿金额既不能超过保险金额，也不能超过实际损失的金额；投保人不能通过保险赔偿得到额外利益。

3）最大诚信原则

保险的最大诚信原则是指投保人和保险人在签订保险合同以及在合同有效期内，必须保持最大限度的诚意，双方应恪守信用、互不隐瞒，保险人应当向投保人说明保险合同的条款内容，并可以就保险标的物或投保人的有关情况提出询问，投保人应当如实告知。

保险合同作为一种补偿性合同，其所需的诚信度更甚于其他合同，此项义务更侧重于投保人，因为海上保险人在签订保险合同时，往往远离船、货所在地，对保险标的物的实际情况一无所知，也无法进行实地查看，仅凭投保人的申报来承保。因此，对投保人来说，最大诚信原则体现在如实申报、诚实回答、信守保证等方面。我国《海商法》有下列规定：如果投保人故意未将重要情况如实告知保险人的，保险人有权解除合同，并不退还保险费。合同解除前发生保险事故造成损失的，保险人不负赔偿责任。如果不是由于投保人故意，未将重要情况如实告知保险人的，保险人有权解除合同或者要求相应增加保险费。保险人解除合同的，对于合同解除前发生保险事故造成的损失，保险人应当负赔偿责任；但是，未告知或者错误告知的重要情况对保险事故的发生有影响者除外。

4）近因原则

近因原则是指保险人只对承保风险与保险标的物损失之间有直接因果关系的损失负赔偿责任，而对保险责任范围外的风险造成的保险标的物损失，不承担赔偿责任。近因原则是保险理赔工作中必须遵循的一项基本原则，也是在保险标的物发生损失时，用来确定保险标的物所遭受损失是否能获得保险赔偿的一个重要依据。

保险赔偿的近因不一定是指在时间上或空间上最接近损失的原因，而是指对损失的发生具有支配力的、最重要的、最有影响的原因，即在效果上与损失最接近的原因。近因原则对保险理赔工作中判定责任、履行义务和减少争议都具有重要的意义。

5）代位追偿原则

代位追偿原则是指当保险标的物发生保险责任范围内的由第三者责任方造成的损失时，保险人向被保险人履行损失赔偿责任后，有权在其已经赔付金额的限度内取得被保险人在该项损失中向第三者责任方要求赔偿的权利。保险人取得该项权利后，即可取代被保险人的地位向第三者责任方索赔。简言之，代位追偿就是保险人取代被保险人向责任方追偿，是一种权利代位，即追偿权的代位。

有时保险标的物所遭受的保险事故是由第三者的行为引起的，被保险人当然有权利向肇事者就其侵权行为所致损失进行索赔。由于海事诉讼往往牵涉许多方面，诉讼过程旷日持久，保险人为便利被保险人，就按照保险合同的约定先行赔付，同时取得被保险人在标的物上的相关权利，代被保险人向第三者进行索赔，保险人的代位追偿权是从被保险人处传来的，应严格局限于被保险人原有的对第三者的权利，不能由于代位追偿而得到被保险人本没有的权利。

5.2　海上货物运输保险的承保范围

在现在的对外贸易航海运输中，船舶越来越大，虽然装备精良且现代化，但一旦遭遇海难，经济上的损失相应地更加严重，因此办理海上运输货物保险十分必要。货物在海上运输及在海陆交接过程中，可能遭遇各种风险和损失，保险人并不是对所有的风险都予以承保，也不是对任何损失都给予补偿。为了明确责任，保险人必须对其所承保的风险、损失和费用有准确的理解。

5.2.1 海上风险

海上风险是指保险人承保的在海上和海上与陆上、内河或与驳船相连接的地方所发生的风险。根据中国人民保险公司2009年修订的《海洋运输货物保险条款》的规定，海洋货物运输风险主要分为两类：一类是一般海上风险；另一类是外来风险。

1）一般海上风险

一般海上风险包括海上发生的自然灾害和意外事故。

（1）自然灾害（Natural Calamities）。所谓自然灾害，就一般意义上讲，是指不以人的意志为转移的自然的破坏力量所引起的灾害，它是客观存在的、人力不可抗拒的灾害性事故。在海上保险业务中，它不是泛指一切由于自然力量所造成的自然灾害。按照我国现行的《海洋运输货物保险条款》的规定，自然灾害仅指恶劣气候、雷电、海啸、地震、洪水5种人力不可抗拒的灾害。而根据英国《伦敦保险协会货物保险条款》的规定，自然灾害包括地震、火山爆发、雷电、浪击入海，以及海水、湖水或河水进入船舶、驳船、运输工具、集装箱、大型海运箱或贮存处所等。

（2）意外事故（Fortuitous Accidents）。意外事故一般是指由于偶然的、非意料中的原因所造成的事故。按照我国《海洋运输货物保险条款》的规定，意外事故仅指运输工具遭受搁浅、触礁、沉没、互撞、与流冰或其他物体碰撞，以及火灾、爆炸等。而英国《伦敦保险协会货物保险条款》中除了上述意外事故之外，还包括陆上运输工具倾覆或出轨。

① 搁浅（Grounded）是指船舶在航行中，由于意外或异常的原因，船底与水下障碍物紧密接触牢牢地被搁住，并且持续一定时间失去进退自由的状态。

② 触礁（Stranding）是指船舶在航行中触及海中岩礁或其他障碍物如木桩、渔栅等造成的一种意外事故。

③ 沉没（Sunk）是指船舶因海水浸入失去浮力，船体全部沉入水中，无法继续航行的状态，或虽然未构成船体全部沉没，但是大大超过船舶规定的吃水标准，使应浮于水面的部分浸入水中无法继续航行。由此造成的保险货物损失属于沉没责任。如果船体只有部分浸入水中而能继续航行，则不能视为船舶沉没。

④ 碰撞（Collision）是指载货船舶同水以外的外界物体如码头、船舶、灯塔、流冰等发生的猛力接触，由此造成的船上货物的损失。如果发生碰撞的是两艘船舶，则碰撞不仅会带来船体及船上货物的损失，还会产生碰撞责任损失，碰撞是船舶在海上航行中的一项主要风险。

⑤ 倾覆（Capsized）是指船舶在航行中遭受自然灾害或意外事故导致船体翻倒或倾斜，失去正常状态，非经施救不能继续航行，由此造成保险货物的损失，属倾覆责任。

⑥ 火灾（Fire）是指由于意外、偶然发生的燃烧失去控制，蔓延扩大而造成的

船舶和货物的损失。海上货物运输保险不论是直接被火烧毁、烧焦、烧裂，或间接被火熏黑、灼热，或为救火而导致损失，均属火灾风险。

⑦ 爆炸（Explosion）是指物体内发生急剧的分解或燃烧，迸发出大量的气体和热力，致使物体本身及其周围的其他物体遭受猛烈破坏的现象。

2）外来风险

外来风险（Extraneous Risks）是指由于海上风险以外的其他外来因素所造成的风险。货物运输中所指的外来风险必须是意外的、事先难以预料的，而不是必然发生的外来因素。因此，类似货物的自然损耗和本质缺陷等属于必然发生的损失，都不应该包括在外来风险引起的损失之列。外来风险又分为一般外来风险和特殊外来风险。

（1）一般外来风险。一般外来风险是指货物在运输途中由于偷窃、短量、提货不着、渗漏、碰损、破碎、钩损、锈损、淡水雨淋、玷污、混杂、受潮受热、串味等一般外来原因所引起的风险。

（2）特殊外来风险。特殊外来风险主要指由于军事、政治、国家法令、政策及行政措施等特殊外来原因所造成的风险。例如，因政治或战争因素，运送货物的船只被敌对国家扣留而造成交货不到；某些国家颁布新的政策或管制措施，以及国际组织的某些禁令，都可能造成货物无法出口或进口而造成损失。

5.2.2 海上损失

海上损失（Sea Damage）是指被保险的货物在运输过程中，由于发生海上风险而导致保险标的物直接或间接的损失。根据损失程度的不同，海上损失分为全部损失和部分损失。

1）全部损失（Total Loss）

全部损失简称“全损”，是指被保险标的物由于承保风险造成的整批货物全部灭失或视同全部灭失的损害。从损失的性质来看，全部损失又分为实际全损和推定全损。

（1）实际全损（Actual Total Loss），又称为“绝对全损”，是指保险标的物全部灭失，或保险标的物损坏后不能复原，或标的物的物权丧失已无法复归于投保人，或载货船舶失踪，经过相当长时间仍无音信等损失。构成实际全损的4种情况：

① 保险标的物完全灭失或损坏。例如，载货船舶遭遇海难后沉入海底，保险标的物完全灭失。

② 保险标的物遭受严重损害，已丧失原有的商业价值和用途。例如，水泥受海水浸泡后变硬，烟叶受潮发霉后已失去原有价值。

③ 保险标的物的物权完全丧失已无法挽回。例如，保险标的物被海盗扣押，且无法挽回。

④ 载货船舶失踪达到一定期限仍无音信。例如，按英国判例，半年无音信，可视为全部灭失。

（2）推定全损（Constructive Total Loss），又称商业全损，是指保险标的物在海上运输途中受损后，虽未达到完全灭失的状态，但是可以预见到它的全损将不可避免，或者为了避免全损，需要支付的抢救、修复或修理等费用，加上继续将货物运达目的地所需要的费用之和，将超过保险标的物本身的价值。构成推定全损的4种情况：

① 保险标的物受损后，其修理费用超过货物修复后的价值。

② 保险标的物受损后，其整理和继续运到目的地所需的费用，超过货物到达目的地的价值。

③ 保险标的物的实际全损已经无法避免，为避免实际全损所需的施救费用，将超过获救后标的物的价值。

④ 保险标的物遭受保险责任范围内的事故，使被保险人失去标的物的所有权，而收回标的物的所有权所需的费用，将超过收回标的物的价值。

在发生推定全损时，被保险人可以要求保险人按保险货物的部分损失赔偿，也可以要求按全损赔付。在按全损赔付时，必须向保险人提出委付，经保险人同意，才能按全损赔付。所谓委付（Abandonment），是指被保险人在保险标的物处在推定全损状态时，将货物的一切权利、义务都转给保险人，然后要求保险人按全损给予赔偿的一种做法。

委付的条件是：要将被保险货物全部进行委付，并不得附带任何条件。委付经保险人同意之后才能生效，但保险人应当在合理的时间内将接受委付或不接受委付的决定通知被保险人。委付一经保险人接受，不得撤回。但当被保险人要求作出推定全损赔偿时，必须向保险人发出“委付通知”，经保险人同意后才能作出全部损失处理。

2）部分损失

部分损失（Partial Loss）是指被保险货物的损失没有达到全部损失的程度，按照我国《海商法》的定义，不属于实际全损和推定全损的损失称为部分损失。部分损失，按损失的性质，又分为共同海损和单独海损。

（1）共同海损（General Average）是指载货的船舶在航行途中遭遇自然灾害或意外事故，威胁到船、货等各方面的共同安全，船方为解除共同危险或使航程得以继续进行，有意识地采取措施所作出的一些特殊牺牲和支出的额外费用。例如，载货船舶在航行中搁浅，船长为了使船、货脱险，下令将部分货物抛弃，船舶浮起转危为安。被弃的货物就是共同海损的牺牲。

构成共同海损必须具备以下条件：

① 船方在采取紧急措施时，必须确有危及船、货的共同危险存在，且危险是不可避免地发生的，而不是主观臆测的。

② 共同海损的危险必须是危及船、货各方的共同安全的，采取的措施是为了解除船、货的共同危险。若是仅为维护船舶一方或货物一方的利益而采取措施所造成的损失，则不能视为共同海损。

③ 共同海损的牺牲必须是有意识的、合理的行为所致，其支出的费用是额外的，且作出的牺牲和支出的费用是有效果的。

④ 共同海损的损失必须是共同海损措施的直接结果，即损失是由解除危险的措施造成的，而不是由风险本身造成的。

共同海损是为了使船、货各方免于遭受损失而支出的费用，因而应该由船、货各方以最后获救价值的多少，按比例进行分摊，这种分摊被称为共同海损分摊(General Average Contribution)。保险人对于共同海损的损失以及保险标的物应承担的共同海损分摊都应予以赔偿。

（2）单独海损（Particular Average）是指被保险货物受损后，尚未达到全部损失程度，仅为部分损失，而这部分损失不属于共同海损，它只涉及船舶或货物所有人单方面的利益损失，并未涉及其他方。同时，仅指保险标的物本身的损失，不包括由此而引起的费用损失。例如，载货船舶在航行中遇到狂风巨浪，海水入舱造成部分货物受损。

共同海损与单独海损的区别是：

① 在损失的构成上，共同海损既包括货物牺牲，又包括因采取共同海损措施而引起的费用的损失；单独海损仅指货物本身的损失，不包括费用项目。

② 在致损原因上，共同海损是为了解除或减轻承保风险而人为采取合理措施造成的；而单独海损是由承保风险直接造成的船、货损失。

③ 在损失的承担上，共同海损的损失是由受益各方按获救财产价值的大小比例分摊；而单独海损的损失由受损方自己承担。

然而，共同海损与单独海损也是有关联的。一般而言，单独海损先发生，进而引起共同海损，在采取共同海损措施之前的部分损失，一般被列为单独海损。

5.2.3　海上费用

海上费用是指保险人（保险公司）承保的费用。保险货物遭遇保险责任范围内的事故，除了能使货物本身受到损毁导致经济损失外，还会因营救被保险货物而产生费用方面的损失，保险人对这种费用也给予赔偿，主要包括以下两种：

1）施救费用

施救费用（Sue and Labor Charges），是指当被保险货物遭受保险责任范围内的自然灾害和意外事故时，被保险人或其代理人或其受雇人等为抢救保险标的物，防止损失继续扩大所支付的费用。施救行为即使无效果，只要施救费用是合理的，保险人都将对这种施救费用进行赔偿。我国《海商法》第240条规定，被保险人为防止或者减少根据合同可以得到赔偿的损失而支出的必要的合理费用，应当由保险人在保险标的损失赔偿之外另行支付。

构成施救费用的条件是：

（1）对保险标的物进行施救必须是投保人或其代理人或其受雇人，其目的是减少标的物遭受的损失，其他人采取此项措施必须是受投保人的委托，否则，不视为施救费用。

（2）保险标的物遭受的损失必须是保单承保风险造成的，否则，投保人对其进行抢救所支出的费用，保险人不予承担责任。

（3）施救费用的支出必须是合理的。

2）救助费用

救助费用（Salvage Charges）是指被保险货物遭受承保范围内的灾害事故时，除保险人和投保人以外的无契约关系的第三者采取救助措施，并获救成功，依据国际上的法律，被救方应向救助的第三者支付的报酬。救助费用应由保险人负责赔偿。国际上，一般采用“无效果-无报酬”（No Cure-No Pay）原则，即只有救助获得成功才能得到补偿。

施救费用与救助费用的区别有以下几点：

（1）采取行为的主体不同。施救是由投保人或其代理人等采取的行为，而救助是保险人和投保人以外的第三者采取的行为。

（2）给付报酬的原则不同。施救不论有无效果，都予赔偿，而救助则是“无效果-无报酬”。

（3）保险人的赔偿责任不同。施救费用可在保险货物的保额以外，再赔一个保额；而保险人对救助费用的赔偿责任是以不超过获救财产的价值为限，亦即救助费用与保险货物本身损失的赔偿金额二者相加，不得超过货物的保额。

（4）救助行为一般总是与共同海损联系在一起，而施救行为则并非如此。

5.3 我国海运货物保险险别与条款

保险险别是保险人对风险和损失的承保责任范围，是保险人与投保人履行权利与义务的基础，也是保险人承保责任大小和投保人交付保险费的依据。

我国现行的《中国保险条款》（China Insurance Clauses，CIC）是中国人民保险公司根据我国保险业务的实际需要，并参照国际保险市场的惯例于1981年1月1日修订后，2009年进行再次修订而成。根据运输方式的不同，《中国保险条款》中又分为《海洋运输货物保险条款》、《航空运输货物保险条款》、《陆上运输货物保险条款》和《邮政包裹运输保险条款》。对某些特殊商品，还配备有海运冷藏货物、海运散装桐油及牲畜、家禽的海陆空运输保险条款，以及适用于上述各种运输方式货物保险的各种附加条款。

其中，《海洋运输货物保险条款》（Ocean Marine Cargo Clauses）分为基本险、附加险和专门险3大类。

5.3.1 基本险

基本险又称主险，是可以单独承保的险别。基本险所承保的主要是自然灾害和意外事故以及一般外来原因所造成的货物损失或费用。

1）基本险分类

海洋运输货物保险的基本险包括平安险、水渍险和一切险。

（1）平安险（Free from Particular Average，FPA）

平安险是我国的习惯叫法，其又称为“单独海损不赔险”，这里的单独海损指的是部分损失。平安险是保险人承保范围最小的一种，其责任范围如下：

① 被保险货物在运输途中由于恶劣气候、雷电、海啸、地震、洪水自然灾害造成整批货物的全部损失或推定全损。当被保险人要求赔付推定全损时，须将受损货物及其权利委付给保险人。被保险货物用驳船运往或运离海轮的，每一驳船所装的货物可视作一个整批。推定全损是指被保险货物的实际全损已经不可避免，或者恢复、修复受损货物以及运送货物到原定目的地的费用超过货物价值。

② 由于运输工具遭受搁浅、触礁、沉没、互撞、与流冰或其他物体碰撞以及失火、爆炸等意外事故造成货物的全部或部分损失。

③ 在运输工具已经发生搁浅、触礁、沉没、焚毁等意外事故的情况下，货物在此前后又在海上遭受恶劣气候、雷电、海啸等自然灾害所造成的部分损失。

④ 在装卸或转运时由于一件或数件整件货物落海造成的全部或部分损失。

⑤ 被保险人对遭受承保责任内危险的货物采取抢救、防止或减少货损的措施而支付的合理费用，但以不超过该批被救货物的保险金额为限。

⑥ 运输工具遭遇海难后，在避难港由于卸货所引起的损失以及在中途港、避难港由于卸货、存仓以及运送货物所产生的特别费用。

⑦ 共同海损的牺牲、分摊和救助费用。

⑧ 运输契约订有“船舶互撞责任”条款，根据该条款规定应由货方偿还船方的损失。

（2）水渍险（With Particular Average，WPA）

水渍险也是我国保险业务中的一种习惯叫法，其又称为“单独海损责任险”。它的承保范围除包括平安险的各项责任外，还负责被保险货物由于恶劣气候、雷电、海啸、地震、洪水自然灾害所造成的部分损失。

（3）一切险（All Risks）

一切险的承保责任范围，除包括平安险和水渍险的责任外，还负责被保险货物在运输途中由于外来原因所致的全部或部分损失。一切险实际上是平安险、水渍险与偷窃、提货不着、淡水雨淋、短量、混杂、玷污、渗漏、碰损、破碎、串味、受潮受热、钩损、包装破裂和锈损等附加险责任的总和。

2）基本险责任的起讫期限以及除外责任

根据《海洋运输货物保险条款》的规定，上述基本险别承担责任的起讫，均采用国际保险业务中惯用的“仓至仓条款”（Warehouse to Warehouse Clause，W/W）规定的办法处理。

“仓至仓条款”自被保险货物运离保险单所载明的起运地仓库或储存处所开始运输时生效，包括正常运输过程中的海上、陆上、内河和驳船运输在内，直至该项货物到达保险单所载明目的地收货人的最后仓库或储存处所或被保险人用作分配、分派或非正常运输的其他储存处所为止。该条款中所指的“运离”是指货物一经离开发货人仓库，保险责任即为开始；所指的“到达”是指货物一经进入收货人仓库，保险责任即告终止，在仓库中发生的损失概不负责。如果被保险货物从海轮卸下后放在码头仓库、露天或海关仓库，而没有运到收货人仓库，保险责任继续有效，但最长负责至卸离海轮60天为限。如在上述60天内被保险货物需转运到非保险单所载明的目的地，则以该项货物开始转运时终止。另外，被保险货物在运到保险单所载明的目的地或目的地以前的某一个仓库而发生分配、分派的情况，则该仓库作为承保人的最后仓库，保险责任也以自货物运抵该仓库时终止。

对于上述3项基本险别，《海洋运输货物保险条款》还规定了保险公司的除外责任，即明确不予承保的损失或费用，主要包括：

（1）被保险人的故意行为或过失所造成的损失。

（2）属于发货人责任所引起的损失。

（3）在保险责任开始前，被保险货物已存在的品质不良或数量短差所造成的损失。

（4）被保险货物的自然损耗、本质缺陷、特性以及市场价格跌落、运输延迟所引起的损失或费用。

（5）属于海洋运输货物战争险条款和罢工险条款规定的责任范围和除外责任。

5.3.2 附加险

附加险是不能单独承保的险别。它必须依附于基本险项下，即只有投保某种基本险之后，才可增保附加险，并支付一定的保险费。附加险分为一般附加险和特殊附加险。

1）一般附加险

一般附加险（General Additional Risk）可以承保一般外来风险所造成的损失，具体的险种包括以下11项。

（1）偷窃、提货不着险（Theft，Pilferage and Non-delivery Risk），是指在保险有效期内承保货物被偷走或窃走，以及货物运达目的地以后，货物的全部或整件未交的损失，由保险公司负责价值赔偿。

（2）淡水雨淋险（Fresh Water Rain Damage），是指承保货物在运输过程中，由于淡水、雨水以及冰雪融化所造成的损失，保险公司都应负责赔偿。

（3）短量险（Risk of Shortage），是指保险人承保货物因数量和重量发生短缺的损失。通常对于包装货物的短少，保险公司必须要查清外包装是否发生异常现象，如破口、破袋、扯缝等，如果是散装货物，往往以装船重量和卸船重量之间的差额作为计算短量的依据，但不包括正常运输途中的自然损耗。

（4）混杂、玷污险（Risk of Intermixture and Contamination），是指承保货物在运输过程中混进杂质或被玷污所造成的损失。

（5）串味险（Risk of Odor），是指保险人承保货物在运输途中因受其他异味货物的影响而造成的损失。例如，茶叶、香料、药材等在运输途中受到一起堆放的异味货物影响使其品质受到破坏所造成的损失。

（6）受热、受潮险（Damage Caused by Heating and Sweating），是指保险人承保货物在运输途中因受气温变化或受水蒸气的影响而使货物发生变质的损失。例如，船舶在航行途中，由于气温骤变或船上通风设备失灵等使舱内水汽凝结、发潮、发热引起货物的损失。

（7）钩损险（Hook Damage），是指保险人承保货物在装卸过程中因为使用手钩、吊钩等工具所造成的损失。例如，粮食包装袋因被吊钩损坏而造成粮食外漏所造成的损失，保险公司在承保该险别的情况下，应予赔偿。

（8）包装破裂险（Damage Caused by Breakage of Packing），是指保险人承保货物因包装破裂造成物资短少、玷污等损失，以及为续运安全需要而产生的修补包装、调换包装所支付的费用。

（9）锈损险（Risk of Rust），是指保险人承保货物在运输途中因为生锈而造成的损失。不过这种生锈必须在保险期内发生，如原装时就已生锈，保险公司不负责任。

（10）渗漏险（Risk of Leakage），是指保险人承保流质、半流质的液体物质和油类物质，在运输过程中因为容器损坏而引起的渗漏损失。例如，以流体装存的湿肠衣，因为流体渗漏而使肠衣发生腐烂变质等损失，均由保险公司负责赔偿。

（11）碰损、破碎险（Risk of Clash and Breakage），是指保险人承保货物碰损和破碎的损失。碰损主要是针对金属、木质等货物来说的；破碎则主要是针对易碎性物质来说的。前者是指在运输途中，因为受到震动、颠簸、挤压而造成货物本身的损失；后者是指在运输途中由于装卸野蛮、粗鲁，运输工具的颠震造成货物本身的破裂、断碎的损失。

2）特殊附加险

特殊附加险（Special Additional Risk）是指保险人承保货物由于军事、政治、国家法令、政策及行政措施等特殊外来原因所引起的风险与损失。具体的险种包括以下9项：

（1）战争险（War Risk），是指保险人负责赔偿直接由于战争、类似战争行为和敌对行为、武装冲突或海盗行为所致的损失。保险人对此种险别的承保责任范围包括：由于战争、类似战争行为和敌对行为、武装冲突或海盗行为以及由此引起的捕获、拘留、扣押所造成的损失；由于各种常规武器（如鱼雷、水雷、炸弹）所造成的损失；由于上述原因所引起的共同海损的牺牲、分摊和救助费用。但对原子弹、氢弹等热核武器所造成的损失不负赔偿责任。

战争险的保险责任起讫与基本险的保险责任起讫不同，它不采用“仓至仓条款”，仅限水上危险。保险责任自货物装上保险单所载明的起运港的海轮或驳船时开始，直到保险单所载明的目的港卸离海轮或驳船时为止。如果货物不卸离海轮或驳船，则保险责任最长延至货物到目的港当日午夜起算15天为止。如果在中途港转船，则不论货物在当地卸载与否，保险责任以海轮到达该港或卸货地点的当日午夜起算满15天为止，待再装上续运海轮时恢复有效。

（2）进口关税险（Import Duty Risk ），是指保险人承保货物遭受承保责任范围内的损失，而被保险人仍需按完好货物价值纳税时，保险人对损失部分货物的进口关税负责赔偿。货物在运输途中受损后，其价值降低，但某些国家规定不论进口的货物是否受损，进口商仍须按完好价值完税。在这种情况下，保险人对该项货物损失的进口关税负赔偿责任，但以不超过受损部分的保险价值为限。但如果货物本身遭受的损失不是在保险责任范围之内的，其引起的关税损失，保险人是不负责赔偿的。

（3）交货不到险（Failure to Deliver Risk），是指自货物装上船舶时开始，不论何种原因，如货物不能在预定抵达目的地的日期起6个月以内交讫，保险人同意按全损予以赔付，但该货物的全部权益应转移给保险人。投保人保证已获得一切许可证，否则投保该险是无效的。偷窃、提货不着险和战争险项下应予负责的损失，概不包括在本条款责任范围之内。

（4）黄曲霉素险（Aflatoxin Risk），是指在保险责任有效期内，保险人对承保货物在进口港或进口地经当地主管部门的检验证明，因含有黄曲霉毒素，并且超过了进口国对该类物质的限制标准，必须拒绝进口、没收或强制改变用途时，保险人按照被拒绝进口或被没收部分货物的保险价值或改变用途所造成的损失负责赔偿。本条款不负责由于其他原因所致的被有关当局拒绝进口、没收或强制改变用途的货物的损失。

（5）舱面险（On Deck Risk），是指当货物置于船舶甲板上时，保险人除按保险单所载条款负责外，还赔偿货物被抛弃或浪击落海的损失。海运货物一般都是装在舱内的，但也有一些体积大或有污染性的货物按搬运习惯装载于舱面，而装在舱面的货物很容易损坏及生锈。投保时通常在基本险的基础上加保舱面险。

（6）拒收险（Rejection Risk），是指由于各种原因，保险人承保货物被进口国的有关当局拒绝进口或没收所产生的损失。但在投保时投保人必须保证持有进口所需的一切特许证、许可证或进口配额，且货物在生产、质量、包装、商品检验等方面必须符合产地国和进口国的有关规定。如果被保险货物在起运后至抵达进口港之前的期间内，进口国宣布禁运或禁止进口，保险人只负责赔偿将该货物运回出口国或转口到其他目的地所增加的运费，且以该货物的保险金额为限。

（7）罢工险（Strike Risk），是指保险人对承保货物由于罢工、工人被迫停工或参加工潮、暴动等因人员的行动或任何人的恶意行为所造成的直接损失，以及由此所引起的共同海损的牺牲、分摊和救助费用负责赔偿。

但与罢工有关的间接损失，如在罢工期间由于劳动力短缺或不能正常履行职责所致的损失，包括因罢工而引起的动力或燃料缺乏使冷藏机停止工作所致的损失，以及无劳动力搬运货物，使货物堆积在码头淋湿的损失，均不在保险人的责任范围内。

罢工险对保险责任的起讫规定与其他海运货物保险险别一样，采取“仓至仓条款”。按国际保险业惯例，已投保战争险后加保罢工险，不另收保险费。如果仅要求加保罢工险，则按战争险费率收费。

（8）出口货物到中国香港或中国澳门存仓火险责任扩展条款（Fire Risk Extension Clause for Storage of Cargo at Destination Hong Kong，Including Macao），是指保险人承保货物，经运抵目的地中国香港（包括九龙在内）或中国澳门，卸离运输工具后，如直接存放于本保险单载明的过户银行所指定的仓库时，本保险单对存仓火险的责任，自运输责任终止时开始，特予继续负责，直至上述银行收回押款解除对货物的权益为止，或自运输险责任终止时起满30天为止。

（9）卖方利益险（Contingency Insurance-Covers Sellers' Interest Only），是指保险人负责赔偿承保货物在遭受保险单载明承保险别的条款责任范围内的卖方损失。但该险仅在买方不支付该项受损货物部分损失时才予以赔偿。投保人应该将其向卖方或第三者要求赔偿的权利转移给保险人。如果对本保险项下的任何利益或赔款进行转让，则保险人可解除全部责任。卖方利益险主要是为解决某些国家对进口货物限制只能在进口国保险，而出口贸易又是采用托收方式时才投保此险。它是一种特殊的不同于一般货物运输保险的独立险别。

5.3.3　海洋运输货物专门保险条款与险别

海洋运输货物专门保险是指根据海洋运输货物本身的特性承保的专门险别，适用于海洋运输冷藏货物保险和海洋运输散装桐油保险等。二者均属于基本险性质。

1）海洋运输冷藏货物保险条款

海洋运输冷藏货物保险条款（Ocean Marine Insurance Clause-Frozen Products）分为冷藏险和冷藏一切险两个险种，可单独投保。冷藏险对于承保的冷藏货物在运输途中由于自然灾害或意外事故造成的腐败和损失予以赔偿。冷藏一切险的责任范围更广，在冷藏险的责任基础上还负责承保货物在运输途中由于外来原因所致的腐败和损失。

海洋运输冷藏货物保险的除外责任，除前述海洋运输险的除外责任外，还对以下两点所造成的损失不负赔偿责任：①被保险货物在运输过程中的任何阶段，因未存入有冷藏设备的仓库或运输工具中，或辅助运输工具没有隔湿设备所造成的鲜货腐烂的损失。②被保险货物在保险责任开始时，因未保持良好状态，包括整理加工和包装不妥，冷冻上的不合理规定及骨头变质所引起的鲜货腐烂和损失。

海洋运输冷藏货物保险的责任起讫也与海洋运输货物险的责任起讫基本相同，基本遵循“仓至仓条款”。不过海洋运输冷藏保险条款规定：货物到达保单所载明的目的港，如在30天内卸离海港，并将货物存入岸上冷藏仓库后，保险责任继续有效，但以货物全部卸离货轮时起算满10天为限。如果在上述期限内货物一经移出冷藏仓库，则保险责任即告终止。如果货物卸离海轮后不存入冷藏仓库，则保险责任在卸离海轮时终止。

2）海运散装桐油保险条款

海运散装桐油保险条款（Ocean Marine Insurance Clause-Wood Oil bulk）是根据散装桐油的特点而专门设立的，可单独投保。海运散装桐油保险只有一个险别，负责任何原因导致的桐油超过保单所规定的免赔率的短少、渗漏损失和污染或变质损失。由于桐油是易受污染和变质的货物，因此保险公司在接受承保时必须对桐油进行严格的检验。

海运散装桐油保险的责任起讫也按“仓至仓条款”进行，如果被保险散装桐油在运抵目的港后不及时卸载，则自海轮抵港时起算满15天为止，保险责任即告终止。

5.4 英国伦敦保险协会海运货物保险条款

英国的国际海运保险业务比较发达，并具有悠久的历史。它所制定的保险规章制度，特别是保险单和保险条款对世界各国影响很大。目前，世界上大多数国家在海上保险业务中直接采用英国伦敦保险协会所制定的《协会货物条款》（Institute Cargo Clause，ICC），或者在制定本国保险条款时参考或部分采用上述条款。该条款最早制定于1912年，为了适应不同时期法律、判例、商业、航运等方面的变化和发展，经常进行补充和修订，最近一次的修改是在1982年版本的《伦敦保险协会货物保险条款》的基础上进行的，于2009年1月1日生效。新条款主要修订内容包括：澄清条款所载的不承保事项；条款改用现代化文字，对条款中容易产生争议的用词作出更为明确的规定，条款中的文字结构也更为简洁严密；更重要的是扩展了保险责任起讫期；对保险公司引用免责条款作出了一些条件限制。

5.4.1 英国伦敦保险协会海运货物保险条款的种类

伦敦保险协会的海运货物保险条款主要有6种：

（1）协会货物条款（A）（Institute Cargo Clause A）；

（2）协会货物条款（B）（Institute Cargo Clause B）；

（3）协会货物条款（C）（Institute Cargo Clause C）；

（4）协会战争险条款（货物）（Institute War Clause-Cargo）；

（5）协会罢工险条款（货物）（Institute Strike Clause-Cargo）；

（6）恶意损坏险条款（Malicious Damage Clause）。

以上6种保险条款，前3种为主险，可以单独投保。战争险条款、罢工险条款和恶意损坏险条款为附加险，但战争险和罢工险也可以单独投保，只有恶意损坏险不能单独投保，只能在基本险的基础上加保。

5.4.2　承保风险与除外责任

1）协会货物条款（A）的承保风险与除外责任

（1）协会货物条款（A）的承保风险

该条款的承保范围较广，采用了“一切风险减去除外责任”的规定方式。其承保风险包括：

① 承保除外责任4、5、6、7条款规定以外的一切风险所造成保险标的物的损失。

② 承保共同海损和救助费用。

③ 根据运输契约上船舶互撞责任条款的规定，对被保险人应承担的责任进行赔偿。在上述条款下由承运人向被保险人提起的索赔中，被保险人同意通知保险人，保险人有权自负费用为被保险人就此项索赔进行辩护。

（2）协会货物条款（A）的除外责任

①除外条款4

A.归因于被保险人蓄意恶性的行为所造成的损失、损害或费用。

B.归因于保险标的物的自然渗漏、正常的重量或者体积的损失、自然磨损所造成的损失或费用。

C.保险标的物的包装不牢固或包装不当或配装不当造成的无法抵抗运输途中发生的通常事故而产生的损失或费用。此情况仅适用于：该种包装或配载是由被保险人或其雇员完成，或该种包装或配载是在本保单责任生效前完成（本条所指的“包装”，包括集装箱；“雇员”，不包括独立合同商）。

D.归因于保险标的物的内在缺陷或特性所造成的损失或费用。

E.由于延迟所造成的损失或费用，即使该延迟系由承保风险所引起的（上述共同海损条款可予赔付的费用除外）。

F.由于船舶所有人、经理人、承租人、经营人破产或经济困难造成的损失或费用。此情况适用于：在保险标的物装上船舶之时，被保险人知道，或者被保险人在正常业务经营中应当知道，此种破产或者经济困难会导致该航程取消。本条除外条款不适用于：当保险合同已经转让给另一方，即另一方已经受保险合同的约束购买，或同意购买保险标的物且善意受让该保险合同。

G.使用任何原子或核子裂变和（或）聚变，或其他类似反应或放射性物质的武器或设备，直接或间接所造成的损失或费用。

②除外条款5

A.本保险决不承保的损失、损害或费用，如其起因于：

a.被保险人在货物装船时已经知道船舶或驳船的不适航，及船舶或驳船不适合安全运输保险标的物所引起的损失或费用。

b.集装箱或运输工具不适合安全运输保险标的物，适用于在本保险合同生效前装货已经开始，或被保险人或其雇员在货物装船时已经知道上述情况。

B.上述a除外条款不适用于：当保险合同已经善意转让给另一方，另一方已经受保险合同的约束购买或同意购买保险标的物。

C.保险人放弃船舶适航或船舶适合运输保险标的物运往目的地的默示保证。

③除外条款6

本保险不承保下列危险事故所造成的损失、损害或费用：

A.因战争、内战、革命、叛乱、颠覆，或由此引起的内战或交战方之间的敌对行为。

B.因捕获、扣押、拘留、拘禁或羁押（海盗行为除外），及此种行为引起的后果或企图进行此种行为的结果。

C.遗弃的水雷、鱼雷、炸弹或其他战争武器。

④除外条款7

A.罢工者、被迫停工工人，或参加工潮、暴动或民变的人员所造成的损失或费用。

B.罢工、停工、工潮、暴动或民变所造成的损失或费用。

C.恐怖主义行为，或与恐怖主义行为相联系的任何组织通过武力或暴力直接实施的旨在推翻或影响法律上承认的或非法律上承认的政府的行为。

D.任何人出于政治、信仰或宗教目的实施的行为。

2）协会货物条款（B）的承保风险与除外责任

（1）协会货物条款（B）的承保风险

①承保除外责任条款规定以外的风险所造成保险标的物的损失，协会货物条款（B）的承保风险是采用“列明风险”的方式，其承保风险包括：

A.归因于火灾、爆炸所造成的灭失或损害。

B.归因于船舶或驳船触礁、搁浅、沉没或倾覆所造成的灭失或损害。

C.归因于运输工具倾覆或出轨所造成的灭失或损害。

D.归因于船舶、驳船或运输工具同任何外界物体相撞所造成的灭失或损害。

E.归因于在避难港卸货所造成的灭失或损害。

F.归因于地震、火山爆发或雷电所造成的灭失或损害。

G.共同海损的牺牲引起保险标的物损失。

H.由于抛货或浪击入海引起保险标的物损失。

I.由于海水、湖水或河水进入船舶、驳船、运输工具、集装箱、大型海运箱或贮存处所引起保险标的物损失。

J.货物在装卸时落海或跌落造成保险标的物整件的全损。

②承保共同海损和救助费用。

③根据运输契约上船舶互撞责任条款的规定，对被保险人应承担的责任进行赔偿。在上述条款下由承运人向被保险人提起的索赔中，被保险人同意通知保险人，保险人有权自负费用为被保险人就此项索赔进行辩护。

（2）协会货物条款（B）的除外责任

协会货物条款（B）的除外责任是协会货物条款（A）的除外责任再加上协会货物条款（A）承保的“海盗行为”与“恶意损坏险”。

3）协会货物条款（C）的承保风险与除外责任

（1）协会货物条款（C）的承保风险

①承保除外责任条款规定以外的风险所造成保险标的物的损失，协会货物条款（C）承保的风险比协会货物条款（B）少，它只承保“重大意外事故”的风险，而不承保协会货物条款（B）中的自然灾害（如地震、火山爆发、雷电等）和非重大意外事故（如装卸过程中的整件灭失等）所致的损失。协会货物条款（C）的承保风险也是采用“列明风险”的方式，其承保风险包括：

A.归因于火灾、爆炸所造成的灭失或损害。

B.归因于船舶或驳船触礁、搁浅、沉没或倾覆所造成的灭失或损害。

C.归因于运输工具倾覆或出轨所造成的灭失或损害。

D.归因于船舶、驳船或运输工具同任何外界物体相撞所造成的灭失或损害。

E.归因于在避难港卸货所造成的灭失或损害。

F.归因于共同海损引起的保险标的物的损失。

G.由于抛货引起保险标的物损失。

②承保共同海损和救助费用。

③根据运输契约上船舶互撞责任条款的规定，对被保险人应承担的责任进行赔偿。在上述条款下由承运人向被保险人提起的索赔中，被保险人同意通知保险人，保险人有权自负费用为被保险人就此项索赔进行辩护。

（2）协会货物条款（C）的除外责任

协会货物条款（C）的除外责任与协会货物条款（B）相同。

4）协会战争险、罢工险和恶意损坏险

协会战争险和罢工险条款与我国保险条款内容相比差别不是很大，也是采用“仓至仓”责任，与我国海运保险期限大体相同，但规定更为详细，其区别是协会战争险和罢工险在投保时可以作为独立的险别进行投保。

恶意损坏险承保除投保人以外的其他人（如船长、船员）的故意破坏行为所造成的保险标的物的灭失或损坏，但恶意损坏是出于政治动机的人的行为，应属于罢工险的承保范围。恶意损坏险在协会货物条款（A）中列为承保责任，但在协会货物条款（B）和协会货物条款（C）中均列为除外责任。因此，在投保协会货物条款（B）和协会货物条款（C）时，若要取得这种风险的保障，则应另行加保恶意损坏险。

5.4.3　协会海运货物（A）、（B）、（C）险的保险期限

协会海运货物（A）、（B）、（C）险条款有关保险期限的规定是在运输条款（Transit Clause）、运输契约终止条款（Termination of Contract of Carriage Clause）和

航程变更条款（Change of Voyage Clause）3个条款中规定的。

运输条款是关于保险期间运输条款的规定，从保险责任起点来看，该条款使得保险责任自保险标的物开始进入仓库或储存处所时就生效，包括正常运输过程，直至运到下述地点时终止：

（1）合同载明的目的地最后仓库或储存处所，从运输车辆或其他运输工具完成卸货。

（2）合同载明的目的地其他仓库或储存处所，或在中途其他仓库或储存处所，从运输车辆或其他运输工具完成卸货。上述任何其他仓库或储存处所都是由被保险人或其雇员选择用在正常运送过程之外的储存、分配或分派货物。

（3）被保险人或其雇员在正常运输过程之外选择任何运输车辆或其他运输工具或集装箱储存货物。

（4）自保险标的物在最后卸货港卸离海轮满60天为止。

如果保险标的物在最后卸货港卸离海轮后，但本保险责任终止前，需被转运至非保单载明的其他目的地时，则该保险标的物开始转运之时保险责任即告截止。

投保人在无法控制的情况下发生船舶绕航、运输迟延、被迫卸货、重新装载、转运，以及承运人行使运输契约所赋予的自由处置权而发生变更航程等情况，投保人无须告知保险人及付保险费。

运输契约终止条款是规定由于投保人无法控制的原因，保险标的物在运达保险单所载明的目的地以前，运输契约即在其他港口或处所终止。在投保人立即通知保险人并在必要时加缴一定保险费的条件下，保险继续有效，直至货物在这个卸货港口或处所卖出和送交之时为止。但最长时间以货物到达该港口或处所不超过60天为止。

航程变更条款主要规定，当本保险责任开始后，被保险人变更目的应立即通知保险人，并另行商定保险费率和条件。在此费率和条件达成一致前，出现保险事故，只有在保险费率和保险条件符合合理的市场行情情况下，本保险才会仍然有效。当保险标的物按照本保险合同的航程规定开始航行时，如果被保险人或其雇员对该船舶驶向另一目的地不知情，那么本保险合同仍然被视为在本保险合同规定的航程开始时生效。

5.4.4 协会海运货物（A）、（B）、（C）险的保险权益

保险权益条款主要规定，保障被保险人，包括根据保险合同提出索赔的人员或收货人；除非有特别说明，承运人或其他受托人不享受本保险的利益。

5.5 其他方式下的货物运输保险

海洋运输是国际贸易货物的主要运输方式，除此之外，还有陆上运输、航空运输、邮政包裹运输和国际多式联运等运输方式。随着科学技术的发展，国与国之间

经济联系日益密切和频繁，商品贸易量急剧增加，集装箱等组化运输出现并迅速得到发展。通过陆上、航空和邮政包裹运输的货物量不断增加，特别是通过国际多式联运运输的货物量在整个国际贸易货物运输量中的比重明显上升。因此，陆上、航空、邮政包裹和多式联运货物保险业务均脱离海上运输保险，成为各自独立的保险条款。

5.5.1　陆上运输货物保险条款

1）风险与损失

货物在陆运过程中，可能遭受各种自然灾害和意外事故。常见的风险有车辆碰撞、倾覆和出轨、路基坍塌、桥梁折断和道路损坏，以及火灾和爆炸等意外事故；雷电、洪水、地震、火山爆发、暴风雨以及霜雪冰雹等自然灾害；战争、罢工、偷窃、货物残损、短少、渗漏等外来原因造成的风险。这些风险使运输途中的货物受到损失。货主为了转嫁风险损失，就需要办理陆运货物保险。

2）承保责任范围及责任起讫

根据2009年修订的《陆上运输货物保险条款》，陆运基本险分为陆运险和陆运一切险两种。此外，还有作为附加险的陆运货物战争险。在保险标的物遭受损失时，本保险按保险单上订明的承保险别的条款规定负赔偿责任。

（1）陆运险的责任范围

陆运险的承保责任范围：①被保险货物在运输途中遭受暴风、雷电、洪水、地震等自然灾害，或由于运输工具遭受碰撞、倾覆、出轨，或在驳运过程中因驳运工具遭受搁浅、触礁、沉没、碰撞，或由于遭受隧道坍塌，崖崩，或失火、爆炸意外事故所造成的全部或部分损失；②被保险人对遭受承保责任内危险的货物采取抢救，防止或减少货损的措施而支付的合理费用，但以不超过该批被救货物的保险金额为限。

（2）陆运一切险的责任范围

陆运一切险的承保责任范围与《海运货物保险条款》中的“一切险”相似。除包括陆运责任外，保险公司对保险标的物在运输途中由于外来原因造成的短量、偷窃、渗漏、碰碎、钩损、雨淋、生锈、受潮、受热、发霉、串味、玷污等全部或部分损失，均负赔偿责任。

陆上运输货物基本险的责任起讫也采用“仓至仓”条款，保险责任自被保险货物运离保险单所载明的起运地仓库或储存处所开始运输时生效，包括正常运输过程中的陆上和与其有关的水上驳运在内，直至该项货物运达保险单所载目的地收货人的最后仓库或储存处所或被保险人用作分配、分派的其他储存处所为止，如未运抵上述仓库或储存处所，则以被保险货物运抵最后卸载的车站满60天为止。

3）陆运基本险的除外责任

本保险对下列损失不负赔偿责任：

（1）投保人的故意行为或过失所造成的损失。

（2）属于发货人责任所引起的损失。

（3）在保险责任开始前，保险标的物已存在的品质不良或数量短差所造成的损失。

（4）保险标的物的自然损耗、本质缺陷、特征以及市价跌落、运输延迟所引起的损失或费用。

（5）陆上运输货物战争险条款和货物运输罢工险条款规定的责任范围和除外责任。

5.5.2 航空运输货物保险条款

1）风险与损失

货物在空运过程中，有可能因自然灾害、意外事故和各种外来风险而导致货物全部或部分损失。常见的风险有雷电、火灾、爆炸、飞机遭受碰撞倾覆、坠落、失踪、战争破坏以及货物由于飞机遇到恶劣气候或其他危难事故而被抛弃等。为了转嫁上述风险，空运货物一般都需要办理保险，以便当货物遭到承保范围内的风险损失时，可以从保险公司挽回损失。

2）承保责任范围及责任起讫

中国人民保险公司于2009年修订的《航空运输货物保险条款》规定："航空运输货物保险分为航空运输险和航空运输一切险两种基本险别。"此外，还有作为附加险的航空运输货物战争险。

（1）航空运输险的责任范围

航空运输险负责赔偿：①被保险货物在运输途中遭受雷电、火灾或爆炸或由于飞机遭受恶劣气候或其他危难事故而被抛弃，或由于飞机遭受碰撞、倾覆、坠落或失踪意外事故所造成的全部或部分损失。②被保险人对遭受承保责任内危险的货物采取抢救，防止或减少货损的措施而支付的合理费用，但以不超过该批被救货物的保险金额为限。

（2）航空运输一切险的责任范围

航空运输一切险的责任范围与《海洋运输货物保险条款》中的"一切险"相似，除包括上述航空运输险的全部责任外，保险公司还负责赔偿保险标的物由于被偷窃、短少等外来原因所造成的全部或部分损失。

航空货物运输保险的保险责任起讫也采用"仓至仓"条款。与海运、陆运货物保险的"仓至仓"条款不同的是：如果保险货物运达保险单所载明的目的地而未运抵收货人仓库或储存处所，则以保险标的物在最后卸离飞机满30天时责任终止。

3）航空运输基本险的除外责任

投保航空货物运输保险的基本险别时，保险公司对下列损失不负赔偿责任：

（1）投保人的故意行为或过失所造成的损失。

（2）属于发货人责任所引起的损失。

（3）在保险责任开始前，被保险货物已存在的品质不良或数量短差所造成的损失。

（4）保险标的物的自然损耗、本质缺陷、特征以及市价跌落、运输延迟所引起的损失或费用。

（5）航空运输货物战争险条款和货物运输罢工险条款规定的责任范围和除外责任。

5.5.3　邮政包裹运输保险条款

1）风险与损失

邮政包裹运输通常需要经海、陆、空辗转运送，实际上是属于“门到门”运输，在长途运输过程中遭受自然灾害、意外事故以及各种外来风险的可能性较大。寄件人为了转嫁在运送中的风险损失，则要办理邮政包裹运输保险，以便在发生损失时能从保险公司得到承保范围内的经济补偿。

2）承保责任范围及责任起讫

根据中国人民保险公司《邮政包裹运输保险条款》的规定，其基本险有邮政包裹险和邮政包裹一切险。此外，还有作为附加险的邮包战争险。

（1）邮政包裹险的责任范围

邮政包裹险负责赔偿：①被保险邮包在运输途中由于恶劣气候、雷电、海啸、地震、洪水等自然灾害或由于运输工具遭受搁浅、触礁、沉没、碰撞、倾覆、出轨、坠落、失踪，或由于失火、爆炸意外事故所造成的全部或部分损失。②被保险人对遭受承保责任内危险的货物采取抢救、防止或减少货损的措施而支付的合理费用，但以不超过该批被救货物的保险金额为限。

（2）邮政包裹一切险的责任范围

除包括上述邮政包裹险的各项责任外，邮政包裹一切险还负责邮政包裹在运输途中由于外来原因所致的全部或部分损失。

本保险责任自邮政包裹离开保险单所载起运地点或寄件人处所并运往邮局时开始生效，直至该邮政包裹运达本保险单所载目的地邮局，自邮局签发到货通知书当日午夜起15天终止。但在此期限内，邮政包裹一经递交至收件人处所时，保险责任终止。

3）邮政包裹运输基本险的除外责任

邮政包裹险和邮政包裹一切险对下列损失不负赔偿责任：

（1）投保人的故意行为或过失所造成的损失。

（2）属于发货人责任所引起的损失。

（3）在保险责任开始前，邮政包裹已存在品质不良或数量短差所造成的损失。

（4）邮政包裹的自然损耗、本质缺陷、特征以及市价跌落、运输延迟所引起的损失或费用。

（5）邮政包裹战争险条款和货物运输罢工险条款规定的责任范围和除外责任。

5.6 我国海运货物保险业务与合同中的保险条款

在进出口运输保险业务中，被保险人通常涉及的工作有申请投保、选择投保险别、确定保险金额、办理投保、交付保险费、取得保险单证，以及在货损时办理保险索赔等。

5.6.1 保险险别的选择

保险公司承担的保险责任是以投保的险别为依据的。由于保险公司对不同的险别承担的责任范围不同，进而对投保货物的风险损失的保障程度就不同，保险费率也不同。因此，如何适当地选择险别是个十分重要的问题。

一般说来，对投保险别的选择，应该考虑以下几个条件：

1）货物的性质和特点

不同性质和特点的货物在运输途中可能遭遇的风险和发生的损失往往有很大的差别。因此，在投保之前，必须充分考虑货物的性质和特点，以确定适当的险别。例如，有些货物容易吸潮，有些货物易于生热甚至燃烧，又有些货物易遭受虫蛀鼠咬等。无论选择何种险别，保险公司对于货物潜在的缺点及运输途中的自然损耗，一般是不承保的。

2）货物的包装

货物的包装对货物的安全运输具有重要作用，有些货物在运输及装卸过程中，常因包装破损而造成质量上或数量上的损失。因此，在办理投保和选择险别时，对货物包装在运输过程中可能发生的损坏及其对货物可能造成的损害应加以考虑。但应注意，由于包装不良或由于包装不适合国际贸易运输的一般要求，而使货物受损，保险公司是不负赔偿责任的。

3）运输路线及船舶停靠港口

运输中船舶的航行路线和停靠的港口不同，对货物可能遭受的风险和损失也有很大的不同。某些航线途经热带，若载货船舶通风不良，则会增大货损；若在海盗经常出没的海域内航行，则货船遭受意外损失的可能性更高。同时，由于世界各地港口在设备、装卸能力以及安全程度等方面有很大差异，因此在投保前对上述情况应调查清楚，考虑可能发生的货损、货差，以便选择适当的险别。

4）运输季节

运输季节不同，也会对运输货物带来不同风险和损失。例如，载货船舶冬季在高纬度地区航行，极易发生与流动冰山碰撞的风险。又如，夏季装运粮食、果品，极易出现生虫或发霉腐烂的现象。

5）目的地市场的变化趋势

在国际市场上，有些商品的价格波动剧烈，当货物尚在运输途中时，目的地的市场价格可能已经上涨。因此，为了保证货物在运输途中遭受损失后，仍能按上涨后的市价从保险赔款中获得赔偿，则需要根据目的地市场价格上涨的趋势，向保险公司另行加保增值保险。因而，目的地市场的价格变化趋势也是在选择保险险别时应该考虑的一项因素。

6）各国贸易习惯

如果货物按CIF条件出口，卖方应投保何种险别，需要在合同中加以明确规定。如果合同对此没有规定，则按照国际贸易惯例及有关国家的法律规定办理。例如，按照国际商会《INCOTERMS®2020》的规定，CIF下的卖方应负责投保ICC保险条款或任何类似条款包括的最低限度的保险险别；《美国对外贸易定义（修订本）》和《统一商法典》规定，CIF条件下卖方有义务代买方投保战争险，费用由买方负担；在比利时，CIF条件下卖方常投保水渍险；在澳大利亚，按行业习惯，CIF条件下卖方负责投保水渍险和战争险；在德国，CIF条件下卖方应根据货物的种类、贸易习惯和买方的愿望确定投保险别。但仅投保平安险是不够的，保险公司承担的保险责任是以险别为依据的，不同的险别，承担的责任范围不同，其保险费率也不同。

5.6.2　保险金额的确定与保险费的计算

1）保险金额的确定

保险金额（Insured Amount）是指保险人承担赔偿或给付保险金责任的最高限额，即投保人对保险标的物的实际投保金额，也是保险人计算保险费的基础。保险金额一般由买卖双方商订。

（1）在出口贸易中，凡是按CIF或CIP条件达成的合同一般均规定保险金额为发票金额的110%，即在发票金额基础上增加10%计算。增加的比例称为投保加成率，是用以在出现风险后弥补买方的经营管理费用和预期利润。在买方投保时要求按较高的加成率计算保险金额，且保险公司同意承保的情况下，卖方也可接受，但由此而增加的保险费原则上由买方承担。

根据国际保险行业的习惯，保险金额的计算公式为：

保险金额=CIF或CIP货价×（1+投保加成率）　　(5.1)

以CIF货价为计算保险金额的基础，这表明不仅货物本身而且包括运费和保险费都作为保险标的物而投保，在发生损失时应该获得赔偿。因此，对CFR合同项下货物进行投保，需要先把CFR货价变成CIF货价，再加成计算保险金额。以CFR为基础换算为CIF时，可用下列计算公式：

CIF=CFR÷［1-（1+投保加成率）×保险费率］　　(5.2)

同样，以CPT为基础换算为CIP时，计算公式如下：

CIP=CPT÷［1-（1+投保加成率）×保险费率］　　(5.3)

（2）在进口贸易中，我国一般根据双方签订的预约保险合同，以进口货物的CIF货价作为保险金额，一般不再加成。

如果按CFR货价进口，则按平均保险费率直接计算保险金额。其计算公式如下：

保险金额=CFR或CPT货价×（1+平均保险费率） (5.4)

如果按FOB货价进口，则按平均运费率和平均保险费率直接计算保险金额。其计算公式如下：

保险金额=FOB或FCA货价×（1+平均运费率+平均保险费率） (5.5)

2）保险费的计算

我国进出口货物保险费率是按照不同货物、不同目的地、不同运输工具和投保险别，由保险公司以货物损失率和赔付率为基础，参照国际保险费率水平，结合我国国情而制定的。

（1）出口的保险费计算

如果以CIF成交，以发票金额确定为保险金额，而发票金额就是CIF价值，如果加成10%投保，那么：

保险费=CIF价值×110%×保险费率 (5.6)

如果以CIFC价成交，保险费就有两种不同的计算方法和计算结果，因为以CIFC价成交，可以将CIFC价值作为发票金额，也可以按扣除佣金后的CIF价值作为发票金额。

例如，某出口合同的CIFC 5%价值为12 000港元，按发票金额的110%投保水渍险和战争险，保险费率为0.8%，试计算保险费。

分析与提示：

①以CIFC价值作为发票金额，计算保险费：

保险费=CIFC 5%价值×110%×保险费率

=12 000×110%×0.8%=105.60（港元）

②以扣除佣金后的CIF价值作为发票金额，计算保险费：

CIF价值=12 000×（1−5%）=11 400（港元）

保险费= CIF价值×110%×保险费率

=11 400×110%×0.8%=100.32（港元）

综上所述，以CIFC 5%价值作为发票金额，保险费为105.60港元；而以扣除佣金后的CIF价值作为发票金额，保险费为100.32港元。

（2）进口的保险费计算

①如以FOB或FCA价格成交的进口货物，其保险费的计算公式为：

保险费=FOB或FCA价×（1+平均运费率+平均保险费率）×平均保险费率 (5.7)

②如以CFR或CPT价格成交的进口货物，其保险费的计算公式为：

保险费=CFR或CPT价×（1+平均保险费率）×平均保险费率 (5.8)

5.6.3 投保业务手续

保险的目的在于保障保险标的物在遭受意外风险时能获得补偿，因此投保人应在风险可能出现之前办理投保。进出口货物运输保险一般是按照“仓至仓”条款承保，因此，CIF条件下出口货物应在运离装运地仓库进入码头准备装船之前办理投保。CFR或FOB条件下出口货物是由买方办理投保的，但货物在装运港装船之前一段的保险仍需卖方自行安排。进口货物的投保，应在风险转移给进口商承担之前办理为宜。

保险人承保的是今后可能发生的意外风险，因此投保时如果保险标的物已经发生损失，则保险合同无效。但是在国际贸易中，由于买卖双方相距遥远，传递消息不及时，投保时货物在外地或运输途中已经发生损失的事也是常有的，因此按照国际货物运输保险习惯，投保时货物已经发生损失，只要是出于善意，保险仍然有效。如果投保人投保时已知保险标的物发生损失，而保险人不知情，则保险合同无效。

投保人向保险人投保是一种签订契约的法律行为，投保人就是发出要约人，习惯上多以书面形式提出，经保险人承诺，双方就确立了契约关系，投保人提出的书面申请，称为投保单或投保书。

投保人填制投保单，应注意以下几点：

（1）申报真实。保险是建立在最大诚信原则基础上的契约关系，保险人一般只能根据列明的资料进行审核，决定是否承保，并据以计算保险费，签发保险单。投保人有将保险标的物的情况及资料向保险人告知和正确陈述的义务，若所报情节不实或隐瞒，则会导致保险契约无效。

（2）投保单的内容如货物名称、数量、装卸港口、投保险别等，均应符合进出口合同或信用证的规定，否则，保险人根据投保单签发的保险单可能遭到买方或银行的拒付。

（3）保险金额，投保险别，保险标的物的名称、数量、包装，载货船舶的名称、航程、起航日期等均为投保单的重要内容，对于保险人决定承保、计收保险费以及未来赔偿关系极大，投保人须慎重对待，正确填写。

5.6.4　保险单据的形式与转让

1）保险单据的形式

保险单据是保险人与投保人之间有关权利和义务关系的书面证明，也是保险人的承保证明。一旦发生保险责任范围内的损失，保险单据就是投保人要求赔偿的依据。保险单据的形式主要有以下4种：

（1）保险单

保险单（Insurance Policy），又称大保险单或正式保险单，是使用最多的普通保险单，用于承保一个指定的航区内某一批货物发生的损失。世界各地保险公司签发的货物运输保险单，格式或有差异，但其内容基本一致。

①保险单正面的内容

第一，证明双方当事人建立保险关系的文字，说明保险人根据投保人的要求，由投保人交付约定的保险费，按照该保险单条件承保货物运输险。

第二，载明投保货物的情况，包括货物品名、标记、数量、包装；承保险别及保险金额；运输工具；保险责任起讫的时间和地点；保险费等。

第三，理赔地点、开立保单的时间和地点，保险人签字等。

②保险单背面的内容

保险单背面所列保险条款，是确立保险人与投保人之间有关权利和义务关系的依据，主要包括承保责任范围、除外责任、责任起讫、投保人的义务、索赔期限等。

（2）保险凭证

保险凭证（Insurance Certificate），又称小保险单，是简化的保险合同，是保险公司表示接受承保的一种证明文件。保险凭证仅载明投保人名称，投保货物名称、数量、标记，运输工具种类和名称，承保险别，起讫地点和保险金额等，而对保险公司和投保人的权利和义务等方面的详细条款则不予载明，通常按保险公司的保险单所载条款办理。保险凭证具有与保险单同等的效力。但是，如果信用证规定提供保险单，则受益人一般不能以保险凭证代替。但为实现单据规范化，不少保险公司已废弃此类保险凭证。

（3）联合凭证

联合凭证（Combined Certificate）是指保险公司将承保险别、保险金额和保险编号加列在投保人开具的出口货物商业发票上，作为已经承保的证据，至于其他项目均以发票上所列明的为准。联合凭证是发票与保险单相结合的一种凭证，是最简单的保险单据。这种单据目前只适用于港澳地区部分企业，以及对新加坡、马来西亚少数地区的出口业务，对其他地区，除双方约定外，一般均不使用。

（4）预约保险单

预约保险单（Open Policy）是指保险人与投保人之间订立的总合同，能达到简化保险手续，并使货物一经装运即可取得保障的目的。这种保险单载明预约保险货物的范围、险别和保险费率以及每批货物的最高保险金额、保险费结算办法等。凡属于预约保险范围内的进出口货物，一经起运，即自动按预约保险单所列条件承保。

2）保险单据的转让

在国际贸易中，海运保险单是可以经背书转让的。根据《INCOTERMS®2020》的规定，在CIP和CIF条件下，卖方必须向买方提供保险单据，以使买方或任何其他对货物具有保险利益者可直接向保险人索赔。在这一情况下，通常卖方是保险单的投保人，通过背书将保险单转让给买方，从而使得买方可以凭保险单向保险公司索赔。

保险单据的转让是指保险单权利的转让，即投保人将保险单所赋予的损害索赔及相应的诉讼权转让给受让人。这种权利的转让与投保货物本身所有权的转让是两种不同的法律行为。在买卖双方交接货物并转让货物所有权时，并不能自动转让保险单的权利，只有投保人在保险单上以背书的形式表明转让时，才能使保险单产生转让的效力。

各国海上保险法律，关于保险单的转让一般有以下规定：

（1）海运货物保险单可以不经保险公司同意而自由转让。

（2）海运货物保险单的转让，必须在保险标的物所有权转让之前或转让的同时进行。如果所有权已经转让，事后再办理保险单的转让，这种转让是无效的，因为，投保人将保险标的物所有权转让给他人之后，他对保险标的物已丧失了可得利益，保险单的转让也就失去了依据。

（3）在办理海运货物保险单转让时，无论损失是否发生，只要投保人对保险标的物仍然具有可得利益，保险单可有效转让。

（4）保险单的受让人只能享有与原投保人在保险单下所享有的相同权利和义务，受让人不能取得优于原投保人的权利。

（5）保险单转让后，受让人有权以自己的名义向保险人进行诉讼，保险人也有权同对待原投保人一样，对保险合同项下引起的责任进行辩护。

（6）保险单的转让，可以采取由投保人在保险单上背书或其他习惯方式进行。按照习惯做法，采用空白背书方式转让的保险单，可以自由转让；采用记名背书方式转让的保险单，只有被背书人才能成为保险单权利的受让人。

5.6.5　保险索赔

保险索赔（Claim），也称提赔，是指保险标的物在遭受承保范围内的损失时，被保险人依据保险合同向保险人要求赔偿的行为。被保险人发现货损后必须依据索赔的要求和程序处理索赔事宜。

1）提赔手续

保险标的物运抵目的港，发生货损、货差，收货人应首先判定损失责任，以确定索赔对象，向有关责任方要求损失赔偿。进出口货物发生残损，除货物在装运时品质不佳、包装不良或数量不足而引起的损失以及由于货物本身特性引起的损失，应由卖方或发货人负责外，一般在运输途中由于自然灾害或意外事故造成货物的损失，只要在保险单承保责任范围内，保险人应负赔偿责任，被保险人可向保险人提出索赔。

（1）保险标的物运抵目的港后，被保险人或其代理人应及时查看，发现属于保险人承保责任范围内的损失时，应立即通知保险人在当地检验或理赔。被保险人及时发出损失通知，是向保险人请求损失赔偿的必备手续。保险人应根据通知及时派人到现场进行查看检验，调查损失原因，搜集有关证据，以便确定责任。同时，保险人与被保险人均应及时采取施救措施，防止损害继续扩大。如果被保险人未能及时发出损失通知或不发通知，则有可能导致丧失请求赔偿的权利。

（2）一般情况下，对于残损的货物，应尽可能保留现场，以便保险人及有关各方进行检验，确定责任。某些明显的货损、货差，如包装破裂、件数短少等，应取得承运人或港务理货部门的证明，并应向有关责任方请求赔偿，在保留索赔权的前提下先行办理提赔手续。当包装破裂而使货物外露遭受损失时，也应在现场由承运人、保险人及其他有关方共同检验，取得检验报告。如果货物表面完好，收货人也需在货物进入仓库之后及时查看，发现货损立即通知保险人检验。如果卸货港没有保险人进行检验或理赔，根据保险单规定，收货人需聘请公证机构进行检验并出具证明。

（3）保险标的物的损失，凡应由承运人或第三者负责时，被保险人应首先向有关责任方索赔，在第三者责任方拒赔或赔偿不足或不赔偿时，可转向保险人索赔，并将有关索赔文件转交保险人，保证保险人向第三者责任方行使追偿权利。

2）提赔证据及时效

被保险人向保险人及其代理人索赔，除以书面提出索赔申请，开列索赔清单外，还应提供下列文件，以证明保险标的物的损失程度和保险人应负的赔偿责任：

（1）货物残损检验报告。货物残损检验报告是检验机构对受损货物实地检验的客观记录，证明保险标的物的损失情况，是被保险人索赔的客观证据，但它不是确定保险责任的依据，而是保险人了解货物损失情况的重要根据。

（2）保险单或保险凭证。保险单或保险凭证是保险人承保证明。保险人根据保险单和保险凭证及其所列条款规定负赔偿责任。

（3）发票、提单、装箱单和重量单。这些单据是证明保险标的物原有状况的，对于确定货物残损情况有重要参考价值。

（4）海事报告。海事报告是载货船舶在航行途中遭遇恶劣天气、意外事故或其他海难时，船长据实记录的报告。其目的在于证明航程中遭遇海难，船舶或货物可能遭遇损失，是人力不可抗拒的损失，并且声明船长及船员已经采取一切必要措施，船方应予免责。海事报告是对于海难情况、货损原因以及采取的措施的相关证明，对于确定损失原则和保险责任具有一定的参考作用。

（5）被保险人为保全保险标的物支付的合理损害防止费用，以及货物残损检验费用的开支，根据保险条款规定，这些费用均可从保险人处获得补偿。

（6）向承运人或第三者索赔的有关文件和来往函电。除上列文件和单据外，保险人可根据损失情况和理赔需要，要求被保险人提交其他证据。这些单据和文件是被保险人索赔的依据，保险人是否承担赔偿责任，除根据现场调查搜集的资料外，主要依据这些文件进行判断。这些文件是保险人审核理赔案件的重要依据。

被保险人向保险人索赔，应在一定期限内提出，各国有关保险的法律和保险人的保险条款，对索赔时间都有规定。逾期索赔，被保险人就会丧失索赔权利。我国《海商法》第264条规定：“根据海上保险合同向保险人要求保险赔偿的请求权，时效期间为二年，自保险事故发生之日起计算。”

3）保险人利益的保护

保险合同是经济补偿合同，保险标的物发生损失后，被保险人能否及时得到经济补偿，保险人是否受理，不仅关系到双方当事人的经济利益，而且关系到保险人的信誉和未来业务的开展。因此，保险人既要严格履行保险责任，又要保障自身的正当利益，做到以保险合同规定的条款为根据，分清损失责任，合理赔付。为此，保险人受理被保险人的索赔，以遵循下列原则为条件：

（1）索赔人必须拥有保险利益。保险利益是保险合同成立的前提条件。被保险人对保险货物不拥有保险利益，保险合同无效。但在国际贸易实践中，被保险人往往需要在不拥有保险利益情况下办理投保，因此进出口货物运输保险一般不要求被保险人投保时一定拥有保险利益，但货物发生损失提出索赔时，必须拥有保险利益，否则就不能取得保险人的赔偿。被保险人货物损失，必须是由保险人承保范围内风险直接所致的损失。保险标的物发生损失的原因是多种的，而保险人所承担的赔偿责任，只限于保险单承保风险直接造成的损失。保险单承保风险以外的原因造成的损失，或保险单除外责任风险所造成的损失，保险人均不负赔偿责任。

（2）在实际业务中，载货船舶在航行中情况复杂多变，而保险标的物发生残损，往往是在错综复杂的情况下造成的。因此，要确定保险人的赔偿责任，就必须弄清造成损失的原因。分析损失原因，就要分析承保风险与损失之间的关系。货物发生损失，同保险人承保风险之间有的是直接关系，有的是间接关系。保险人只对与承保风险有直接因果关系的损失负赔偿责任，在国际保险业务中被称为近因原则。

4）提赔应注意的问题

（1）海运货物运输保险一般是定值保险，当货物发生全损时，应赔偿全部保险金额。如果为部分损失，则须合理确定赔偿比例。但是，对于易碎和易短量货物的赔偿，保险业有两种规定方法：一种是当货物发生破碎和短量时，保险人可以有一定的免赔率。免赔率可分为相对免赔率和绝对免赔率。二者的相同点是，如果损失数额不超过免赔率，则不予赔偿。二者的不同点是，如果损失数额超过免赔率，则相对免赔率不扣除免赔率，全部予以赔偿，而绝对免赔率要扣除免赔率，只赔超过部分。如中国人民财产保险股份有限公司对某些指明货物是采取绝对免赔率的。如果不计免赔率，则保险公司要加收保险费。另一种规定是不论损失程度，保险公司对破碎和短量货物进行赔偿。

（2）当投保货物遭受严重损失，被保险人要求按推定全损赔偿时，必须将货物及其一切权利委托给保险人。保险人一经接受委托就只能按推定全损赔偿，并取得处理残余货物的权利。如果不提出委托通知，则被认为被保险人要保留残余货物的权益，保险人只给予部分损失的赔偿。对于委付通知，保险人可以接受，也可以不接受。

5.6.6 合同中的保险条款

保险条款是国际货物买卖合同中的重要条款之一，必须制定得明确、合理。此外，保险单据的内容与商业发票、提单、合同以及信用证等的内容一致。

1）保险条款的主要内容

保险条款的内容常常会由于合同中采用的贸易术语的不同而有所区别。

（1）采用FOB、CFR或FCA、CPT贸易术语成交的合同，买方承担货物在运输途中的风险，并负责办理投保、支付保险费，不涉及卖方利益，因此合同中的保险条款只需规定“保险由买方自理”（Insurance to be effected by the buyer）即可；如果卖方接受买方的请求代办保险，应在合同中明确代办保险的详细情况，特别是要明确保险费应由买方负担（Insurance to be effected by the seller on behalf of the buyer for ×× % of invoice value against ×× risk， premium to be for buyer' account）。

（2）采用CIF或CIP贸易术语成交的合同，买方承担运输途中的风险，而卖方负责办理投保、支付保险费。这样，保险就涉及买卖双方的利益，因此合同中的保险条款应明确规定以下4项内容：由谁办理保险、投保险别、保险金额、适用条款。根据这4项内容，CIF合同中的保险条款可订为：保险由卖方按发票金额的××%投保水渍险、加保 ×× 险，以中国人民保险公司1981年1月1日颁布的《海洋运输货物保险条款》为准（Insurance：To be covered by the seller for ××% of total invoice value against WPA including ××， as per and subject to the relevant Ocean Cargo Clause of the People's Insurance Company of China dated 1/1/1981）。

如果买方要求按《伦敦保险协会货物保险条款》投保，在CIF合同中的保险条款可以订为：保险由卖方按发票金额的 ××%投保 ×× 险，按伦敦保险协会2009年1月1日货物 ×× 险条款负责（Insurance：To be covered by the seller for ××% of total invoice value against ××，as per Institute Cargo Clause ×× dated 1/1/2009）。

2）订立保险条款应注意的问题

（1）应明确按什么保险条款进行投保，是按ICC条款还是按CIC条款。

（2）应明确投保险别，是平安险还是水渍险或一切险。如需另加某一种或某几种附加险也应一并写明。

（3）应明确由何方负责投保。例如，在FOB、CFR合同中，应明确由买方负责投保，但卖方为避免工厂至码头的运输风险可加保“仓至船”险；在CIF合同中，应明确由卖方负责投保。

（4）应明确投保加成率。例如，当加成率超过10%时，由此而产生的超额保险费应由买方负担；当加保战争险时，应明确若发生有关的保险费率调整，所增加的保费由买方负担。

（5）应明确不同保险条款的生效日期。

（6）保险单的签订日期不能迟于装运日期，如果货物在装运以后才签订保险合同，则货物从装运到签订保险合同的这段时间没有被保险。

（7）保险货币应与发票货币一致，以避免汇率风险。

（8）注意船舶的船龄与适航性。

□ 本章小结

各国保险公司对承包的海上风险与损失作出了特定的解释。海上损失分为全部损失和部分损失，部分损失又分为共同海损和单独海损。

我国海洋运输货物保险分为基本险和附加险两大类。基本险承保海上风险所造成的损失，附加险是不能独立投保的险别，承保的是由于外来风险造成的损失。

“仓至仓”条款是指保险责任从被保险货物远离保险单所载明的起运港（地）仓库或储存处所开始，一直到货物运抵保险单所载明的目的港（地）或收货人的仓库为止。

我国海运保险的基本做法注重被保险人的保险区间、投保手续、保险单证、保险金额和保险费、保险的索赔手续等。

保险公司对陆上运输、航空运输和邮政包裹运输保险都制定了专门条款。

□ 复习思考题

随堂测验

1.货物运输保险的基本原则包括哪几种？

2.什么是实际全损和推定全损？

3.共同海损与单独海损的异同点是什么？

4.共同海损成立的条件是什么？

5.中国人民保险公司1981年1月1日修订的《海洋运输货物保险条款》的基本险分为哪几种？它们的除外责任又是什么？

6.在CIF条件下，保险金额是如何确定的？

7.什么叫施救费、救助费？请用实例来说明施救费和救助费的区别。

8 某进出口公司按照CIF条件对外出口，发票总额为25 000美元，按发票总值110%投保一切险和战争险，总的保险费率为0.8%，该进出口公司应付多少保险费？

9.《伦敦保险协会货物保险条款》有哪几种险别？它们的承保范围是如何划分的？

10.海运货物保险单据的形式包括哪几种？

11.保险索赔时应该注意哪些问题？

12.出口保险费与进口保险费的计算方法的不同点是什么？

□ 典型案例

1.某年，我国某外贸出口公司向新加坡出口罐头一批共500箱，按照CIF新加坡向保险公司投保一切险。但是，因为海运提单上只写明进口商的名称，没有注明其详细地址，货物抵达新加坡后，船公司无法通知进口商来货场提货，又未与出口公司的货运代理联系，自行决定将该批货物运回起运港——大连港。在运回途中因轮船渗水，有229箱罐头受到海水浸泡。货物运回大连港后，出口公司没有将货物卸下，只是在海运提单上补写进口商详细地址后，又运回新加坡。进口商提货后发现罐头已经生锈，因此只提取了未生锈的271箱罐头，其余的罐头又运回大连港。出口公司发现货物有锈蚀后，凭保险单向保险公司提起索赔，要求赔偿229箱货物的锈损损失。保险公司经过调查发现，生锈发生在第二航次，而不是第一航次。投保人未对第二航次投保，不属于承保范围，于是保险公司拒绝赔偿。保险公司是否有权拒绝赔偿？

分析与提示：

保险公司拒绝赔偿是正当的。原因如下：

（1）保险事故不属于保险单的承保范围。在本案中投保人只对货物运输的第一航次投了保险，而货物是在由新加坡至大连港的第二航次中发生风险损失的，即使该项损失属于一切险的承保范围，但是保险人对此不承担责任。

（2）投保人在提出保险索赔时明显违反了诚信原则。明知是不属于投保范围的航次造成的损失，投保人向保险人提出索赔的目的是想利用保险人的疏忽将货物损失转嫁给保险人，这违反了“最大诚信原则”，保险公司有权拒绝赔付。

2.某外贸公司按CFR神户价格出口一批仪器，投保的险别为一切险。该外贸公司将货物用卡车由公司仓库运到大连港装船，但途中有一辆卡车翻车，致使车上所载部分仪器损坏。对此项损失应由哪方负责赔偿？保险公司是否应给予赔偿？

分析与提示：

此项损失应由外贸公司承担。因为在CFR条件下，按合同规定的装运港和装运期限，将货物装上船是卖方应负的责任，同时卖方应承担装船以前的一切风险和费用。在本案中，虽然由买方投保了一切险，但是卖方并不是保险单的合法受益人，不能向保险公司提出索赔。而根据CFR条件，买方在货物装船前不对货物享有所有权，对风险不承担责任，一般买方对标的物无保险，不会获得保险公司的赔偿。因此，在本案中，如果外贸公司事先投保了装运前内陆运输险，则可从保险公司获得赔偿，否则这部分损失只能由外贸公司承担。

3.从天津新港驶往新加坡，在航行途中船舶货舱起火，大火蔓延到机舱，船长为了船及货物的共同安全，下令往仓内灌水，火很快被扑灭。但是由于主机受损，无法继续航行，于是船长雇用拖轮将船拖回新港修理，修好后重新驶往新加坡。这次意外造成的损失：（1）600箱货被火烧毁；（2）500箱货被水浇湿，无其他损失；（3）200箱货既受热熏损失，又受水渍损失，但未发现任何火烧的痕迹；（4）100箱货被火烧过且有严重水渍；（5）主机及部分甲板被烧坏；（6）拖轮费用；（7）额外增加的燃油和船上人员工资。试分析上述损失的性质，并指出需投保何种险别，才能取得保险公司的赔偿。

分析与提示：

属于共同海损的是（2）、（6）、（7），属于单独海损的是（1）、（4）、（5），而对于（3）的损失，由于没有发现货物有任何火烧的痕迹，虽然有热熏损失和水渍损失，但是按照保险业务的习惯做法，通常将热熏损失列为单独海损。这是因为热熏是火引起的，如果船长不下令施救，该部分货物仍有可能着火燃烧。对于水渍损失可列为共同海损，因为这是灌水施救的直接结果。至于（4）的损失，虽然这100箱货已被火烧过，但是有严重水渍，也只能列为单独海损。这是因为货物已着火，如不施救，该货将被烧毁，所以对水渍部分不列为共同海损。

以上损失只要投保了《中国保险条款》的平安险或英国《伦敦保险协会货物保险条款》的条款（C）险即可获得保险公司赔偿。

4. 中国某进出口公司与加拿大商人签订一份出口大米合同，由中方负责货物运输和保险事宜。为此，中方与上海某轮船公司A签订运输合同租用“远达”号班轮的一个舱位。2021年6月15日，中方将货物在上海港装箱。随后，中方向中国某保险公司B投保海上运输货物保险。货轮在海上航行途中遭遇风险，使货物受损，作为卖方公司的顾问律师，请就货物运输的有关事宜向当事人提供法律咨询。问题：

（1）如果卖方公司向B投保的是平安险，而货物遭受部分损失是由于轮船在海上遭遇台风，那么卖方公司是否可从B处取得赔偿？为什么？

（2）如果卖方公司投保的是一切险，而货物受损是由于货轮船员罢工、货轮滞留中途港，致使大米变质，那么卖方能否从B处取得赔偿？为什么？

（3）如果发生的风险是由于承运人的过错引起的，并且属于承保范围的风险，B赔偿了损失后，卖方公司能否再向A公司索赔？为什么？

分析与提示：

（1）不能。因为平安险对货物因自然灾害造成的部分损失不予赔偿。货轮遭台风，使货物遭受部分损失，但由于平安险的责任范围不包括自然灾害引起的单独海损，故不能获得赔偿，除非已投保水渍险和一切险。

（2）不能。因为一切险的责任范围包括被保险货物在运输途中由于自然灾害、意外事故及外来原因造成的全部损失或部分损失，但不包括战争险、罢工险等特殊附加险。即使投保人投保了一切险，仍需与保险人特别约定，经保险人特别同意后，才能把特别或特殊附加险的责任包括在保险人承保范围之内。由于卖方未投保特殊附加险，故无法取得赔偿。

（3）不能。保险合同是一种补偿合同，被保险人不得以保险作为牟利的手段。保险货物的损失如果是由于第三者的过失或疏忽造成的，被保险人从保险人处取得保险赔偿时，应当把对该第三者的损害赔偿请求权转让给保险人，由保险人代位行使被保险人的一切权利和追偿要求，而不能一方面向保险人取得保险赔款，另一方面又向有过失的第三者索赔，从而获取双倍于损失金额的收入。保险人在支付保险金额后从被保险人处所取得的权利，叫代位权，即代位行使被保险人对有过失的第三者的追偿权利。

□ 拓展阅读

拓展阅读 1

面对“共同海损”出口商如何实现风险转移？

拓展阅读 2

中信保到底值不值得做？

第6章/国际货款的收付

学习目标

了解国际货款收付的支付工具：汇票、本票与支票的概念与主要内容；熟知国际货款收付的几种支付方式，特别是托收及信用证基本程序和法律性质以及使用时应该注意的问题；并学会订立合同中的支付条款。

国际贸易货款的收付是合同中的重要交易条件，也是买卖双方的基本权利和义务。但是，由于买卖合同双方分别处于不同的国家或地区，因此货款的结算不可能像国内零售贸易那样一手交钱一手交货。它主要涉及付款时间、付款地点、支付方式以及付款币种等一系列问题，甚至还受到各国政治及经济因素的影响。另外，货款的收付直接影响双方的资金周转和融通，以及各种金融风险和费用的负担，因而这是关系到买卖双方切身利益的问题。国际货款的收付，通常都是通过外汇来结算的。一般在合同的支付条款中要订立使用的支付票据、付款时间、地点及支付方式等内容。因此，买卖双方在洽商交易时，都力争规定对自己有利的支付条件。

6.1 国际结算中的票据

国际贸易货款的收付，使用现金结算货款的较少，大多使用非现金结算。非现金结算是指不直接使用现金而是使用代替现金作为流通手段和支付手段的信贷工具结算国家间的债权债务的一种方法。在当今国际结算中，票据是各国通行的结算工具和信用工具。

6.1.1 票据概述

1）票据的含义

票据有广义和狭义之分。广义的票据，是指商业活动中的一切票证，包括各种有价证券和凭证。例如，股票、债券、本票、提单、车船票、借据等。狭义的票据，是指出票人依法签发，由自己或委托他人无条件支付一定金额的有价证券。根据《中华人民共和国票据法》（以下简称《票据法》）的规定，票据包括汇票、本票、支票。本章所指票据仅指狭义的票据。

2）票据的法律特征

（1）要式性

票据的格式是由法律规定的，必须根据法律规定的必要形式制作，票据才能有效。例如，《票据法》规定了汇票、本票、支票必须记载的事项，未记载规定事项的，票据无效。

（2）无因性

票据的持票人行使票据权利时，无须说明其取得票据的原因，只要占有票据就可以行使票据权利。至于取得票据的原因，持票人无说明的义务，债务人也无审查的权利，即使取得票据的原因关系无效，对票据关系也不发生影响。票据的无因性，有利于保障持票人的权利和票据的顺利流通。

（3）流通性

票据在到期前，可以通过背书方式转让而流通。票据的流通性是票据的基本特征。票据若不能流通，就不能称其为票据。

（4）文义性

票据上的权利义务必须以票据上的文字记载为准。有关票据债权人或票据债务人，均应当对票据上所记载的文义负责，不得以任何方式或理由变更票据上文字记载的意义。

3）票据的作用

（1）支付工具

国际结算的基本方法是非现金结算。在非现金结算条件下，必须使用一定的支付工具来结清国家间的债权债务。票据就是一种支付工具。

（2）信用凭证

票据不是商品，不含有社会劳动，也不是硬币，没有本身内在价值，它是建立在信用基础上的书面支付凭证。出票人在票据上立下书面的支付信用保证，付款人或承诺人允诺按照票面的规定履行付款义务。

（3）流通作用

票据经过背书可以转让给他人，再经背书还可再转让。背书人对于票据的付款负有担保的义务。背书次数愈多，票据负责人愈多，票据的担保性也愈强。由于可以背书转让，票据在市场上广泛流通，成为一种流通工具，节约了现金的使用，扩大了流通手段。

（4）抵销债务

由于国家间贸易所发生的债权与债务可以使用票据加以抵销，从而便利了国际贸易的进行。

4）票据的当事人

票据主要涉及三个基本当事人，即出票人、受票人、受款人。票据进入流通领域后，还派生出背书人、承兑人和持票人等。基本当事人是构成票据上的法律关系的必要主体，这种主体不存在或不完全，票据上的法律关系就不能成立，票据也就无效。

（1）出票人（Drawer）

出票人是指在票据上签名并发出票据的人，即签发票据的人。票据一经签发，出票人即对收款人和正当持票人承担一定的保证责任，即保证票据在提示时，受票人一定付款或承兑。即期票据在付款前，或远期汇票在被承兑前，出票人是票据的主债务人。

（2）受票人（Drawee）

受票人也称付款人，是根据出票人的指令支付款项的人，或受出票人委托付款的人。受票人对票据承担付款的责任。在承兑后受票人成为承兑人，是票据的主债务人。此时，受票人应承担的责任是按照承兑文义保证到期日付款。

（3）受款人（Payee）

受款人是指接受票据并有权向受票人请求付款的人，也是票据的债权人。如果遭拒付，有权向出票人追索票款。

（4）背书人（Endorser）

背书人是由持票人在汇票背面签上自己的名字，并将汇票交付给受让人的人，也称让与人，受让人称为被背书人。背书人必须对包括被背书人在内的所有后来取得该票据的人保证该票据必将得到承兑或付款，而且必须保证在他以前曾在该票据上签名的一切前手签字的真实性和背书的连续性。

（5）承兑人（Acceptor）

承兑人是指当票据是远期票据时，受票人同意接受出票人的命令并在票据正面表示承兑，承诺票据到期付款。承兑人是汇票的主债务人，承担支付票面金额的义务。而出票人和其他背书人则居于从债务人的地位。

（6）持票人（Holder）

持票人指的是票据占有人，即票据的收款人、被背书人或执票人。只有持票人才能向付款人或其他关系人要求履行票据所规定的义务。

6.1.2　汇票

1）汇票的含义和必要项目

（1）汇票的含义

《中华人民共和国票据法》（以下简称《票据法》）第19条规定："汇票是出票人签发的，委托付款人在见票时或者在指定日期无条件支付确定的金额给收款人或者持票人的票据。"英国《票据法》对汇票作出如下规定："汇票是一人向另一人签发的，要求即期或定期或在将来可以确定的时间，为某人或其指定来人或执票来人支付一定金额的无条件书面支付命令。"

（2）汇票的必要项目

《票据法》第22条规定，汇票必须记载下列事项：①表明"汇票"的字样；②无条件支付的委托；③确定的金额；④付款人名称；⑤收款人名称；⑥出票日期；⑦出票人签章。汇票上未记载前款规定事项之一的，汇票无效。

除上述主要项目外，还可以记载如利息与利率、付一不付二、付二不付一、禁止转让、出票依据等内容。

根据1930年法、德等30多个国家签订的《日内瓦统一汇票本票法公约》的规定，汇票必须具备下列几项内容，才能发生票据效力：①表明“汇票”字样；②无条件支付命令；③付款人姓名或商号；④出票人签名；⑤出票日期和地点；⑥付款地点；⑦付款期限；⑧一定金额；⑨收款人姓名或商号。

现将我国《票据法》中汇票的必要项目分别说明如下：

①表明“汇票”的字样

比如，写明Bill of Exchange或Draft等。这样做的目的是使汇票区别于其他票据，防止伪造汇票，有利于实际业务中的使用和操作。

②无条件支付的委托

汇票是一种付款委托或命令，而不是一项请求，因此必须使用祈使句。汇票的支付委托或命令必须是无条件的，凡是附带有条件的支付委托或命令，将使汇票失效。

③确定的金额

汇票上的金额必须确定，如果不确定，则汇票无效。同时，在汇票上记载金额的大小写数字也必须是一致的。《票据法》第8条规定：“票据金额以中文大写和数字同时记载，二者必须一致，二者不一致的，票据无效。”第9条规定：“票据上的记载事项必须符合本法的规定。票据金额、日期、收款人名称不得更改，更改的票据无效。”

④付款人名称及地点

付款人（Payer）也称受票人（Drawee），是受出票人委托支付票据金额的人。在国际贸易中，通常是进口商或其指定银行。付款人对汇票承兑后，就成为汇票的第一债务人，到期必须无条件付款。付款地点是在汇票遭到拒付时拒付证书的出证地点。

⑤收款人名称

收款人（Payee）也称汇票的抬头或受款人，即受领汇票所规定金额的人，在国际贸易中，通常是出口商或其指定银行。

⑥出票日期

一方面用于判断出票人在出票时是否具有法律行为的资格和能力，另一方面用于付款的到期日和利息的起算日。

⑦出票人签章

《票据法》第7条规定：“票据上的签章，为签名、盖章或者签名加盖章。法人和其他使用票据的单位在票据上的签章，为该法人或者该单位的盖章加其法定代表人或者其授权的代理人的签章。在票据上的签名，应当为该当事人的本名。”

出票人签字后，即承担汇票被承兑及付款的责任，汇票上的签字若是伪造的或由未经授权的人签字，则视为无效。

汇票样本示例：

BILL OF EXCHANGE

No._____________（汇票编号）　　　　Date_____________（出票日期）

Exchange for_____________（汇票金额）

At_____________（付款期限）sight of this first of exchange （Second of the same tenor and date unpaid）pay to the order of ______（收款人）

The sum of_____________________（大写金额）

Drawn under _________________________（出票依据）

L/C No.__________（信用证号码）Dated__________（开证日期）

To____________________________（付款人）

Signed_____________（出票人签章）

2）汇票的种类

（1）按照出票人的不同，汇票分为银行汇票和商业汇票

①银行汇票（Banker's Draft）

银行汇票是指由银行签发的汇票，是一家银行向另一家银行发出的书面支付命令，出票人和付款人都是银行。单位和个人各种款项的结算，均可使用银行汇票。银行汇票可以用于现金支付和转账，现金银行汇票在出票金额前要填写现金字样，而且申请人和收款人均须为个人才可以使用，转账银行汇票只能用于转账。银行汇票多为光票，不附单据。

②商业汇票（Commercial Draft or Trade Bill）

商业汇票是指由企业或个人签发的汇票，付款人可以是企业、个人，也可以是银行。在国际贸易结算中，出口商向国外进口商收取货款时签发的汇票，即属商业汇票。商业汇票的出票人，应为在银行开立存款账户的法人以及其他组织，与付款人具有真实的委托付款关系，并具有支付汇票金额的可靠资金来源。商业汇票一般多为附有货运单据的汇票。

（2）按照付款期限的不同，汇票分为即期汇票和远期汇票

①即期汇票（Sight Bill or Demand Draft）

即期汇票是指持票人向付款人提示后，对方见票立即付款的汇票。

②远期汇票（Time Bill or Usance Bill）

远期汇票是指在出票一定期限后或特定日期付款的汇票。

远期汇票的付款时间，有以下几种规定办法：

A.见票后若干天付款（At ×× days after sight）；

B.出票后若干天付款（At ×× days after date）；

C.提单签发日后若干天付款（At ×× days after date of Bill of Lading）；

D.指定日期付款（At fixed date）。

（3）按照有无附属单据，汇票分为光票和跟单汇票

①光票（Clean Bill）

光票是指在流通过程中，不附带货运单据的汇票。在国际贸易中一般用于从属费用、货款尾数、佣金等的结算。银行汇票多是光票。

②跟单汇票（Documentary Bill）

跟单汇票是指在流通过程中，附带商业票据的汇票，商业汇票多为跟单汇票。在国际贸易中，大多使用的是跟单汇票，要求附有提单、发票、保险单等货运单据。

（4）按照承兑人不同，汇票分为银行承兑汇票和商业承兑汇票

①银行承兑汇票（Banker's Acceptance Bill）

银行承兑汇票是指由银行承兑的远期汇票。银行承兑汇票是建立在银行信用基础上的，付款人是银行。

②商业承兑汇票（Commercial Acceptance Bill）

商业承兑汇票是指由商号或个人承兑的远期汇票。商业承兑汇票是建立在商业信用基础上的，付款人是企业或个人。

（5）其他分类

按照使用货币的不同，汇票分为本国货币汇票和外国货币汇票；

按照付款地点与承兑地点是否相同，汇票分为直接汇票和间接汇票；

按照流通地域不同，汇票分为国内汇票和国外汇票；

按有无复本划分，汇票分为正本汇票（First Exchange）和副本汇票（Second Exchange）。

一张汇票可以同时具备以上几种性质。例如，一张远期的商业跟单汇票，同时又是商业承兑汇票。

3）汇票的使用

汇票的使用，也称汇票的票据行为，票据行为是指依照法定条件和法定程序进行，以发生、变更和消灭票据关系，确定和实现票据上的权利和义务为目的的法律行为。汇票使用过程中的各种行为都由《票据法》加以规范，主要有出票、提示、承兑和付款；如需转让，通常应经过背书行为；如汇票遭拒付，还需出具拒绝证明或者出具退票理由书。

（1）出票（Issue）

出票是指由出票人签发汇票并交付给收款人的行为。出票后，出票人即承担保证汇票得到承兑和付款的担保责任。如汇票遭到拒付，出票人应接受持票人的追索，清偿汇票金额、利息和有关费用。

在出票时，受款人通常有3种写法：

① 限制性抬头。例如，仅付A公司（Pay A Co., Ltd. only）或付××公司，不准流通（Pay ×× Co., Ltd. not Negotiable）。这种抬头的汇票不能流通转让，只限××公司收取货款。

② 指示性抬头。例如，付 ×× 公司或其指定人（Pay ×× Co., Ltd. or Order或Pay to the Order of ×× Co., Ltd.)。这种抬头的汇票，除 ×× 公司可以收取票款外，也可以经过背书转让给第三者。

③ 持票人或来人抬头。例如，付给来人（Pay Bearer）或付给持票人（Pay Holder)。这种抬头的汇票无须持票人背书，仅凭交付汇票即可转让。《票据法》规定："汇票必须记载收款人名称，凡签发持票人或来人抬头的汇票无效。"

（2）提示（Presentation）

提示是指由持票人将汇票提交付款人要求承兑或付款的行为，是持票人要求取得票据权利的必要程序。提示又分付款提示和承兑提示。付款提示是指持票人向付款人提交汇票，要求付款的行为。承兑提示是指持票人向付款人提交远期汇票，要求付款人见票后办理承兑手续，到期付款的行为。

（3）承兑（Acceptance）

承兑是指付款人在持票人向其提示远期汇票时，在汇票上签名，承诺于汇票到期时付款的行为。具体做法是付款人在汇票正面写明"承兑"（Accepted）字样，注明承兑日期，于签章后交还持票人。付款人一旦对汇票作承兑，即成为承兑人，以主债务人的地位承担汇票到期时付款的法律责任，而出票人便成为汇票的次债务人。

（4）付款（Payment）

付款是指付款人在汇票到期日，向提示汇票的合法持票人足额付款。持票人将汇票注销后交给付款人作为收款证明。汇票所代表的债务债权关系即告终止。

（5）背书（Endorsement）

背书是指在票据背面或者粘单上记载有关事项并签章的票据行为。经过背书转让的票据，背书人负有担保票据签发者到期付款的责任，如果出票人到期不付款，则背书人必须承担偿付责任。《票据法》规定："除出票人在汇票上记载'不得转让'外，持票人可以将汇票权利转让给他人或者将一定的汇票权利授予他人行使；汇票以背书转让或者以背书将一定的汇票权利授予他人行使时，必须记载被背书人名称；以背书转让的汇票，背书应当连续。"持票人以背书的连续证明其汇票权利。所谓背书连续，是指在票据转让中，转让汇票的背书人与受让汇票的被背书人在汇票上的签章依次前后衔接。对受让人来说，所有以前的背书人和出票人都是他的"前手"；对背书人来说，所有他转让以后的受让人都是他的"后手"，前手对后手承担汇票得到承兑和付款的责任。

背书的方式主要有以下3种：

①限定背书（Restrictive Endorsement)。限定背书规定汇票只交付一次，受让人只能自行使用汇票而无再次转让的权利。例如，背书人在汇票背面签字，写明"仅付 ××（被背书人名称）"或"付给 ××（被背书人名称)，不得转让"。

例如：Pay to Jams Brown only

Well Smith（签字）

②特定背书（Special Endorsement），又称记名背书。此种背书既有出让人签名，又指明了受让人是谁，但无“仅付”“不得转让”等字样。如背书人在汇票背面签字，写明“付给××（被背书人名称）的指定人”等。如此背书的汇票可以连续多次背书和支付，多次转让，甚至可以在市场上无限转让下去。

例如：Pay to the order of Jams Brown

Well Smith（签字）

③空白背书（Blank Endorsement），又称不记名背书。背书人在汇票上只有签名，不写付给某人，即没有被背书人。空白背书的汇票凭交付而转让，即空白背书的第一出让人背书签字后，可多次在市场上流通，直到最后一个受益人，而无须在汇票背面注明流通过程中的其他出让人和受让人。

例如：Smith（签字）

在金融市场上，最常见的背书转让为汇票的贴现，即持票人将承兑后的远期汇票提交给贴现行或贴现机构，由贴现行或贴现机构扣除从贴现日到付款日的利息后，将余额付给持票人的行为。

（6）拒付和追索（Dishonor & Recourse）

拒付是指持票人向付款人提示，付款人拒绝付款或拒绝承兑。另外，付款人逃匿、死亡或宣告破产，以致持票人无法实现提示，也称拒付。出现拒付，持票人有追索权（Right of Recourse），即汇票遭到拒付时，持票人有向其前手（背书人、出票人）要求偿付汇票金额、利息和其他费用的权利。在追索前必须按规定做成拒付证书和发出拒付通知。拒付证书是由付款地的法定公证人或其他依法有权出具证书的机构如法院、银行、公会等，出具证明拒付事实的文件，是持票人行使追索权的法律根据之一，没有拒付证书就不能向除承兑人或付款人以外的其他汇票债务人请求偿还汇票金额。

汇票追索权的行使一般要求具备3项形式要件：

① 持票人必须依有效的票据进行提示。无论提示承兑还是提示付款必须依有效票据进行，才能发生提示效力，在被拒绝时方可发生追索权。

② 持票人必须在法定期限内进行提示，即持票人只能在法律规定的提示承兑期间或提示付款期间进行提示。

③ 取得有关证明。在我国，作为行使追索权形式要件的证明主要包括以下几种：一是拒绝证明，即有法律规定的，对持票人依法提示承兑或付款而被拒绝的事实出具的有效力的文书；二是对被拒绝的直接证明，包括拒绝承兑证明和拒绝付款证明两种。

6.1.3 本票

1）本票的含义和必要项目

《票据法》第73条规定：“本票是出票人签发的，承诺自己在见票时无条件支付确定的金额给收款人或者持票人的票据。”第74条规定：“本票的出票人必须具有支付本票金额的可靠资金来源，并保证支付。”

英国《票据法》关于本票的规定：“本票是一人向另一人签发的，保证即期或定期或在可以确定的将来的时间，对某人或其指定人或执票来人支付一定金额的无条件书面承诺。”

各国票据法对本票的必要项目规定不同，《票据法》第75条规定，本票必须记载下列事项：①表明“本票”的字样；②无条件支付的承诺；③确定的金额；④收款人名称；⑤出票日期；⑥出票人签章。本票上未记载前款规定事项之一的，本票无效。

本票样本示例：

PROMISSORY　NOTE

For__________________（本票金额）Date__________________（出票日期）

On the ______________________（付款时间）fixed by the Promissory Note

We promise to pay the order of ______________________________（收款人）

The sum of ______________________________（大写金额）

For and on behalf of ______________________________（出票人）

Signed__________（出票人签章）

2）本票的种类

（1）商业本票（Commercial Promissory Note），是由企业或个人签发的本票，根据付款时间的不同分为即期本票和远期本票。

（2）银行本票（Banker's Promissory Note），是由银行签发的本票，只能是即期本票，而且不记名，其流动性与现钞无异，主要作用是代替现金流通、简化结算手续。

《票据法》中的本票仅指银行本票，《票据法》之所以只规定银行本票，而未规定商业本票，是符合中国实际情况的。商业本票按照产生的基础不同，可分为交易性商业本票和融资性商业本票。交易性商业本票产生于商品交易中，融资性商业本票产生于短期的资金融通，如同企业债券，使用商业本票的企业必须具备比较高的商业信用，同时，必须有银行或金融机构提供担保，并有一整套运作管理制度。我国目前尚不具备上述条件，如果允许企业机构签发和使用这种商业本票，在一定程度上将引起信用膨胀，不利于加强中央银行的宏观调控。而银行本票是以银行信用为基础、以使用人将款项交存银行为前提的，其具备较强的信用。在交易活动中，使用银行本票，销货方可以见票发货，购货方可以凭票提货；债权人、债务人可以凭票结清债权债务，收款人将银行本票交存银行，银行即可为其入账，有利于加速商品流通和资金周转，减少现金使用。基于这些考虑，《票据法》未对商业本票作出规定，而只规定了银行本票。

3）本票的使用

《票据法》对本票的票据行为规定：本票的出票、背书、保证、付款行为和追索权的行使，适用本法关于汇票的规定。除此之外，还规定：本法所称本票，是指银行本票。本票出票人的资格由中国人民银行审定，具体管理办法由中国人民银行规定；本票自出票日起，付款期限最长不得超过2个月；本票的持票人未按照规定期限提示见票的，丧失对出票人以外的前手的追索权。

4）本票与汇票的区别

（1）当事人不同

汇票的当事人有出票人、付款人、收款人；而本票当事人只有出票人和收款人。

（2）出票人不同

汇票的出票人和付款人不限于银行；而本票的出票人仅限于银行。

（3）承兑手续不同

本票的出票人即是付款人，远期本票无须办理承兑手续；而远期汇票则要办理承兑手续。

（4）主债务人不同

本票在任何情况下，出票人都是绝对主债务人，一旦拒付，持票人可以立即要求法院裁定，由出票人付款；而汇票的出票人在承兑前是主债务人，在承兑后，承兑人是主债务人，出票人则处于从债务人的地位。

（5）票据的份数不同

汇票一般是一式两份或多份（银行汇票除外，仅一份）；而本票是一式一份。

（6）支付的性质不同

汇票是无条件的支付命令；而本票是无条件的支付承诺。

6.1.4 支票

1）支票的含义和必要项目

《票据法》第81条规定："支票是出票人签发的，委托办理支票存款业务的银行或者其他金融机构在见票时无条件支付确定的金额给收款人或者持票人的票据。"

英国《票据法》规定："支票是以银行为付款人的即期汇票。"具体来说，支票是银行存款户对银行签发的授权银行对某人或其指定人或持票人见票支付一定金额的无条件书面支付命令。

支票的特点是出票人必须是在指定的付款银行存有一定的资金，如果支票的出票人所签发的支票金额超过其在付款银行的实有存款金额，该支票称为空头支票，则银行拒绝支付空头支票的金额。

《票据法》第84条规定，支票必须记载下列事项：①表明"支票"的字样；②无条件支付的委托；③确定的金额；④付款人名称；⑤出票日期；⑥出票人签章。

支票上未记载前款规定事项之一的，支票无效。

支票样本示例：

CHEQUE

Cheque for ____________（支票金额）Date ____________（出票日期）

Pay to the order of ______________________（收款人）

The sum of ______________________（大写金额）

To________________（付款银行名称）　For ____________（出票人）

Signed ____________

________（出票人签章）

2）支票的种类

根据《票据法》的规定，支票有两种：一种是现金支票；另一种是转账支票。转账支票的正面应当注明“转账”字样。

（1）现金支票

支票中专门用于支取现金的为现金支票。现金支票可以另行制作，即单独制定现金支票。现金支票只能用于支取现金，不能用于转账。

（2）转账支票

支票中专门用于转账的，是转账支票。转账支票可以另行制作，即专门制作转账支票。转账支票只能用于转账，不能用于支取现金。

3）支票的使用

根据各国票据法，支票可由付款银行加“保付”（Certified to Pay）字样并签字而成为保付支票，付款银行保付后就必须付款，支票经保付后身价提高，有利于流通。

支票的使用有一定的有效期，由于支票是代替现金的即期交付工具，因此有效期短。《票据法》规定：“支票的持票人应当自出票日起10日内提示付款；异地使用的支票，其提示付款的期限由中国人民银行另行规定。超过提示付款期限的，付款人可以不予付款；付款人不予付款的，出票人仍应对持票人承担票据责任。”

4）支票与汇票的区别

（1）付款期限不同

支票只有即期付款，没有承兑，也没有到期日的记载；汇票有即期、远期之分，有承兑行为，也有到期日的记载。

（2）主债务人不同

支票的主债务人是出票人；汇票承兑后的主债务人是承兑人。

（3）付款人不同

支票的付款人为银行或其他金融机构；汇票的付款人不一定是银行或者其他金融机构，付款人可以是自然人，也可以是法人。

（4）票据的份数不同

支票只能开出一张；而汇票可以开出一式两份或多份。

6.2 汇 付

汇付方式是国际贸易中最常用的货款支付方式之一，其优点在于手续简便、费用低廉。汇付的缺点是风险大，资金负担不平衡。在我国外贸实践中，汇付一般只用来支付订金货款尾数或佣金等费用，随着跨国公司大量的内部交易增加，汇付方式得到了广泛的运用。

6.2.1 汇付的含义和当事人

1）汇付的含义

汇付（Remittance）也称汇款，是指债务人（进口商）按约定的条件和时间将货款通过银行或其他途径付给债权人（出口商）的支付方式。在国际贸易结算中，它是一种最简便的方式，只是利用国际银行间相互划拨款项的便利，并不涉及银行的信用、买卖双方能否履行合同，完全取决于彼此的信用。因此它属于商业信用。汇款所使用的票据的传递方向与资金的流向是一致的，所以属于顺汇法。

在办理汇付业务时，需要由汇款人向汇出行填交汇款申请书，汇出行有义务根据汇款申请书的指示向汇入行发出付款书，汇入行收到付款委托书后，有义务向收款人（通常为出口商）解付货款。但是，汇出行和汇入行对不属于自身过失而造成的损失（如付款委托书在邮寄途中遗失或延误等致使收款人无法或延期收到货款）不承担责任，而且汇出行对汇入行工作上的过失也不承担责任。

2）汇付的当事人

汇付业务涉及的当事人有4个：

（1）汇款人（Remitter）

汇款人即汇出款项的人，在国际贸易中，通常是进口商。

（2）受款人（Payee）

受款人即收取款项的人，在国际贸易中，通常是出口商。

（3）汇出行（Remitting Bank）

汇出行即受汇款人的委托将款项汇出的银行，在国际贸易中，通常是在进口地的银行。汇出行与汇款人之间有契约关系。

（4）汇入行（Paying Bank）

汇入行即受汇出行委托解付汇款的银行，在国际贸易中，通常是在出口地的银行。汇出行与汇入行之间有代理契约关系。

6.2.2 汇付的种类

汇付有3种方式：电汇、信汇和票汇。

1）电汇（Telegraphic Transfer，T/T）

电汇是指汇款人将一定金额的汇款及汇付手续费付给当地汇出行，要求该银行用电传或电报通知其国外收款人所在地的汇入行，将汇款付给收款人。电汇是收款较快、费用较高的一种汇付方式，汇款人必须负担电报费用，因此通常金额较大或有急用的汇款使用电汇方式。

2）信汇（Mail Transfer，M/T）

信汇是指汇款人将汇款及手续费交付给汇款地的汇出行，委托该银行利用信件转托收款人所在地的汇入行，将货款付给收款人。这种汇付方法，以邮递方式传送，因此费用较电汇低廉，但因需要一个地区间的邮程时间，收款时间较晚。

3）票汇（Demand Draft，D/D）

票汇是指汇款人向其当地汇出行购买银行即期汇票，并直接寄给收款人，收款人收到该汇票即可凭此向指定的付款银行取款。这种银行汇票和逆汇法的商业汇票不同，银行汇票用于银行代客拨款，因此受票人和付款人是同一银行（或代理行）。

以上3种汇付方式有其共同之处，表现在：汇款人在委托汇出行办理汇款时，均要出具汇款申请书，这就形成汇款人和汇出行之间的一种契约。三者的支付工具传送方向与资金流向相同，均属顺汇。

三者的不同之处是：

（1）支付工具不同

电汇是以电汇委托书作为支付工具；信汇是以信汇委托书作为支付工具；票汇是以银行即期汇票作为支付工具。票汇除有限制转让者以外，经收款人背书，可以转让流通，而电汇、信汇委托书则不能转让流通。

（2）收取货款的方式不同

票汇与电汇、信汇的不同在于票汇的汇入行无须通知收款人取款，而由收款人持票登门取款。

6.2.3　汇付方式的基本程序

1）电汇、信汇方式的基本程序

（1）进口商交付款项委托汇款。进口商（汇款人）根据合同将汇款交付汇出行，并填写电汇或信汇申请书，委托汇款行汇出款项。

（2）汇出行接受委托。汇出行接受汇款委托，将电汇或信汇申请书回执退给汇款人。

（3）汇出行通知汇入行付款。汇出行通过电信工具或邮寄信汇委托书，委托汇入行解付汇款。

（4）汇入行通知收款人收取汇款。汇入行收到电汇、信汇委托书，经审核无误后，将汇款通知单交付收款人。

（5）出口商收取汇款。出口商（收款人）持盖章后的汇款通知单向汇入行收取汇款。

电汇、信汇方式的基本程序如图6-1所示。

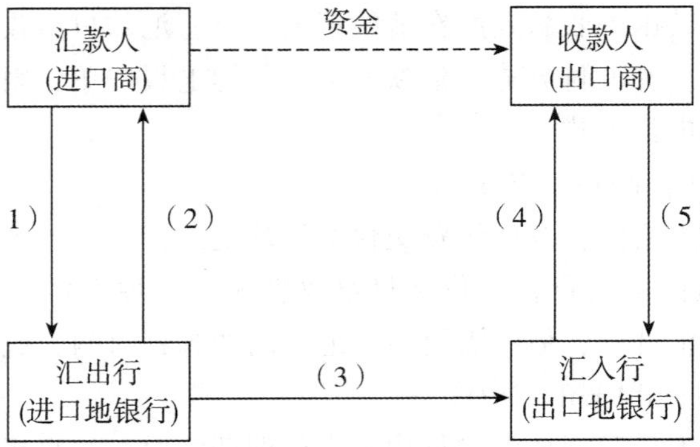

图6-1　电汇、信汇方式的基本程序

2）票汇方式的基本程序

（1）交付款项购买银行汇票。进口商（汇款人）根据合同向汇出行交付款项，购买银行汇票。

（2）交付银行汇票。经汇出行审核无误后，交付汇款人银行汇票。

（3）邮寄银行汇票。汇款人将银行汇票邮寄给收款人（出口商）。

（4）邮寄汇付通知书。汇出行将汇付通知书邮寄给汇入行通知其付款。

（5）凭银行汇票取款。收款人凭银行汇票向汇入行收取汇款。

（6）汇入行解付汇款。经汇入行审核无误后，解付汇款。

票汇方式的基本程序如图6-2所示。

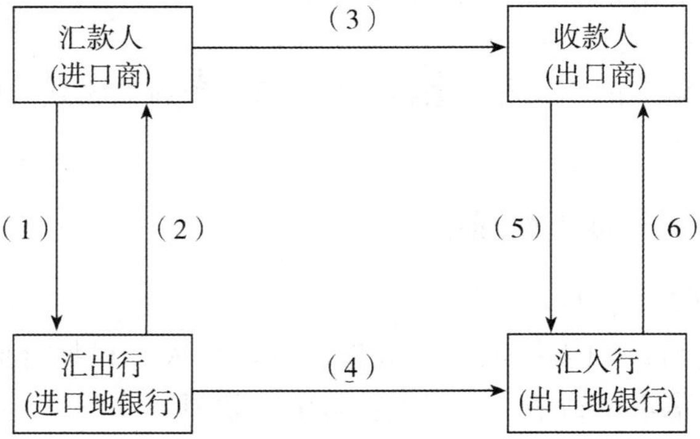

图6-2　票汇方式的基本程序

6.2.4　汇付方式的应用

在国际贸易款项的支付中，汇付的3种方式在应用中都可以采用预付货款和货到付款。

1）预付货款（Payment in Advance）

预付货款又称先结后出，是指进口商先将货款的全部或一部分通过银行汇交出口方，出口商收到货款后，根据买卖双方事先约定好的合同规定，在一定时间内或立即将货物发运给进口商。一般可分为以下两种方式：

（1）随订单付现（Cash with Order，CWO）

进口商在发出订单时，或买卖双方订立合同后，进口商必须将全部或部分货款用汇付方式付给出口商。

（2）预付定金（Down Payment ）

在成套设备、大型机械、运输工具的交易中，由于交易金额大，生产周期长，出口商往往要求进口商预付一定比例的货款作为定金以担保合同的履行，其余大部分货款则由进口商按信用证规定或开加保函分期付款或迟期付款。

预付货款对出口商是有利的，因为出口商货物未发出，但已经收到货款，等于利用他人的款项。出口商收款后再发货，预收的货款成为履约担保，降低了买方违约的风险，如果进口商毁约，出口商即可没收定金。出口商甚至还可以在收到货款后再去购货。反之，预付货款对进口商是不利的，因为进口商未收到货物，已经先垫款，将来如果货物不能收到，或不能如期收到，或即使收到货物又有问题时，将会在索赔中处于被动地位，而且货物到手前付出货款，资金被他人占用，会造成利息损失甚至资金周转困难。

2）货到付款（Payment after Arrival of the Goods）

货到付款又称先出后结，是指出口商先发货，进口商后付款的结算方式。这种方式实际上属于赊账交易或延期付款性质。一般可分为以下三种方式：

（1）交货付现（Cash on Delivery，COD）

货物运到目的地后，进口商立即用汇付的方式将货款交付出口商，或货到后经过检验合格后再汇付货款。

（2）寄售（Consignment）

由寄售人按照事先订立的寄售条件先将货物运往国外寄售地，由代销人在当地市场代为销售。货物销售后所得货款扣除代销人的手续费和其他费用后交付给寄售人。

（3）记账交易（Open Account Trade）

记账交易也称赊销，是按照买卖双方协议，由出口商根据买方订单或双方订立的合同，将货物发运给进口商，货款则是在发货后的一段时期由进口商汇付给出口商。

货到付款方式对进出口商产生了同预付货款截然相反的影响，有利于进口商而不利于出口商。因此，在国际贸易中，进口商倾向于运用货到付款的方式，出口商则偏好预付货款的方式。

6.2.5 使用汇付方式应注意的问题

汇付的性质属于商业信用，银行不承担付款责任。虽然汇付是以银行为媒介进行结算的，但是银行在此过程中仅提供服务，承担收付委托款项的责任，并收取手续费，而对买卖双方在交易中的风险以及由于债权债务不清而出现的纠纷不提供任何担保。因此，在使用汇付方式时应注意以下问题：

1）选择信用好的交易对象

在国际贸易中，汇付尽量使用在资信可靠或关系密切友好的贸易伙伴之间，对出口商来说，如果能争取到预付货款方式对其极为有利，但如果是货到付款方式，只要发运了货物就很难对进口商进行有效控制。在此情形下，出口商能否收到货款则完全取决于进口商的商业信用，如果进口商不守信用，出口商最终可能会面临钱货两空的风险。对进口商来说，争取货到付款方式对其有利，反之，如果采用预付货款方式，风险加大。因此，企业要加强信用风险管理，选择商业信用良好的交易对象。

2）货到付款的风险防范

在采用货到付款的情况下，出口商可以采用福费廷或保理等方式来转嫁风险。出口商不仅能转嫁风险，还可以获得无追索权的出口贸易融资以减轻资金负担。另外，还可与银行保函配合使用，要求进口商开具银行保函。如果进口商到期拒付，由开具保函的银行承担付款责任，从而降低出口商收汇的风险。

3）预付货款的风险防范

在采用全部预付货款的情况下，出口商应待货款收妥后再将货物装运出去。如果装运期限已近，进口商仍未付款，出口商则应在合理期限内催促对方付款；如果超出装运期限，进口商仍未付款，出口商则应要求修改合同的装运期限。在采用部分预付货款的情况下，出口商要掌握进口商预付货款的比例，一旦客户拒收货物，出口商不用归还预付款，或采取汇付与托收、信用证结合使用的方法，以降低风险。

4）掌握适当的成交金额

汇付方式的成交金额不宜过大，因为金额一旦过大，风险也随之增加。汇付方式一般适用于支付小额交易的货款、分期付款、定金以及货款的尾数、佣金、运费、保险费、样品费等贸易从属费用。如果贸易额度较大，争取采用预付货款的方式或选用信用证支付方式。

6.2.6 合同中的汇付条款

采用汇付方式时，应在合同中明确规定汇付的方式、时间、金额等内容。

例如：

（1）买方应不迟于2021年8月5日将50%的货款用电汇预付给卖方。（The buyer shall pay 50% of the sale proceeds in advance by T/T to reach the seller not later than Aug. 5th 2021.）

（2）买方应于收到卖方寄交的正本提单后立即将100%的货款用电汇汇付卖方。（The buyer should pay 100% of the contract value by T/T upon the receipt of the original bills of lading sent by the seller.）

（3）卖方应于2021年10月10日前将全部货物运抵目的港，在货到后15天内，买方将全部货款用电汇汇付卖方。（The seller shall transport the complete goods to the port of destination before Oct. 10th 2021, the buyer shall pay 100% of the sale proceeds by T/T to reach the seller within 15 days after the arrival of the goods.)

6.3 托　收

随着我国对外贸易的不断发展和国际市场竞争的日趋激烈，国际贸易实践中采用的结算方式发生了一些显著的变化。一方面，由于国际市场出口商品竞争异常激烈，买方越来越倾向选择一些对自己有利的支付方式；另一方面，出口商为了增强出口竞争力，扩大销售，有时也不得不放弃对自己相对有利、风险较小的信用证结算方式，而逐步在外贸业务中采用托收的结算方式。

6.3.1　托收的含义

托收（Collection）是委托收款的简称，指接到托收指示的银行根据所收到的指示，处理金融单据或商业单据以便得到付款人付款/承兑，或凭付款/承兑交出商业单据，或凭其他条款或条件交出单据的一种国际结算方式。金融单据（Financial Documents），是指汇票、本票、支票或其他用于取得货款的类似凭证。商业单据（Commercial Documents），是指发票、运输单据、物权单据或其他类似单据，或除金融单据以外的其他单据。

托收对出口商的风险较大。跟单托收方式是出口商先发货，后收取货款，因此对出口商来说风险较大。托收对进口商比较有利，可以免去预付押金以及开证的手续，还可以预借货物。当然托收对进口商也不是没有一点风险。例如，进口商付款后才取得货运单据，领取货物，如果发现货物与合同规定不符，或者根本就是假的，也会因此而蒙受损失。但总的来说，托收对进口商比较有利。

托收的性质为商业信用，银行在办理托收业务时，只是作为委托人的代理人身份行事。它既无检查货运单据是否正确、齐全的义务，也不承担付款人到期必然付款的责任。除非另有规定，在托收遭到拒付时，银行没有义务代为保管货物。因此，卖方必须关心货物的安全，直到对方付清款项为止。采用托收方式卖方要承担较大的风险，尤其是在承兑交单或付款交单凭信托收据借单的条件下，卖方的收汇完全取决于买方的信用，若到期买方不付款或无力付款，卖方将货款两空。相反，跟单托收对进口商却十分有利，它不仅可以免去申请开立信用证的手续，而且不必预付银行押金，减少费用支出，加速资金周转，深受进口商的青睐。因此，许多出口商把采用托收方式收汇作为推销库存和加强对外竞销的手段。

6.3.2　托收的当事人与法律关系

1）托收的主要当事人

托收方式的基本当事人主要有委托人、托收行、代收行和付款人。

（1）委托人（Principal）是开出汇票（或不开汇票）委托银行向国外付款人代

收货款的人，也是出票人（Drawer），通常为出口商。

（2）托收行（Remitting Bank）是委托人的代理人，是接受委托人的委托转托国外银行向国外付款人代为收款的银行，通常为出口地银行。

（3）代收行（Collecting Bank）是托收行的代理人，是接受托收行的委托代向付款人收款的银行，通常为进口地银行。

（4）付款人（Payer）是汇票的受票人（Drawee），通常为进口商。

在托收业务中，除了上述主要当事人之外，有时还可能出现提示行、需要时的代理两个当事人。

A.提示行（Presenting Bank），是指向付款人提示汇票和/或单据并收取款项的银行。在一般情况下，提示行就是与托收行有代理关系的代收行。但是，当付款人与该代收行不在同一城市或因无业务往来关系而处理不便时，则需转托与付款人在同一城市或有业务往来关系的银行代向付款人提示收款。此时，提示行就是付款人所在地的另一银行。在跟单托收情况下，付款人为了便于向银行融通资金，有时也会主动要求指示上述代收行与其有业务往来并对其有融资关系的银行担任提示行，向其提示汇票和/或单据。

B.需要时的代理（Principals Representative in Case of Need），是委托人指定的在付款地代为照料货物进仓、转售、运回或改变交单条件等事宜的代理人。按《托收统一规则》的规定，委托人如需指定需要时的代理人，应对授予该代理人的具体权限在托收申请书和托收委托书（Collection Order）中作出明确和充分的指示。否则，银行对需要时的代理的任何指示可以不予受理。

2）主要当事人的法律关系

（1）委托人与托收银行

委托人向托收银行提出托收申请书（Application for Collection for Bills），委托其代收时，若银行同意代收，双方委托与被委托的契约关系成立。二者的关系为委托代理关系，托收银行既然接受了委托人的委托，即负有按其委托及代理关系处理事务的义务。至于“处理托收事务”的内容需要在托收申请书中载明。

（2）托收银行与代收银行

托收银行接收了委托人的指示后，依委托人的指示，另向代收银行发出托收指示书，于是二者之间又发生委托代理关系。托收银行与代收银行之间存在的“处理托收事务”的契约，其内容与委托人与托收银行间的契约内容大致上相同，但也有可能有若干的差异。契约内容相同部分为委托人对托收银行所作的指示，差异部分则为托收银行为自己或委托人的利益而另加的指示。

（3）委托人与代收银行

委托人与代收银行之间，并无直接的法律关系。代收银行对于委托人及托收银行有相同的权利和义务，但其权限不得超过托收银行的权限。

（4）代收银行与付款人

代收银行是以委托人的代理人身份向付款人提示单据及收取款项。代收银行有提示单据及收取款项的义务，付款人则有付款及（或）承兑的义务。代收银行的义务基于委托人的委任，付款人的义务则基于其与委托人之间的买卖契约，代收银行与付款人之间并无契约关系。代收银行接受的委托事项，是依据托收指示书的内容而定，如仅依照托收指示行事。付款人无权向其作任何额外要求，如信托收据的使用等，而代收银行若接收付款人此类请求，则一切后果由代收银行负责。

6.3.3 托收的种类

按托收项下的汇票是否附有货运单据，一般将托收分为光票托收和跟单托收。

1）光票托收（Clean Collection）

委托人委托银行向付款人收取款项时只使用汇票，不附带任何商业单据。

光票托收是指出口商仅开具汇票而不附带货运单据的托收。光票托收并非一定不附带任何单据，有时也附有一些非货运单据，如发票、垫款清单等，主要用于货款的尾数、样品费、佣金、代垫费、贸易从属费、索赔以及非贸易的款项。光票托收的汇票，在期限上也应有即期和远期两种，但在实际业务中，由于一般金额都不太大，即期付款的汇票较多。由于不涉及货权的转移或货物的处理，光票托收的业务处理非常简单。

2）跟单托收（Documentary Collection）

跟单托收是指附有商业单据的托收。卖方开具托收汇票，连同商业单据（主要指货物运输单据）一起委托给托收行。国际贸易中货款的收取大多采用跟单汇票。跟单托收按交付货运单据条件的不同，分为付款交单和承兑交单两种：

（1）付款交单（Documents against Payment，D/P）

付款交单是指卖方的交单须以买方的付款为条件，即出口商将汇票连同货运单据交给银行托收，指示银行只有在进口商付清货款时才能交出货运单据。如果进口商拒付，就不能从银行取得货运单据，也无法提取单据项下的货物。付款交单按支付时间不同又可分为即期付款交单和远期付款交单两种。

①即期付款交单（D/P at Sight）

由出口商通过银行向进口商提示汇票和货运单据，进口商见票（或见单）即付款，在付清货款后，领取货运单据。

②远期付款交单（D/P after Sight）

由出口商通过银行向进口商提示汇票和货运单据，进口商在汇票上承兑，并于汇票到期日由代收银行再次向其提示，经付款后向代收银行取得单据。在汇票到期付款前，汇票和货运单据由代收行保管。

远期付款交单是卖方给予买方的资金融通，融通时间的长短取决于汇票的付款期限，通常有两种规定期限的方式：一种是付款日期和到货日期基本一致。买方在付款后，即可提货。另一种是付款日期比到货日期要延后许多。买方必须请求代收行同意其凭信托收据（Trust Receipt，T/R）借取货运单据，以便先行提货。信托收据又被称为受托人收据（Bailee Receipt）或留置权书（Letter of Lien）或信托证

(Letter of Trust)，进口商借单时出具的物权仍属于银行的书面保证文件。所谓信托收据，是指进口方借单时提供的一种担保文件，表示愿意以银行受托人身份代为提货、报关、存仓、保险、出售，并承认货物所有权仍归银行。货物售出后所得货款应于汇票到期时交银行，收回信托收据。代收行若同意进口方借单，万一汇票到期不能收回货款，则代收行应承担偿还货款的责任。但有时出口方主动授权代收行凭信托收据将单据借给进口方。这种做法将由出口方自行承担汇票到期拒付的风险，与代收行无关，称之为“付款交单凭信托收据借单（D/P·T/R）”。从本质上来看，这已不是“付款交单”的做法了，性质与“承兑交单”差不多，卖方风险极大。

付款交单的流程如图6-3所示。

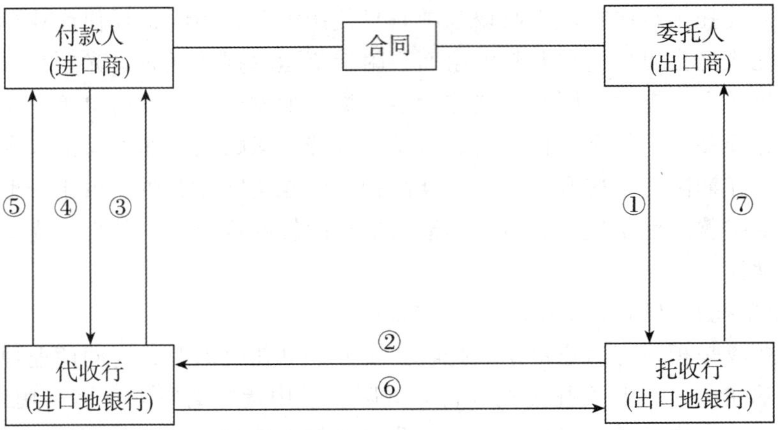

图6-3　付款交单的流程图

付款交单的流程图说明：

① 出口商按合同规定装运后，填写托收委托申请书，开具即期汇票（或远期汇票），连同装运单据交托收行，请求代收货款。

② 托收行根据托收申请书缮制托收委托书连同汇票、装运单据寄交进口地代收行委托代收货款。

③ 代收行按照委托书的指示向进口商提示汇票与单据（在远期付款交单中，进口商在汇票上承兑，代收行收回汇票）。

④ 进口商付款（在远期付款交单中，进口商到期付款）。

⑤ 代收行交单。

⑥ 代收行办理转账并通知托收行款已收妥。

⑦ 托收行向委托人转账付款。

（2）承兑交单（Documents against Acceptance，D/A）

承兑交单是指出口商的交单以进口商的承兑为条件。进口商承兑汇票后，即可向银行取得货运单据，待汇票到期日才付款，是出口商给予进口商的资金融通。承兑交单只适用于远期汇票的托收。承兑交单是在买方未付款之前，即可取得货运单据，凭以提取货物。一旦买方到期不付款，出口方便可能钱货两空。因而，出口商对采用此种方式持严格控制的态度。承兑交单方式对出口商来说风险很大，其收款人的保障依赖进口商的信用。

承兑交单的流程如6-4所示。

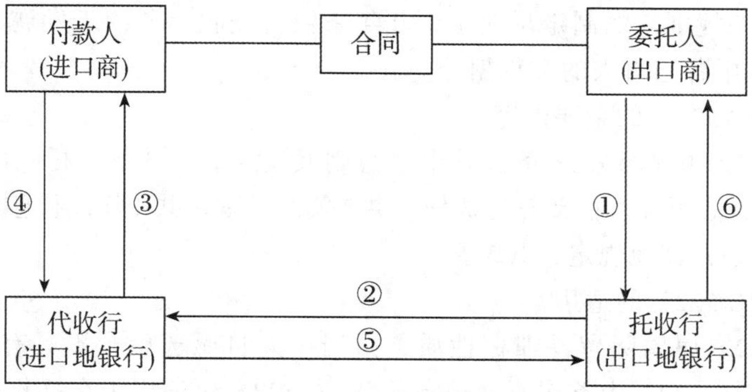

图6-4　承兑交单的流程图

承兑交单的流程图说明：

① 出口商按合同规定装运后，填写托收委托申请书，开具远期汇票，连同装运单据交托收行，请求代收货款。

② 托收行根据托收申请书缮制托收委托书，连同汇票、装运单据寄交进口地代收行委托代收货款。

③ 代收行按照委托书的指示向进口商提示汇票与单据，进口商在汇票上承兑，代收行收回汇票，同时将装运单据交给进口商。

④ 进口商到期付款。

⑤ 代收行办理转账并通知托收行款已收妥。

⑥ 托收行向委托人转账付款。

6.3.4　《托收统一规则》

国际商会为统一托收业务的做法，减少托收业务各有关当事人可能产生的矛盾和纠纷，曾于1958年草拟《商业单据托收统一规则》（Uniform Rules for the Collection of Commercial Paper），即国际商会第192号出版物，建议银行使用，以期成为托收方式各方共同遵守的惯例。为了适应国际贸易发展的需要，在总结实践经验的基础上，国际商会又在1967年修订并颁布了该规则的第254号出版物。后来，考虑到实际业务中不仅有跟单托收，也有光票托收，国际商会在1978年再次对该规则进行了修订，更名为《托收统一规则》（The Uniform Rules for Collection），自1979年1月1日起生效。

为确保国际商会规则符合不断变化的国际贸易形势，遵循其听取国际贸易实际业务人员及其他人士的意见的原则，国际商会银行委员会于1993年开始着手对原有《托收统一规则》的修订工作。本次修订涉及对来自30多个国家的约2 500项建议的审查，最终修订稿于1995年5月由国际商会银行委员会一致通过，定名为国际商会第522号出版物，自1996年1月1日起实施。《托收统一规则》（国际商会第522号出版物，以下简称《URC 522》）自公布实施以来，被各国银行所采用，已成为托收业务的国际惯例。

《托收统一规则》的制定反映了十几年来银行托收业务的新发展，并进一步明确了托收业务中各当事人的责权划分。

（1）《URC 522》的主要内容

《URC 522》共7部分26条。其中：总则及定义，共3条；托收的形式和结构1条；提示方式，共4条；义务与责任，共7条；付款，共4条；利息、手续费及其他费用，共2条；其他规定，共5条。

（2）《URC 522》的适用

《URC 522》属国际贸易惯例性质，由当事人自愿选用，不具有法律强制力。因此，在《URC 522》中首次明确规定：《URC 522》仅适用于在托收指示中注明适用该规则的托收。也就是说，每笔托收业务必须随附一份托收指示，且必须在该托收指示中明确注明此笔托收适用《URC 522》的规定。委托人或寄单行也可在托收指示中作出与《URC 522》不同的规定，且此项更改的效力优于《URC 522》的规定。如果《URC 522》及托收指示书中的有关规定与一国、一州或地方所不得违反的法律和/或法规有抵触，以该国、该州、该地方的法律法规规定为准。

（3）托收指示

托收指示（Collection Instruction）是银行以及有关当事人据以办理托收业务的依据。在《URC 522》第4条中规定了银行与托收指示的关系，即所有送往托收的单据必须附有一项托收指示，注明该项托收将遵循《URC 522》，并列出完整和明确的指示，银行只准根据该托收指示中的命令和本规则行事。银行将不会为了取得指示而审核单据。除非托收指示中另有授权，银行将不理会向其发出托收的当事人/银行以外的其他当事人/银行的任何指示。

托收指示应备事项：

① 包括全称、邮政地址等在内的寄单行、委托人、付款人及提示行的详情。

② 托收金额及货币。

③ 所寄单据清单及每一种单据的份数。

④ 光票托收时据以取得付款和/或承兑的条款及条件；跟单托收时据以交单的条件。

⑤ 应收取的费用，同时应注明该费用是否可以放弃。

⑥ 应收取的利息（如有），同时应注明该项利息是否可以放弃，并应包括利率、付息期、所适用的计息基础（如一年是按360天计算，还是按365天计算）。

⑦ 付款方法及通知付款的方式。

⑧ 发生不付款、不承兑和/或与其他指示不符时的指示。

应该指出，《URC 522》所规定的托收指示应适当列明的上述内容仅具指南性质，一笔特定托收业务的托收指示还可能具备上述8条事项之外的其他内容。例如，需要时的代理、是否做拒付证书、付款时间的附加规定等。

（4）托收行的义务与责任

《URC 522》第9条要求有关银行在办理托收业务时，银行将本着诚信的原则，合理、谨慎地办理业务。在托收方式下，银行虽不承担保证付款的责任，但作为受托人仍需尽职尽责，履行收款义务。如果因为银行的失职，给委托人造成不应有的损失，银行不能免除责任。

①严格遵守托收指示义务

托收行必须遵守托收指示书的内容处理托收事务。《URC 522》的总则与定义C项也规定：一切资以托收的单证，必须附随托收指示书，列明完整而精确的指示，银行仅得依该托收指示书的指示及《URC 522》所规定事项处理。

②查对单证义务

《URC 522》第2条规定：银行对所收受的单证，应就外观上查对其是否与托收指示书中所列载者相符，如有任何单证遗漏时，应立即通知所有收受托收指示书的当事人。但银行并无进一步审查单证的义务。银行只查对所收到的单证是否与托收指示书中所列载者相符。所谓是否相符，是指单证名称及单证份数，并不包括单证内容的审查。

③单证处理的通知义务

当托收银行接到拒绝付款或拒绝承兑通知时，应于相当期间内就单证嗣后的处理，向提示银行作适当的指示。如果提示银行于通知拒绝付款或拒绝承兑起60日内未收受指示，则需将单证退回托收指示书中的银行。

（5）代收行的义务与责任

①对托收指示的处理

代收行仅依照托收指示行事，不从审单中获取托收指示，单据不得载有任何指示，即便有银行也不予理会。如果代收行由于任何原因，决定不受理所收到的托收或相关指示，必须以电信方式或其他最快捷方式通知托收行。如果代收行同意代收，应按托收指示处理。如果托收指示不明确，不能擅自处理，应征求托收行意见。除非另有授权，对来自委托方以外的任何一方的指示不予理会。

②对单据的处理

在托收行指示代收行或者付款人来代制托收中未曾包括的单据（汇票、本票、信托收据、保证书或其他单据）时，这些单据的格式和措辞应由托收行提供，否则，代收行对由代收行及/或付款人所提供任何该种单据的格式和措辞将不承担责任或义务。代收行还应确认所收到的单据与托收指示书所列的是否一致，如果不一致或缺少，应毫不延迟地用电信方式通知托收行。

③对货物的处理

银行在托收业务中只处理单据，而与货物或买卖合同无关。银行既不是承运人，也不是仓库保管员，而实际上，或许某些国家的法律也禁止银行充当上述角色，因此在《URC 522》第10条中特作如下规定：未经银行事先同意，货物不应直接发至银行，也不应以银行或银行的指定人为收货人，银行没有提货的义务，货物的风险及责任由发货人承担；未经银行同意，对于跟单托收项下的货物，包括货物的存仓及保险，即便进行了具体委托，银行也无义务采取行动。另外，即使银行未作出其不能履行有关货物的上述指示的具体通知，该代收行也不负责任。

（6）对受托方的免责事项

①对所收单据的免责

在《URC 522》第12条中明确规定，银行只需确定所收单据与托收指示所列一致。对于任何单据缺少或出现与托收指示中所列单据不一致时，必须用电信方式（或如不可能时，用其他快捷的方法）通知发出托收指示书的一方。这就要求委托人或寄单行必须在托收指示中明确注明托收单据的种类及份数，否则，在代收行发现收到托收指示未列明的单据时，寄单行无权对代收行所收单的种类及份数进行争辩，即此时代收行对所未列明单据的声称是终局的。

②对单据有效性的免责

为明确银行对于超出自身能力、超出自身职能以及对自身不能控制的任何事情及其后果概不负责，在《URC 522》第13条中明确指出，银行对单据有效性享有免责。这是因为，银行不参加货物交易，不了解货物情况，也不具备货物交易的专门知识，银行对单据的形式、完整性、准确性、真实性或法律效力等不能、也不应该承担任何责任。银行对于单据上规定或附加的一般和/或特殊条件，对单据内条款、文字、数字等可能隐藏的矛盾和问题不负责任。银行对任何单据所代表货物的准确性及单据出单人的资信等也概不负责。

③对通信等的免责

托收银行对任何讯息、信件或单证在寄送过程中迟延及/或遗失所产生的后果，或对Cables，Telegrams，Telex的传送过程中或Electronic Systems的通信过程中所产生的迟延、残缺或其他错误，或对专门术语的翻译或解释的错误，不负任何义务或责任。

④对不可抗力的免责

托收银行对其营业因自然灾害、暴动、民众骚扰、叛乱、战争或其他不可抗力事故或因罢工、封锁而停顿所引起的后果，不负任何义务或责任。

6.3.5 使用托收方式应注意的问题

近年来，托收方式越来越多地应用于国际贸易的结算中，其优点是有利于调动进口商订购货物的积极性，从而带动出口商扩大出口；进口商可以免交开证押金和手续费，并且有预借单据提货以及融资的便利。然而，托收方式的性质为商业信用，银行不承担付款人必须付款的义务。出口商收款的保障取决于进口商的信用，特别在承兑交单条件下，进口商只要在汇票上承兑，即可取得货运单据，以此来提取货物。如果进口商到期不付款，出口商便会遭受货物与货款全部落空的损失。因此，在出口业务中，应该根据不同货物的销售情况、不同客户和不同国家的贸易习惯，适当使用托收方式。

1）慎重选择交易对象

应该在调查研究的基础上，选择资信良好的进口商作为采用托收方式的交易对象。另外，在采用托收方式时，成交金额不宜过大，特别是不能超过进口商的支付能力。

2）选择信誉好的代收银行

尽量选择那些历史较悠久、熟知国际惯例，同时又信誉较高的银行作为代收行，以避免银行操作失误、信誉欠佳造成的风险。代收行一般不能由进口商指定，如果有必要，应事先征得托收行同意，以防进口商指定的代收行不可靠，或往来渠道不畅，造成托收行拒绝托收申请的被动局面。

3）了解进口国的法律和惯例

目前，有些国家的代收行只接受即期付款交单的托收委托，还有的国家在即期付款交单情况下，要按"当地习惯"，即在货物到达目的港后付款。另外，有些国家一直将 D/P 远期作 D/A 处理，二者在这些国家法律上的解释是一样的，操作也相同。《URC 522》对托收的规定不具有法律的约束力，当有关规定与国家、州或地方的法律和/或法规有抵触时，应以国家、州或地方的法律法规规定为准。因此，如果国际贸易结算中采用托收方式，为减少额外的风险，一定要了解进口国相关的法律和惯例。

4）尽量使用指示提单

采用托收方式成交，提单不应以进口商为收货人，最后采用空白抬头和空白书，即"Made Out to Order and Blank Endorsed"提单，以避免进口方直接提货，便于银行处理提单的转让。为了维护出口商利益，在取得代收行同意的条件下，也可以代收行作为提单抬头人。

5）争取使用CIF或CIP术语成交

为避免或减轻托收方式给出口商带来的风险，可以按 CIF 或 CIP 贸易术语成交，由出口商办理保险。但是，有些发展中国家规定，进口商品只能在其本国办理保险，则出口商可以在装运前投保卖方利益险，防止在拒付的情况下货物遭受损失，出口商可凭保险单向保险公司索赔。另外，对于资信欠佳的进口商，如果必须采用托收方式结算出口货款，可要求对方预付不低于货物往返运费、保险费和其他杂费的定金或预付款，必要时还可以投保出口信用险，以转嫁进口商拒付货款的风险。在采用FOB或CFR条件成交时，要注意投保卖方利益险。

6）要了解进口国的贸易管制和外汇管制

对于贸易管制和外汇管制较严的国家，在使用托收方式时要特别慎重，要充分了解进口国外汇管制方面的有关规定以及进口国海关方面（如进口手续、港口管理等方面）的有关规定，以免货到目的港后禁止进口，或进口商未领到进口许可证或未申请外汇等，从而给出口方造成被动和损失。此外，出口商应严格按照出口合同规定装运货物、制作单据，以防被买方找到借口拒付货款。

6.3.6 合同中的托收条款

使用托收方式时，应在买卖合同中明确规定交单条件、买方的付款和/或承兑责任以及付款期限等。以下是不同交单条件的合同条款示例：

1）即期付款交单

买方应凭卖方开具的以买方为付款人的即期跟单汇票于见票时立即付款，付款后交单。

Upon first presentation the buyer shall pay against documentary draft drawn by the sellers at sight. The shipping documents are to be delivered against payment only.

2）远期付款交单

买方应对卖方开具的以买方为付款人的见票后××天付款的跟单汇票于提示时即予承兑，并于汇票到期日付款，付款后交单。

The buyer shall duly accept the documentary draft drawn by the sellers at ×× days sight upon first presentation and make payment on its maturity. The shipping documents are to be delivered against payment only.

3）承兑交单

买方应对卖方开具的以买方为付款人的见票后××天付款的跟单汇票于提示时即予承兑，并于汇票到期日付款，承兑后交单。

The buyers shall duly accept the documentary draft drawn by the sellers at ×× days sight upon first presentation and make payment on its maturity. The shipping documents are to be delivered against acceptance.

6.4 信用证

信用证是当今国际贸易结算的主要方式，因此要掌握信用证的含义、性质、支付程序、各种信用证的区别，并对信用证业务的风险和防范措施有所了解；同时还要学会办理申请开立信用证和使用信用证结算的业务。

6.4.1 信用证的含义、性质与作用

信用证（Letter of Credit，L/C）结算方式是银行信用介入国际货物买卖价款结算的产物。它的出现不仅在一定程度上解决了买卖双方之间互不信任的矛盾，减少了货主的风险，保证卖方得到货款，买方按时、按质、按量得到货物，还能使双方在使用信用证结算货款的过程中获得银行资金融通的便利，从而促进了国际贸易的发展。因此，信用证被广泛应用于国际贸易之中，成为当今国际贸易中的一种主要的结算方式。

1）信用证的含义

《UCP 600》第2条规定："信用证意指一项约定，无论其如何命名或描述，该

约定不可撤销并因此构成开证行对于相符提示予以兑付的确定承诺。”

简单地说，信用证是开证行根据开证申请人的请求和开证行以自身的名义向受益人开立的在一定金额和一定期限内凭规定的单据承诺付款的书面文件。

《UCP 600》第3条规定：“信用证是不可撤销的，即使信用证中对此未作指示也是如此。”即信用证一经开出，在有效期内，开证行不得片面修改和撤销，只要受益人提供的单据符合信用证规定，开证行必须履行付款义务。

2）信用证的性质

（1）信用证是银行承担第一性付款责任的书面承诺

信用证是一项约定，根据该约定，在受益人提交的单据符合信用证要求的情况下，由开证行向受益人立即付款、延期付款，或承兑并支付受益人出具的汇票。

信用证支付方式是一种银行信用，是开证行以自己的信用作出付款的保证。在信用证付款的条件下，开证行是第一付款人。尽管开证行是应开证申请人的请求而开立信用证的，但其对受益人的付款责任是一种独立责任，受益人可凭规定的单据直接向开证行要求付款，而无须要求开证申请人付款。

（2）信用证是独立于合同以外的一项自足文件

《UCP 600》第4条规定：“就性质而言，信用证与可能作为其依据的销售合同或其他合同，是相互独立的交易。即使信用证中提及该合同，银行亦与该合同完全无关，且不受其约束。”因此，一家银行作出兑付、议付或履行信用证项下其他义务的承诺，并不受申请人与开证行之间或与受益人之间在已有关系下产生的索偿或抗辩的制约。

受益人在任何情况下，不得利用银行之间或申请人与开证行之间的契约关系。

开证行应劝阻申请人将基础合同、形式发票或类似文件的副本作为信用证整体组成部分的做法。

尽管信用证的开立是以买卖合同为依据的，但它一经开出，就成为独立于买卖合同之外的契约，不受买卖合同的约束，开证行和其他参与信用证业务的银行只按信用证的规定办事。

（3）信用证业务是一种单据买卖

《UCP 600》第5条规定：“银行处理的是单据，而不是单据所涉及的货物、服务或其他行为。”

《UCP 600》第34条规定：“银行对任何单据的形式、充分性、准确性、内容真实性、虚假性或法律效力，或对单据中规定或添加的一般或特殊条件，概不负责；银行对任何单据所代表的货物、服务或其他履约行为的描述、数量、重量、品质、状况、包装、交付、价值或其存在与否，或对发货人、承运人、货运代理人、收货人、货物的保险人或其他任何人的诚信与否，作为或不作为、清偿能力、履约或资信状况，也概不负责。”

因此，信用证业务是一种纯粹的单据业务，实行的是凭单付款的原则。银行的责任仅仅是审核单据，而无须理会单据以外的其他任何问题。即使货物与单据或合同不一致，也不影响银行付款。反之，即使货物与单据及合同完全相符，提交的单据与信用证规定不符，银行同样有权拒绝付款。

在《UCP 600》的规则之下，相符交单是指受益人提交的单据不但要做到“单证相符、单单一致”，与信用证条款相符，而且要做到与《UCP 600》的相关适用条款相一致，还要做到与国际标准银行实务（简称ISBP）一致，只有同时符合以上3个方面的要求，受益人所提交的单据才是相符单据。

3）信用证的作用

（1）对进口商的作用

① 信用证可保证进口商按时、按质、按量收到货物以及代表货物的单据。进口商可以通过控制信用证条款来约束出口商交货的时间、品种、数量、装运条件等，保证收到约定的货物。

② 信用证为进口商提供一定的交易安全保障。议付行、保兑行、付款行、开证行等层层把关，保证进口商按时收到表面符合信用证要求的单据，特别是代表货物所有权的单据。

③ 信用证可为进口商融资提供一定的便利。进口商只要交一定量的押金，就可以得到开证行的付款信用承诺，对外履行开证义务。在远期信用证的方式下，进口商可以凭信托收据向银行借单，先行提货、出售或转卖，到期付款，从而获得开证行的资金融通。

（2）对出口商的作用

① 保证出口商凭与信用证规定相符的单据取得货款。信用证业务遵循的是“严格相符”原则，只要卖方交货后提交的单据符合信用证规定，严格做到了“单单相符”和“单证相符”，银行就保证付款，银行信用代替了传统的商业信用，出口商交货后，不必担心进口商到期不付款或拖延付款，从而为出口商收取货款提供了较为安全的保障。

② 出口商可以得到资金融通的便利。出口商可以在交货前，以国外进口商开来的信用证为抵押，从出口地银行借取打包放款，用以收购、加工、生产出口商品和打包装运；出口商还可以在货物出运后，向出口地银行提交信用证规定的各种单据，开出汇票，通过出口押汇取得货款。出口地银行对出口商的资金融通，有利于出口商资金周转，扩大出口。

③ 对于进口管制和外汇管制比较严格的国家而言，信用证可以保证出口商的收汇安全。因为在这些国家，进口商得到政府的进口许可和用汇许可后，才可以向银行申请开证。信用证如期开出，说明进口商的进口申请和用汇申请都得到政府有关当局批准，出口商只要按信用证规定装运货物，制作单据，就可以保证得到外汇。

（3）对银行的作用

银行参与信用证交易也为其带来一定利益。

对开证行来说，其开立信用证是贷给进口商信用而不是实实在在的资金，所以信用证业务不会占用银行资金反而会为其带来开证手续费收入。而且，开证行贷出的信用是有保证金或其他抵押品担保的，不是无条件的。当其履行完付款义务后，还有出口商交来的包括提单在内的一系列单据作为保证。

对参与信用证交易的出口地银行来说，一方面扩大了其业务量，获得商业利润；另一方面由于是受开证行的邀请或得到开证行的授权而参与议付或付款的，有开证行的信用作为保障，一般风险不大，只要单据完全符合信用证的规定，开证行将保证予以偿付，因此，只有获利，基本上没有风险。

信用证是国际贸易中较完善的支付工具，但并非尽善尽美，也存在着一定的缺陷与不足，即信用证给予进出口商的保障只是一定程度的、相对的，特别是近年来，利用信用证进行诈骗的犯罪行为屡见不鲜，信用证风险防范已成为银行和进出口商所共同关注的重要课题。此外，信用证的业务程序复杂、成本费用较高、开证条件受限等因素，致使一些贸易商对其弃置不用。

6.4.2 信用证的当事人

1）开证申请人（Applicant）

开证申请人又称开证人（Opener），是指向银行提出申请开立信用证的人，一般为进口商。如果合同中约定以信用证的方式结算，进口商应该在规定的或合理的时间内开立信用证。进口商在整笔交易中同时受两个合同的约束，即与出口商订立的货物买卖合同，以及与开证行订立的合同，即开证申请书。

2）开证行（Opening Bank，Issuing Bank）

开证行是指接受开证申请人的委托，开立信用证的银行。开证申请人与开证行的权利和义务以开证申请书为依据，信用证一经开立，开证行就需要按信用证规定的条款承担第一性的付款责任，即银行信用代替了商业信用。开证行一般是进口商所在地银行。

3）受益人（Beneficiary）

受益人是指信用证上所指定的有权使用该证的人，即有权开具汇票向开证行或其指定的付款行收取货款的出口商。开证行与受益人之间的法律关系以信用证为准。在信用证实务中，开证行按照信用证规定条件对受益人付款，受益人必须按信用证规定向开证行提交单据以取得信用证项下的款项。

4）通知行（Advising Bank，Notifying Bank）

通知行是指受开证行的委托，将信用证转交受益人的银行。它只鉴别信用证的表面真实性，不承担其他义务。通知行一般是出口商所在地的银行。

5）议付行（Negotiating Bank）

议付行是指根据开证行的授权买入或贴现受益人开立和提交的符合信用证规定的汇票或单据的银行。受益人与议付行之间的关系是票据转让关系。议付银行可以是指定的银行，也可以是非指定的银行，由信用证条款规定。

6）付款行（Paying Bank，Drawee Bank）

付款行是开证行授权进行信用证项下付款或承兑并支付受益人出具的汇票的银行。开证行一般兼为付款行，但付款行也可以是接受开证行委托的代为付款的另一家银行，这要根据信用证条款的规定来决定。

7）保兑行（Confirming Bank）

保兑行是指应开证行请求在信用证上加具保兑的银行，它具有与开证行相同的责任和地位。一般银行在接到开证行的保兑邀请后，往往要对开证行的资信状况以及信用证条款研究之后再决定是否加具保兑。当决定不按开证行授权或要求对信用证加具保兑时，保兑行必须无延误地通知开证行。

保兑行在信用证上加具保兑后，即对受益人独立负责，承担第一性的付款责任。保兑行一般是出口地信誉良好的银行，可以由通知银行兼任，也可由其他银行加具保兑，经保兑后，该信用证的可接受性大大增加。

8）承兑行（Accepting Bank）

承兑行是指对承兑信用证项下的票据，经审单确认与信用证规定相符时，承诺到期付款的银行。承兑行可以是开证行本身，也可以是通知行或其他指定的银行。如果承兑行在承兑汇票后倒闭或丧失付款能力，则由开证行承担最终的付款责任。

9）偿付行（Reimbursing Bank）

偿付行又称清算行（Clearing Bank），是指接受开证银行的指示或授权，代开证银行偿还垫款的第三国银行，即开证银行指定的对议付行、承兑行或付款行等进行偿付的代理人。偿付行的出现，往往是由于开证银行的资金调度或集中在该第三国银行，要求该银行代为偿付信用证规定的款项。偿付行只付款不审单，因而其偿付并非开证行终局性的付款。开证行在见单后发现单证不符时，可直接向寄单的议付行、承兑行或付款行追回已付讫的款项。

10）转让行（Transferring Bank）

转让行是指办理信用证转让的被指定银行，或者在适用于任何银行的信用证中，由开证行特别授权并办理转让信用证的银行。转让行一般为通知行，也可以是议付行、付款行或保兑行。另外，《UCP 600》规定，开证行也可以担任转让行。

11）受让人（Transferee）

受让人又称第二受益人（Second Beneficiary），是指接受第一受益人转让有权使用信用证的人，大都是出口商。在可转让信用证条件下，受益人有权要求将该证的全部或一部分转让给第三者，该第三者即为信用证的受让人。

6.4.3 信用证的支付程序

采取信用证支付方式结算货款，从进口商向银行申请开证，到开证行付款后又向进口商收回垫款，其中要经过许多环节，但从一般原理来分析，信用证业务的一般支付程序如图6-5所示。

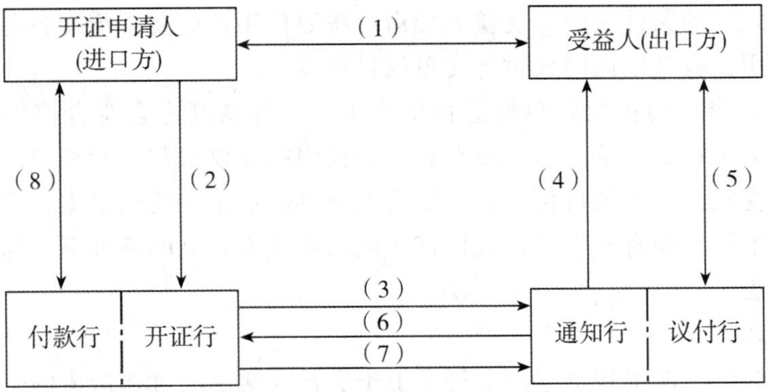

图6-5　信用证业务的一般支付程序

（1）买卖合同约定使用信用证支付方式

进出口双方先就国际货物买卖的交易条件进行磋商，订立买卖合同，明确规定以信用证方式支付货款。尽管信用证完全独立于买卖合同，但合同是引发信用证业务的基础交易的法律文件，是申请人申请开证、受益人审证进而决定是否接受信用证的依据。

（2）开证申请人按合同规定，向当地银行申请开证

开证申请人在买卖合同规定的期限内或在合同签订后的合理期限内，向开证行提出开证申请，填写开证申请书，按照贸易合同填写各项规定和要求，并缴纳开证押金或者提供其他保证，请开证行开证。

开证申请书是体现开证申请人与开证行之间的权利和义务的契约性文件，是开证行开立信用证的依据，在信用证业务流程中具有重要的作用。开证申请书通常包括两个部分：第一部分为根据合同条款确定的信用证的内容，开证行凭以开出信用证；第二部分为开证申请人对开证行的若干声明和保证，用以明确双方的权利和义务。

（3）开证行根据开证申请书的内容，向出口商开出信用证，并寄交出口商所在地的通知行

开证行在经过严格的审核、评估进而决定接受进口商的开证申请后，开出信用证。

（4）通知行核对印鉴或密押无误后，将信用证交与受益人

通知行收到信用证后，必须审查核对印鉴或密押，以鉴别信用证的真伪，核对无误后，尽快通知受益人。若印鉴或密押不符，应向开证行查询。

（5）受益人按信用证要求，装运后制作有关单据，向议付行议付货款；议付行审单无误后，向受益人垫款

受益人收到信用证后，应以买卖合同为依据详细审查信用证与买卖合同条款是否相符，如发现不符，应及时要求进口商通知开证行加以修改。特别要注意的是所谓的“软条款”（软条款所规定的单据将不受受益人控制，相反该条款将由开证申请人控制受益人提交的单据是否和信用证严格相符）。如果信用证内容经审查无

误，即可按规定的条件装运。受益人装运后按照信用证的要求缮制各种单据并开具汇票，在信用证有效期内向议付行交单议付货款。

议付行对出口商提交的单据进行认真审核，确认其完全符合信用证条款规定后，以单据为抵押，并从汇票（或发票）金额中扣除议付利息和相应的手续费，将净款垫付给受益人。如果议付行接受受益人提供的汇票和装运单据，经审查发现与信用证规定不符，即有不符点，议付行在征求受益人意见的条件下，通常采取以下几种处理方法：

①退单修改

受益人提供的汇票和单据的不符是由于受益人缮制的过错造成的，在议付期内可以退给受益人重新缮制汇票和单据。

②担保议付

在发生受益人不能力所能及地修改补救不符点的情况下，由受益人向议付行提供保证书，保证议付行议付之后如遭到开证行的拒付，议付行的损失和费用由受益人承担。此保证书只限议付行与受益人之间的约定，对开证行或付款行无约束力。

③采用“电提”或“表提”议付

在发生严重不符点的情况下，议付行通过电报或电传等将不符点告知开证行，请求议付，若开证行授权，议付行再进行议付，称为“电提”。若单据不符点内容较多，通过电信方式表示不清楚，采用书面表格形式，将不符点一一列明，请求开证行或付款行授权议付或付款，称为“表提”。

④改为证下托收

若单据或票据的不符点严重，开证行或付款行拒付可能性较大时，应建议受益人改为托收方式结算，由银行信用结算方式变为商业信用结算方式。

（6）议付行将汇票和单据寄交开证行或付款行索偿

议付行议付后，为防止超额或重复议付，应在信用证背面作出议付事项记录，俗称“背批”。然后，议付行按信用证规定将单据和汇票寄给开证行或付款行，以索偿证明的书面文件要求开证行或付款行付款。索偿也可以采用电报或电传方式。

（7）开证行或付款行审核各项单证无误后，向议付行付款

开证行或其指定的付款行收到议付行寄来的汇票和单据后，经核验认为与信用证规定相符，应向议付行发送贷记通知付款。如有不符点，有权拒付。无论付款或拒付必须在收到单据次日起5个工作日内作出决定，不得拖延。

（8）开证行通知进口商付款赎单

开证行履行付款义务后，应向开证申请人提示单据，开证申请人审核单据无误后，需在规定的期限内付清开证行所垫款项，从而取得单据。若经审核发现单据不合格，则开证行有权拒付货款，放弃单据。在后一种情况下，开证行可自行处理单据和单据项下的货物，以弥补损失，但盈亏自负。

另外，由于卖方或卖方的原因，在实际业务中，可能需要对信用证进行修改和展期、补证等，下面进行详细说明：

（1）信用证的修改

当受益人审核发现收到的信用证有不能接受的条款或由于合同条款的变化等需要对信用证进行修改时，修改信用证的程序和开立信用证的程序一致。在实际操作中，当收到开证行的信用证修改书后，受益人应提供接受或拒绝修改的通知。如果受益人未发出是否拒绝或接受修改的通知，并且其提交给指定银行或开证行的单据与尚未表示接受修改的信用证的要求一致时，则该事实即被视为受益人已经作出接受修改的通知。如果受益人在交单时向银行提交了符合原信用证规定的单据，受益人以其行为作出拒绝信用证修改的表示，原信用证的条款对受益人仍然有效。同一信用证修改通知书上涉及两个以上条款的修改，受益人不得同意其中一部分，而对另一部分加以拒绝。也就是说，只能全部接受或全部拒绝。

信用证修改的常见内容包括信用证类别及性质；开证人、受益人的名称；货物的品名、数量、包装、金额；贸易术语及保险条款等。

（2）信用证的展期

一般是出口方由于各种原因无法按时履行，提出展期。展期一般涉及装运期和有效期两个期限。如果开证银行发出书面文件表示同意延展，则原信用证的装运期和有效期已被有效延展；如果开证银行没有书面文件表示同意或表示拒绝延展，则仍应当以原信用证的装运期和有效期为准。

（3）信用证的补发

信用证遗失的处理：向银行提出，填写遗失信用证补发申请书，请求其补发信用证副本。申请书应声明受益人愿意承担补发信用证而产生的一切责任。

6.4.4　信用证的主要内容与开立方式

1）信用证的主要内容

各国银行所使用的信用证并无统一的格式，但其基本内容大致相同，一般包括以下内容：

（1）信用证本身的说明

①开证行名称（Issuing Bank）

该项目一般在信用证中首先标出，应为全称加详细地址。

②信用证的号码（L/C Number）

这里指开证行的信用证编号。

③开证日期（Date of Issue）

信用证必须标明开证日期，这是信用证是否生效的基础。

④信用证的形式（Form of Credit）

根据《UCP 600》的规定，信用证均为不可撤销。跟单信用证的类型通常有即期付款信用证、延期付款信用证、承兑信用证、议付信用证等。

⑤有效期限（Expiry Date）

有效期限即受益人向银行交单取款的最后期限，超过这一期限，开证行就不再负有付款责任。

⑥到期地点（Expiry Place）

到期地点一般为开证行指定的银行，通常为出口地银行。

（2）信用证的当事人

开证申请人、开证行、受益人、通知行、议付行、付款行都是信用证的主要当事人。另外，根据需要还可能涉及的当事人有保兑行、偿付行、承兑行、转让行和受让人等。

（3）信用证的金额（L/C Amount）

这是开证行付款责任的最高限额，应能满足买卖合同的支付。根据《UCP 600》第30条的规定，当金额前写有“About or Approximately”（大约或大致）字样时，应解释为不超过10%的增减幅度。另外，信用证金额要用大小写分别记载，并使用ISO制定的货币代号表示，如USD等。

（4）汇票条款

在信用证项下，如使用汇票，要明确汇票的出票人、付款人、汇票金额、汇票期限、出票条款等内容。

（5）货物描述

信用证中应列明货物名称、规格、数量、包装、单价等，且这些内容应与买卖合同规定一致。

（6）装运条款

在信用证中，应列明装运港（地）、目的港（地）、装运期限以及可否分批装运、可否转运等项内容。

（7）单据条款

信用证中一般列明需要的单据，分别说明单据的名称、份数和具体要求。最为基本和重要的单据主要是商业发票、运输单据、保险单据。此外，买方还往往要求卖方提供产地证明、品质证书等。

（8）其他事项

① 开证行对议付行的指示条款。

② 开证行对受益人及/或汇票持有人保证付款的责任文句及适用的国际惯例。例如，“该证受国际商会《跟单信用证统一惯例》第600号出版物的约束”字样。

③ 特殊条款。特殊条款视具体交易的需要而定，主要用以说明一些特别要求，如限制由某银行议付；限制某国籍船只装运；装运船只不允许在某港口停靠或不允许使用某航线；发票须加注信用证号码；受益人必须缴纳一定的履约保证金后信用证方可生效等。

2）信用证的开立方式

（1）信开本（To Open by Airmail）

信开本是指开证行采用印制的信函格式开出信用证，开证行在信用证开出后，以航空邮寄方式送达通知行的开证方式。目前，这种形式已很少使用。

（2）电开本（To Open by Cable）

电开本是指开证行使用电报、电传、传真、SWIFT等各种电信方法将信用证条款传达给通知行的开证方式。电开本又可分为以下几种：

①简电本（Brief Cable）

开证行通过电子通信方式将信用证主要内容，如信用证号码、受益人名称和地址、开证人名称、金额、货物名称、数量、价格、装运期及信用证有效期等预先通告通知行，具有详细内容的信用证将通过航空邮寄方式传递到通知行。简电本有时注明“详情后告”（Full Details to Follow）等类似词语。由于简电本内容简单，通常只能作为出口方备货和租船订舱的参考，不是有效的信用证文件，不足以作为交单议付的依据。出口商一般要在收到详开的信用证后，才可以对外发运货物。

②全电本（Full Cable）

全电本即开证行开出具有详细内容的信用证，然后通过电信方式传达给通知行。全电本信用证是一个内容完整而有效的信用证，可以作为出口商交单议付的依据。

③SWIFT信用证

SWIFT是“环球银行金融电信协会”（Society for Worldwide Interbank Financial Telecommunication）的缩写，该组织是一个国际银行同业间非公开性的国际金融电信业务组织，于1973年在比利时布鲁塞尔成立。该组织设有自动化的国际金融电信网，该组织的成员银行可以通过该电信网办理信用证业务以及外汇买卖、证券交易、托收等，凡参加SWIFT组织的成员银行，均可使用SWIFT办理信用证业务。

凡按照国际商会所制定的电信信用证格式，利用SWIFT系统设计的特殊格式，通过SWIFT系统传递信用证信息，即通过SWIFT开立或通知的信用证称为SWIFT信用证，也可称为“全银电协信用证”。

采用SWIFT信用证，必须遵守SWIFT使用手册的规定，使用SWIFT使用手册规定的代号，信用证必须遵守国际商会制定的《UCP 600》的规定。在信用证中可以省去银行的承诺条款，但不能免去银行所应承担的义务。目前，开立SWIFT信用证的格式代号为MT700和MT701。如果对开出的SWIFT信用证进行修改，则采用MT707标准格式传递信息。

采用SWIFT信用证，便具有了标准化、固定化和统一格式的特性，具有快捷、安全、准确、简明、可靠的优点。目前，在国际结算中使用的电开信用证，大多数都是SWIFT信用证。

6.4.5　信用证的种类

1）跟单信用证和光票信用证

根据信用证项下的汇票是否附装运单据，信用证可分为跟单信用证和光票信用证。

（1）跟单信用证（Documentary Credit）

跟单信用证是指受益人根据信用证的规定，在议付货款时，除开具汇票之外，还要随附装运单据的信用证。这里的“装运单据”是指代表货物所有权或证明货物业已装运的单据。国际贸易结算所使用的信用证绝大多数是跟单信用证。

（2）光票信用证（Clean Credit）

光票信用证是指受益人根据信用证的规定，在收取货款时，只需开立汇票或者附发票等非装运单据，即可索回货款的信用证。由于不附装运单据，出口商可以在货物装运前开具汇票收款，因此光票信用证上通常规定“Payment in advance against clean draft is allowed”等文句。在国际货物买卖中，可以使用光票信用证预支货款。

2）保兑信用证和非保兑信用证

根据开证行开出信用证有无第三方银行提供保证兑付，信用证可分为保兑信用证和非保兑信用证。

（1）保兑信用证（Confirmed Letter of Credit）

《UCP 600》第2条规定：“保兑意指保兑行在开证行之外对于相符提示作出兑付或议付的确定承诺。”

保兑信用证是指开证行开立的信用证，由另一家银行保证对符合信用证条款规定的单据履行付款义务。对信用证加具保兑的银行叫保兑行。

《UCP 600》第8条b款规定：“自为信用证加具保兑之时起，保兑行即不可撤销地受到兑付或者议付责任的约束。”

《UCP 600》第8条c款规定：“保兑行保证向对于相符提示已经予以兑付或者议付并将单据寄往开证行的另一家被指定银行进行偿付。无论另一家被指定银行是否于到期日前已经对相符提示予以预付或者购买，对于承兑或延期付款信用证项下相符提示的金额的偿付于到期日进行。保兑行偿付另一家被指定银行的承诺独立于保兑行对于受益人的承诺。”

《UCP 600》第8条d款规定：“如开证行授权或要求另一家银行对信用证加具保兑，而该银行不准备照办时，它必须不延误地告知开证行并仍可通知此份未经加具保兑的信用证。”

《UCP 600》第8条还规定：“若信用证由保兑行议付，无追索权地议付。”

在实际业务中，当出口方对开证行的资信或付款能力表示怀疑时，出口方可要求进口方请开证行委托另一家银行在信用证上加以保兑。另一家银行通常是通知行，有时也可以是出口地的其他银行或第三国银行。在保兑信用证项下，对受益人来说就取得了两家银行的付款保证。开证行与保兑行承担的保证付款责任一样，二者均承担第一性的付款责任，因此，该信用证对卖方安全收汇非常有利。保兑一般是由保兑行在信用证上加列下述保兑文句：“兹对此证加具保兑并保证于提示符合此证条款的单据时履行付款。”

（2）非保兑信用证（Unconfirmed Credit）

非保兑信用证是指开证行开立的信用证没有另一家银行加具保兑。当开证行资信较好或成交金额不大时，不必使用保兑信用证。在国际贸易中使用的信用证绝大多数是非保兑信用证。

3）付款信用证

注明付款兑付（Available by Payment）的信用证为付款信用证（Payment Credit）。按付款方式不同可分为即期付款信用证、延期付款信用证。

（1）即期付款信用证（Sight Payment Credit）

即期付款信用证指开证行或其指定付款行在收到符合信用证条款规定的即期汇票和单据后，立即履行付款义务的信用证。这种信用证不准议付，而由开证行或指定银行直接付款。

即期付款信用证也可以规定不要求出具汇票。因为有些国家认为提交即期汇票手续繁杂，而且增加费用（如印花税），只需提交单据或收据，并遵照信用证所列条款，即可付款。在即期付款信用证中一般列有"当受益人提交规定单据时，即行付款"的保证文句。

即期付款信用证的付款行通常由指定通知行兼任，且付款行一经付款，对受益人则无追索权。

（2）延期付款信用证（Deferred Payment Credit）

延期付款信用证指规定货物装船后若干天付款，或开证行收到单据后若干天付款的信用证。

此种信用证不要求受益人开立远期汇票，开证行也不存在承兑汇票的问题。它与即期付款信用证不同，虽然同属付款信用证，但是付款期限不同；与承兑信用证也不同，虽然同属远期信用证，但是不需要远期汇票。由于没有汇票，出口商不能利用贴现市场资金，只能自行垫款或向银行借款。但是，由于银行贷款利率高于贴现利率，因此以延期付款信用证方式成交的货价往往比以承兑信用证方式成交的货价略高。一般多用于大型成套设备项目出口或承包工程等。

4）议付信用证（Negotiation Credit）

议付信用证是指开证行授权某一指定银行或任何银行都可以议付的信用证，即受益人发货后将汇票及单据交给银行请求议付，银行经审单相符，应立即垫款买入汇票单据，将利息扣除付净款给受益人，然后向开证行寄单索偿。议付信用证是借助汇票的流通而操作的，因此这种信用证需要汇票，汇票付款人一般为开证行。

《UCP 600》第2条规定："议付意指被指定银行在其应获得偿付的银行日或在此之前，通过向受益人预付或者同意向受益人预付款项的方式购买相符提示项下的汇票（汇票付款人为被指定银行以外的银行）及/或单据。"

虽然在《UCP 600》中对"议付"一词作了定义，但是考虑到议付单据后，议付行有无追索权的问题涉及《汇票法》中背书人与被背书人之间的关系，而这属于国家流通票据法的管辖范围，不受统一惯例管辖，因此没有明确规定议付行议付单据后有无追索权。

按信用证议付的范围不同，议付信用证可分为限制议付信用证和自由议付信用证。

（1）限制议付信用证（Restricted Negotiation Credit）

限制议付信用证是指开证行指定某一银行进行议付的信用证。在限制议付信用证中，通常有限制议付的文句，如“Negotiation restricted to ×× bank”。

出口商应避免接受限制在出口国以外的银行议付的信用证。

（2）自由议付信用证（Freely Negotiation Credit）

自由议付信用证又称公开议付信用证（Open Negotiation Credit），是指开证行对愿意办理议付的任何银行作出公开议付邀请和普通付款承诺的信用证，即任何银行均可按信用证条款自由议付的信用证。

限制议付信用证的有效地点在议付行所在地，自由议付信用证的有效地点通常在出口国，这就给受益人提供了方便。对于开证行而言，由于限制议付信用证指定了议付行，因此易于把握，而自由议付信用证项下的议付行可以是任何银行，开证行难以控制，风险较大，甚至面临欺诈的危险。

依据议付行垫付受益人资金的时间不同，议付信用证还可分为即期议付信用证和远期议付信用证。

5）即期信用证和远期信用证

按付款的时间不同，信用证可分为即期信用证和远期信用证。

（1）即期信用证（Sight Credit）

即期信用证指受益人可凭即期汇票收取货款的信用证。即期付款信用证和即期议付信用证都是即期信用证。

在即期信用证中如加列“电索条款”则称为电索条款信用证（L/C with T/T Reimbursement Clause），是指议付行审核受益人提交的单证无误后，用电报或电传通知开证行或付款行，后者也以电报或电传方式向议付行偿付的信用证，即开证行将最后审单付款的权利交给议付行，只要议付行审单无误后，即可以电报向开证行或指定的付款行索偿收款。因此，这种信用证比一般即期信用证收汇快，有时当天即可收回货款。如果议付后发现票据与信用证规定不符，开证行或付款行有行使追索权的权利，因为此项付款是在未审单的情况下进行的。

（2）远期信用证（Usance Credit）

远期信用证指受益人可凭远期汇票收取货款的信用证。它可以分为以下两种：

①银行承兑信用证（Banker's Acceptance Credit）

银行承兑信用证是指信用证指定的付款行在收到符合信用证规定的远期汇票和单据时，先对汇票进行承兑，待汇票到期日再行付款的信用证。受益人按规定开立远期汇票连同单据一起提示给承兑行，承兑行承兑后收下单据，交还汇票。受益人取得银行承兑汇票后可向当地的贴现市场办理贴现收回货款，也可持有承兑汇票等待到期收款。承兑行对汇票承兑后，应按票据法规定，对出票人、背书人、持票人承担到期付款责任。

利用银行承兑信用证使开证申请人获得了远期付款的融资便利；受益人因利用承兑信用证而满足了开证申请人延期付款的意愿，有助于成交，且受益人获得银行承兑汇票即意味着获得了银行不可撤销的到期付款承诺。

②假远期信用证（Usance Credit Payable at Sight）

假远期信用证是指规定受益人开立远期汇票，付款行负责贴现，贴现费用由进口商负担的信用证。

由于信用证中规定开立远期汇票，开证申请人要等到汇票到期才付款偿付开证行，因此对开证申请人而言此种信用证相当于远期信用证；由于受益人能按规定即期全额收汇，因此对受益人而言此种信用证相当于即期信用证，习惯上称为“假远期信用证”或“买方远期信用证”。假远期信用证实质上是开证行或付款行或贴现市场为进口商提供的融资便利。另外，有些国家对外汇管制较严，要求进口商品一律采用远期信用证，使用假远期信用证可以摆脱这些国家在外汇管制上的限制。

需要注意的是，受益人接受假远期信用证时，要承担汇票到期前的被追索风险，因此受益人必须充分考虑开证行或指定银行的资信。

6）可转让信用证和不可转让信用证

根据受益人对信用证的权利可否转让，信用证分为可转让信用证和不可转让信用证。

（1）可转让信用证（Transferable Credit）

《UCP 600》第38条b款规定：“转让信用证意指明确表明其‘可以转让’的信用证。根据受益人（第一受益人）的请求，转让信用证可以被全部或部分地转让给其他受益人（第二受益人）。”“转让信用证意指经转让银行办理转让后可供第二受益人使用的信用证。”信用证的转让并不等于买卖合同的转让，如果第二受益人不能按时交货或单据有问题，第一受益人仍负有买卖合同上的卖方责任。

可转让信用证的转让程序包括以下几个步骤：

①第一受益人（中间商）申请转让。第一受益人要求买方申请开立以其为受益人的可转让信用证。开证行必须在信用证内注明“Transferable”（可转让）。通知行向第一受益人通知可转让信用证。第一受益人接到信用证的通知后，即可请求信用证指定的转让行办理转让手续。

《UCP 600》第38条c款规定：“除非转让时另有约定，所有因办理转让而产生的费用（诸如佣金、手续费、成本或开支）必须由第一受益人支付。”

②转让行办理信用证转让。转让行在办理转让信用证时，须准确转载原证条款，包括保兑（如果有的话），但以下内容除外：信用证金额与货物单价一般比原证低，这样第一受益人（中间商）可以赚取利润；新证的装运期与有效期通常比原证提前，交单期也往往要缩短，这是为了在第二受益人交单后，第一受益人有足够时间替换发票或汇票，保证不超过原证规定的时间；新证的投保加成比例高于原证，这样才能使保险单的保险金额达到原证的规定，以保证收货人的利益不受损

失；第一受益人可以将自己作为新证的申请人，这样能避免第二受益人知道真正的买主（原证申请人），这是中间商基于商业秘密的考虑，即阻止第二受益人直接与实际买主进行交易。

③转让行办妥转让信用证手续后，通知第二受益人。信用证只能转让一次，即允许第一受益人将信用证转让给第二受益人，而第二受益人则不能再转让给其后的第三受益人，但若再转让给第一受益人，不属被禁止转让的范畴。

倘若信用证允许分批支款或分批装运，信用证可以被部分地转让给一个以上的第二受益人，但总金额不得超过信用证金额。

若信用证被转让给两个以上的第二受益人，则每个第二受益人在信用证项下所享有的权利相互独立。

④第二受益人装货交单，转让行通知第一受益人。第二受益人审证无误后办理货物装运并缮制单据，开具汇票，连同新证一起交转让行。第二受益人不得绕过转让行而直接向开证行交单，此规定主要是为了保护第一受益人的利益不受损害。转让行通知第一受益人，按照原证开立汇票、发票以替换第二受益人开立的汇票、发票。转让行将两张汇票的差额付给第一受益人，第一受益人由此而获利。值得注意的是，转让行仅承担在向第二受益人转让信用证时审核真伪的义务，不承担付款责任。通常在收到开证行的付款后才支付第一受益人。

⑤转让行寄单索偿。转让行将第一受益人交来的单据和汇票议付之后向开证行寄单要求付款，开证行审查无误向转让行付款，并通知开证申请人付款赎单，开证申请人付款后取得装运单据，待货物到达后提货。这样，进口商收到的货物，往往不是与其签订买卖合同的第一受益人提供的，质量不一定能完全保证。因而，可转让信用证对进口商而言并不十分有利。

可转让信用证的使用范围包括：

① 满足中间商从事转手贸易，即中间商在进口商和实际供货商之间做转手交易谋利。中间商利用国际交往关系与进口商签订买卖合同后，因手中并无货物，得转向实际供货商订购，并由实际供货商直接装运，为了保守商业秘密，中间商不愿进口商与实际供货商相互联系，所以中间商不愿进口商直接开证给供货商。但若进口商把信用证开给中间商，由中间商再向银行转开，则既增加费用，又必须垫付押金，因此，中间商要求进口商给其开具可转让信用证，这样中间商收到信用证后，只要付出少量转让费即可转让给实际供货商，中间商从中获取转手买卖的利润。因此，在可转让信用证下，第一受益人一般为中间商，第二受益人是真正的供货商。

② 实际供货人受出口资格的限制，需借用他人名义出口。这时中间商的介入是必不可少的，交易结算往往就需借助可转让信用证完成。

③ 总公司对外成交，分公司履约。大公司接受了国外大宗订货，并打算由分散在各地口岸的分公司发货，在成交时，就要求进口商开立可转让信用证，以便在各地口岸出运。

（2）不可转让信用证（Non-transferable Credit）

不可转让信用证是指受益人不能将信用证的权利转让给他人使用的信用证。凡信用证中未注明“可转让”字样，均不能转让。

7）其他形式的信用证

（1）循环信用证（Revolving Credit）

循环信用证是指当受益人全部或部分使用完信用证的金额以后，其金额又恢复原金额再被受益人使用，直至达到规定次数或累计总金额为止。

这种信用证一般适用于货物比较单一、批量较大、可定期分批相对均衡装运、分批支取款项的长期合同。使用循环信用证对进出口双方都有好处。进口商可节省逐笔开证的手续和费用，同时也不必按货款总值一次开证而交付高额押金，减少资金占用。出口商可省去逐批催证、审证和改证等繁杂手续，又可获得收回全部货款的保障。

循环信用证在内容上比其他信用证多了一个循环条款，以表明循环方法、次数和总金额。循环信用证分为按时间循环的信用证和按金额循环的信用证。

①按时间循环的信用证（Revolving Around Time）

按时间循环的信用证是指受益人在一定时间内可支取信用证规定的金额，信用证金额全部或部分被支取后，信用证立即又恢复到原金额，受益人可再次使用。循环时间一般可按月或季循环，如信用证规定半年内每月可支取1万美元，在每月的第一天自动恢复，总金额不超过6万美元。

按时间循环的信用证，依其上期未用金额是否可转入下期使用，可分为可积累循环信用证和不可积累循环信用证两种。

A.可积累循环信用证（Cumulative Revolving Credit）是指受益人在上一循环期未用完的信用证金额可以转到下一循环期使用。

B.不可积累循环信用证（Non-cumulative Revolving Credit）是指受益人在规定的循环期内可以使用的金额未用完时，信用证的余额不能转入其后一期合并使用，即余额失效。因此，各期金额是独立使用的，互不产生影响。

②按金额循环的信用证（Revolving Around Value）

按金额循环的信用证是指在一个规定的总有效期内，信用证被使用后即可按规定恢复到原先的金额，直至用足规定的总金额或循环完规定的总次数为止。按金额循环的信用证其金额的恢复可以采取以下3种方式：

A.自动循环使用（Automatic Revolving）。受益人按规定装运货物并提交单据后，信用证立即自动恢复到原金额，不需等待开证行通知，受益人可再次使用。

B.半自动循环使用（Semi-automatic Revolving）。受益人按规定装运货物提交单据后，若在一定时期内没有收到开证行停止循环的通知，则信用证金额即自动恢复，可再次使用。这种半自动循环信用证，开证行具有保留停止使用信用证的权利。

C.非自动循环使用（Non-automatic Revolving）。受益人按规定装运货物提交单据后，必须等到开证行的通知到达后，才能使信用证恢复至原金额，并再次使用。

（2）对开信用证（Reciprocal Credit）

对开信用证是指两张信用证的开证申请人互以对方为受益人而开立的信用证。这两张信用证是相互联系、互为条件的信用证。

对开信用证的基本特征有两个：第一，对开信用证当事人的地位具有互换性，即第一张信用证的受益人和开证申请人是第二张信用证（或称回头证）的开证申请人和受益人，第一张信用证的开证行和通知行通常是第二张信用证的通知行和开证行。两张信用证的金额相等或大体相等，两证可同时互开，也可先后开立。第二，在绝大多数情况下，对开信用证下的两张信用证同时生效。因为只有这样，交易双方才能彼此相互约束，避免先开证的一方承担另一方不开证的风险。

对开信用证主要适用于以出口抵偿进口的对销贸易，如易货贸易、补偿贸易，也可用于来料加工、来件装配等加工贸易。

（3）对背信用证（Back to Back Credit）

对背信用证又称转开信用证，是指受益人收到进口商申请开来的信用证，要求原证的通知行或其他银行以原证为基础，另开一张内容相似的新信用证给另一受益人使用的一种信用证。

对背信用证主要适用于中间商经营进出口业务的需要。这种贸易由三方即出口商、中间商和进口商订立两份买卖合同。按中间商和进口商订立的第一份合同开出的信用证称为原信用证；按中间商与出口商订立的第二份合同开立的第二张信用证称为对背信用证。原信用证的受益人（中间商）就是对背信用证的开证申请人；对背信用证的受益人是实际供货人。原信用证的通知行，一般是对背信用证的开证行。

①开立对背信用证应注意的问题

原信用证和对背信用证在出口地银行是“背对背”的形式，原信用证的金额一般要大于对背信用证的金额，其交货期原信用证要长于对背信用证，但其货物质量、数量两证必须一致。

新证（对背信用证）的开证申请人通常是以母证（原信用证）项下收得的款项来偿付新证开证行已垫付的资金，因此，新证的开证行除了要以母证作为开立新证抵押外，为防止母证因意外原因收不到货款，要求新证开证申请人缴纳一定数额的押金或提供担保。由于新证受母证的约束，新证的受益人如要求修改信用证的内容，须征得母证开证申请人和母证开证行的同意。当发现单证不符时，新证的开证行必须征求母证开证行的意见，如果母证开证行不同意付款，新证开证行可能有遭拒付的风险。因此，新证的受益人在缮制单据时必须特别谨慎，不能疏忽。

②对背信用证与可转让信用证的区别

A.可转让信用证须经开证申请人和开证行同意方可转让，信用证也须注明“可转让”字样，否则信用证不得转让。而对背信用证并不注明“Back to Back”字样，它的开立与原证开证申请人和原证开证行无关。

B.可转让信用证是根据原证换开的，原证与新证的开证行为同一家银行，第一受益人和第二受益人处于同等地位，均可获得原开证行的付款保证。而对背信用证与原证是两个完全独立的信用证，各自的受益人只能获得各自开证行的付款保证。

C.可转让信用证的受益人（第二受益人）可能与原证开证行、原证进口商发生直接联系；而对背信用证的受益人则不可能与原证开证行、原证进口商发生直接联系。

（4）预支信用证（Anticipatory Credit）

预支信用证是指信用证规定开证行允许受益人在未交装运单据以前，可凭汇票或其他证件支付货款的信用证，分全部预支和部分预支两种。

预支信用证是为了满足受益人的资金需要开立的，经过这种安排，进口商通过开证行或付款行为受益人提供信贷便利。主要在求大于供的情况下，进口商急需购买指定的货物而预支货款；购买大型机械设备、船舶、飞机等时，投资较大，先备料需进口商预支价款；进口商通过银行实行外汇转移而预付货款等。使用预支信用证对进口商不利，所以进口商只有在对出口商资信十分了解或出口商是可靠、稳定的贸易伙伴时才会向开证行提出开立这种信用证。根据融资条件的不同，预支信用证分为红条款信用证与绿条款信用证。

①红条款信用证（Red Clause Credit）。开证行允许受益人凭以后补交装运单据的声明书和汇票预支部分货款，待出口商将货物装运出口并向银行交单时，由预支货款的银行从议付或付款金额中扣除预支款项本息后，将余款支付给出口商。若在信用证有效期内出口商未能向银行交单或提交的单据不符合信用证规定，预付款银行有权向开证行索要其垫款本息，开证行应立即偿付，然后再向开证申请人追索该款项。对开证行而言，其直接承担预支信用证项下的责任，开证行应谨慎评估风险，并应向开证申请人收取适当的费用或采取其他风险防范措施。

在预支信用证问世之初，开证行为醒目起见，通常以红色墨水将预支条款加注于信用证之中，“红条款信用证”因此而得名。尽管在现行业务中已很少出现使用红色墨水的情况，但其称谓仍沿用至今。

②绿条款信用证（Green Clause Credit）。为使银行的利益得到一定程度上的保障，产生了比“红条款信用证”条件更加严格的“绿条款信用证”。这种信用证与红条款信用证基本相同。二者不同之处在于绿条款信用证的开证行要求受益人必须将预支货款项下的货物以开证行名义存放在出口地海关仓库，受益人凭栈单和以后补办装运单据的声明书以及汇票预支部分货款。

6.4.6　《跟单信用证统一惯例》

1）《跟单信用证统一惯例》的产生

在众多的国际惯例中，《跟单信用证统一惯例》也许是最负盛名的规范银行业跟单信用证操作的国际惯例，在其诞生的90多年的时间里，随着国际贸易、法律和科学技术的发展，该惯例被不断地修订和完善。

19世纪末，跟单信用证产生于英国，由于它较好地解决了国际贸易中进出口双方的不信任感，并能为贸易商提供资金融通而得到较快的推广。但是，在跟单信用证产生初期，由于缺乏对信用证的概念和操作的统一解释，在信用证操作方面银行间的做法也比较混乱。因此，调解信用证当事人之间的纠纷和矛盾，统一信用证做法实属必要。

1920年，在美国纽约召开了银行、金融界会议，讨论草拟了信用证条款，但未能取得一致意见。会议也未否认使用信用证有关范围和继续使用信用证的价值问题。同年，在巴黎成立了国际商会，着手解决信用证业务中存在的问题。国际商会的成立对统一信用证条款的解释起了重大的作用。

2）《跟单信用证统一惯例》的历次修改

（1）UCP的第1个版本，ICC第74号出版物

1929年7月，国际商会根据美国代表的提议，由法国代表执笔编写，在阿姆斯特丹会议上正式通过了《商业跟单信用证统一规则》（Uniform Regulations for Commercial Documentary Credit），并建议各国于1930年5月15日起实施，这是UCP的第一个版本，使跟单信用证业务摆脱了无章可循的状况。

（2）UCP的第1次修改，ICC第82号出版物

1933年5月，国际商会在维也纳召开了第7届会议，将《商业跟单信用证统一规则》修订并更名为《商业跟单信用证统一惯例》（Uniform Customs and Practice for Commercial Documentary Credits）。其最大的问题是维护银行而非进出口商的利益。当时，只为部分美、欧国家的部分银行采用。

（3）UCP的第2次修改，ICC第151号出版物

1951年6月，为协调美国和其他国家的意见，国际商会在里斯本召开了第13届会议，通过了第2个修订本，该修订本一定程度上协调了各当事人之间的矛盾，明确了各方的权利和义务，对许多条款和术语作了统一的规定，逐渐为欧洲大陆和美国等80多个国家所接受。

（4）UCP的第3次修改，ICC第222号出版物

1962年4月，国际商会在墨西哥召开了第19届会议，通过了第3次修订本，更名为《跟单信用证统一惯例》（Uniform Customs and Practice for Documentary Credits），此次修改为英国及英联邦国家所接受。《跟单信用证统一惯例》成为国际上普遍接受和使用的统一惯例。该版本包含6个总则条款，强调了跟单信用证独立于基础交易中的任何法律关系原则。

（5）UCP的第4次修改，ICC第290号出版物

1974年12月，国际商会对UCP作了第4次修订。该修订本吸收了集装箱运输及其运输单据的最新发展，并对信用证各方之间的关系作了更明确的区分和界定。

这次修订主要是为了适应刚刚兴起的集装箱运输和与之相随的多式联运运输方式等实务和单证的发展。

（6）UCP的第5次修改，ICC第400号出版物

1983年6月，国际商会对UCP作了第5次修改（即《UCP 400》），该版本新增加了备用信用证和延期付款信用证内容；划分、定义了银行四种付款允诺方式；对各种运输单据进行了细分；并将体现运输业发展的新技术标准以及电子传输方面的最新发展包含其中。

（7）UCP的第6次修改，ICC第500号出版物

1993年4月，国际商会第6次修订了UCP（即《UCP 500》），并于1994年1月1日起实施。《UCP 500》主要从4个方面对上一版做了修改。本次修改的宗旨是：规则简明化；进一步明确开证行、保兑行的责任；对非单据化条件进行阐明；增加对受益人的保障（如对信用证不可撤销性的默认推定）。

由于电信事业的迅速发展，1973年，欧洲、北美的200多家银行在比利时的布鲁塞尔成立了“环球银行金融电信协会”（Society for Worldwide Interbank Financial Telecommunication，SWIFT）。凡参加SWIFT组织的成员均可使用SWIFT自动开证格式，代号为MT700。SWIFT电开的信用证，除非有特别声明，受《UCP 500》的约束。

（8）UCP的第7次修改，ICC第600号出版物

2002年4月，在国际商会的银行委员会会议上，多数代表均提出了修改《UCP 500》的意见。2003年5月，国际商会正式授权国际商会银行委员会启动《UCP 500》修订工作，经过多次修改，2005年年底基本形成最后一稿。修订后的UCP在2006年发布，自2007年7月1日起正式实施。《UCP 600》很多方面在《UCP 500》的基础上有了很大的改进，更加突出了信用证的独立性及不可撤销性，明晰了各当事人的权利和义务，以及它们之间的关系，强化了开证行的责任，放松了对单据的要求，维护了受益人的权益，从而维护信用证作为付款及融资工具的主导地位，促进了整个国际经济的发展。

3）《UCP 600》的主要内容

《UCP 600》删除了《UCP 500》中那些内容已经过时、与国际贸易实务相脱节和表达不准确的条款，增加了一些实务操作性条款，并首次系统地对信用证业务涉及的有关概念进行了定义。此外，《UCP 600》的语言也更为简洁、严格、清晰并且与时俱进。

《UCP 600》共包括39个条款，其中第1~5条为总则部分，包括UCP的适用范围、14个术语的定义、解释规则、信用证的独立性等内容；第6~13条明确了有关信用证的开立、修改、各当事人的关系与责任等问题；第14~16条是关于单据的审核标准、单证相符或不符的处理规定；第17~28条是单据条款，主要包括商业发票、运输单据、保险单据等内容；第29~32条规定了有关款项支取的问题；第33~37条为银行免责条款；第38条是关于可转让信用证的规定；第39条是关于款项让渡的规定。

（1）几个重要的定义

①兑付 （Honour）

在《UCP 600》条款中建立了兑付的概念，包括即期、延期、承兑信用证项下的付款行为。《UCP 600》正文第2条对兑付进行了正式的定义。

兑付是指：

A.如果信用证为即期付款信用证，那么兑付即为即期付款。

B.如果信用证为延期付款信用证，则承诺延期付款并在承诺到期日付款。延期付款信用证的功能与远期信用证的功能相同，是无汇票远期信用证，只是在期限上不同而已。

C.如果信用证为承兑信用证，则承兑受益人开出的汇票并在汇票到期日付款。

由此可见，在《UCP 600》条款中，"Honour"是用来说明开证行和被指定银行（除了议付行以外 ）在即期付款信用证、延期付款信用证和承兑信用证项下的付款责任的。

②议付（Negotiation）

《UCP 600》第2条规定："议付意指被指定银行在其应获得偿付的银行日或在此之前，通过向受益人预付或者同意向受益人预付款项的方式购买相符提示项下的汇票（汇票付款人为被指定银行以外的银行）及/或单据。"

《UCP 600》明确了议付是对票据及单据的一种买入行为，并且明确是对受益人的融资——预付或承诺预付。定义上的改变承认了有一定争议的远期议付信用证的存在，同时也将议付行对受益人的融资纳入了受惯例保护的范围。

③相符交单（Complying Presentation ）

相符交单是指与信用证中的条款及条件、本惯例中所适用的规定及国际标准银行实务相一致的提示。在《UCP 600》的规则之下，相符交单的含义被扩大了：受益人提交的单据不但要做到"单证相符、单单一致"，与信用证条款相符，而且要做到与UCP的相关适用条款相一致，还要做到与国际标准银行实务（ISBP）一致，只有同时符合以上的要求，受益人所提交的单据才是相符单据。

（2）信用证的不可撤销性

由于可撤销信用证对受益人缺乏保障，近些年来几乎没被使用过，因此，《UCP 600》第2条中对"信用证"的定义以及第3条中的解释规则（A credit is irrevocable even if there is no indication to that effect）均明确规定信用证是不可撤销的。

该条款第一次将信用证明确为不可撤销信用证，改变了以往信用证有撤销和不可撤销的划分。从法律意义上而言，信用证可以视为开证行对外作出的单方承诺，开证行应当从发出通知开始即接受该承诺的约束，任何一方接受了该信用证即享有信用证下的相应权利，信用证不可撤销的性质有助于建立更为稳定的信用证法律关系，从而更为保护信用证权利方的利益。

在SWIFT格式中有一栏就信用证是否可撤销作出约定，这一栏是基于《UCP 500》作出的，在《UCP 600》出台之后，信用证是否必须标注为不可撤销已无意义，从而将不可撤销信用证正式列为信用证的常态，正如上面指出的，这有利于保护受益人的利益。

（3）关于开证行偿付责任的规定

《UCP 600》第7条c款规定："开证行保证向对于相符提示已经予以兑付或者议付并将单据寄往开证行的被指定银行进行偿付。无论被指定银行是否于到期日前已经对相符提示予以预付或者购买，对于承兑或延期付款信用证项下相符提示的金额的偿付于到期日进行。开证行偿付被指定银行的承诺独立于开证行对于受益人的承诺。"

该条款确定了指定银行在延期付款与承兑信用证下的融资，保护了指定行在信用证下对受益人进行融资的行为。

（4）信用证的修改

①《UCP 600》第10条a款规定："除本惯例第38条（可转让信用证）另有规定外，凡未经开证行、保兑行（如有）以及受益人同意，信用证既不能修改也不能撤销。"

②《UCP 600》第10条b款规定："自发出信用证修改书之时起，开证行就不可撤销地受其发出修改的约束。保兑行可将其保兑承诺扩展至修改内容，且自其通知该修改之时起，即不可撤销地受到该修改的约束。然而，保兑行可选择仅将修改通知受益人而不对其加具保兑，但必须不延误地将此情况通知开证行和受益人。"

③《UCP 600》第10条c款规定："在受益人向通知修改的银行表示接受该修改内容之前，原信用证（或包含先前已被接受修改的信用证）的条款和条件对受益人仍然有效。受益人应发出接受或拒绝接受修改的通知。如受益人未提供上述通知，当其提交至被指定银行或开证行的单据与信用证以及尚未表示接受的修改的要求一致时，则该事实即视为受益人已作出接受修改的通知，并从此时起，该信用证已被修改。"

对于信用证的修改受益人是否接受，无论是《UCP 600》还是以前的版本都规定："受益人应提供接受或拒绝修改的通知。（The beneficiary should give notification of acceptance or rejection of an amendment.）"措辞都是"should"而不是"must"，可以看出国际商会的立场，即对修改的接受或拒绝进行通知，对受益人而言不具备强制性。同时也体现一种公平原则，即允许受益人提交与原信用证相符的单据时表示拒绝修改，也允许受益人提交与已修改的信用证相符的单据时表示接受修改。对受益人而言，信用证的修改只有在其将接受该修改的决定告知通知行或开证行或其提交符合该修改内容的单据时方可生效，否则，开证行应假定该修改通知未被受益人接受。

④《UCP 600》第10条d款规定："通知修改的银行应当通知向其发出修改书的银行任何有关接受或拒绝接受修改的通知。"

⑤《UCP 600》第10条e款规定："不允许部分接受修改，部分接受修改将被视为拒绝接受修改的通知。"

⑥《UCP 600》第10条f款规定："修改书中作出的除非受益人在某一时间内拒绝接受修改，否则修改将开始生效的条款将被不予置理。"

为了兼顾申请人与受益人的利益，《UCP 500》并没有强制受益人必须发出接受或拒绝修改的通知，并给予其"以最后交单表示接受或拒绝"的权利。这种对受益人的优惠，常常带来问题。于是，一些银行便在信用证的修改通知中加列"如果在一个规定时间内，受益人没有正式拒绝修改，修改就自动生效"等类似语句。ICC强烈反对此类错误做法，认为这是"沉默等于接受"的翻版，称其改变了"不可撤销信用证未经开证行、保兑行及受益人的同意，不得修改和撤销的性质"。而受益人的沉默被假设为接受，这也是与许多国家的法律相违背的。鉴于这种对惯例的错误运用及ICC曾表达的观点，《UCP 600》作出了明确规定："如果修改中加列了接受或拒绝修改的时限，银行将不予理会。"

（5）审核单据的标准

《UCP 500》要求"单证相符、单单不得互不一致"。而《UCP 600》中表明，即使在单证之间也不要求"等同"，仅要求"不得互相冲突"，这样"单证相符、单单不得互相冲突"比过去单单之间"不得互不一致"的说法更体现了审单标准宽松化的倾向。当然该条款并不表明审单放弃了"单证相符"的原则。《UCP 600》第14条d款规定："单据中内容的描述不必与信用证、信用证对该项单据的描述以及国际标准银行实务完全一致，但不得与该项单据中的内容、其他规定的单据或信用证相冲突。"

对于单据中受益人和申请人地址的处理，《UCP 600》规定除信用证中规定的运输单据中的收货人或被通知方必须完全一致外，其他地方出现的受益人和申请人地址不需一致（须在同一个国家），电话、电传等详细联系资料银行不予理会。此规定很好地避免了由于打印或疏忽笔误等不符而产生的拒付，因为这些内容无关紧要。但是，如果是运输单据的收货人或被通知人的地址及联系细节，则应该与信用证相符，因为这些信息是通知提货的重要依据。

（6）拒付后对单据的处理

《UCP 600》第16条c款将银行处理不符单据的选择增加到4种：

①银行持有单据等候提示人进一步指示。

②开证行持有单据直至收到申请人通知弃权并同意接受该弃权，或在同意接受弃权前从提示人处收到进一步指示。

在银行实务中，当开证行提出不符点并拒付后，并不一定退单给交单人，而是就单据的不符点与申请人进行联系，咨询其是否接受，因为开证申请人对于含有不符点的单据不一定拒付。这是由于进口商进口货物总是为了某种销售或生产目的，进口商需要这些货物，只要该货物不是存在质量或规格的严重不符，申请人一般都会接受。加之进口商为了该笔交易也花费了大量的人力、财力和时间，因此，在实务中真正的拒付并不多。

此条款的规定一方面为银行的普遍做法提供合法的支持；另一方面也是考虑受

益人的利益。出口商提交单据是为了获得货款，在有不符点的情况下，依然向指定银行寄单，表明希望申请人接受不符点的愿望。

③银行退回单据。

④银行按照先前从提示人处收到的指示行事。

不符点单据往往先被银行拒付，一方面，开证行只有在发出不符点拒付通知后，才能名正言顺地收取信用证的不符点费用；另一方面，更重要的是申请人希望通过先行拒付而拥有与出口商讨价还盘，从而压低商品价格的机会，这些都会给出口商带来损失，减少其利润空间。因此，如果出口商出于各种考虑不愿意降低商品价格或另寻买家，其一开始就不应给予申请人接受不符单据的权利。

《UCP 600》还给了受益人很好的选择，如可以在交单时明确银行按照先前从提示人处收到的指示行事，或者要求进口商在委托开立信用证时直接排除联系申请人接受不符单据这一选项。

国际商会从便利贸易和操作的角度出发，引入了更加务实的做法，符合了现实业务的发展，减少了因此产生纠纷的可能，并且有望缩短不符点单据处理的周期。

（7）单据有效性的免责规定

《UCP 600》第34条中关于单据有效性的免责规定："银行对任何单据的形式、充分性、准确性、内容真实性、虚假性或法律效力，或对单据中规定或添加的一般或特殊条件，概不负责；银行对任何单据所代表的货物、服务或其他履约行为的描述、数量、重量、品质、状况、包装、交付、价值或其存在与否，或对发货人、承运人、货运代理人、收货人、货物的保险人或其他任何人的诚信与否，作为或不作为、清偿能力、履约或资信状况，也概不负责。"

（8）单据遗失开证行的付款责任

《UCP 600》第35条中关于单据遗失开证行的付款责任规定："如果指定银行确定交单相符并将单据发往开证行或保兑行。无论指定的银行是否已经承付或议付，开证行或保行必须承付或议付，或偿付指定银行，即使单据在指定银行送往开证行或保兑行的途中，或保兑行送往开证行的途中丢失。"

该条款明确了单据遗失时开证行的付款责任问题，但应该注意：开证行对付款不得免责条件的确立，一是信用证的要求得到满足，这既包括单证相符，又包括寄递单据的方式和次数的指示得到遵守；二是单据必须是在指定银行与开证行之间或保兑行与开证行之间丢失的。若受益人置信用证的规定于不顾，将单据提交非被指定银行而后遗失，开证行对付款将是免责的。

（9）对不可抗力的界定

《UCP 600》第36条中对不可抗力的界定："银行对由于天灾、暴动、骚乱、叛乱、战争、恐怖主义行为或任何罢工、停工或其无法控制的任何其他原因导致的营业中断的后果，概不负责。银行恢复营业时，对于在营业中断期间已逾期的信用证，不再进行承付或议付。"

值得注意的是，该条款将恐怖主义行为列入了不可抗力范围。

（10）转让信用证

在信用证转让方面，《UCP 600》第38条明确了开证行可以作为转让行转让自己开立的信用证。它采纳了“只要信用证在开证行有效，开证行可以作为转让行”的观点，取消了“信用证须在开证行有效”的前提，使得信用证的转让更具有灵活性。加快了信用证业务进程，减少了换单造成的不符以及在涉及修改和多个受益人情况下交单的不可控性。

另外，在《UCP 600》条款中明确了第二受益人的交单必须经过转让行。此规定主要是为了避免第二受益人绕过第一受益人直接交单给开证行，损害第一受益人的利益；同时，此规定也与其他关于转让行操作的规定相匹配。

（11）款项让渡

《UCP 600》第39条规定：“信用证未表明可转让，并不影响受益人根据所适用的法律规定，将其在该信用证项下有权获得的款项让渡予他人的权利。本条款所涉及的仅是款项的让渡，而不是信用证项下执行权力的让渡。”

信用证的转让和款项让渡是两个完全不同的法律概念，但二者经常被错误地理解。

信用证的转让是指受益人将其信用证项下的权利全部或部分转让给其他受益人（第二受益人）。如果信用证中没有注明“可转让”，则该信用证不能转让。另外，信用证的转让必须在开证行或授权银行承兑信用证之前。

信用证款项的让渡是指将收取信用证项下款项的权利授权让渡给他人。信用证未表明可转让，并不影响受益人根据所适用的法律规定，将其在该信用证项下有权获得的款项让渡予他人的权利。本条款所涉及的仅是款项的让渡，而不是信用证项下执行权力的让渡。

6.4.7 合同中的信用证支付条款

在采用信用证方式时，应该在合同中明确规定信用证的种类、开证日期、信用证的有效期和议付地点等。

1）即期信用证

买方应通过卖方所接受的银行于装运月份前××天开立并送达卖方的即期信用证，有效期至装运后15天在中国议付。

The buyers should open through a bank acceptable to the sellers a Sight Letter of Credit to reach the sellers ×× days before the month of shipment， valid for negotiation in China until 15 days after shipment.

2）远期信用证

买方应通过卖方所接受的银行于装运月份前××天开立并送达卖方见票后××天付款的信用证，有效期至装运后15天在中国议付。

The buyers should open through a bank acceptable to the sellers a at ×× days Sight

Letter of Credit to reach the sellers ×× days before the month of shipment， valid for negotiation in China until 15 days after shipment.

6.5　备用信用证与银行保函

在国际经济贸易交往中，交易双方往往缺乏了解和信任，因而给交易的达成和合同的履行造成一定障碍。为解决这些问题，就出现了由信誉卓著的银行以及其他金融机构开具备用信用证或银行保函，担保人保证申请人履行双方签订的有关商务合同或其他经济合同项下的某种责任或义务，从而有利于交易的顺利进行。

6.5.1　备用信用证

1）备用信用证的含义

备用信用证（Standby Letter of Credit），通常又称商业票据信用证（Commercial Paper Letter of Credit）、担保信用证或保证信用证（Guarantee Letter of Credit），在《国际备用证惯例》（又称《ISP 98》）中简称为备用证（Standby），是一个不可撤销的、独立的、跟单的及具有约束力的承诺，是指开证行根据开证申请人的请求对受益人开立的承诺，承担某项义务的凭证，被用于保证贷款或预付款在到期或违约时或某一不确定事件发生或不发生时产生的义务的履行，即开证行保证在开证申请人未能履行其应履行的义务时，受益人只要凭备用信用证的规定向开证行开具汇票（或不开汇票），并提交开证申请人未履行义务的声明或证明文件，即可取得开证行的偿付。备用证是一种跟单信用证或安排，不论其如何命名或描述，它代表了开证人对受益人的以下责任：①偿还开证申请人的借款；②支付由开证申请人承担的任何债务；③支付由开证申请人违约所造成的任何损失。

备用信用证属于银行信用，开证行对受益人保证，在开证申请人未履行其义务时，即由开证行付款。因此，备用信用证对受益人来说是备用于开证申请人发生毁约时，取得补偿的一种方式。如果开证申请人按期履行合同的义务，受益人就无须要求开证行在备用信用证项下支付货款或赔款，这是其称为“备用”（Standby）的由来。

2）备用信用证的当事人

备用信用证的当事人主要包括申请人、开证人、受益人和保兑人。

（1）申请人（Applicant）

申请人是指向银行提交申请书申请开立备用信用证的人。

（2）开证人（Opening Bank，Issuing Bank）

开证人是接受申请人的委托，对受益人开立的按照备用信用证的规定承诺承担某项义务的人。《ISP 98》规定开证人可以为自己开立备用证，即双名备用证。

（3）受益人（Beneficiary）

受益人是备用信用证上所指定的有权使用该证的人。

（4）保兑人（Confirming Bank）

保兑人是应开证人或受益人的请求在信用证上加批保证兑付备用信用证的银行。按照《ISP 98》的规定，备用信用证的保兑人必须由开证人指定。也就是说，《ISP 98》不包括未经开证人指定，由受益人自己选定的保兑人。

3）备用信用证的种类

备用信用证一般用于投标、技术贸易、补偿贸易的履约保证、预付货款和赊销等业务，也用于带有融资性质的还款保证、履约保证金的担保业务。根据《ISP 98》，按照用途的不同，备用证主要可分成以下几种：

（1）履约备用证（Performance Standby），用于担保履行责任而非担保付款，包括对申请人在基础交易中违约所造成的损失进行赔偿。在履约备用证有效期内如发生申请人违反合同的情况，开证人将根据受益人提交的符合备用信用证的单据（如索款要求书、违约声明等）代申请人赔偿合同或保函规定的金额。

（2）投标备用证（Tender Bond Standby），用于担保申请人中标后执行合同的责任和义务。若投标人未能履行合同，开证人必须按备用证的规定向受益人履行赔款义务。投标备用证的金额一般为投保报价的1%~5%（具体比例视招标文件规定而定）。

（3）预付款备用证（Advance Payment Standby），用于担保申请人对受益人的预付款所应承担的责任和义务。预付款备用证常用于国际工程承包项目中业主向承包人支付的合同总价10%~25%的工程预付款，以及进出口贸易中进口商向出口商支付的预付款。

（4）直接付款备用证（Direct Payment Standby），用于担保到期付款，尤其是指到期没有任何违约时支付本金和利息。直接付款备用证主要用于担保企业发行债券或订立债务契约时的到期支付本息义务。直接付款备用证已经突破了备用证备而不用的传统担保性质。

（5）反担保备用证（Counter Standby），是指保证反担保备用证受益人所开立的另外的备用证或其他承诺。

（6）融资备用证（Financial Standby），是指保证付款义务的履行，包括保证对借款的偿还义务的任何证明文件，广泛用于国际信贷融资安排。境外投资企业可根据所有权安排及其项目运营需要，通过融资备用证获得东道国的信贷资金支持。境外投资企业可要求本国银行或东道国银行开立一张以融资银行为受益人的融资备用证，并凭以作为不可撤销的、独立性的偿还借款的支持承诺，向该银行申请提供账户透支便利。

（7）保险备用证（Insurance Standby），是指保证申请人的保险或再保险义务的任何证明文件。

（8）商业备用证（Commercial Standby），是指开证行应开证申请人的请求，对受益人开立的承诺某些义务的凭证。在开证申请人未按时履约或未按时偿还货款的情况下，开证行负责偿还货款或承担有关责任。如果开证申请人如期履行义务，则该信用证便失效。

4)《国际备用证惯例》

随着备用信用证的推而广之，其与商业信用证在功能上的差异日趋凸显，误解及纠纷日渐增多。《跟单信用证统一惯例》主要是为商业信用证制定的规则，致使备用信用证的许多特点在《跟单信用证统一惯例》中无法得到充分体现，诸如涉及备用信用证的期限、自动展期、要求转让、请求受益人为另一受益人作出其自身承诺等，都有没明确规定，由此造成备用信用证解释上的不确定性，极易导致纠纷。这就需要更专门的行为规则，为此，1998年4月6日，在美国国际金融服务协会、国际银行法律与实务学会和国际商会银行技术与实务委员会的共同努力下，组织起草了《国际备用证惯例》。1998年12月国际商会公布的《国际备用证惯例》于1999年1月1日起生效，并被定为国际商会第590号出版物，在全世界推广使用。它填补了备用信用证在国际规范方面的空白。

《国际备用证惯例》包括序言和正文，共89款。正文包括：总则（本规则的范围、适用、定义和解释、一般原则、术语）；义务；提示；审核；转让、让渡及因法律规定转让（提款权利转让，款项让渡的确认，因法律规定的转让）；撤销；偿付义务；时间安排；联合开证/权益份额等。《ISP 98》的主要内容如下：

(1)《ISP 98》适用性

①《ISP 98》不仅适用于国际备用证，而且适用于国内备用证。惯例名称上的国际是强调其国际适用性和国际权威性。

② 任何备用证不论其如何称谓，只要明确注明根据《ISP 98》开立，则适用于《ISP 98》。

③ Standby 和 Standby Letter of Credit，目前由于一张信用证可以适用《ISP 98》，也可以适用《UCP 600》，为了便于使用，《ISP 98》特意对Standby和Standby Letter of Credit进行了区分：Standby是指依据和已声明适用《ISP 98》的备用信用证或类似担保书；Standby Letter of Credit 是指适用《UCP 600》的备用证。如果Standby Letter of Credit是依据《ISP 98》开立的，那么它也就是《ISP 98》所定义的Standby。

④ 开证人包括银行和非银行金融机构开立的备用证。《UCP 500》规定允许一家银行以自身的名义开立信用证，这是为了满足日益增长的备用证业务的需要，根据这一定义，《UCP 500》所适用的备用证仅限于由银行开立的备用证，不包括非银行金融机构开立的备用证或担保书之类。而且《UCP 500》第1条规定："本惯例适用于一切信用证，在适用范围内也包括备用证。"这是一条灵活的规定，在适用范围内是指：只有针对备用证的条款才能适用备用证，而其他条款不能适用。因为《UCP 500》是针对商业信用证而制定的，适用于备用证的条款不多，ICC也无法知道究竟哪些条款适用，哪些不适用，《ISP 98》的问世解决了这个问题。

(2)《ISP 98》的特点

①《ISP 98》具有十分明确的针对性，开证人可以不是银行，适用于国内、国

际，扩大了适用范围。

② 具有条文细致的特点，专门辟有定义条款，这对其他相关业务的规范和限定产生影响。

③ 具有语言逻辑的精确性。就《UCP 500》的一些模糊条款进行了完善和明确。

④ 具有业务规范的合理性。

⑤ 具有优先性 。一份备用证可以同时适用《UCP 600》和《ISP 98》，然而《ISP 98》有优先权，只有其未规定的才可适用于《UCP 600》。

（3）有关当事人

有关当事人主要包括申请人、开证人、受益人和保兑人。与《见索即付保函统一规则》不同，《ISP 98》规定开证人可以为自己开立备用证，即双名备用证。另外，《ISP 98》规定，备用证的保兑人必须由开证人指定。也就是说，《ISP 98》不包括未经开证人指定，由受益人自己选定的保兑人。

《ISP 98》为了强调备用证的保兑人负有与开证人同样的责任和义务，提供相同意义上的担保，特别规定：开证人的概念包括保兑人，保兑人视同一个独立的开证人，其保兑相当于代表开证人开立的独立的备用证。《ISP 98》规定："在备用证存在保兑人的情况下，当未明确规定将单据提交给开证人还是保兑人时，交单人可任意选择。"此时，保兑人对证下付款责任的担保与审单的权利并没有必然的联系。也就是说，在保兑人未明确要求向其提交单据的情况下可视为自动放弃审单权。此时，如果开证人没有在合理时间内拒付，即使单据有不符点，且保兑人并未审单，保兑人仍应承担付款责任。

（4）备用证的性质

备用证的性质是不可撤销性、独立性和单据化，且一经开出即受约束。

① 不可撤销性是指在未明确指明的情况下，开证人即不可撤销和修改备用证，除非证中明确注明"Not issued"或"Not enforceable"。《ISP 98》规定，备用证注明"Inoperative，Unavailable，Ineffective"等词语并不影响备用证的不可撤销性。

② 独立性是指尽管备用证是以担保申请人和受益人之间的基础合同而开立的，且备用证条款常引述基础合同，但备用证一经开出，即独立于基础合同。

③ 单据化是指开证行对受益人的付款责任是以受益人提交的与备用证条款表面相符的单据为依据的，而不介入申请人是否违约的事实。可见，凭单付款这一单据化特征，是包括备用证在内的所有信用证的共同本质。

（5）电子记录、电子化交单及交单媒体

《ISP 98》中关于电子记录（Electronic Record）、电子化交单（Electronic Presentation）和交单媒体（Medium of Presentation）的规定是其他国际惯例所不具备的。

①电子记录的含义包括以下3个方面的内容：

A.一条记录，即记录于有形媒介（光盘、磁盘）上的信息，或储存在电子媒介（SWIFT、电传、传真）或其他媒介（数码相机）上而能以可感知方式读取的信息。

B.通过电子方式发送到（对应的）接受、储存（系统）、再传送，或以其他方式处理信息（如数据、文本、图像、声音、代码、计算机程序、软件、数据库等）的系统中。

C.能够被证实，进而被审核是否与备用证的条款相符（构成开证行或保兑行的付款责任）。

②电子化交单是以电子化传递方式进行的交单。例如，受益人向开证人递交了载有备用证项下单据信息的光盘并不构成电子化交单，只有光盘内的信息通过电子传递系统接通开证人电子接收系统并完成传递才构成电子化交单。

③交单媒体是指传递单据的（非纸张传递）电子媒体，开证人或指定收单人往往可以从电子设备的输出口收到以纸张表示的单据，在这种情况下，开证人或指定收单人收到的单据便是电子单据而不是纸张表示的单据。

当备用证明确提交电子单据时，受益人才能提交电子单据，而且所提交的电子单据必须是对方可以确认的电子记录形式。如果备用证规定以电子媒体交单，而受益人不具备相应的设备和能力，应事先修改信用证，否则受益人能力问题不构成其不严格执行信用证规定的理由。

（6）修改和自动修改

备用证是可以修改的，如果备用证明确表明该证可因使用金额的增减、到期日的展延等而“自动修改”，则该修改自动生效，不需要任何进一步的通知或备用证明确规定以外的同意（被称为“未经修改而生效”）。《ISP 98》明确规定：“只有当所提交的单据与修改后条款相符又与修改前条款不符，才构成受益人对该修改的接受。”

（7）分批支款和每次交单的独立性

一般来说，备用证没有分批装运，因为其不要求货物运输单据，但可以分批支款。例如，为支付劳务费、租金、借款、还款、担保赔款等开立的备用证都有可能分批支款。允许分批支款就有多次交单发生，《ISP 98》规定：

① 受益人未能按时交单，并不影响下次交单。

② 开证行或其指定银行对某一不符点交单的付款，无论是否已通知不符点的存在，都不构成其放弃该备用证项下其他次不符点交单的拒付权利。

同一备用证项下的各次交单之间完全独立，即每次交单均依照备用证当期的规定有效，并不受以往交单情况的约束和影响。比如，有可能因申请人已在备用证以外向受益人支付了某一期款项。

（8）必须不理会非单据化条款

《ISP 98》第一次对非单据化条款给出明确定义：如果备用证条款不要求提示单据证明其条款被履行，并且开证人根据自己的记录或在其正常业务范围内不能确定该条款被履行，则该条款为非单据条款。而且特别强调备用证中的非单据条件必须不予考虑，不管其是否会影响开证人接受相符提示或承认备用证已开立、已修改或已终止的义务。

所谓“单据”（Document），是指提示（书面形式或电子媒介形式）的汇票、索款书、所有权凭证、投资担保、发票、声明书等，其中索款书是必要的单据，声明书是核心单据。

①索款书（Demand for Payment）

即使一份备用证没有注明任何要求提交的单据，也需要提交一份做成单据的索款书。索款书一般以纸单据形式提交，也可以以SWIFT、加押电传或其他类似的纸张以外的介质提交。索款书可以是单独出具的，必须包括受益人直接向开证人或指定人要求付款的索偿文句、出具日期、金额、受益人签字等内容。索款书也可以和汇票合二为一，但此时的联合单据在满足汇票格式要求的同时，必须有受益人在某备用证下向开证人或指定人索偿的语句。也正是因为汇票可以被当作索款书，所以备用证下的单据是包括金融单据的。

②声明书（Statement）

声明书是指违约或其他提款事件的声明，跟单信用证的运输单据因其证明作用或已依据信用证要求发出而成为信用证的核心单据。而在备用证业务中，声明书也因其证明了支款事件的发生而成为备用证的核心单据。声明书一般包括陈述、出具日期及受益人签名3项内容，其中因备用证所描述的提款事由已经发生而要求付款的陈述是主要内容。付款人在付款时无须对此声明内容的事实作任何调查和确认，而开证人对单据的签字的真伪和效力没有必要、也不可能鉴别，即使该签字出自申请人之手。因此，开证人不得以签字不符或类似的理由对受益人拒付。

（9）有效期

备用证必须包含到期日，这个日期是针对受益人交单索偿而言的，即到期日就是交单日。交单人在到期日之前交单属于准时交单。如果单据未能准时交单，开证人或其指定人无须提出拒付而自然保留拒付的权利。值得注意的是，受益人应确保备用证的有效期与该备用证所担保的基础合同的履约期相衔接，以便受益人能在备用证有效期内确知申请人未按约定期限履约的事实。如果到期日为非营业日，则顺延到当日以后的第一个营业日；如果在交单的最后营业日，备用证规定的交单地点因某种原因关门而因此无法及时交单，除非备用证另有规定，最后的交单日可自动延展到交单地点开门营业后30天内。这切实保障了受益人的合法权益。

（10）先期放弃和责任递减条款

备用信用证的非自动到期是指备用信用证特有的先期放弃信用证的做法，即备用信用证中可以规定，如果备用信用证到期前申请人已按合同履约，则受益人应向开证人提交一份单据以免除开证人在备用信用证下所承担的责任，或申请人及开证人可能在备用信用证中订立特别条款，规定如果申请人已在备用信用证外向受益人付款，受益人得先期放弃备用信用证或相应削减备用信用证的可用金额，这种情况在商业信用证下是不可能发生的，因为商业信用证是为货物交易的履约提供付款保证，因此在到期日前，受益人通常不可能放弃商业信用证。因此，《ISP 98》规定，一份备用信用证必须含有到期日或允许开证人经合理的事先通知或付款而终止备用信用证。

责任递减条款是指开证人的付款责任随着申请人履约或开证人的付款而相应递减，这种条款订立后，如果申请人已按合同规定在备用证下向受益人支付款项，便可起到备用证可用金额自动缩小和开证人付款责任自动递减的目的，而不必等待受益人出具备用证先期放弃通知。

先期放弃和责任递减条款的目的在于保护申请人和开证人的合法权益。对开证人来说，可以防止开证人无期限地承担保证责任，也可以防止受益人欺诈性交单。对申请人来说，可最大限度地利用开证人对其的授信额度，以便申请下一个备用证。

5）备用信用证与跟单信用证的异同

备用信用证与跟单信用证相同之处在于：开证人所承担的付款责任都是第一性的；均凭符合信用证规定的凭证或单据付款；均受《UCP 600》的约束；二者都具有独立性原则，是独立于基础合同之外的自足文件等。

备用信用证与跟单信用证的不同之处在于以下几点：

（1）作用不同

跟单信用证主要涉及基础交易款项的支付，受益人在发运货物取得提单后，需要向银行提交单据证明其已经履行基础交易的义务，在受益人履行交货义务后银行付款。跟单信用证一般以清偿货物价款为目的。跟单信用证首先充当的不是担保合同履行的手段，而是充当合同价款支付的手段，它常常作为货款收付形式出现在基础合同的支付条款之中。

在备用信用证下，受益人只有在开证申请人未履行义务时，才能行使信用证规定的权利。如开证申请人履行了约定的义务，则备用信用证就成为备而不用的文件。备用信用证一般是以融通资金并起到担保的作用为目的，备用信用证充当的不是支付手段而是发挥了一种担保的作用。

（2）使用范围不同

跟单信用证主要适用于国际货物买卖的收付，而备用信用证不仅可以作为货物买卖的支付方式，还可以适用于货物买卖以外的多方面交易。例如，在投标业务中，可利用备用信用证向招标人提供投标保证或履约保证；在赊销业务中，可利用备用信用证向赊销人提供赊销保证；在借款业务中，可利用备用信用证向贷款人提供还款保证。

（3）所要求的单据不同

跟单信用证一般要求受益人提交代表物权的正本货运单据，开证行在支付货款后便控制了该物权凭证，申请人必须付款赎单，才能提货。因此，跟单信用证能切实保障开证行取得偿付的权益。而备用信用证通常仅仅为受益人可任意出具的书面声明（Written Statement）加附汇票、发票或简单的收据（Simple Receipt）等。即使需要货运单据，一般也只要求提交副本单据或者单据影印件即可。这些单据与跟单信用证下受益人提供的物权凭证不同，它们并不代表货物的所有权，开证人在付款后无法掌握物权凭证，因此备用信用证不能较好地保障开证行取得偿付的权益。正因为如此，银行开立备用信用证的风险会比开立跟单信用证的风险大得多。在实践中，银行一般只给具有良好信誉的客户开具备用信用证。

另外，备用信用证不仅适用于《UCP 600》，还适用于国际商会制定的《ISP 98》。跟单信用证只适用于《UCP 600》。

6.5.2 银行保函

1）银行保函的含义

银行保函（Banker's Letter of Guarantee），又称银行保证书，是指银行（保证人）应申请人的请求，向第三人（受益人）开立的一种书面担保凭证，保证在申请人未能按双方协议履行其责任或义务时，由银行代其履行一定金额、一定期限范围内的某种支付责任或经济赔偿责任。银行保函在性质上有从属性保函和独立性保函之分。

（1）从属性保函（Accessory L/G）

保函是基础合同的一个附属性契约，其法律效力随基础合同的存在而变化、灭失。担保人的责任是属于第二性的付款责任，只有当保函的申请人违约，并且不承担违约责任时，保证人才承担保函项下的违约责任或赔偿责任。而申请人是否违约，是根据基础合同的规定以及实际履行情况来作判断的，但做这种判断显然不是件简单的事，经常要经过仲裁或诉讼才能解决其中的是非曲直。因此，当从属性保函项下发生索赔时，担保人要根据基础合同的条款以及实际履行情况来确定是否予以支付。各国国内交易使用的保函基本上都是从属性保函。

（2）独立性保函（Independent L/G）

独立性保函也称见索即付保函。虽然保函是依据基础合同开立的，但是一经开立，便具有独立的效力，担保人对受益人的索赔要求是否支付，只依据保函本身的条款。见索即付保函的担保人承担的是第一性的、直接的付款责任。

独立性保函一般都要明确担保人的责任是不可撤销的、无条件的和见索即付的。保函一经开出，未经受益人同意，不能修改或解除其所承担的保函项下的义务；保函项下的赔付只取决于保函本身，而不取决于保函以外的基础交易事项，银行收到受益人的索赔要求后应立即予以赔付约定的金额。

独立性保函目前已成为国际担保的主流趋势，原因主要在于：第一，当从属性保函发生索赔时，担保银行须调查基础合同履行的真实情况，这是其人员和专业技术能力所不能及的，且会因此被卷入合同纠纷甚至诉讼中。担保银行为自身利益考虑，绝不愿意卷入复杂的合同纠纷中，使银行的利益和信誉受到损坏，从而趋向于使用独立性保函。银行在处理保函业务时，越来越多地引进信用证业务的处理原则，甚至有的将保函称为担保信用证。第二，独立性保函可使受益人的权益更有保障、更易于实现，可以避免保函申请人提出各种原因如不可抗力、合同履行不可能等来对抗其索赔的请求，避免对违约人起诉花费大量的金钱、精力及诉讼旷日持久等缺陷，可确保其权益不因合同纠纷而受到损害。

2）银行保函的当事人

（1）申请人（Applicant）

申请人也称委托人（Principal），是指向银行提出申请，要求银行开立保函的人。由申请人发出指示，为受益人开立保函以保证其履约行为。

（2）受益人（Beneficiary）

受益人是指凭银行保函要求银行承担经济赔偿责任的人。

（3）担保人（Guarantor ）

担保人也称保证人，是指代委托人开立保函的银行或其他金融机构。

（4）通知行（Advising Bank）

通知行也称转递行（Transmitting Bank），是指根据担保人的要求将保函通知给受益人的银行，通常为受益人所在地银行。担保人与通知行一般是代理行，通知行只对保函负有核对印鉴或密押的义务，不承担任何经济赔偿责任。

（5）转开行（Reissuing Bank）

转开行是指接受担保人的要求，凭担保人的反担保向受益人开立保函的银行。转开行通常是受益人所在地银行。保函一经开出，转开行即变成担保人，承担担保人的责任或义务。

（6）反担保行（Counter Guarantor Bank）

反担保行是指为申请人向担保人出具书面反担保函的银行，以保证申请人履行合同义务，向担保人承诺，当担保人在保函项下付款后，担保人可以从反担保人处得到及时、足额的补偿。

（7）保兑行（Confirming Bank）

保兑行是指在担保人出具的保函上加以保证兑付的银行。保兑行只有在担保人不履行担保义务时，才向受益人赔付。

3）银行保函的种类

银行保函在实际业务中的使用范围很广，它不仅适用于货物的买卖，而且广泛适用于其他国际经济合作领域。例如，在国际工程承包、招标与投标以及借贷业务中均有使用。银行保函按其用途可分为以下几种：

（1）付款保函（Payment Guarantee）

付款保函是保证人应申请人（进口方）要求向受益人（出口方）开出的保证进口方在收到符合合同规定的货物后向出口方支付全部货款，否则由保证人赔偿出口方损失的书面保证文件。付款保函适用于进出口贸易，其担保金额一般为货物价款及相应的利息。有效期从保函开立之日起至出口方收到货款或双方约定的具体时间为止。

（2）借款保函（Bank Guarantee for Loan）

借款保函是保证人应借款人要求向贷款方开立的保证借款人到期归还贷款本息，否则由保证人进行赔付的书面担保文件。借款保函的担保金额一般为贷款总额及其利息之和，借款保函自开立之日起生效，至借款人偿清全部本息总和之日失效。借款保函的担保责任随借款人的偿还而自动递减。

（3）透支保函（Overdraft Guarantee）

透支保函实质上是借款保函的一种特殊形式，即保证人应申请人的要求向被透支行开出的、保证借款人到期如数偿还透支金额及相应利息，否则由保证行进行赔偿的书面保证文件。透支保函的担保金额一般为透支协议规定的金额和利息，期限由双方约定或透支偿清时为止。

（4）预付款保函（Advanced Payment Guarantee）

预付款保函又称还款保函（Repayment Guarantee），是指保证人应申请人（收到预付款的一方）的要求向受益人（支付预付款的一方）开出的保证如果申请人不按合同规定履行义务，或未将受益人预付给申请人的任何金额以其他方式偿还时，由保证人向受益人赔付一定金额的书面保证书。预付款保函适用于进出口贸易、工程承包和技术贸易中一切预付款和带有预付款性质的分期付款业务。预付款保函的担保金额视预付款的金额而定，一般为合同金额的10%左右，保函从申请人收到预付款之日起生效，以免在此之前遭到无理索赔，在申请人履行了合同规定的义务或预付款全部扣减完毕时失效。

（5）补偿贸易保函（Guarantee under Compensation Trade）

补偿贸易是指贸易双方就某个项目达成协议后，由出口方提供该项目生产所需的设备和技术，由进口方提供厂房、劳动力进行生产，生产出来的产品以返销的形式来弥补出口方的设备款、技术转让费及相应的利息。在补偿贸易中，出口方为避免因进口方违约而不能按时补偿设备款、技术转让费而使自己遭受损失的风险，往往要求进口方提交补偿贸易保函，保证在合同规定的期限内补偿设备款、技术转让费及相应利息，否则由保证行承担赔偿责任。补偿贸易保函的保证金额由出口方提供的设备及转让技术的价款来决定，有效期从进口方收到设备，并安装调试完毕，进行试生产时开始，至保函项下全部价款清偿完毕或双方约定的具体日期为止。

（6）租赁保函（Leasing Guarantee）

租赁保函是指保证人应承租人的要求向出租人开立的保证承租人按照合同的规定支付租金，否则将由保证人进行赔付的书面保证文件。

（7）投标保函（Tender Guarantee）

投标保函是指保证人应投标人（申请人）的委托向招标人（受益人）开出的书面保证文件，保证投标人在开标前不中途撤标、不片面修改投标条件，中标后不拒绝交付履约保证金、不拒绝与招标人签订合同，并承诺当投标人出现上述违约行为时，由保证人赔偿招标人的全部损失。投标保函一般自开立之日起生效，在开标后一定时期内，若投标人未收到中标通知，则保函失效；若收到中标通知，则保函自动延续到投标人与中标人订立合同并提交规定的履约保函时失效。

（8）履约保函（Performance Guarantee）

履约保函是指保证人应申请人的要求向受益人开出的保证申请人按照合同条款履行各项合同义务，否则由保证人赔偿受益人一定金额损失的书面保证文件。履约保函是独立保证兴起的最初表现形式，它的应用范围也非常广泛，在进出口贸易、来料加工、工程承包、补偿贸易、融资租赁以及质量维修等方面都可以使用。因此，英美的许多学者就以“Performance Guarantee”这一术语指称独立保证。履约保函的有效期一般自相关合同生效之日起，至合同失效之日或双方协商确定的具体期限止。

4）《见索即付保函统一规则》

《见索即付保函统一规则》（The Uniform Rules for Demand Guarantees，ICC Publication No. 458 1992 Edition），国际商会第458号出版物（又称《URDG 458》），是国际商会制定的有关保函的国际惯例。随着银行保函在国际上使用范围的不断扩大，其内容也逐渐复杂化，为了便于研究和使用，国际商会于1978年制定了《合同担保统一规则》（又称《URCG 325》），1982年又制定了《开立合约保证书模范格式》，供实际业务参考和使用。以后随着国际经济贸易的发展和变化，1991年国际商会又对《合同担保统一规则》进行了修订，并于1992年4月出版发行《见索即付保函统一规则》。

《见索即付保函统一规则》分为导言与规则的适用范围、定义及总则、义务与责任、要求、效期的规定、适用法律及司法管辖权6个部分，共28条。《见索即付保函统一规则》不仅为银行、保险公司等金融机构以及从事国际借贷、项目融资、工程承包、招投标、租赁、劳务输出及技术合作的企业提供了见索即付保函业务的统一规则，而且为律师、法院和仲裁机构提供了解决相关争议的依据。

5）银行保函与备用信用证的异同

银行保函和备用信用证作为国际结算和担保的重要形式，在国际金融、国际租赁和国际贸易及经济合作中应用十分广泛。由于二者之间日趋接近，甚至有人将二者混同。事实上，二者之间既有基本类同之处，又有许多不同之处，准确把握二者之间的相似与区别，有助于在实际工作中正确运用它们来促进国际经贸的开展，也有利于保护有关当事人的合法权益。

（1）银行保函与备用信用证的相同之处

①当事人

银行保函和备用信用证都是由银行或其他实力雄厚的非银行金融机构应某项交易合同项下的当事人（申请人）的请求或指示，向交易的另一方（受益人）开立的书面文件，承诺对提交的在表面上符合其条款规定的书面索赔声明或其他单据予以付款。银行保函与备用信用证的法律当事人基本相同，一般包括申请人、担保人或开证行（二者处于相同地位）、受益人。三者之间的法律关系是，申请人与担保人或开证行之间是契约关系，二者之间的权利和义务关系以开立保函申请书为准，而担保人或开证行与受益人之间的法律关系则是以银行保函或备用信用证条款为准。

②目的与作用

银行保函和备用信用证都是国际结算和担保的重要形式，在国际经贸往来中可发挥相同的作用，达到相同的目的。

在国际经贸交往中，交易当事人往往要求提供各种担保，以确保债务的履行，如招标交易中的投标担保、履约担保；设备贸易中的预付款担保、质量或维修担保；国际技术贸易中的付款担保等，这些担保都可通过保函或备用信用证的形式实现。从备用信用证的产生来看，它正是作为保函的替代方式而产生的，因此它所达到的目的自然与保函有一致之处。

（2）银行保函与备用信用证的不同之处

①银行保函有从属性保函和独立性保函之分，备用信用证无此区分

银行保函在性质上有从属性保函和独立性保函之分。从属性保函是基础合同的一个附属性契约，其法律效力同基础合同的存在、变化、灭失保持一致，担保人的责任是属于第二性的付款责任，只有当保函的申请人违约，并且不承担违约责任时，保证人才承担保函项下的赔偿责任。如果属于独立性保函，则与备用信用证完全一样。

备用信用证作为信用证的一种形式，并无从属性与独立性之分，它具有信用证的“独立性、自足性、纯粹单据交易”的特点，当受益人以该信用证为准时，开证行只根据信用证条款与条件来决定是否偿付，而与基础合同无关。

②银行保函和备用信用证适用的国际惯例不同

银行保函适用国际商会制定的《合同担保统一规则》和《见索即付保函统一规则》；而备用信用证适用于国际商会制定的《跟单信用证惯例》和《国际备用证惯例》。

6）银行保函和信用证的区别

（1）银行付款责任不同

在信用证业务中，开证行承担第一性的付款责任；在银行保函业务中，见索即付保函承担第一性的付款责任，而有条件保函则承担第二性付款责任。

（2）使用的范围不同

信用证业务一般只适用于货物买卖，而银行保函除适用于货物买卖外，更多地适用于国际工程承包、招标、借款、贷款等业务，因而使用范围更广。

（3）对单据的要求不同

信用证项下货运单据是付款人的依据，单证不符，银行可以拒付。银行保函项下单据不是付款的依据，一般凭索赔书或其他文件付款。

（4）能否融资不同

信用证项下受益人可通过议付取得资金融通，而银行保函项下的单据不成为索汇的依据，也不能作抵押贷款，受益人不能取得资金融通。

（5）与合同关系不一样

信用证与合同是两个完全独立的契约，而出具保函的银行，当受益人以对方不履约提交书面陈述或证明要求银行赔偿时，银行一般须证实不履约的情况，如果双方意见不一，银行就会被牵扯到交易双方的合同纠纷中去。

□ 本章小结

国际买卖合同货款的收付是买卖双方关注的重要问题。采取何种工具、方式结算是合同中的重要条款。货款的收付工具包括汇票、本票和支票，其中汇票是最常见、应用最广泛的。结算方式包括汇付、托收和信用证。汇付和托收相对比较简单，但是二者均属于商业信用，在货款的收付中风险较大；信用证属于银行信用，信用证和买卖合同的独立性使得信用证项下货款的收付风险较小，因而在国际货物买卖中应用广泛。

□ 复习思考题

1.比较汇票、本票和支票的不同。

2.有一份国外来证，证内有关条款如下（中原农产品进出口公司为受益人）：

×× beneficiaries’ draft on A.B.C Bank in duplicate at 30 days after sight drawn to the order of D.G Bank.

（1）开出的汇票是即期汇票还是远期汇票？

（2）出票人是谁？

（3）受票人是谁？

（4）受款人是谁？

随堂测验

3.比较电汇、信汇和票汇3种汇付方式的异同点。

4.分析跟单托收对进出口商的利弊。

5.信用证有哪些种类？分别进行简述。

6.简述托收和信用证支付方式的主要区别。

7.信用证对受益人、申请人及银行有哪些风险？如何防范？

8.简述独立性保函的优缺点。

9.简述银行保函与备用信用证的区别和联系。

10.简述银行保函与信用证的主要区别。

□ 典型案例

1.我国某公司以D/P即期付款的方式向日商推销商品。日商答复：“若我方接受D/P 90天，并通知日商指定的代收行收取货款即可接受。”日商提出的这些条件对其自身有何好处？

分析与提示：

D/P 90天比D/P即期付款延长了90天的付款期限，而且是以日商指定的代收行代收货款，这样日商可利用自身与代收行的关系，争取到远期付款交单，凭信托收据借单（D/P，T/R），从而取得与D/A的同等条件。实际上，日商可获得融资的好处。

2.我国某出口公司收到国外客户开来不可撤销信用证一份，并按来证要求装货出运。但是，在尚未将单据交我国某银行议付之前，突然收到开证行通知，称开证人已经倒闭，为此开证行不再承担付款责任。试问：我国该出口公司应如何处理？为什么？

分析与提示：

我国该出口公司应坚持向开证行索取货款。

本案例涉及信用证问题。所谓信用证，是指一种银行开立的有条件的承诺付款的书面文件，也是开证行对受益人的一种保证，只要受益人履行信用证所规定的条件，即受益人只要提交符合信用证所规定的各种单据，开证行就得保证付款。信用证有此特点——开证行承担第一付款责任。另外，不可撤销信用证是指信用证开具后，在有效期内，非经信用证各有关当事人（即开证行、保兑行和受益人）的同意不得修改或撤销的信用证。

结合本案例，虽然开证人倒闭，但是采用的是信用证付款方式，开证行必须承担付款责任。另外，根据不可撤销信用证的规定，只要该出口公司提供了符合信用证的各种单据，开证行是不得拒付的。因此，我国该出口公司应坚持向开证行索取货款。

中国快速融入世界经济，加速改革开放，已经可以更有力地维护自由贸易。该案例表明我国应积极维护自身利益，更好地展现大国担当，积极促进世界经济发展。此外，中国将始终做现行国际贸易规则和国际秩序的坚定维护者，为构建人类命运共同体努力奋斗。

3.中国A公司与国外B公司签订补偿贸易合同，约定由A公司从B公司引进某生产线，价格为200万美元，A公司以50%的现金及该生产线生产的产品作为价款，合同履行期限为4年。为了保证A公司履行合同，B公司要求A公司以备用信用证形式提供担保。A公司遂向国内C银行申请开立备用信用证。C银行根据A公司的委托，开立了一份以B公司为受益人，金额为100万美元的备用信用证。该信用证适用国际商会《UCP 600》。在C银行开立的备用信用证的担保下，B公司与A公司之间的补偿贸易合同生效。后因A公司未能在合同规定的日期内履约，B公司便签发汇票连同一份声明提交给C银行，要求其支付备用信用证项下的款项。C银行对B公司提交的汇票和声明进行审查后认为“单证相符”，便向B公司支付了100万美元。请问C银行此做法的依据是什么？

分析与提示：

C银行此做法的依据是备用信用证的特点。

本案例涉及一种特殊的信用证——备用信用证。开证行保证在开证申请人不履行其义务时，即由开证行付款。如果开证申请人履行了约定的义务，该信用证则不必使用。因此，备用信用证对于受益人来说，是备用于开证申请人发生违约时取得补偿的一种方式，具有担保的性质。同时，备用信用证又具有信用证的法律特征，开证行处理的是与信用证有关的文件，而与交易合同无关。综上所述，备用信用证既具有信用证的特点，又具有担保的性质。

□ 拓展阅读

拓展阅读 1

信用证单证不符、进出口双方谁负责？

拓展阅读 2

实务中对 UCP600 相关问题的误解

拓展阅读 3

备用信用证结构 海外债市场及风险防控

拓展阅读 4

R781 代收行擅自出具提货单的责任？

第7章/进出口商品检验检疫

学习目标

熟悉进出口商品检验的概念；重点学习和掌握检验的时间和地点；了解商品检验机构，掌握我国商品检验机构的职责；熟悉主要的检验证书，重点学习和掌握检验证书的作用；学习和掌握商品检验的标准；重点学习和掌握合同中的检验检疫条款；了解我国免验产品范围和申请程序。

进出口商品检验检疫是国际货物买卖中不可缺少的一个重要环节，也是买卖合同中不可缺少的一项内容。在国际贸易中，买卖双方分处两国，难以当面交接和验收货物，同时货物经过长途运输难免发生残损、短缺等问题。这些问题可能涉及运输、保险、装卸等部门的责任。为了避免发生争议或发生争议后能分清责任归属，这就需要一个有资格的、与买卖双方当事人无利害关系的检验检疫机构作为第三者，对成交货物的品质、数量、重量和包装，以及运载工具等进行检验检疫、鉴定和证明，并出具检验检疫证明书。这种由商检机构出具的检验证书，已成为国际贸易中买卖双方交接货物、结算货款、索赔和理赔的主要依据。

7.1 进出口商品检验检疫概念和法律依据

7.1.1 进出口商品检验检疫的概念

进出口商品检验检疫是指在国际贸易活动中对买卖双方成交的商品交由商品检验检疫机构对商品的质量、数量、重量、包装、安全、卫生以及装运条件等进行检验，并对涉及人、动物、植物的传染病、病虫害、疫情等进行检疫的工作。

在国际贸易中，进出口商品检验检疫起着非常重要的作用，主要体现在：

（1）促进提高出口产品质量及其在国际市场上的竞争能力，维护国家经济利益和对外信誉，保证质量、规格、包装、数量、重量符合买卖合同和有关标准要求。

（2）对进口商品的质量、规格、包装、数量、重量按照合同和有关标准规定严格检验，把好进口商品质量关，保障国内生产安全与人民身体健康，维护国家对外贸易的合法权益。

（3）是国家维护根本经济权益与安全的重要的技术贸易壁垒措施，是保证一国对外贸易顺利进行和持续发展的需要。出入境检验检疫是合理利用国际通行的非关税技术壁垒手段，保证一国对外贸易顺利进行和持续发展的需要。

（4）为买卖双方交接货物、货款结算、通关计税和索赔-理赔提供了依据。

根据2021年修订的《中华人民共和国进出口商品检验法》（以下简称《商检法》）及2019年3月修订的《中华人民共和国进出口商品检验法实施条例》的规定，我国进出口商品的报检分类和范围主要有进口商品法定检验和出口商品法定检验。

①进口商品法定检验范围：

A.列入现行《出入境检验检疫机构实施检验检疫的进出境商品目录》规定的进口商品；

B.有关国际条约、协议规定须经商检机构检验的进口商品；

C.有关其他法律、行政法规规定须经商检机构检验的进口商品。

②出口商品法定检验范围：

A.列入现行《出入境检验检疫机构实施检验检疫的进出境商品目录》规定的出口商品；

B.出口食品的卫生检验；

C.贸易性出口动物产品的检疫；

D.出口危险物品和《进出口商品检验种类表》内商品包装容器的性能检验和使用鉴定；

E.装运易腐烂变质食品出口的船舱和集装箱等运载工具的适载检验；

F.有关国际条约、协议规定须经商检机构检验的出口商品；

G.有关其他法律、行政法规规定须经商检机构检验的出口商品。

7.1.2　进出口商品检验检疫的法律依据

在国际贸易中，进出口商品检验是必不可少的。世界各国的法律法规和国际通行做法、有关规则、协定等，都赋予检验检疫机构公认的法律地位。在国际贸易合同中，对检验检疫一般也有明确的条款规定，使检验检疫工作受到法律保护，检验检疫机构所签发的证件具有法律效力。

（1）《联合国国际货物销售合同公约》第38条对货物检验问题作了明确规定：①买方必须在按情况实际可行的最短时间内检验货物或由他人检验货物；②如果合同涉及货物的运输，检验可推迟到货物到达目的地后进行；③如果货物在运输途中改运或买方需再发运货物，没有合理机会加以检验，而卖方在订立合同时已知道或理应知道这种改运或再发运的可能性，检验可推迟到货物到达新目的地后进行。

（2）我国进出口商品检验检疫的法律依据主要包括由全国人大及其常委会制定的用以调整出入境检验检疫工作的法律。这些法律有《中华人民共和国进出口商检法》《中华人民共和国国境卫生检疫法》《中华人民共和国进出境动植物检疫法》《中华人民共和国食品卫生法》。这些法律是出入境检验检疫机构从事检验检疫工作的法律依据，其他检验检疫依据都不能与之相违背。除此之外，国务院通过的调整出入境检验检疫工作的行政法规及法规性文件也是我国进出口商品检验检疫的法律依据。这些行政法规有《中华人民共和国进出口商品检验法实施条例》《中华人民共和国国境卫生检疫法实施细则》《中华人民共和国进出境动植物检疫法实施条例》等。

其中《商检法》突出了国家对进出口商品检验的重点，规定了商检机构对列入《进出口商品检验种类表》内和其他法律法规规定必须经商检机构检验的进出口商品实行强制性检验。《商检法》明确规定对法定检验的进口商品未经检验不准销售、使用；对法定检验的出口商品未经检验合格的不准出口；盛装出口危险货物的包装容器必须进行性能鉴定和使用鉴定，使用未经鉴定合格的包装容器的危险货物，不准出口。

《商检法》还明确规定了商检机构监督管理的内容和范围，对法定检验范围内的出口商品，企业可派检验员参与监督出厂前的质量检验工作；对法定以外的进出口商品可以抽查检验，出口商品经抽查检验不合格的不准出口。另外，《商检法》还明确规定商检机构和其指定的检验机构可以接受对外贸易关系人和外国检验机构的委托，办理进出口商品鉴定业务。《商检法》还规定了违反《商检法》的法律责任。

7.2 检验的时间和地点

检验的时间和地点是指在何时、何地、由何方行使检验权。检验权是指买方或卖方对所交货物进行检验，其检验结果作为交付与接受货物的依据。它服从合同的约定，买卖双方通常都在合同中对如何行使检验权的问题作出规定，即规定检验的时间和地点。

7.2.1 在出口国检验

1）产地（工厂）检验

产地（工厂）检验是指货物在产地出运或工厂出厂前，由产地或工厂的检验部门或买方指定的验收人员或检验机构对货物进行检验和验收，并由买卖合同规定的检验机构出具检验证书，作为卖方所交货物的品质、数量等内容的最后依据。卖方只承担货物离开产地或工厂前的责任，对于货物在运输途中所发生的一切变化，卖方概不负责。

2）装运港（地）检验

装运港（地）检验又称“离岸品质、离岸重量”（Shipping Quality and Shipping Weight），是指货物在装运港或装运地交货前，由买卖合同中规定的检验机构对货物的品质、重量（数量）等内容进行检验鉴定，并以该机构出具的检验证书作为最后依据。卖方对交货后货物所发生的变化不承担责任。

以上两种方法从根本上否定了买方的复验权，对买方极为不利。

7.2.2　在进口国检验

1）目的港（地）检验

目的港（地）检验又称“到岸品质、到岸重量”（Landed Quality and Landed Weight），是指货物运达目的港或目的地时，由合同规定的检验机构在规定的时间内，就地对商品进行检验，并以该机构出具的检验证书作为卖方所交货物品质、重量（数量）等内容的最后依据。采用这种方法时，买方有权根据货物运抵目的港或目的地时的检验结果，对属于卖方责任的品质、重量（数量）不符点，向卖方索赔。

2）买方营业处所（最终用户所在地）检验

对于一些因使用前不便拆开包装，或因不具备检验条件和检验设备而不能在目的港或目的地检验的货物，如密封包装货物、精密仪器等，通常都是在买方营业处所或最终用户所在地，由合同规定的检验机构在规定的时间内进行检验。货物的品质和重量（数量）等内容以该检验机构出具的检验证书为准。

采取以上两种方法时，卖方必须承担到货品质或重量（数量）的责任，对卖方不利。

7.2.3　出口国检验、进口国复验

出口国检验、进口国复验是指卖方在出口国装运货物时，以合同规定的装运港或装运地检验机构出具的检验证书，作为卖方向银行收取货款的凭证之一，货物运抵目的港或目的地后，由双方约定的检验机构，在规定的地点和期限内对货物进行复验。复验后，如果货物与合同规定不符，而且属于卖方责任所致，此时，买方有权凭该检验机构出具的检验证书，在合同规定的期限内向卖方索赔。这种做法兼顾了买卖双方的利益，较为公平合理。

该方法兼顾了买卖双方的利益，公平合理，是国际贸易中最常用的一种方法。

7.2.4　装运港（地）检验重量、目的港（地）检验品质

这是指以装运港或装运地验货后检验机构出具的重量检验证书，作为卖方所交货物重量的最后依据，以目的港或目的地检验机构出具的品质检验证书，作为商品品质的最后依据。货物到达目的港或目的地后，如果货物在品质方面与合同规定不符，而且该不符点是卖方责任所致，则买方可凭品质检验证书，对货物的品质向卖方提出索赔，但买方无权对货物的重量提出异议。这种方法也称“离岸重量、到岸品质”（Shipping Weight and Landed Quality），多适用于大宗商品交易中的检验。

上述各种做法各有特点，应视具体的商品交易性质而定。但对大多数一般商品交易来说，“出口国检验、进口国复验”的做法最为方便而且合理，因为这种做法一方面肯定了卖方的检验证书是有效的交接货物和结算凭证，另一方面又确认买方在收到货物后有复验权，这符合各国法律和国际公约的规定。我国对外贸易中大多

采用这一做法。

另外，需要注意的是，由于实际业务中检验时间和地点的规定，常常与合同中所采用的贸易术语、商品特性、检测手段、行业惯例以及进出口国的法律、法规密切相关，因此在规定商品的检验时间和地点时，应综合考虑上述因素，尤其要考虑合同中所使用的贸易术语。

7.3 检验机构

7.3.1 国际上的商品检验机构

1）官方检验机构

世界各国为了维护本国的公共利益，一般都制定检疫、安全、卫生、环保等方面的法律，由政府设立监督检验机构，依照法律和行政法规的规定，对有关进出口商品进行严格的检验管理，这种检验称为法定检验、监督检验或执法检验。

（1）美国的官方检验机构

在美国，习惯上称商品检验为“产品检验”，也有称“服务项目检验”的。联邦政府设立的产品检验机构基本上都是进口、出口、内销产品检验三位一体的主管机关。官方检验机构检验进出口商品的权限实行专业化分工，分别由14个部、委、局的有关主管部门负责。比如，卫生和公众服务部的食品和药物管理局（FDA）主管食品、药品（包括兽药）、医疗器械、陶瓷餐具、化妆品和电子产品的监督检验；农业部的动植物检疫局主管动物、植物的检疫；食品安全检验局（FSIS）主管猪、牛、羊、兔以及禽类屠宰产品加工、卫生检验和出证；商务部的国家海洋和大气管理局（NOAA）主管加工的鱼类、贝类产品的检验和出证；国家标准局（NBS）主管衡器、计量器具的校正检验和出证。

（2）日本的官方检验机构

根据日本国家行政体制，政府各部门在自己分工权限范围内，对有关进出口商品检验工作实行分工管理。通商产业省（分管全国所有工业生产和商业、外贸等事务）负责进出口工业品的检验管理；农林水产省（分管全国农林牧渔和食品等的生产）负责全国进出口农林水产品和食品的检验检疫管理；厚生省（分管全国医疗卫生事务）负责进出口食品、医药品等卫生方面的检验和管理；运输省（分管海、陆、空客货运输事务）负责进出口商品运载计量和安全方面的检验管理。

（3）欧盟的官方检验机构

欧洲联盟国家的官方检验机构，其组织形式与美国类似，也是按商品类别，由政府各部门分管，按有关法律授权或政府认可实施检验和监督管理，如德国技术检验代理机构（TUV）获得官方承认并主管市场的商品质量；英国标准协会（BSI）负责制定标准和实施检验、认证等工作。

欧盟为监控所有的技术法规而建立了一个官方-私人机构联合体系。官方机构负责制定法规，并按产品类别定义其标准及样品审查制度。私人或半官方机构负责制定强制性及非强制性标准，并执行大部分测试、检验、管理任务。

2）独立检验机构

除政府设立的官方商品检验机构外，许多国家还设有由商会、协会、同业公会或私人设立的半官方或民间商品检验机构，担负着国际贸易货物的检验和鉴定工作。由于民间商品检验机构承担的民事责任有别于官方商品检验机构承担的行政责任，因此在国际贸易中更易被买卖双方所接受。民间商品检验机构根据委托人的要求，以自己的技术、信誉及对国际贸易的熟悉，为贸易当事人提供灵活、及时、公正的检验鉴定服务，受到对外贸易关系人的共同信任。

目前在国际上比较有名望、有权威的民间商品检验机构有：

（1）瑞士通用公证行

瑞士通用公证行（Societe Generale De Surveillance S.A.，SGS）是目前世界上最大的专门从事国际商品检验、测试和认证的集团公司，是一个在国际贸易中有影响的民间独立检验机构。

SGS在中国的业务由中国香港SGS中国事务部承担。SGS集团和隶属于国家市场监督管理总局系统的中国标准科技集团共同于1991年成立“SGS通标公司”，取“通用公证行”和“标准计量局”首字之意，主要办理CISS业务，即全面进口监管计划（Comprehensive Import Supervision Scheme）。

（2）英国英之杰检验集团

英之杰检验集团（Inchcape Inspection and Testing Services，IITS）是一个国际性的商品检验组织，总部设在伦敦。

IITS各集团、公司及其分支机构在90多个国家与地区设有办事机构与实验室。IITS与中国商品检验机构有多年的友好往来，并签订有委托检验协议。

（3）日本海事检定协会

日本海事检定协会（Nippon Kaiji Kentei Kyokai，NKKK，英文名为Japan Marine Surveyors & Sworn Measurer's Association）创立于1913年，是一个社团法人检验协会，主要为社会公共利益服务。

NKKK与中国商品检验机构签订长期委托检验协议，多年来，双方有着密切的相互委托检验业务和频繁的技术交流。

（4）美国安全试验所

美国安全试验所（Underwriter Laboratories Inc.，UL）始建于1894年，是美国最有权威的、全球最大的对各类电器产品进行检验、测试和鉴定的民间检验机构。美国许多州的法律明文规定，没有UL标志的家电产品不准在市场上销售。

UL除在美国本土设有分支机构外，还与加拿大、德国、瑞典、英国、日本、中国等国家的检验机构建立了业务关系。

（5）加拿大标准协会

加拿大标准协会（Canadian Standards Association，CSA）成立于1919年，其成立的目的是在工业界建立规则，负责制定电气领域里自愿采用的标准。加拿大标准协会实验室负责设备标准试验和认证。CSA制定的用于安全认证的标准，适用于各种各样的电气设备，从工业用设备、商业用设备到家用电器等。

（6）国际羊毛局

国际羊毛局（International Wool Secretariat，IWS）成立于1937年，是一个非营利性机构，其宗旨是为各成员国的养羊人士建立羊毛制品在全球的长期需求。1997年，IWS改名为The Woolmark Company。之后在2007年10月5日，澳大利亚羊毛发展公司（AWI）宣布已经完成对国际羊毛局（The Woolmark Company）的收购，AWI是一个对澳大利亚羊毛全球供应链进行研究、开发和营销的非营利机构。

7.3.2 我国的商品检验机构

中华人民共和国海关总署（以下简称“海关总署”）是负责全国海关工作、海关监管工作、进出口关税及其他税费征收管理、出入境卫生检疫和出入境动植物及其产品检验检疫、进出口商品法定检验、海关风险管理、国家进出口货物贸易等海关统计、全国打击走私综合治理工作的机构。

中国海关致力于简政放权促进贸易便利：整合海关作业内容，优化通关流程，压缩通关时间；整合各类政务服务资源与数据；加快“互联网+海关”建设；加快建设服务进出口企业的信息公共服务平台，为进出口企业提供便捷查询、咨询等服务，实现信息免费或低成本开放。其主要工作职责包括以下方面：

1）法定检验（Making Legal Inspection）

法定检验是指商检机构、国家商检部门或商检机构指定的检验机构，根据国家的法律、行政法规，对规定的进出口商品和有关的检验事项实施强制性检验。

法定检验的目的是保证进出口商品、动植物及其运输设备的安全、卫生符合国家有关法律法规和国际上的有关规定；防止次劣商品、有害商品、动植物以及危害人类和环境的病虫害、传染病源输入或输出，保障生产建设安全和人类健康，维护国家的权益。凡属于法定检验的出口商品，未经过检验和检验不合格的，一律不准出口；凡属于法定检验的进口商品，未经检验和检验不合格的，一律不准安装投产、销售和使用。

法定检验的范围包括：

（1）对列入《进出口商品检验种类表》的进出口商品的检验；

（2）对出口食品的卫生检验；

（3）对出口危险货物包装容器的性能鉴定和使用鉴定；

（4）对装运出口易腐烂变质食品、冷冻品的船舱、集装箱等运载工具的适载检验；

（5）对有关国际条约规定必须经商检机构检验的进出口商品的检验；

（6）对其他法律、行政法规规定必须经商检机构检验的进出口商品的检验。

2）监督管理（Supervision and Administration）

监督管理是指国家商检部门、商检机构对进出口商品的收货人、发货人及生产、经营、储运单位以及国家商检部门、商检机构指定或认可的检验机构及检验人员的检验工作实施监督管理。例如，向列入《进出口商品检验种类表》的出口商品的生产企业派出检验人员，参与监督出口商品出厂前的质量检验工作；进行进出口商品质量认证工作；对重要的进出口商品及其生产企业实行质量许可制度；通过考核，认可符合条件的国内外检验机构承担委托的进出口商品检验工作；对指定或认可的检验机构的进出口商品检验工作进行监督，抽查检验其已检验的商品。

3）公证鉴定业务（Authentic Attesting Business）

公证鉴定业务是指商检机构或国家商检部门或商检机构指定的检验机构，以及国家商检部门批准的其他检验机构接受对外贸易关系人（通常指出口商、进口商、承运人、保险人以及出口商品的生产、供货部门和进口商品的收货、用货、代理接运部门等）以及国外有关单位的委托，办理规定范围内的进出口商品鉴定业务。

公证鉴定业务不同于法定检验，它不具有强制性。它的突出特点是凭进出口商品经营者或有关关系人的申请和委托而进行进出口商品的检验和鉴定。鉴定业务的范围主要包括进出口商品的质量、数量、重量、包装、海损、残损鉴定；集装箱及集装箱货物鉴定；出口商品的装运技术条件、货载衡量、产地证明、价值证明以及其他业务的鉴定。

7.4　检验证书

检验证书（Inspection Certificate）是检验机构对进出口商品进行检验、鉴定后签发的书面证明文件。

7.4.1　检验证书的种类

在国际货物买卖中，常见的检验证书有：

（1）品质检验证书（Inspection Certificate of Quality）。它是证明进出口商品的质量、规格的证书。

（2）重量或数量检验证书（Inspection Certificate of Weight or Quantity）。它是证明进出口商品数量或重量的证书。

（3）卫生检验证书（Sanitary Inspection Certificate）。它是证明可供人类食用或使用的动物产品、食品等在出口前经过卫生检验或检疫合格的证书。

（4）兽医检验证书（Veterinary Inspection Certificate）。它是证明动物产品在出

口前经过检疫合格的证书。

（5）价值检验证书（Certificate of Value）。它是证明出口商品价值的证书。

（6）消毒检验证书（Disinfection Inspection Certificate）。它是证明出口动物产品经过消毒处理，符合卫生及安全要求的证书。

（7）原产地检验证书（Inspection Certificate of Origin）。它是证明出口商品原生产地的证书，通常包括一般原产地证书、普惠制原产地证书和野生动植物产地证书。

（8）熏蒸证书（Inspection Certificate of Fumigation）。它是证明出口粮谷、油籽、豆类、皮张等商品，以及包装用木材与植物性填充物的商品已经经过熏蒸灭虫的证书。

（9）残损检验证书（Inspection Certificate on Damaged Cargo），又称验残检验证书。它是证明进口商品残损情况、估定损失程度、判断致损原因的证书。

（10）船舱检验证书（Inspection Certificate on Tank/Hold）。它是证明承运出口商品的船舱清洁、牢固、冷藏效能及其他装运条件符合保护承载商品的质量和数量完整与安全要求的证书。

（11）货载衡量检验证书（Inspection Certificate on Cargo Weight & Measurement），又称衡量检验证书。它是证明进出口商品的重量、体积、吨位的证书。

（12）温度检验证书（Inspection Certificate of Temperature）。它是证明出口冷冻商品温度的证书。

（13）积载鉴定证书（Authenticity Certificate on Stowage）。它是证明船方和集装箱装货部门正确配载积载货物，履行运输契约义务的证书，可作为货物交接或发生货损时处理争议的凭证。

（14）财产价值鉴定证书（Authenticity Certificate on Property Value）。它是作为对外贸易关系人和司法、仲裁、验资等有关部门索赔、理赔、评估或裁判的重要依据。

（15）生丝品级及公量检验证书。它是出口生丝的专用证书。

（16）舱口检视证书、监视装/卸载证书、舱口封识证书、油温空距证书、集装箱监装/拆证书。它们是作为承运人履行契约义务、明确责任界限、便于处理货损货差事故的证明。

（17）集装箱租箱交货检验证书、租船交船剩水/油重量鉴定证书。它们是作为契约双方明确履约责任和处理费用清算的凭证。

7.4.2 检验证书的作用

1）检验证书是进出口报关验放的有效证件

在国际经济活动中，各国为了维护本国的政治、经济利益，针对某些进出口商品的品质、数量、包装、卫生、安全、环保等指标，制定了一些检验检疫限定性标准与管理办法，同时要求当事人交验符合规定的检验检疫证书方准货物进出境。世界各国为保护本国的经济利益和人畜健康，对进口动植物及其产品，或涉及安全、卫生、环保方面的商品，都制定了一些有关检疫方面的法律法规和检疫措施，以防带有疫病、有害菌及不卫生且危害健康的商品入境。因此，各进口国要求入境货物必须有出口国官方当局签发的兽医、卫生方面的证书方准进口。出入境检验检疫兽医、卫生证书以及涉及安全、环保方面的证书是进口国卫生当局和海关依照法律、法令规定准许报关进口验放的有效证件。法律规定实施强制性检验的商品，当事人必须持检验检疫证书或检验检疫部门指定的机构签发的证书，方可向海关申报放行。

2）检验证书是议付货款的重要单据

在对外贸易活动中，买卖双方在合同中都订有检验检疫条款和索赔条款，这些条款规定了凭双方指定的检验检疫机构出具的各种检验检疫证书，作为证明所提交货物的品质、数量、包装、安全、卫生、环保等是否符合合同规定或输入国规定的依据。检验检疫机构提供的证书是买卖双方交接货物和银行议付货款的有效证件。

3）检验证书是证明履约与责任情况的有效证件

在进出口业务活动中，往往发生对商品的品质、数量、残损等方面的争议，这不仅涉及买卖双方，而且涉及运输、保险等各方的履约程度。判明责任归属往往需要有关当事人提供与其相关的具有约束力的证明。作为与各方无利害关系的检验检疫机构，利用先进设备和技术手段进行检验检疫或鉴定后签发的结果证书是判定责任归属和各方履约程度的有效证件。

4）检验证书是办理索赔、理赔的重要依据

在国际贸易中，我国的进口商在进口商品时一般都在合同中订明：货到目的地后，经出入境检验检疫机构检验检疫，发现品质或重（数）量等与合同不相符时，凭检验检疫证书向卖方提出退货或索赔；若属于保险、运输方面的责任，则根据责任归属向有关方面索赔。因此，出入境检验检疫机构出具的进口商品品质、重（数）量、残损等证书，是买方向国外发货人、承运人、保险公司，国内保险公司向国外保险公司，国内订货部门向外贸公司、保险人、承运人和港口装卸部门索赔的有效证件。

5）检验证书是确定关税税别、征收关税的依据

有些国家海关在课征关税时，对商品的重（数）量不是凭商业发票上所列数据为依据，而是凭出入境检验检疫机构出具的重（数）量证书上所列数据为依据。对于进口商品而言，残损部分可以退税，而退税是以证明残损的检验证书所列数据为依据的。

6）检验证书是进行贸易统计、制定非关税壁垒措施的有效凭证和手段

在国际贸易中，原产地证一直是各国进行贸易额统计的主要凭证，以此来判断国与国间的贸易差，从而确定非关税壁垒措施，或调整某种货物进出口政策和战略。

7）检验证书是计算运输、仓储等费用的依据

检验的货载衡量所确定的货物重量或体积，既是承运人与托运人间计算运费的有效依据，也是港口仓储运输部门计算栈租、装卸、理货等费用的有效凭证。

7.5 检验标准

检验标准是商品检验机构对进出口商品实施检验的基本依据，检验标准不同，则检验结果就会有差别。因此，在买卖合同中应该就检验的标准作出明确的规定，防止争议的出现。

7.5.1 国际上对检验标准的分类

目前，国际上对检验的标准主要包括以下几种分类：

1）买卖双方自行约定的标准

买卖双方自行约定的标准最常见的是买卖合同和信用证中约定的标准。

2）与贸易有关国家所制定的强制执行的法规标准

与贸易有关国家所制定的强制执行的法规标准主要指商品生产国、出口国、进口国等所制定的标准，如货物原产地标准、安全法规标准、卫生法规标准、环保法规标准、动植物检疫法规标准。

3）国际权威标准

（1）国际标准化机构标准

国际标准化机构标准是由国际标准化机构通过的、公开发布的标准。国际标准化机构是指国际标准化组织、国际电工委员会，以及由国际标准化组织公布的其他27个国际组织。国际标准化组织（International Organization for Standardization，ISO）是目前世界上最大、最具权威性的国际标准化专门机构，ISO标准主要包括除电工、电子以外的其他专业如机械、冶金、化工、石油、土木、农业、轻工、食品、纺织、交通运输、卫生、环保、科学管理等方面的国际标准。国际电工委员会（International Electrotechnical Commission，IEC）是世界上成立最早的国际性电工标准化机构。目前，IEC的工作领域已由单纯研究电气设备、电机的名词术语和功率等问题扩展到电子、电力、微电子及其应用、通信、视听、机器人、信息技术、新型医疗器械和核仪表等电工技术的各个方面。

国际标准化机构制定的标准化文献主要有国际标准、国际建议、国际公约、国际公约的技术附录和国际代码，也有经各国政府认可的强制性要求。这些标准化文献对国际贸易业务服务和信息交流具有重要影响。

（2）区域性标准化组织标准

区域性标准化组织标准是指区域性组织所制定的标准，如欧洲标准化委员会、欧洲电工标准委员会、泛美技术标准委员会等制定的标准。

(3) 国际商品行业协会标准

国际商品行业协会标准是指国际羊毛局、国际橡胶协会等国际性商品行业协会所制定的标准。

(4) 某国权威性标准

某国权威性标准是指某些国家所制定的具有国际权威性的检验标准，如《英国药典》、美国公职分析化学家协会所制定的标准。

7.5.2　我国对商品标准的分类

《中华人民共和国标准化法》将商品标准分为国家标准、行业标准、地方标准、企业标准4级。

1) 国家标准

国家标准是指对全国经济技术发展有重大意义，需要在全国范围内统一技术要求所制定的标准。国家标准是4级标准体系中的主体，其他各级标准不得与之相抵触。国家标准的年限一般为5年，过了年限后，国家标准将被修订或重新制定。此外，随着社会的发展，国家需要制定新的标准来满足人们生产、生活的需要。因此，标准是一种动态的信息。

国家标准分为强制性国标（GB）和推荐性国标（GB/T）。强制性国标是保障人体健康，人身、财产安全的标准和法律及行政法规规定强制执行的国家标准；推荐性国标是指在生产、交换、使用等方面，通过经济手段或市场调节而自愿采用的国家标准。但是，推荐性国标一经接受并采用，或各方商定同意纳入经济合同中，就成为各方必须共同遵守的技术依据，具有法律上的约束性。

2) 行业标准

行业标准是指对没有国家标准而又需要在全国某个行业范围内统一技术要求所制定的标准。行业标准是在全国某个行业范围内统一的标准，是对国家标准的补充，是专业性、技术性较强的标准。《中华人民共和国标准化法》规定："行业标准由国务院有关行政主管部门制定，报国务院标准化行政主管部门备案。"行业标准的制定不得与国家标准相抵触，国家标准公布实施后，相应的行业标准即行废止。机械、电子、建筑、化工、冶金、轻工、纺织、交通、能源、农业、林业、水利等行业都制定有行业标准。

3) 地方标准

地方标准是指对没有国家标准和行业标准而又需要在省、自治区、直辖市范围内统一工业产品的安全、卫生要求所制定的标准。地方标准在本行政区域内适用，不得与国家标准和行业标准相抵触。在国家标准、行业标准公布实施后，相应的地方标准即行废止。

4) 企业标准

企业标准是指企业所制定的产品标准，以及在企业内需要协调、统一的技术管理、工作要求所制定的标准。企业标准是企业组织生产、经营活动的依据。

7.5.3 《中华人民共和国进出口商品检验法实施条例》对检验标准的规定

《中华人民共和国进出口商品检验法实施条例》第7条对进出口商品的检验标准作出了以下规定：

（1）法定检验的进出口商品，由出入境检验检疫机构依照《商检法》第7条规定实施检验。

《商检法》第7条规定："列入目录的进出口商品，应当按照国家技术规范的强制性要求进行检验；尚未制定国家技术规范的强制性要求的，应当依法及时制定；未制定之前，可以参照国家商检部门指定的国外有关标准进行检验。"

国家技术规范的强制性要求，与世界贸易组织技术性贸易壁垒协定（TBT协议）中"技术法规"用语的含义相同。目前，在我国的法律体制中，国家技术规范的强制性要求包括国家颁布的有关法律、行政法规、部门规章、强制性标准，以及具有强制执行力的规范性文件。

国家技术规范的强制性要求是出入境检验检疫机构对列入目录的进出口商品实施检验的基本依据，具有强制执行力。出入境检验检疫机构必须严格按照国家技术规范的强制性要求实施法定检验。目前，列入目录的进出口商品，有的尚未制定国家技术规范的强制性要求，如对列入目录的某一商品或者某一检验项目，还缺乏质量标准、技术要求和检验方法标准等。在这种情况下，就应当依法及时制定，明确国家技术规范的强制性要求，完善检验依据。而在国家技术规范的强制性要求制定公布之前，海关总署可根据工作实际，指定符合要求的标准，如某一国际标准、进口国或出口国标准等，作为进出口商品检验的依据。

（2）海关总署根据进出口商品检验工作的实际需要和国际标准，可以制定进出口商品检验方法的技术规范和标准。

进出口商品检验方法的技术规范和标准，是为了统一检验的准绳和尺度，提高检验工作质量效率，在科学技术与实践经验的基础上，对进出口商品检验工作的抽样、试验、分析、测定、作业、检查、统计等步骤、程序和要求的规定。进出口商品检验方法的技术规范和标准，是为了准确测定进出口商品的质量、功能等属性，对其作出符合性评价。进出口商品检验方法的技术规范和标准对出入境检验检疫机构具有强制执行力。同时，进出口商品检验方法标准也是判定标准的重要组成部分，是实施进出口商品检验不可缺少的依据。

制定进出口商品检验方法的技术规范和标准，是本条例赋予海关总署的一项工作职责。海关总署代表国家组织实施进出口商品的法定检验和抽查检验，赋予其制定进出口商品检验方法的技术规范和标准的职责是顺利行使其职权的重要保障。同时，海关总署直接从事进出口商品检验，了解法定检验和抽查检验工作的实际需要，由海关总署制定进出口商品检验方法的技术规范和标准，有利于规范检验工作，统一工作标准，确保检验工作的科学性，提高检验工作质量与效率。

根据本条例规定，海关总署应该根据进出口商品检验工作的实际需要，按照国际标准制定进出口商品检验方法的技术规范和标准。国际标准是由国际标准化组织（ISO）、国际电工委员会（IEC）、国际电信联盟（ITU）、WHO/FAO和食品法典委员会（CAC）等，以及ISO认可的国际组织和其他国际组织所制定的标准，这些标准都是制定检验方法的技术规范和标准的依据。

（3）进出口商品检验依照或者参照的技术规范、标准以及检验方法的技术规范和标准，应当至少在实施之日的6个月前公布；在紧急情况下，应当不迟于实施之日公布。

对于进出口商品检验公布的时间，规定了对进出口商品检验依照或者参照的技术规范、标准以及检验方法的技术规范和标准公布时间的要求。这项规定符合世界贸易组织关于技术性贸易措施应当在实施前一定的时间内予以公布的要求，保证出入境检验检疫机构、进出口贸易当事人都能够准确了解和掌握技术规范、标准，从而遵守有关规定。

7.6 合同中的检验检疫条款

在对外贸易合同中，进出口商品检验检疫条款密切关系着买卖双方的切身利益。出口商品能否顺利地交货履约，进口商品能否保证符合订货的质量要求，以及发生问题时能否对外索赔挽回损失，都与合同的商品检验检疫条款密切相关。

7.6.1 检验检疫条款的内容

在国际货物买卖合同中，检验检疫条款主要包括检验检疫权、检验检疫的时间和地点、检验检疫机构、检验检疫内容和标准、检验检疫证书以及复验的时间、地点等。其中，检验检疫时间和地点最为重要，它不仅关系到买卖双方的权利和义务，还涉及有关的法律和国际惯例。在实际业务中，一般采用“出口国检验、进口国复验”的规定，即以出口国的检验证书作为卖方办理议付结汇的凭证，货到进口国后允许买方有复验权，复验结果作为买方对货物的质量、数量、包装是否有索赔权的依据。合同中的检验检疫条款举例如下：

（1）买卖双方同意货物在装运港（地）装运前由中华人民共和国海关总署进行检验、签发的质量和重量（数量）检验证书，作为L/C项下议付单据的一部分，买方有权对货物运抵目的港（地）卸货后经双方同意的检验检疫机构进行复验。如果发现货物的质量、重量（数量）、包装不符合合同规定，买方则有权向卖方索赔，并提供经卖方同意的公证机构出具的检验检疫报告。索赔期限为货物到达目的港（地）后20天内。

Both buyer and seller agree to inspect the goods before shipment at the port of shipment. The quality and weight (quantity) certificate issued by General Administration of Customs of China will be regarded as a part of documents presented for negotiation under the L/C.The buyer has the right to re-inspect the goods delivered at the port of destination by an inspection bureau agreed by both parties. In case the quality, weight (quantity) and packaging of the goods are found not in accordance with those stipulated in the contract, the buyer should provide the inspection report issued by authority agreed by the seller.The duration for lodging claims should be within twenty days after the arrival of the goods at the destination port.

(2) 买卖双方同意在出口国产地、工厂装运前或装船时检验，由中华人民共和国海关总署进行检验、签发的质量和重量（数量）检验证书，作为买卖双方最后交货的依据，买方无权对货物的质量和重量（数量）进行复验，若有异议无权向卖方提出索赔。

Both buyer and seller agree to inspect the goods before shipment or on the shipping time at the place of the export country or the factory.The inspection is subject to the quality and weight (quantity) certificate issued by General Administration of Customs of China, as the final accordance of delivery for both buyer and seller.The buyer reserves no right to reinspect the quality and weight (quantity) of goods. In case the goods are found any faults, the buyer has no right to lodge claims against the seller.

7.6.2 订立检验检疫条款应注意的问题

1）与合同其他条款协调一致，不能互相矛盾

在订立检验检疫条款时，不能与使用的贸易术语相矛盾。比如，在采用象征性交货贸易术语时，应允许凭卖方检验证书议付货款，目的港（地）交货术语不应以出口地检验为最终依据，同时异议索赔条款的索赔期限应与买方复验期限协调。

2）在合同中明确规定检疫的标准和方法

检验检疫标准是指对进出口商品实施检验检疫所依据的标准，其种类很多，如出口国标准、进口国标准、国际标准及双方协议标准等。在对进出口商品实施检验检疫时，依据的标准和采用的方法不同，其检验结果往往会有所差异。因此，在国际货物买卖合同中，为了避免或减少买卖双方由于使用的标准和方法不同而产生的纠纷，应在合同中规定检验检疫的标准和方法。

3）在合同中明确规定买方的复验期限

作为卖方，一定要在合同中约定明确的检验期间，并且要求买方在检验期间内提出书面的质量异议，没有在约定期间内提出书面异议的，则视为卖出的产品数量和质量完全符合合同约定的要求。这样也就可以避免在交付货物几年后，对方还提出质量索赔的情形。而买方则应尽量延长该期限。

《民法典》第621条规定：“当事人没有约定检验期限的，买受人应当在发现或者应当发现标的物的数量或者质量不符合约定的合理期限内通知出卖人。买受人在合理期限内未通知或者自收到标的物之日起二年内未通知出卖人的，视为标的物的数量或者质量符合约定；但是，对标的物有质量保证期的，适用质量保证期，不适

用该二年的规定。”

4）检验检疫条款的内容要合理可行

如果合同中检验检疫条款的内容有属于政策性、原则性的错误，或涉及品质、规格、数量等内容与实际情况相脱离，则要及时修改合同条款，不能盲目接受。

7.7　免验商品

2002年10月1日起施行并于2018年修订的《进出口商品免验办法》规定：“列入必须实施检验的进出口商品目录的进出口商品，由收货人、发货人或者其生产企业提出申请，经海关总署审核批准，可以免予检验。”

1）申请免验商品的范围

根据《进出口商品免验办法》第5条的规定，申请进出口商品免验应当符合以下条件：

（1）申请免验的进出口商品质量应当长期稳定，在国际市场上有良好的质量信誉，无属于生产企业责任而引起的质量异议、索赔和退货，海关检验合格且连续3年达到100%；

（2）申请人申请免验的商品应当有自己的品牌，在相关国家或者地区的同行业中，产品档次、产品质量处于领先地位；

（3）申请免验的进出口商品，其生产企业的质量管理体系应当符合ISO 9000质量管理体系标准或者与申请免验商品特点相应的管理体系标准要求，并获得权威认证机构认证；

（4）为满足工作需要和保证产品质量，申请免验的进出口商品的生产企业应当具有一定的检测能力；

（5）申请免验的进出口商品的生产企业应当符合《进出口商品免验审查条件》的要求。

同时，《进出口商品免验办法》第6条规定，对下列进出口商品不予受理免验申请：①食品、动植物及其产品；②危险品及危险品包装；③品质波动大或散装运输的商品；④需出具检验检疫证书或者依据检验检疫证书所列重量、数量、品质等计价结汇的商品。

2）申请免验商品的程序

申请人应当按照以下规定提出免验申请：

（1）申请进口商品免验的，申请人应当向海关总署提出。申请出口商品免验的，申请人应当先向所在地直属海关提出，经所在地海关依照相关规定初审合格后，方可向海关总署提出正式申请。

（2）申请人应当填写并向海关总署提交进出口商品免验申请书，同时提交申请免验进出口商品生产企业的ISO 9000质量管理体系标准，或者与申请免验商品特点相应的管理体系认证证书、质量标准、用户意见等文件。

（3）专家审查。海关总署受理申请后，应当组织专家审查组对申请免验的商品以及生产企业的生产条件和有关资料进行审查，并对产品进行抽样测试。

（4）批准发证。专家审查组在审查及对产品检验的基础上，提出书面审查报告，经海关总署批准，发给申请人免验证书，并予公布。

（5）办理放行。免验商品进出口时，免验企业可凭有效的免验证书、外贸合同、商品品质证明和包装合格单等文件到海关办理放行手续。

值得注意的是，免验证书有效期为3年。期满要求延续的，免验企业应当在有效期满3个月前，向海关总署提出免验续延申请，经海关总署复核合格后，重新颁发免验证书。

□ 本章小结

进出口商品检验检疫是指在国际贸易活动中，对买卖双方成交的商品交由商品检验检疫机构对商品的质量、数量、重量、包装、安全、卫生以及装运条件等进行检验并对涉及人、动物、植物的传染病、病虫害、疫情等进行检疫的工作。

检验的时间和地点是指在何时、何地、由何方行使的检验权，其主要有：在出口国检验；在进口国检验；出口国检验、进口国复检；装运港（地）检验重量、目的港（地）检验品质。

国际上的商品检验机构分官方检验机构和独立检验机构。我国商品检验机构的职责包括法定检验、监督管理和公正鉴定业务。

检验证书的作用包括进出口报关验放的有效证件；议付货款的重要单据；证明履约与责任情况的有效证件；办理索赔和理赔的重要依据；确定关税税别、征收关税的依据；进行贸易统计、制定非关税壁垒措施的有效凭证和手段；计算运输、仓储等费用的依据。

目前，国际上对检验的标准主要包括买卖双方自行约定的标准、与贸易有关国家所制定的强制执行的法规标准和国际权威标准。

我国对商品标准的分类有国家标准、行业标准、地方标准和企业标准。

订立检验检疫条款应注意的问题：与合同中其他条款协调一致，不能互相矛盾，在合同中明确规定检疫的标准和方法；在合同中明确规定买方的复验期限；检验检疫条款的内容要合理可行。

我国《进出口商品免验办法》第5条规定，申请进出口商品免验应当符合5个条件。

申请免验商品的程序：①申请人应当向海关总署提出申请；②填写相关材料；③专家审查；④批准发证；⑤办理放行。

□ 复习思考题

1.简述法定检验与公证鉴定的区别。

2.检验证书主要有哪些？

3.为什么出口国检验、进口国复验在进出口业务中应用较广？

随堂测验

4.简述检验证书的作用。

5.简述商品检验条款的主要内容。

6.简述我国海关在进出口商品检验方面的义务。

7.签订商品检验条款时应注意哪些问题？

8.为什么应在检验条款中规定检验标准和方法？

9.哪些产品属免验商品？

10.简述申请免验商品的程序。

□ 典型案例

1.中国某外贸公司（卖方）按信用证付款方式向法国某公司（买方）出口一批食品，买方开来信用证中要求提供“货物无病毒，适于人类食用”的卫生证明。货物装船后，在卖方议付款时，议付行发现卖方提交的卫生证明中漏写了“货物无病毒”的字样，实为单证不符，便两次去电开证行征求意见，但开证行始终不予答复。为了避免开证行拒付，只好由卖方重新按来证要求更换卫生证明。结果，卖方遭受延迟收汇20多天的利息损失。试分析从此案例中可得到哪些启示。

分析与提示：

在信用证付款条件下，必须严格遵守“单证一致”的原则。单证上出现一字之差或微小差异，都可能遭到开证行的拒付，特别是在各国对卫生检疫商品要求越来越严格的情况下，卖方提交的卫生检疫证明如果不符合来证要求或进口国家的有关规定，不但会遭到开证行拒付，还有可能不许其出口货物。

正因为中国遵守和顺应了国际贸易规则，才成为全球第一大货物贸易国和最大的进出口国之一。人无信不立，国无信则衰。当前，越是在单边主义、保护主义抬头之际，越是要遵循国际法和国际贸易规则，积极采取顺应全球化浪潮的务实举措。

2.买卖双方在履行买卖合同的过程中，买方认为卖方的交货品质存在严重缺陷，便通告卖方拟聘请国际检验机构，并建议选择劳合社在希腊的检验机构对到货进行检测。在卖方未表示同意的情况下，买方于某年5月26日擅自聘请劳合社在比雷埃夫斯港的检测机构进行检测。卖方认为该项检测报告是无效的，不能作为认定货物品质的依据。因此，双方产生争议，买方遂向中国国防大学国际经济贸易仲裁委员会提请仲裁。仲裁庭在查阅双方提供的资料并经开庭审理后，认为申诉人单方面对货物进行检验不符合双方合同的规定，其检测报告不能作为认定货物品质的合法依据。请问仲裁庭对本案例进行裁决的理由是什么？

分析与提示：

仲裁庭依据合同规定和具体事实，对本案例进行裁决的理由如下：

首先，本案例的合同规定：“品质异议须于货到目的港之日起30天内提出，但应提供卖方已经同意的公证行的检验证明。”经庭审查明，作为买方的申诉人委托劳合社在比雷埃夫斯港的检验机构对到货进行检测，并未经过作为卖方的被诉人同意，因而不能作为具有法律约束的依据。在此应指出的是，当买方提出品质异议时，卖方曾建议由中国商检机构检验，并表示同意全部退货，而买方拒不按合同规定处理品质异议，却坚持擅自找检验机构检测，这违反了合同的规定。

其次，买方单方面委托劳合社的检验机构对本案例合同项下的货物进行检测所作出的结论是100%不可议付。仲裁庭认为，该结论的含义不明确，不能表示品质的概念。

因此，基于上述原因，仲裁庭对买方的主张不予支持是有道理的。

□ 拓展阅读

拓展阅读 1

上海市检验检疫局公布
15 大进口商品典型案例

拓展阅读 2

重拳出击严防“异宠”非法寄递入境
——“跨境电商寄递‘异宠’综合
治理”专项行动篇

第8章/国际贸易争议与处理

学习目标

学习和掌握争议及产生争议的原因，了解不同法律对违约行为的不同解释；学习和掌握合同中的异议、索赔及罚金条款，重点掌握索赔理赔时应注意的问题；重点掌握不可抗力的含义、法律后果及不可抗力条款；熟悉和掌握仲裁的含义、形式、作用、仲裁程序，重点掌握合同中的仲裁程序。

在国际货物买卖中，买卖双方经常会出现争议和纠纷，如果处理不好，势必影响双方贸易关系的发展。因此，了解在业务中经常出现争议的原因和解决争议的方法，掌握索赔、仲裁程序及不可抗力事件的认定，以及在合同中订立异议、索赔和罚金条款的内容，能有效地维护企业的合法权益，同时还要掌握国际贸易仲裁和不可抗力条款等内容。

8.1 争议与索赔

8.1.1 争议及其原因

争议（Dispute）是指交易的一方认为另一方未能全部或部分履行合同规定的责任而引起的业务纠纷。

索赔（Claim）是指在国际货物买卖过程中，因一方违反合同规定，直接或间接地给另一方造成损失，受损方向违约方提出要求损害赔偿的行为。

理赔（Claim Settlement）是指一方对于对方提出的索赔进行处理。索赔和理赔是一个问题对应的两方面。

在国际货物买卖中，买卖双方因各自的权利、义务问题而引起的争议屡见不鲜，其原因是多方面的，主要有以下几种情况：

1）卖方违约

卖方违约是由于卖方不履行或不完全履行合同规定的义务造成的。例如，卖方不提供合同和信用证规定的单据，或所提供的货运单据种类不齐、份数不足等；卖方不按时交货，或不按合同规定的品质、数量、包装交货等。

买方根据卖方违约的不同情形，可以采取相应的处理办法。

（1）对于卖方不交货，买方可以要求：

① 通知卖方立即交货，但要给卖方一段适当的宽限期；

② 宣告合同无效，并向卖方提出损害赔偿要求。

（2）如果卖方没有按时交货（包括提前交货和延迟交货），买方的处理方法如下：

① 对于卖方提前交货，买方可以拒收货物，也可以接受货物，但要求卖方支付因此而产生的额外支出（如存仓费）。

② 对于卖方延迟交货，买方可以接受货物，也可以拒收货物。但在接受货物的同时，向卖方提出因延迟交货造成的经济损失的索赔要求。

③ 宣布合同无效，拒绝收取货物。

（3）对于卖方不提供合同、信用证规定的合格单证，买方可以根据实际情况采取相应的处理办法：

① 单证虽然与合同或信用证不符，但货物合格，可以事后要求卖方修改。

② 单证与合同或信用证不符，一般情况下货物难以合格，可以按照上述（2）的处理办法进行。

③ 买方到开证行书面申请，拒绝付款；如果是托收方式结算货物，买方可以直接拒付货款。

④ 可以宣布合同无效并提出损害赔偿要求。

2）买方违约

买方违约是由于买方不履行或不完全履行合同规定的义务造成的。例如，买方不按时开证、不按时派船、无理拒收货物、不按时赎单付款等。

卖方根据买方违约的不同情形，可以采取相应的处理办法。

（1）要求买方立即履行合同义务。比如，要求买方开立信用证，或立即预付货款，或立即收取货物和货物单据。

（2）若买方采取补救措施，卖方可以提出因此而产生的经济损失的赔偿要求。

（3）宣布合同无效，通过各种渠道向买方提出损害赔偿。

（4）控制货物或货物单据，即在买方支付能力出现困难时，卖方通过对货物或货物单据的控制，把自己的损失降到最小。

3）买卖双方均负有违约责任

（1）关于合同是否成立的问题。由于双方对国家法律和国际贸易惯例解释不一致，容易引发争议。

（2）合同条款规定不明确。由于双方对合同条款解释不一致或从自身利益出发各执一词。

（3）在履行合同时产生了双方不能预见和无法控制的情况，导致合同无法履行或无法按时履行，但双方对发生的不可抗力的法律后果解释不一致。

以上提到的种种情况，都有可能引起双方的争议。争议的主要内容包括：是否构成违约；对违约的事实有争议；对违约的责任和后果有不同的看法。

一旦产生争议，双方应该在平等诚信的基础上，采取适当的方法予以解决。解决争议的方法主要有：

① 友好协商（Consultation），是指争议双方本着互相谅解的精神自行协商解决争议的一种办法，是实践中最常用的争议解决办法。

② 调解（Conciliation），是指当事人自愿将争议提交给第三者，在查清事实的基础上分清是非，分清责任，对所发生的争议予以调解解决。

③ 仲裁（Arbitration），是指当事人之间达成协议，自愿将有关争议提交各方所同意的仲裁机构进行裁决的一种方式。

④ 诉讼（Litigation），是指一方当事人向法院起诉，控告另一方有违约行为，要求法院给予救济或惩处另一方当事人。

8.1.2　不同法律对违约行为的不同解释

在国际贸易中，任何一方违反合同规定的义务，不履约或不按合同规定履约，就构成违约行为。违约的一方要承担损害赔偿责任，对方有权提出赔偿要求，直至解除合同。只有当履约中发生不可抗力的事故，致使一方不能履约或不能按期履约时，才可根据合同规定或法律规定免责。

对于违约和违约的法律后果问题在各国货物买卖法和国际公约中都作出了明确的规定，其中有代表性的主要有以下几种：

1）英国法的规定

《英国货物买卖法》将违约的形式分为违反要件（Breach of Condition）和违反担保（Breach of Warranty）两种。

若违反合同中实质性的交易条件，如违反履约时间，货物品质、规格、数量等，则称为违反要件，受损方有权解除合同，并要求赔偿损失。若违反合同中非实质性的交易条件，则称违反担保，受损方无权要求解除合同，只能要求给予损害赔偿。

2）美国法的规定

美国法根据违反合同的轻重程度把违约分为重大违约（Material Breach of Contract）和轻微违约（Minor Breach of Contract）两种。

若双方当事人的任何一方违约，致使另一方无法取得该交易的主要利益，则称为重大违约，受损方有权要求解除合同，并要求赔偿损失。若一方违约，情节较轻，并未影响受损方的主要利益，则称为轻微违约，受损方只能要求给予损害赔偿，无权解除合同。

3）大陆法系的规定

大陆法系将违约行为分为不履行债务和延迟履行债务两种。不履行债务又称给付不能，是指债务人由于种种原因，不可能履行其合同义务。延迟履行债务又称给付延迟，是指债务人履行期限届满，而且是可能履行的，但债务人没有按期履行合同义务。违约方是否要承担违约责任，首先要看是否有归责于他的过失，若有则根据违约情况采取实际履行、损害赔偿等补救措施；若无则不承担任何责任。

4）《联合国国际货物销售合同公约》的规定

《联合国国际货物销售合同公约》把违约分为根本违约（Fundamental Breach of Contract）和非根本违约（Non-fundamental Breach of Contract）两种。《联合国国际货物销售合同公约》第25条规定："一方当事人违反合同的结果，如使另一方当事人蒙受损害，以至于实际上剥夺了其根据合同规定有权期待得到的东西，即为根本违反合同。"如果构成根本违约，受害方可以解除合同，并要求赔偿损失；如果构成非根本违约，受害方只能要求损害赔偿或采取其他补救措施。

《联合国国际货物销售合同公约》第49条规定："买方在卖方不交货或卖方不在买方规定的一段合理的额外时间（Additional Period of Time）内交货，便可宣布合同无效。"《联合国国际货物销售合同公约》第81条规定："宣告合同无效解除了双方在合同中的义务，但应负责的任何损害赔偿仍应负责。宣布合同无效不影响合同中关于解决争端的任何规定，也不影响合同中关于双方在宣布合同无效之后权利和义务的任何其他规定。"

5）我国《民法典》的规定

《民法典》第577条规定："当事人一方不履行合同义务或者履行合同义务不符合约定的，应承担继续履行、采取补救措施或者赔偿损失等违约责任。"我国规定的违约补救措施主要有继续履行合同、采取补救措施、赔偿损失、违约金、定金5种，按照《民法典》规定，违约金和定金二者只能选一个，不能同时并用。

从以上介绍可以看出，国际上和我国对于违反合同和违反合同的法律后果都有不同的解释和规定，我们应该了解和掌握有关法律和国际贸易惯例，这对于我们洽商交易、签订合同、处理争议、索赔都有一定的积极作用。

在外贸业务中，发生争议的情况很多，特别是当国际市场发生变化，对国外商人不利时，他们往往寻找各种借口拒不履行和拖延履行，甚至故意制造事端，挑起纠纷。在实际工作中，由于种种原因，在履约时也时常出现不按时履约和根本不履约的情况。这些都有可能导致索赔和理赔的发生，因此处理好外贸业务中的索赔和理赔工作是一个十分重要的问题。它既关系到维护国家声誉和权益的问题，又涉及比较复杂的业务技术问题，是一项政策性很强的涉外工作，我们必须严肃对待并认真处理索赔和理赔工作。

在对外索赔和理赔工作中，对索赔依据、索赔期限、索赔金额的合理确定都是很重要的问题。根据国际贸易的实践经验，索赔一般大部分发生在进口业务中，理赔一般发生在出口业务中。

8.1.3 合同中的异议、索赔及罚金条款

为了买卖双方在履约中有所遵循，一般在合同中订立索赔条款。订立方式一般有两种：一种是异议和索赔条款；另一种是罚金条款。在一般的买卖合同中，多数只订立异议和索赔条款，有的还同检验条款合订在一起。但是，在大宗货物买卖合

同中，一般只订立异议和索赔条款而不订立罚金条款。

1）异议、索赔条款

异议和索赔条款（Discrepancy and Claim Clause）是买卖合同中关于处理和索赔违约责任的规定。异议和索赔条款一般规定的内容是：当一方违约时，另一方提出的索赔依据、索赔期限、索赔方法和索赔金额等。索赔的依据，主要规定提出索赔必须具备的证据以及出证的机构。提出索赔时必须按规定提供齐全、有效的证据，否则可能遭到拒赔。索赔的期限，主要是根据货物的不同特性而规定长短不同的期限。一般规定为货物到达目的地后30天或45天；对于机、电、仪一般定为货物到达目的港或目的地后60天或90天，一般不超过180天。但是对有保质期的机械设备的索赔期，可长达1年或1年以上。索赔期的规定在进口合同中不宜太短，防止超过索赔期而被拒绝，可以在合同当中规定："如在有效期内，因检查手续和发证手续办理不及时，可先电告对方延长索赔期若干天。"对损害赔偿金额，一般不作详细规定，因为签约时难以预料发生违约后造成的损害程度。

例如，有的合同规定："买方对于装运货物的任何索赔，必须于货物到达提单及/或运输单据所订目的港之日起60天内提出，并提供卖方同意的公证机构出具的检验报告。属于保险公司、轮船公司或其他有关运输机构责任范围内的索赔，卖方不予受理。"（Any claim by the buyer regarding the goods shipped should be filed within 60 days after the arrival of the goods at the port of destination specified in the relative Bill of Lading and /or transport document and supported by a survey report issued by a surveyor approved by the seller. Claims in respect of matters within responsibility of insurance company, shipping company/other transportation organization will not be considered or entertained by the seller.）

索赔对象及方法，通常持有商检证书的受损方可向3方提出索赔：①保险公司。属保险公司承保范围内的损失可凭保单向保险公司提出索赔。②承运人。属承运人责任范围内的损失，可凭运输单据向承运人提出索赔。③当事人。属买卖双方当事人责任范围内的损失，可凭合同向责任人提出索赔。

2）罚金条款

罚金条款（Penalty Clause）是指买卖合同中规定的合同一方因未履行或未按时履行合同规定的义务而应向对方支付约定的罚金，以补偿给对方造成损失的条款。金额的多少视延误时间长短而定，并规定最高罚款金额。这一条款的规定一般适用于卖方延迟交货或买方延期接运货物、拖延开立信用证、拖欠货款等情况。它的特点是在合同中先约定赔偿金额或赔偿的幅度，这是一种带有惩罚性质的限制性条款，罚金数额通常与违约造成的实际损失大小无关。罚金的支付，并不能解除卖方的交货义务。如卖方根本不履行交货义务，仍要承担因此而给买方造成的损失。

例如，有的合同规定："如卖方不能按期交货，在卖方同意由付款行从议付货款中扣除罚金的条件下，买方可同意延期交货，但是因延期交货的罚金不得超过货物总金额的5%，罚金每7天收取0.5%，不足7天按7天计算，如卖方未按合同规定的装运期交货，延长10周时，买方有权撤销合同，并要求卖方支付上述延期交货的罚金。”（Should the seller fail to make delivery on time as stipulated in the contract, the buyer shall agrees to postpone the delivery on the condition that the seller agrees to pay a penalty which shall be deducted by the paying bank from the payment under negotiation, or by the buyer direct at the time of payment.The rate of penalty is charged at 0.5% of the total value of the goods whose delivery has been delayed for every seven days, less than seven days should be counted as seven days. But the total amount of penalty, however, shall not exceed 5% of the total value of the goods involved in the late delivery.In case the seller fail to make delivery ten weeks later than the time of shipment stipulated in the contract, the buyer shall have the right to cancel the contract and the seller, in spite of the cancellation, shall still pay the aforesaid penalty to the buyer without delay.）

在订立罚金条款时，要注意各国的法律对于罚金条款持有不同的态度、解释和规定。法国、德国等国家的法律对合同中的罚金条款是予以承认和保护的，但在美国、英国、澳大利亚和新西兰等国家在法律上则有不同的解释。例如，英国的法律对合同订有固定赔偿金额条款的，按其情况分为两种性质：一种是作为约定损害赔偿（Liquidated Damage），是指双方当事人在订立合同时，根据估计可能发生违约所造成的损害，事先在合同中规定赔偿的百分比或固定数额；另一种是作为“罚款”，是指当事人为了保证合同的履约，对违约一方征收的罚金。对上述性质的区分是根据当事人在合同中表示的意思由法官来确定的。按照英国法院的主张：如属约定损害赔偿，不管损失金额的大小，均按合同规定的固定金额判付；反之，如属“罚款”，对合同规定的固定金额不予承认，而根据受损方提出损失金额的证明另行确定。

我国《民法典》第585条规定：“当事人可以约定一方违约时应当根据违约情况向对方支付一定数额的违约金，也可以约定因违约产生的损失赔偿额的计算方法。”《民法典》中的合同部分中没有规定“罚金”，而规定了“违约金”。违约金与罚金是不同性质的两个概念。违约金是承担违约责任的方式，是违约救济的措施之一。违约方支付了一定违约金，有时可以终止合同的效力，不再承担任何义务。罚金是一种督促履行合同的措施，带有惩罚性质的方法，违约方支付罚金后不能终止合同，必须按规定继续履行合同。

《民法典》第585条还规定：“约定的违约金低于造成的损失的，人民法院或者仲裁机构可以根据当事人的请求予以增加；约定的违约金过分高于造成的损失的，人民法院或者仲裁机构可以根据当事人的请求予以适当减少。”违约金的约定并不是毫无限制的自由约定，而要受到国家法律的正当干预。这种干预是通过法院或仲裁机构的适当减少或增加的方法来实施的。违约方支付违约金并不一定免除继续履行合同的义务，当受害方要求履行合同，而违约方有继续履行能力的，必须继续履行。

除上述索赔条款外，根据需要可作出其他规定。例如，针对买方不开或迟开信用证，或在FOB出口合同中，买方不派或不按时派船等问题，规定卖方有权解除合同或延期交货，并要求给予损害赔偿。对于进口合同，除索赔条款可与商检条款合并订立之外，还可以单独订立“索赔处理”条款。

例如，合同规定：“如货物不符合本合同规定，应由卖方负责，同时，买方按本合同规定在索赔期限或质量保证期限内提出索赔，卖方在取得买方同意后，按以下方式予以补救：①同意买方退货，将退货金额以成交的计价货币偿还买方，并负担因退货而发生的一切直接损失和费用，包括利息、银行费用、运费、保险费、仓租、码头装卸费，以及为保管退货而发生的一切其他必要费用；②按照货物次劣程度、损坏范围和买方所遭受的损失降低货价；③调换有瑕疵的货物，换货必须里外全新并符合本合同规定的规格、质量和性能，卖方负担因此而产生的一切费用和买方遭受的一切直接损失。对换货的质量，卖方仍应按本合同的质量要求规定，保证期为一年。”

3）定金罚则

定金（Earnest）是指合同一方当事人根据合同的约定，预先支付给另一方当事人一定数额的金额，以保证合同的履行，属于债权担保。

定金罚则（Penalty Rule of Down Payment）是指如果合同最终如期顺利履行完毕，则定金可用于抵扣货款或者直接由预付方收回；如果支付定金的一方违约，致使合同最终无法履行，则收取定金的一方不退还定金；如果收取定金的一方违约，并造成合同最终无法履行，除了向对方返还定金以外，还要另外支付与定金数额相等的违约金额，是一种双向担保。

定金罚则适用的条件有两个：一是以违反有效合同为前提，是承担违约责任的一种形式，无违约责任，则不能适用定金罚则；二是一般只能针对“不履行”这种违约形态，对部分履行的，定金罚则可针对不履行部分适用。因为合同义务的“不履行”一般包括拒绝履行、不完全履行、迟延履行、不能履行等违约情形。

“定金”和“订金”在法律上是两个差别很大的概念。订金（Subscription）并非一个规范的法律概念，它具有预付款的性质，只是一种支付手段，其目的是解决合同一方周转资金短缺，它不具有担保债权的履行作用，不能证明合同的成立。法律规定，收受预付款一方违约，只需返还所收款项，而无须双倍返还。

8.1.4　索赔、理赔时应该注意的问题

1）处理对外索赔时，应该注意的问题

（1）必须有充分的索赔依据

索赔依据包括法律依据和事实依据，前者是指买卖合同、信用证、双方往来传真或电子邮件和适用的法律规定；后者是指违约的事实、情节及其书面说明。索赔时必须查明造成损害的事实，分清责任，备妥必要的索赔证据和单据，并在索赔期限内向对方提出。首先，索赔前根据卸货口岸验收记录及货物使用部门的验收和安装使用中发现问题的现场情况，确定损害事实的存在并明确责任确属于国外卖方；

其次，备好必要的索赔证件，一般包括提单、发票、保险单、装箱单、磅码单正本和副本、商检机构出具的货损检验证明或由承运人签字的短缺残损证明及索赔清单；最后，列明索赔根据和索赔金额，向卖方提出索赔。但需要注意的是，货物在运输途中发生品质和重量上的自然变化不在索赔之列。

（2）正确确定索赔项目和金额

正确而合理地确定索赔项目和金额是公平合理地处理索赔的基础。对索赔项目和金额的确定，既不能让国家蒙受不应有的损失，也不能脱离实际损失的情况，提出无理要求。如果合同有预先约定的损害赔偿金额，应按约定的金额赔偿；如果预先未约定损害赔偿的金额，则应根据实际损失确定适当的赔偿金额，其中包括合同履行后可以获得的利益，但不得超过违约方订立合同时能预见到或应当预见到的因违约可能造成的损失。例如，卖方拒绝交货，赔偿的金额一般按照合同价格和违约行为发生时国际市场价格的差价计算；如果卖方交货的品质、规格与合同规定的不符，买方可以按《联合国国际货物销售合同公约》第46条第（2）款和第（3）款的规定，要求卖方交付替代货物或对货物进行修理补救等；退货重换，则应包括所退还货物的运费、仓储费、装卸费、保险费及重新包装费等；卖方委托买方修理时，要合理计算使用材料费和工本费。

（3）认真制订索赔方案

在查明事实、备妥单据和确定索赔项目、索赔金额的基础上，结合与客户业务往来情况，制订好索赔方案。

（4）及时向国外提出索赔

在做好索赔准备之后，要及时向国外提赔。因为按照法律和国际惯例或者合同约定，受损方只能在一定的索赔期限内提出索赔，否则丧失索赔权。索赔期限有约定和法定之分。约定索赔期限是指买卖双方在合同中明确规定的索赔期限。法定索赔期限是指根据有关法律受损方有权向违约方要求损害赔偿的期限。约定索赔期限的长短必须视买卖货物的性质、运输、检验等的繁简情况而定，而法定索赔期限较长，如《联合国国际货物销售合同公约》规定，自买方实际收到货物之日起2年内。《民法典》第594条规定："因国际货物买卖合同和技术进出口合同争议提起诉讼或者申请仲裁的时效期间为4年。"由于约定索赔期限的效力可超过法定索赔期限，因此在买卖合同中应针对交易的具体情况，规定合理适当的索赔期限，防止因逾期而招致拒赔。常见的索赔期限的起算时间有：①货物运抵目的地后××天起算；②货到目的地卸离运输工具后××天起算；③货物运抵最终目的地后××天起算。如果在索赔期内提出索赔有困难，可以通知国外卖方要求延长索赔期。

2）处理理赔应注意的问题

在从事出口业务时，经常会出现对方提出索赔的情况，此时应该正确处理理赔，一般应该注意以下几个问题：

（1）要根据损失的原因和责任的不同，明确索赔对象。在进出口交易中，索赔对象一般为买方、卖方、承运人、保险公司。具体导致索赔的行为可能有：买方，延期开证、无理拒收货物或提货不及时、拒付或付款不及时、租船或派船不及时等；卖方，延期交货、货物品质规格不符、数量短缺、不适包装导致货物受损等；承运人，运输过程中处理不当造成货物受损、运输工具绕航或更改船期等造成损失、倒签或预借提单等；保险公司，承保范围内，承运人不予赔偿的损失或赔偿损失不足以补偿货物的损失（赔偿后保险公司有权向承运人追偿）。

（2）要认真细致地审核外国买方提供的单证和出证机构的合法性。

（3）注意调查研究，弄清事实，分清责任。要向货物的生产部门、国外运输部门了解货物的品质、包装、存储、运输等情况，查明货差、货损的原因和责任对象。如果确属我方责任，应该实事求是地给予赔偿。对外方提出的不合理要求，应该给予详细解释；如外方无理取闹，应以理拒绝并予以揭露。

（4）合理确定损失和赔付办法。赔付办法包括赔付部分货物、退货、换货、补货或修理，或赔付一定的金额，对索赔货物给予价格折扣，或按照残次货物百分比对全部货物降价等。

8.2　不可抗力

8.2.1　不可抗力的含义

不可抗力（Force Majeure）是指在合同签订之后，发生了不是由于任何一方当事人的过失或疏忽造成的，当事人既不能预见和预防，又无法避免和克服的意外事件。在这种情况下，合同不能履行或不能按期履行，遭受意外事件的当事人可以免除其不履行或者不按期履行合同的责任。这些意外事件称为不可抗力。不可抗力是一个法律概念，合同中的不可抗力条款则是一种免责条款。这种免责是指遭受意外事故的一方当事人免予承受损害的责任；另一方当事人仍有除损害赔偿以外的其他任何权利，包括履约减价和宣告合同无效等。

一项致使合同不能履行或者不能按期履行的意外事件能否被视为不可抗力，不是由当事人决定的，而是要看该项意外事件是否符合构成不可抗力的条件：①意外事件是在签订合同之后发生的；②不是由于任何一方当事人的过失或疏忽造成的；③意外事件是当事人既不能预见和预防，又无法避免和克服的；④造成合同不能如期履行。一项意外事件必须同时满足以上4个条件，才能被视为不可抗力。

不可抗力包括两种：一种是自然原因引起的，如水灾、火灾、冰灾、雪灾、暴风雨、地震等；另一种是社会原因引起的，如战争、罢工、政府禁令等。不是所有的自然原因和社会原因引起的意外事件都属于不可抗力。具体哪些属于不可抗力，国际上也没有统一的解释，各国法律一般都允许当事人在合同中订立不可抗力条款时自行商定。

8.2.2 不可抗力的法律后果

不可抗力的法律后果有延期履行合同和解除合同两种。延期履行或解除合同一般要视不可抗力事故对履行合同影响的程度而定。如果不可抗力发生，只是暂时在一定期限内阻碍合同履行，就可以中止合同或延期履行合同。延期履行不能解除有关当事人履行合同的义务，一旦不可抗力消除后必须继续履行合同。解除合同是不可抗力一旦发生，经过一段时间以后完全影响履行合同的根本基础，使履约已经成为不可能，或虽然可以履行，但是履行条件相对于原合同约定的条件已经发生了根本性变化，即可解除合同。

不可抗力的法律后果和范围，可由买卖双方当事人在合同中加以具体规定。国际上各国法律对此也都有规定。

《联合国国际货物销售合同公约》第79条第（1）款规定："当事人对不履行义务，不负责任，如果他能证明此种不履行义务，是由于某种非他所能控制的障碍，而且对于这种障碍，没有理由预期他在订立合同时能考虑到或者能避免或克服它或它的后果。"《联合国国际货物销售合同公约》明确说明了，一方当事人由于发生了他不能控制的障碍（自然灾害和意外事故），而且这种障碍又是在订立合同时无法预见、避免或克服的，这个当事人即可免责。《联合国国际货物销售合同公约》也规定，一方当事人享受的免责权利只对履约障碍存在期间有效，如果合同未经双方同意宣告无效，则合同关系继续存在，一旦履行障碍消除，双方当事人仍需继续履行合同义务。

英美法系将不可抗力称为"合同落空"（Frustration of Contract），是指合同签订以后，不是由于合同双方当事人的自身过失，而是由于发生了双方当事人意想不到的变化，致使签约的目的受挫，据此未履约，当事人得以免除责任。但是，构成合同落空是有特定条件的。

大陆法通常将不可抗力称为"情况变迁原则"或"契约失效原则"，是指由于履约的基础在不属于当事人原因的情况下发生了预料不到的变化，合同履行起来显然不合理，因此不可能再履行或者对原有的法律效力需作相应的变更。

《民法典》第590条规定："当事人一方因不可抗力不能履行合同的，根据不可抗力的影响，部分或者全部免除责任，但法律另有规定的除外。当事人迟延履行后发生不可抗力的，不能免除其违约责任。"

8.2.3 合同中的不可抗力条款

不可抗力条款是买卖双方在合同中关于不可抗力内容的规定。各国法律都承认当事人规定不可抗力内容的有效性，并允许当事人规定与法律规定的范围和内容不同。虽然每个合同规定的内容不完全相同，但通常包括以下几个方面：

（1）不可抗力的范围。对于这个问题，一般容易引起当事人的争议，所以在一般情况下应该规定得更具体一些，不能笼统或含糊不清。防止一旦发生不可抗力，容易产生不同解释，出现纠纷。

（2）不可抗力的法律后果。除应规定清楚在哪些情况下可以解除合同或在哪些情况下只能中止合同外，还应规定买卖双方都可援引的不可抗力免责。

（3）出具事故证明的机构。在我国一般由中国国际商会出具，在国外一般由事故发生地的政府主管当局签发，或由当地的商会以及登记注册的公证人出具。但是，不可抗力的种类不同，出证机关也不同。对于自然灾害，出证机关可以是不可抗力事件发生的气象部门、地震管理部门以及专门负责防灾救灾职能的部门（如防汛抗旱指挥部）等；对于社会事件，如战争、罢工等，应由政府部门出证。

（4）不可抗力的通知。《民法典》第590条规定："因不可抗力不能履行合同的，应当及时通知对方，以减轻可能给对方造成的损失，并应当在合理期限内提供证明。"《联合国国际货物销售合同公约》规定：不履行义务的一方必须将障碍及其对履行义务能力的影响通知另一方。如果该项通知在不履行义务的一方已经知道或理应知道此障碍后一段合理时间内仍未为另一方收到，则他对由于另一方未收到通知而造成的损害负赔偿责任。《联合国国际货物销售合同公约》比《民法典》的合同部分更具体，不仅规定了当事人的通知义务，还强调另一方在收到通知后，要及时予以答复。

在我国进出口贸易合同中，对不可抗力条款的规定方法有以下3种：

（1）概括式规定

在合同中不具体订明哪些现象属于不可抗力事故。例如，由于不可抗力影响而不能履行合同的一方，在与另一方协商同意后，可根据实际所受影响的时间，延迟履行合同的期限，对方对由此而产生的损失不得提出赔偿要求。此种规定的含义模糊，解释的伸缩性大，容易引起争议，不宜采用。

（2）列举式规定

在不可抗力条款中明确规定出哪些是不可抗力事故。凡合同中没有规定的均不能作为不可抗力援引。例如："由于战争、洪水、火灾、地震、雪灾、暴风的原因致使卖方不能按时交货，则可以推迟装运时间或者撤销部分或全部合同，但卖方必须向买方提交发生事故的证明书，该证明书由××出具。"虽然此种规定明确具体，但是极易发生遗漏，造成不必要的损失，也要慎重采用。

（3）综合式规定

采用概括式和列举式并用的方式。例如："因战争行为或其他人力不可抗拒的原因，买方或卖方不能在本合同第×条规定的有效期内履行合同，如果此种行为或原因在第×条规定的有效期后继续3个月，则本合同未交货部分视为取消。买卖双方的任何一方，不负任何责任。"此种规定比较灵活，可适应多变的情况。

有关当事人在援引不可抗力条款时，应注意以下几点：

① 应及时通知对方并提供适当证明文件。对方接到通知应及时答复，如长期

拖延不予处理，也要负违约责任。

② 根据事故的性质、影响履约的程度等情况，适当处理在履约中发生的各种情况。

③ 要认真分析事故是否属于不可抗力条款约定的范围，如果不属于合同规定的范围，一般不能按不可抗力处理。比如，区分商业风险和不可抗力。商业风险往往也是无法预见和不可避免的，但是它和不可抗力的根本区别在于一方当事人在承担了风险损失之后，有能力履行合同义务。

8.3 国际贸易仲裁

8.3.1 仲裁的含义

仲裁（Arbitration），在这里特指国际经济贸易仲裁，是指买卖双方当事人在争议发生之前或争议发生之后达成书面协议，自愿将协商不能解决的争议交给双方同意的第三者进行裁决（Award）。仲裁的裁决是终局的，对双方都有约束力，双方必须执行仲裁的裁决。仲裁的重要原则是当事人意思自治，即各方当事人通过签订合同中的仲裁条款或事后达成的仲裁协议，可以自行约定或选择仲裁事项、仲裁地点、仲裁机构、仲裁程序、适用法律、裁决效力以及仲裁使用的语言等。目前，国际上普遍采用仲裁来解决国际货物买卖过程中出现的争议。因为它较一般的友好协商易于解决问题，对双方的约束力也较大；仲裁比司法诉讼有较大的灵活性和保密性；仲裁解决争端比法院快，费用低；双方解决争议的气氛比较好，有利于未来业务的发展。

现在，世界上许多国家都已通过立法，确定仲裁的法律地位，规定仲裁为解决争议的途径之一。由于我国经济制度的特点，经济仲裁有国内和涉外之分，我国的涉外仲裁已经有较长的历史。1954年5月6日，中央人民政府政务院第215次政务会议正式通过了《中央人民政府政务院关于在中国国际贸易促进委员会内设立对外贸易仲裁委员会的决定》，决定成立中国国际贸易促进委员会对外贸易仲裁委员会，并就其受案范围、受案原则、组织原则、仲裁程序、保全措施、裁决效力和裁决执行等重要问题作出了明确的规定，为确定中国涉外仲裁的法律地位打下了基础；之后，在1986年12月正式参加了联合国于1958年在纽约通过的《承认及执行外国仲裁裁决公约》；并且在1982年试行和1991年正式制定的《中华人民共和国民事诉讼法》中，对中国的涉外仲裁作出了法律规定。这些确立了我国涉外仲裁的法律地位，也使我国的仲裁走上了国际化的道路。

《民法典》第594条规定："因国际货物买卖合同和技术进出口合同争议提起诉讼或者申请仲裁的时效期间为四年。"《中华人民共和国仲裁法》（以下简称《仲裁法》）第4条规定："当事人采用仲裁方式解决纠纷，应当双方自愿，达成仲裁协议。没有仲裁协议，一方当事人申请仲裁的，仲裁委员会不予受理。"国际上的习惯做法和一些国家的法律也都要求双方当事人必须签订仲裁协议。

仲裁和司法诉讼是不同的，二者的主要区别在于：

（1）仲裁的前提是有双方签订的有关争议解决的协议，且协议是建立在双方自愿的基础上的。仲裁机构只有收到当事人提交的仲裁协议才可以受理案件。而司法诉讼没有双方事先达成的协议，只要一方当事人向有管辖权的法院起诉，法院就可以受理争议案件，另一方当事人就必须应诉。

（2）仲裁机构一般是民间机构。仲裁双方的当事人有权各指定一名仲裁员，另外再由仲裁机构指定一名首席仲裁员，组成仲裁庭，审理案件。司法诉讼机构是法院，法院是国家审判机关。法官是由国家任命的，不能由诉讼的当事人选定。

（3）仲裁庭审理案件一般不对外公开进行，裁决也不公开。这样有利于保守当事人的商业秘密，也有利于维护当事人的商业信誉。而法院审理案件一般是公开的，开庭时会有旁听，审理中还可能接受媒体的采访。

（4）仲裁裁决一般是终局的，即裁决作出以后，当事人不能上诉。因此，仲裁有利于在较短时间内解决争议。而在司法诉讼中，一方当事人对法院判决不服，可以上诉至更高一级的法院。我国的司法诉讼采用两审终审制，外国的司法诉讼还有采用三审终审制的。

8.3.2　仲裁协议

仲裁协议是双方当事人表示愿意把他们之间的争议交付仲裁解决的一种书面协议，是仲裁机构或仲裁员受理争议案件的依据。仲裁协议独立于贸易合同而存在，不因合同的终止、无效而终止或无效。

1）仲裁协议的形式

仲裁协议必须是书面的，它有两种形式，二者具有同等法律效力。

（1）合同中的仲裁条款（Arbitration Clause），是指在争议发生之前，合同双方当事人表示愿意把将来可能发生的争议提交仲裁解决的协议。

（2）以其他方式达成的提交仲裁协议（Submission Agreement），是指在争议发生之后订立的，表示同意把已经发生的争议交付仲裁解决。这种仲裁协议是单独订立的，是独立于合同之外的协议。

我国《仲裁法》第16条规定："仲裁协议包括合同中订立的仲裁条款和以其他书面方式在纠纷发生前或者纠纷发生之后达成的请求仲裁的协议。仲裁协议应当具有以下内容：请求仲裁的意思表示；仲裁事项；选定的仲裁委员会。"

2）仲裁协议的作用

根据多数国家仲裁法的规定，仲裁协议的作用主要表现在以下几个方面：

（1）它是双方当事人在发生争议时，以仲裁方式解决争议的依据。仲裁协议约束双方当事人在和解不成时，只能以仲裁方式解决争议，不得向法院起诉。

（2）它是仲裁机构或仲裁员取得对有关争议案件的管辖权的依据，任何仲裁机构都无权受理没有仲裁协议的案件。

（3）有仲裁协议可排除法院对有关争议案件的管辖权，任何一方当事人不应再向法院起诉。

以上3个方面的作用是相互联系而不可分开的。但最重要的一点是排除法院的管辖权，即双方当事人有了仲裁协议，若一方当事人违反仲裁协议向法院提交诉讼，另一方有权依据仲裁协议要求法院停止司法诉讼程序，把有关争议归还仲裁机构或仲裁员审理。

随着我国对外经济贸易的发展，出现争议的可能性不断增加，我们要习惯采用仲裁方式解决双方当事人的争议，这就要求我们了解和熟悉有关仲裁方面的知识及有关法律，并在解决双方争议时加以运用。

8.3.3 仲裁程序

按照中国国际经济贸易仲裁委员会仲裁规则的规定，仲裁程序包括仲裁申请、答辩和反诉、仲裁庭的组成、审理和裁决。

1）仲裁申请

申诉人必须向仲裁机构提交仲裁申请书，主要内容包括：申诉人和被申诉人的名称、地址；申诉人所依据的仲裁协议；申诉人的要求以及所依据的事实和根据。仲裁申请书应由申诉人或申诉人授权的代理人签名。

申诉人向仲裁委员会提交仲裁申请书时，应当附具申诉人所要求的事实依据的证明文件。同时，应在仲裁委员会名册中指定一名仲裁员或者由仲裁委员会主席指定，申诉人应按照仲裁规则的规定预缴仲裁费。

仲裁委员会在收到仲裁申请书及其附件后，经过审查认为申诉人申请仲裁手续完备，应将申诉人的仲裁申请书及其附件，连同仲裁委员会的仲裁规则和仲裁员名册各一份，寄给被诉人。被诉人应当在收到仲裁申请书之日起20日之内在仲裁委员会仲裁员名册中指定一名仲裁员或者由仲裁委员会主席指定，并应在收到仲裁申请书之日起45天之内向仲裁委员会提交答辩书及有关证明文件。

2）答辩和反诉

被诉人对仲裁委员会已经受理的案件，在收到申诉人的申请书后应根据申请书提出的问题一一进行答辩，并附上有关证据材料。如果被诉人有反诉，则应当在收到仲裁申请书之日起45天内提出。被诉人应在反诉书中写明其要求及所依据的事实和证据，并附具有关的证明文件。被诉人在提出反诉时，应当按照仲裁规则的规定预缴仲裁费用。

当事人向仲裁委员会提交申请书、答辩书、反诉书和有关证明材料以及其他文件，应当按照对方当事人和组成仲裁庭的仲裁员人数备具副本。

当事人可以委托代理人向仲裁委员会办理有关仲裁事项。代理人可以由中国或者外国的公民担任。接受委托的代理人应当向仲裁委员会提交授权委托书。

3）仲裁庭的组成

双方当事人各自在仲裁员名册中指定或者委托仲裁委员会主席指定一名仲裁员后，仲裁委员会主席应随即在仲裁员名册中指定第三名仲裁员为首席仲裁员，组成仲裁庭，共同审理案件。双方当事人也可以在仲裁员名册中共同指定或者委托仲裁委员会主席指定一名仲裁员为独任仲裁员，成立仲裁庭，单独审理案件。如果双方当事人约定由一名独任仲裁员审理案件，那么在被诉人收到仲裁申诉书或者约定由一名独任仲裁员审理案件之日起20日内，就独任仲裁员的人选无法达成一致意见时，由仲裁委员会主席指定。如果被诉人在收到仲裁申请书之日起20日内未在仲裁员名册中指定或者委托仲裁委员会主席指定一名仲裁员，则仲裁委员会主席有权为被诉人指定一名仲裁员。

被指定的仲裁员，如果与案件有利害关系，应当自行向仲裁委员会请求回避，当事人也有权向仲裁委员会提出书面申请，要求该仲裁员回避。当事人要求仲裁员回避，应当在案件第一次开庭审理之前提出。如果要求回避缘由的发生或者得知是在第一次开庭审理以后，可以在其后到最后一次开庭审理终结以前提出此请求。

4）审理

仲裁庭一般应开庭审理案件，但经双方当事人申请或者征得双方当事人同意，也可以不开庭审理，只依据书面文件进行审理并作出裁决。各国仲裁机构对仲裁的审理过程基本相似，包括开庭，调解，搜集、审定证据，必要时还可采取保全措施。

（1）开庭。仲裁开庭审理的日期，由仲裁庭与仲裁委员会秘书处协商决定，并于开庭前30日通知双方当事人。当事人有正当理由的，可以请求延期，但必须在开庭前12日内向仲裁委员会秘书处提出请求，除非发生不能预见的特殊情况。延期请求由仲裁委员会秘书处转告仲裁庭，然后由仲裁庭和仲裁委员会秘书处作出决定。仲裁委员会受理的案件，如果双方当事人自行达成和解，申诉人应当及时申请撤销案件。案件的撤销，发生在仲裁庭组成以前的，由仲裁委员会主席作出决定；发生在仲裁庭组成以后的，由仲裁庭作出决定。当事人就已经撤销的案件再次向仲裁委员会提出仲裁申请的，由仲裁委员会主席作出受理或者不受理的决定。开庭时，如果一方当事人不出席，仲裁庭可以进行缺席审理或者作出缺席裁决。

（2）调解。采用仲裁与调解相结合的方法解决争议是我国涉外仲裁的一个重要特点。凡是中国国际经济贸易仲裁委员会受理的争议案件，在仲裁程序进行的过程中，如果双方当事人有调解愿望，或者一方当事人有调解愿望，并经仲裁庭征得另一方当事人同意，仲裁庭可以按照其认为适当的方法对其审理的案件进行调解。经仲裁庭调解达成和解的，双方当事人应签订书面和解协议；除非当事人另有约定，仲裁庭应按照双方当事人达成的书面和解协议的内容作出裁决书结案。仲裁庭在进行调解的过程中，任何一方当事人提出终止调解或仲裁庭认为已无调解成功的可能时，可停止调解，继续进行仲裁。

中国国际经济贸易仲裁委员会首创会同国外有关的仲裁机构采用联合调解的方法来解决争议，其做法是：我方当事人向我国仲裁机构提出申请，外国当事人向其本国仲裁机构提出申请，由双方仲裁机构各派一人或双方人数相等的人员组成调解委员会共同进行调解。有的国家也规定在作出裁决之前，如果双方当事人同意和解，仲裁员或仲裁庭可以停止仲裁程序。但是，调解不是仲裁的必要程序。

（3）搜集、审定证据。在仲裁审理过程中，当事人双方应对其申请、答辩和/或反诉所依据的事实提出证据，并由仲裁庭审定。仲裁庭认为必要时，可以自行调查事实和搜集证据，也可以就案件中的专门问题向有关专家咨询或指定鉴定人员进行鉴定。

（4）采取保全措施。保全措施又称临时性保护措施（Interim Measure of Protection），是指仲裁程序开始后、作出裁决前对争议的标的物或有关当事人的财产采取临时性强制措施。例如，临时性扣押财产，以防止转移或变卖；对有争议的易腐烂货物先行出售等。根据《中国国际经济贸易仲裁委员会仲裁规则》，如果当事人申请采取财产保全，仲裁委员会应当将当事人的申请提交被申请人住所地或财产所在地的人民法院作出裁决。

5）裁决

裁决是仲裁程序的最后步骤，裁决作出后，审理程序即告终结。根据我国仲裁相关规则，最终裁决前，仲裁庭认为有必要或接受当事人的提议，在仲裁过程中，可就案件的任何问题作出中间裁决或部分裁决。中间裁决是对审理清楚的争议作出暂时性裁决，以利于对案件的进一步审理。部分裁决是指仲裁庭对整个争议中的一些问题已审理清楚，而先行作出了部分终局性裁决，这种裁决构成最终裁决的一部分。仲裁庭应该在案件审理终结之日起45天内作出仲裁裁决书。仲裁庭对其作出的裁决，除由仲裁委员会或仲裁庭可以对其受理的案件进行调解，经调解达成和解协议的案件，仲裁庭应当根据双方当事人和解协议的内容作出裁决书之外，应当说明裁决所依据的理由。仲裁裁决书应当由仲裁庭全体或者多数仲裁员署名，并写明作出裁决书的日期和地点。

仲裁裁决是终局的，任何一方当事人均不得向法院起诉，也不得向其他机构提出变更仲裁裁决的请求。即使向法院提起诉讼，法院一般也只是审查仲裁程序，不审查仲裁本身是否正确。当事人应该依照裁决书规定的期限自动履行裁决；裁决书未规定期限的应当立即履行。当败诉方拒不履行仲裁裁决时，如果仲裁机构或仲裁庭不具有强制执行的权力，则胜诉方有权向法院提出申请，要求予以强制执行。

8.3.4 合同中的仲裁条款

合同中的仲裁条款一般包括仲裁地点、仲裁机构、仲裁规则和仲裁效力等内容。

1）仲裁地点

仲裁地点是仲裁条款的主要内容，仲裁地点说明决定在哪一个国家进行仲裁的问题，这是双方当事人比较关心的问题。一般来说，双方当事人都愿意在本国仲裁。由于当事人对自己国家的法律和仲裁做法比较了解和信任，而仲裁地点与仲裁适用的法律有密切关系，不同国家的法律可能对双方当事人的权利和义务作出不同的解释，得出不同的结果。因此，仲裁地点往往是双方当事人争论的焦点。

目前，在我国对外签订的进口买卖合同中，对于仲裁地点的规定有3种：第一种是争取在我国仲裁；第二种是根据业务需要在被告国家进行仲裁；第三种是规定在双方同意的第三国进行仲裁。规定在第三国仲裁的双方当事人，应注意选择与其比较友好的国家，同时还要对该国的仲裁规则和程序有所了解。对于与我国有贸易协定的国家，仲裁地点按协定中规定的为准。

2）仲裁机构

国际贸易仲裁有两种做法：一种是在常设仲裁机构进行仲裁；另一种是临时仲裁，指不在常设的仲裁机构进行仲裁，而直接由双方当事人指定的仲裁员自行组成仲裁庭，即临时仲裁庭进行仲裁。

国际上常设商事仲裁机构有3类：一是国际性的或区域性的仲裁组织，如国际商会仲裁院，亚洲及远东经济委员会商事仲裁中心等；二是全国性的仲裁机构，如中国国际经济贸易仲裁委员会（总部设在北京，深圳、上海分别设有分会），瑞典斯德哥尔摩商会仲裁院，瑞士苏黎世商会仲裁院，日本国际商事仲裁协会等；三是专业性的仲裁机构，如伦敦国际油、油籽和油脂协会，伦敦谷物和饲料贸易协会等工商行业组织内设立的仲裁机构。在国际贸易中，几乎有95%的争议案件是在常设仲裁机构进行仲裁的。

3）仲裁规则

仲裁规则主要是规定进行仲裁的程序和做法，其中包括仲裁的申请、答辩、仲裁员的指定、案件的审理和仲裁裁决的效力以及仲裁费用的支付等。仲裁规则的作用主要是为当事人和仲裁员提供一套进行仲裁的行动规则，便于在仲裁过程中有所遵循。在仲裁条款中要明确规定仲裁规则。在订立仲裁条款时，一般规定使用仲裁国的仲裁规则。但是，法律也允许根据双方当事人的约定，采用仲裁地点以外的其他国家（或地区）的仲裁机构所制定的仲裁规则进行仲裁。

4）仲裁效力

仲裁效力是仲裁裁决的效力，是指仲裁裁决是否具有终局性，对双方当事人有无约束力，双方能否向法院起诉等。

我国进出口业务合同的仲裁条款，一般都规定仲裁裁决是终局的，对双方当事人都有约束力，任何一方不能向法院或者其他机关提出变更和起诉。但是，有些西方国家规定允许向上级仲裁庭或者法院上诉，法院根据请求，对明显违反法律的裁决依法予以撤销。需指出的是，若法院查出仲裁程序在法律上确有问题，则可宣布仲裁裁决无效。

至于仲裁的费用，一般都规定由败诉的一方承担，或规定按仲裁裁决办理。为避免不必要的纠纷，应该在合同中作出规定。

在进出口贸易合同中，仲裁条款有以下几种规定方法：

（1）规定在我国仲裁的条款

“凡因执行本合同所发生的或与本合同有关的一切争议，双方通过友好协商解决；如果协商不能解决，应提交北京中国国际经济贸易促进委员会中国国际经济贸易仲裁委员会，根据该仲裁委员会的仲裁程序规则进行仲裁。仲裁裁决是终局的，对双方都有约束力。”（All disputes arising out of performance of or relating to this contract， shall be settled amicably through friendly negotiation. In case no settlement can be reached through negotiation the case shall then be submitted to the China International Economic and Trade Arbitration Commission of the China Council for the Promotion of International Trade， Beijing China， for arbitration in accordance with its Provisional Rules of Procedure. The arbitral award is final and binding upon both parties.）

（2）规定在被告国家仲裁的条款

“凡因执行本合同所发生的或与本合同有关的一切争议，由签订合同双方友好协商解决。如果签订合同双方经协商后仍不能解决，应提交仲裁。仲裁在被告所在国进行。如果在中国，根据北京中国国际经济贸易促进委员会中国国际经济贸易仲裁委员会的仲裁程序规则进行仲裁。如在××（国家），由××（仲裁机构）根据该（仲裁机构）的仲裁规则进行仲裁。仲裁裁决是终局的，对双方都有约束力。”（All disputes arising out of performance of or relating to this contract， shall be settled amicably through friendly negotiation.In case no settlement can be reached through negotiation the case shall then be submitted to arbitration. The location of arbitration shall be in the country of the domicile of the defendant. If in China， the arbitration shall be conducted by the China International Economic and Trade Arbitration Commission of the China Council for the Promotion of International Trade， Beijing China， for arbitration in accordance with its Provisional Rules of Procedure. If in ××， the arbitration shall be conducted by ××， in accordance with its arbitral rules of procedure. The arbitral award is final and binding upon both parties.）

（3）规定在双方同意的第三国仲裁的条款

“凡因执行本合同所发生的或与本合同有关的一切争议，由签字合同双方友好协商解决。如果签订合同双方经协商后仍不能解决，应提交××（国家）××（地）××（仲裁机构），根据该（仲裁机构）的仲裁规则进行仲裁。仲裁裁决是终局的，对双方都有约束力。”（All disputes arising out of performance of or relating to this contract， shall be settled amicably through friendly negotiation. In case no settlement can be reached through negotiation the case shall then be submitted to ××， in accordance with its arbitral rules of procedure. The arbitral award is final and binding upon both parties.）

8.3.5　仲裁裁决的承认与执行

仲裁裁决对双方当事人都具有法律上的约束力，当事人必须执行。双方当事人都在本国，如一方不执行裁决，另一方可以请求法院强制执行。如一方当事人在国外，涉及一个国家的仲裁机构所作出的裁决要由另一个国家的当事人去执行的问题，在此情况下，如果国外当事人拒不执行裁决，则只需要到国外法院去申请执行，或通过外交途径要求对方国家有关主管部门或社会团体（如商会、同业公会）协助执行。为了解决在执行外国仲裁裁决问题上的困难，国际上除通过双边协定就相互承认与执行仲裁裁决问题作出规定外，还订立了多边国际公约。

1958年6月10日，联合国在纽约召开了国际商事仲裁会议，签订了《承认与执行外国仲裁裁决公约》（Convention on the Recognition and Enforcement of Foreign Arbitral Award），即《1958年纽约公约》。该公约强调了两点：一是承认双方当事人所签订的仲裁协议有效；二是根据仲裁协议所作出的仲裁裁决，缔约国应承认其效力并有义务执行。只有在特定的条件下，才根据被诉人的请求拒绝承认与执行仲裁裁决。例如，裁决涉及仲裁协议未提到的内容，或不包括在仲裁协议之内的一些争议；仲裁庭的组成或仲裁程序与当事人所签的仲裁协议不符等。

1986年12月第六届全国人民代表大会常务委员会第十八次会议决定，中华人民共和国加入《1958年纽约公约》，并同时声明：

（1）中华人民共和国只在互惠的基础上对在另一缔约国领土内作出的仲裁裁决的承认和执行适用该公约。

（2）中华人民共和国只对根据中华人民共和国法律认定为属于契约性和非契约性商事法律关系所引起的争议适用该公约。

我国政府对上述公约的加入和所作出的声明，不仅为我国承认与执行外国仲裁裁决提供了法律依据，而且也有利于我国仲裁机构作出的裁决在国外公约成员国内的执行。

□ 本章小结

争议是指交易的一方认为另一方未能全部或部分履行合同规定的责任而引起的业务纠纷。索赔是指在国际货物买卖过程中，因一方违反合同规定，直接或间接地给另一方造成损失，受损方向违约方提出损害赔偿要求的行为。理赔是指一方对于对方提出的索赔进行处理。索赔和理赔是一个问题对应的两方面。

对外索赔时应该注意的问题：①必须有充分的索赔依据；②正确确定索赔项目和金额；③认真制订索赔方案；④及时向国外提出索赔。

理赔应注意的问题：①明确索赔对象；②认真细致地审核外国买方提出的单证和出证机构的合法性；③注意调查研究，弄清事实，分清责任；④合理确定损失和赔付办法。

不可抗力是指在合同签订之后，发生了不是由于任何一方当事人的过失或疏忽造成的，当事人既不能预见和预防，又无法避免和克服的意外事件，导致合同不能履行或不能按期履行，遭受意外事件的当事人可以免除其不履行或者不按期履行合同的责任，这些意外事件称为不可抗力。

仲裁是指买卖双方当事人在争议发生之前或争议发生之后，达成书面协议，自愿将协商不能解决的争议交给双方同意的第三者进行裁决。仲裁的裁决是终局的，体现的是双方自愿的原则。

□ 复习思考题

1.在国际货物买卖中，引起争议的主要原因以及处理争议的办法有哪几种？

2.《联合国国际货物销售合同公约》对于违约和违约的法律后果是如何规定的？

3.简述不同法律对违约行为的解释。

4.什么是索赔和理赔？在索赔和理赔时应注意哪些问题？

5.简述定金罚则以及适用条件。

6.索赔条款主要包括哪些内容？

7.什么是国际经济贸易仲裁？仲裁和司法诉讼的区别是什么？

8.仲裁协议的形式和作用有哪些？

9.简述仲裁的一般程序。

10.仲裁条款主要包括哪些内容？

11.不可抗力的定义和认定方法是什么？

12.不可抗力的法律后果有几种情况？

13.不可抗力条款主要包括哪些内容？

14.对不可抗力条款的规定方法有哪几种？

随堂测验

□ 典型案例

1.我方公司以CFR条件对德国出口一批小五金工具。合同规定货到目的港后30天内检验；买方有权凭检验结果提出索赔。我方公司按期发货，德国客户也按期凭单支付了货款。可半年后，我方公司收到德国客户的索赔文件，称上述小五金工具有70%已锈损，并附有德国内地一个检验机构出具的检验证书。对德国客户的索赔要求，我方公司应如何处理？

分析与提示：

（1）我方公司可以拒绝，因为早已过了索赔期限。双方在合同中规定货到目的港后30天内检验。尽管这是一个买方复验的期限，但是实质上却是索赔的期限。而德国客户却在半年后才向我方提出索赔，显然该索赔超过了索赔期限。因此，按照有关法律，德国客户也就丧失了向我方索赔的权利。

（2）德国客户索赔的理由不合理。尽管索赔文件中声称有70%的货物已经锈损，但德国客户无法证明这些锈损是在装船前就已经存在的，还是在装船之后发生的。按照CFR成交条件，买卖双方风险划分是以装运港船舷为界。因此，卖方只承担货物装船前锈损的风险，而装船后发生的锈损风险只能由买方自己承担。在本案例中，买方已经按期凭单付了货款，这说明卖方提交的交货单据是齐全合格的，间接地说明了卖方装上船的货物是符合合同要求的。在这种情况下，除非买方能证明这种锈损是货物本身固有的瑕疵所致，否则卖方将不承担任何责任。

（3）德国客户提供的索赔依据不符合要求。一般情况下，双方规定在货到目的港后检验，买方提供的检验证书应由目的港的检验机构出具。而在本案例中，买方提供的检验证书却是由德国内地的检验机构出具，这显然是不合格的。因此，这份索赔依据是不充分的，卖方有理由拒绝理赔。

2. 中国B公司与英国A公司双方于2020年7月至9月间先后签订了3份销售合同，英国A公司向中国B公司出售货物的总价值为468 000美元，价格术语CIF天津，交货日期分别为10、11、12月，最后交货期限为2020年12月31日。合同规定适用《联合国国际货物销售合同公约》，并约定有关争议在中国国际经济贸易仲裁委员会仲裁。合同签订后，因市场发生剧烈变化，英国A公司未能履行交货义务，经反复交涉无果，中国B公司遂提起仲裁，请求仲裁庭裁决英国A公司：

（1）赔偿中国B公司遭受的利润损失567 000美元；

（2）支付信用证费用计2 196.36美元；

（3）赔偿申请人为此案支付的律师费；

（4）承担全部仲裁费用。

英国A公司辩称，因为国内、国际市场价格飞涨，国内货源紧缺，到交货时价格已经提高了1～2倍。双方订立合同时的预期利益已经落空，因此，可以认为，英国A公司依合同价格交货的义务因履行合同时的环境与订立合同时的情况有本质的变化，而得以免除。另外，根据《联合国国际货物销售合同公约》，被申请人应赔偿的损失为交货期满时交货地市场价格与合同价格的差价。对此，中国B公司进一步诉称，根据《联合国国际货物销售合同公约》，中国B公司应得到的损害赔偿应包括申请人应得的利润。而且，中国B公司通过多种方式证明了当时存在国际市场价格，否认存在交货地的时价。讨论：如你作为仲裁员将如何裁决？

分析与提示：

《联合国国际货物销售合同公约》第74条规定："一方当事人违反合同应负的损害赔偿额，应与另一方当事人因他违反合同而遭受的包括利润在内的损失额相等。这种损害赔偿不得超过违反合同一方在订立合同时，依照他当时已知道或理应知道的事实和情况，对违反合同预料到或理应预料到的可能损失。"

第76条第1款规定："如果合同被宣告无效，而货物又有时价，要求损害赔偿的一方，如果没有根据第75条规定进行购买或转卖，则可以取得合同规定的价格和宣告合同无效时的时价之间的差额以及按照第74条规定可以取得的任何其他损害赔偿。但是，如果要求损害赔偿的一方在接受货物之后宣告合同无效，则应适用接收货物时的时价，而不适合宣告合同无效时的时价。”

第76条第2款规定：“为上一款的目的，时价指原应交付货物地点的现行价格。如果该地点没有时价，则指另一合理替代地点的价格，但应适当地考虑货物运费的差额。”

从中国B公司索赔利润损失567 000美元看，对比货款总额468 000美元显见过多，中国B公司应索赔差价损失，并以交货地的时价计算价差。(2)~(4)项索赔合理，但须核对实际支出金额。

改革开放就是融入全球化，与国际接轨的进程。加入世界贸易组织以来，中国一直积极践行自由贸易理念，切实履行入世承诺，大幅开放市场，维护多边贸易体系，为世界经济注入强劲动力。中国始终是多边贸易体制和规则的坚定维护者。正因为如此，世界贸易离不开中国，中国发展也离不开世界这个大市场。

3.甲方与乙方签订了出口某种货物的买卖合同一份，合同中的仲裁条款规定：“凡因执行本合同所发生的一切争议，双方同意提交仲裁，仲裁在被诉人所在国进行。仲裁裁决是终局的，对双方都具有约束力。”在履行合同过程中，乙方提出甲方所交的货物品质与合同不符，于是双方将争议提交甲方所在国仲裁。经仲裁庭调查审理，认为乙方的举证不实，裁决乙方败诉。事后，甲方因乙方不执行裁决向本国法院提出申请，要求法院强制执行，乙方不服。请问，乙方可否向法院提出上诉？

分析与提示：

(1) 乙方不可以向法院提出上诉。

(2) 因为仲裁授予仲裁机构对争议案件的管辖权，排除法院对该案件的管辖权，仲裁裁决的效力是终局的，对争议双方都具有约束力。因此，在本案例中乙方败诉，应按裁决的内容执行。

4.我国某公司向外商出口货物一批，合同中明确规定一旦在履约过程中发生争议，如果不能友好协商解决，则将争议提交中国国际经济贸易仲裁委员会进行仲裁。后来，双方就商品的品质发生争议，对方在其所在地法院起诉我方，法院也发来了传票，传我方出庭应诉。对此我方应如何处理？

分析与提示：

我方无须出庭应诉，具体理由如下：

合同中明确规定一旦在履约过程中发生争议，如果不能友好协商解决，则将争议提交中国国际经济贸易仲裁委员会进行仲裁。我国《仲裁法》规定：“双方达成仲裁协议后，一方面使仲裁机构取得争议案件的管辖权，同时排除法院对本案件的管辖权。”绝大多数国家的法律都规定了法院不受理双方已经达成仲裁协议的争议案件。因此，在本案例中关于品质产生的争议，对方只能提请中国国际经济贸易仲裁委员会仲裁，对方法院对本案件无管辖权，我方无须出庭应诉。

党的十九大报告明确指出，开放带来进步，封闭必然落后。中国是当今世界少有的把开放列为国策的大国。回击贸易保护主义行为，中国有措施、有办法；携手国际社会共同面对挑战，中国有智慧、有方案。中国将始终做现行国际贸易规则和国际秩序的坚定维护者，为构建人类命运共同体努力奋斗。

□ 拓展阅读

拓展阅读 1

国际货物买卖合同纠纷案

拓展阅读 2

国际运输合同纠纷案

拓展阅读 3

中国国际贸易争议解决年度观察（2022）概述

第9章/国际货物买卖合同的磋商与订立

学习目标

了解国际货物买卖合同磋商的形式与内容，了解国际货物买卖合同的内容与形式；掌握交易磋商的一般程序，重点掌握交易磋商中发盘和接受两个环节；熟悉合同成立的要件。

在一笔国际货物买卖交易活动中，一般包含交易前的准备工作、磋商订立合同和履行合同3个阶段。进出口企业在做好出口交易前的准备工作之后，即开始进行对外交易磋商以及合同的订立。交易磋商与订立合同是外贸业务活动中很重要的环节，也是一项较复杂的工作。外贸业务人员要了解和掌握进出口洽商的一般程序，特别是要掌握发盘与接受的含义及应具备的条件、发盘与接受生效的时间、发盘效力的终止和逾期接受的处理，以及发盘与接受的撤回或修改等。同时也要掌握《民法典》中的合同内容和《联合国国际货物销售合同公约》对发盘、还盘、接受的规定，在理解有关法律规定的基础上，逐步提高签订合同的技巧和水平。

9.1 国际货物买卖合同的交易磋商

交易磋商（Business Negotiation）是指买卖双方以买卖某种商品为目的而通过一定程序就交易的各项条件进行洽商并最后达成协议的全过程。交易磋商的目的是买卖双方通过磋商能共同取得一致意见，达成交易。它是签订合同不可缺少的前期基础性工作，而签订合同则是交易磋商的主要目的和圆满结果。交易磋商的好坏直接关系到将来买卖双方之间的权利、义务和经济利益，是做好交易的关键所在。

9.1.1 交易磋商的形式

1）口头形式

口头形式主要是指在谈判桌上面对面的谈判，如参加各种交易会、洽谈会，以及贸易小组出访、邀请客户来访洽谈交易等。此外，还包括双方通过国际长途电话进行的交易磋商。口头磋商方式由于是面对面的直接交流，因此便于了解对方的诚意和态度，便于采取相应的对策，并根据进展情况即时调整策略，达到预期的目的。口头磋商比较适合谈判内容复杂、涉及问题较多的业务，如大型成套设备的交易谈判。

2）书面形式

书面形式在过去主要是指通过信件、电报、电传等通信方式来洽谈交易。由于现代通信技术的发展、计算机网络的应用与普及，目前多数企业使用传真、电子邮件等书面形式洽谈交易。在采用书面方式磋商时，写作往来函件一般需要遵守以下3个原则：

（1）简明扼要。商务函件讲究实效，对于主体观点应以简单明了的语言加以阐述。

（2）清晰正确。商务函件的内容要正确，意思表达要清晰，不可模棱两可。

（3）用语礼貌。在商务函件的写作过程中，正式而礼貌的用语有利于索赔和申诉的协商解决，也有利于与客户建立长远的伙伴关系。

9.1.2　交易磋商的内容

交易磋商的内容实际就是拟签订的买卖合同的各项条款，包括品名、品质、数量、包装、价格、交货、支付、保险以及商品检验、索赔、不可抗力和仲裁等。从理论上来说，这些条款需要逐一磋商确定，但在实际的业务谈判中，带有变动性的条款需要逐条协商，而对于相对固定的条款，可能早就事先商定好了，所以不必重新磋商。交易磋商的内容包括主要交易条件和一般交易条件。

（1）主要交易条件（Major Terms and Conditions）包括货物的品名、品质、数量、包装、价格、交货和支付条件等内容，买卖双方欲达成交易，签订合同，必须至少对这7项主要交易条件进行磋商并取得一致意见。

（2）一般交易条件（General Terms and Conditions）是指交易双方拟订的对每笔交易都适用的一套共性的交易条件，通常包括：①有关预防和处理争议的条件（如检验、索赔、不可抗力和仲裁）；②有关主要交易条件的补充说明（如品质或数量的机动幅度、保险险别等）；③个别的主要交易条件（如通常采用的包装方法）。

一般交易条件大都印在由进口商设计的购货合同或出口商设计的销售合同的背面或正面的下部；有的将一般交易条件单独印制成文。使用一般交易条件是为了简化交易磋商内容，加速磋商进程以及节省磋商的时间和费用。因此，为使一般交易条件适用于日后的合同，需要在磋商之前将它送交对方，以书面确认同意在以后交易中使用。否则，若在交易达成后再送交，则会被对方认为提出了新的条件，从而引发争议。

9.1.3　交易磋商的一般程序

交易磋商的程序一般分为询盘、发盘、还盘和接受4个环节，最后以交易达成而告终。

1）询盘（Enquiry）

询盘，在国际商务法律中又称“要约邀请”，是指交易的一方有意购买或出售某一种商品，向对方询问买卖该商品的有关交易条件。询盘的内容可繁可简，有时涉及多项交易条件，如价格、规格、品质、数量、包装、装运以及索取样品等，而多数只是询问价格，因此业务上常把询盘称为询价。询盘可采用口头方式，也可采用书面形式。

询盘对询盘人和被询盘人均无约束力，而且不是交易磋商的必经步骤，但往往是一笔交易的起点。

询盘以发出人的不同可分为：①由买方发出，称为“邀请发盘”（Invitation to Make an Offer）。例如，对海尔牌234型号彩电有兴趣，请发盘（Interested in Color TV Set HAIER Brand Mode 234，Please Offer）。②由卖方发出，称为“邀请递盘”（Invitation to Make an Bid）。例如，可供山东大花生500公吨，请递盘（Can Supply SHANDONG Peanut 500MTS，Please Bid）。

询盘中，当事人一般需要注意以下几个问题：

（1）询盘不一定要有“询盘”字样，凡含有询问、探询交易条件或价格方面的意思表示均可做询盘处理。

（2）询盘可以同时向一个或几个交易对象发出，但不应该在同时期集中对外询盘，以防止暴露当事人的销售或购买意图。

（3）询盘时，询盘人不应该只考虑如何询问商品的价格，也应注意询问其他交易条件，争取获得比较全面的交易信息或条件。

（4）询盘是交易洽商的第一步，在法律上对询盘人和被询盘人均无约束力，即买方询盘后无必须购买货物的义务，卖方询盘后无必须出售货物的责任。但是，在交易习惯上，应该避免出现只询盘不购买或不售货的现象，以维护企业的信誉。

（5）被询盘人可以及时发盘回答询盘，也可以拖延一段时间发盘，还可以拒绝回答询盘。但是，在交易习惯上应尊重对方，无论是否出售或购买均应及时回复为宜。

（6）虽然询盘对双方无约束力，但是双方在询盘的基础上经过多次的洽商，最后达成交易，如果在履行时发生争议，那么原询盘的内容也成为洽商成交文件的不可分割部分，同样作为处理争议的依据。

2）发盘（Offer）

发盘又称发价或报价，在法律上称为要约。发盘是指交易的一方向另一方提出一定的交易条件，并愿意按照提出的交易条件达成买卖该项货物的交易、签订合同的一种口头或书面的表示。

在实际业务中，由于大部分商品处于买方市场，因此发盘多由卖方提出，称为卖方发盘（Seller Offer）。例如：“可供货号M33运动衬衫500打，每打200美元，CIF上海，6月装运，不可撤销即期信用证付款（Can supply Art. M33 sport shirts 500 dozens，at USD 200/doz CIF Shanghai，Shipment during June，payment by sight Irrevocable L/C）。”

发盘也可以由买方发出，称为买方发盘（Buyer Offer）。例如：“订货，广西干茧500公吨，FOB上海，每公吨8 250美元，8月10日前装运，即期不可撤销信用证支付（Order，GUANGXI dry Chrysalis 500MTS，USD 8 250/MT FOB Shanghai，Shipment before August 10th，payment by sight Irrevocable L/C）。”

3）还盘（Counter Offer）

还盘，又称还价，在法律上称为反要约。还盘是指受盘人收到发盘之后，对发盘表示接受，但对发盘的内容不同意或不完全同意，向发盘人提出修改建议或新的限制性条件的口头或书面的表示。例如："我同意你方的还盘，减价3元（I'll respond to your offer by reducing our price by three dollars）。"

在交易洽商中，还盘是对原发盘的拒绝，是一项新的发盘，原发盘即行失效。还盘是一项具有约束力的新发盘。虽然从法律上讲，还盘并非交易磋商的必经环节，但是在实际业务中，还盘的情况还是很多的。有时买卖双方对一项交易不仅就价格进行还盘、再还盘的多次洽商，而且也可就装运期、支付方式等其他交易条件进行洽商。因此，掌握好还盘具有很重要的意义。我们在还盘时应该注意以下几个问题：

（1）作为发盘人要注意还盘的形式，还盘可以明确使用"还盘"字样，也可以不使用，只是在内容中表示对发盘条件的实质性修改。

（2）接到还盘后，要与原发盘进行核对，找出还盘中提出的新内容，然后结合市场变化情况和销售意图，认真予以对待。

（3）一项还盘等于受盘人向原发盘人提出的一项新的发盘。还盘作出后，双方当事人的地位对调。新受盘人有权接受、拒绝或再还盘。

（4）还盘的内容通常仅陈述需要变更或增添的条件，对双方同意的条件无须再重复，未经还盘修改的内容或在还盘中未出现的发盘内容，对原发盘人仍有约束力。

（5）一方的发盘经对方还盘后即失去效力，除非得到原发盘人同意。若受盘人还盘后又接受原来的发盘，则交易未达成。

4）接受（Acceptance）

接受在法律上称为"承诺"，是指受盘人在发盘的有效期内无条件地同意发盘的全部内容，并愿意签订合同的一种口头或书面的表示。接受可以由卖方表示也可以由买方表示。例如："你方5日电接受（YC 5th accepted）。"

上述4个环节是交易洽商的一般程序，但并非每笔交易都需要经过这4个环节，有的从询盘经过发盘到接受，只经历3个环节，有的一方发盘即被另一方接受等。但是，作为合同的成立必须有发盘和接受两个环节，因此发盘和接受是合同达成的两个要素。

9.2　发盘和接受

正如上述所说，发盘和接受是构成合同成立的两个要素，本节着重从法律上的概念及其应该注意的问题进一步阐述。

9.2.1 发盘

《联合国国际货物销售合同公约》第14条对发盘的解释为："向一个或一个以上特定的人提出的订立合同的建议，如果十分确定并且表明发盘人在得到接受时承受约束的意旨，即构成发盘。"《民法典》第472条规定："要约是希望与他人订立合同的意思表示，该意思表示应当符合下列规定：（1）内容具体确定；（2）表明经受要约人承诺，要约人即受该意思表示约束。"

1）构成有效发盘的要件

（1）发盘必须是向一个或一个以上特定的人提出

所谓"特定的人"（Specific Person），是指在发盘中指明个人姓名或公司名称的受盘人。发盘必须指定可以表示接受的受盘人。受盘人可以是一个，也可以是多个。这一规定的目的是把发盘同普通商业广告及向大众散发的商品价目单等区分开来。《联合国国际货物销售合同公约》第14条第2款规定："非向一个或一个以上特定的人提出的建议，仅应视为邀请做出发盘，除非提出建议的人明确地表示相反的意向。"根据此项规定，商业广告本身并不是一项发盘，通常视为要约邀请，如果商业广告的内容符合发盘的条件，而且登此广告的人明确表示它是作为一项发盘提出来的，如在广告中明确注明"本广告构成发盘"，则此类广告也可作为一项发盘。

鉴于《联合国国际货物销售合同公约》对发盘的上述规定既有原则又具体，且有一定的灵活性，加之世界各国对发盘又有不同的解释，因此在实际应用时要特别小心。我方对外进行广告宣传和寄发商品价目单时，最好在其中注明"需经我方最后确定"或"可随时调整，恕不通知"等字样。

我国《民法典》第473条规定："要约邀请是希望他人向自己发出要约的表示。"

（2）表明订立合同的意思

发盘必须表明严肃的订约意思，即发盘人应该表明在发盘得到接受时，将按发盘条件承担与受盘人订立合同的法律责任。这种意思可以用发盘、递盘等术语和语句加以表明，也可以不使用上述或类似上述术语和语句，而按照当时谈判情形，或当事人之间的业务交往情况，或双方已经确立的习惯做法来确定。

（3）发盘的内容必须十分确定

《联合国国际货物销售合同公约》第14条第1款规定："一个建议如果写明货物并且明示或暗示地规定数量和价格或规定如何确定数量和价格，即为十分确定。"按照《联合国国际货物销售合同公约》的解释，一项发盘只要包括商品的名称、数量、价格或数量与价格的确定方法，就是内容完整而确定的发盘。但要注意的是，《联合国国际货物销售合同公约》中关于发盘内容的规定只是对构成发盘的起码要求。在实际业务中，如果对发盘的条件规定得太少或过于简单，将给合同履行带来困难，也容易引起争议。因此，我方对外发盘时应将主要的交易条件一一列明，包括品名、数量、价格、包装、交货和支付方法等。

（4）发盘必须送达受盘人

送达（Reaches）是指将发盘内容通知特定的受盘人或送交受盘人。送达的标志是将发盘送交特定受盘人的营业场所或通信地址，若无营业场所或通信地址，则送交受盘人的惯常居住地。《联合国国际货物销售合同公约》第15条规定："发盘于送达被发盘人时生效。"发盘在未送达被发盘人之前，即使被发盘人已经知道该项发盘的内容，也不能算作生效。《民法典》中的相关内容和《联合国国际货物销售合同公约》的规定基本一致，即"要约到达受要约人时生效"。

2）发盘的有效期

根据各国法律规定和国际贸易习惯，每一个发盘都应该有一个有效期，但有关法律和惯例并不要求必须明确规定一个具体的有效期。如果发盘中规定了有效期，则应在规定的期限内有效；如果发盘中未规定有效期，则应在合理的时间内有效。采用口头发盘时，《联合国国际货物销售合同公约》规定，除发盘人另有声明外，受盘人只能当场表明接受方为有效。而在采用函电成交时，一般发盘都明确规定有效期。明确规定发盘有效期的方法主要有两种：一种是规定最迟接受的期限，如："发盘限6月15日复到有效（Offer subject to reply here by June 15th）"；另一种是规定一段时间，如："发盘有效期3天（Offer valid 3 days）"。

该时间的起算，《联合国国际货物销售合同公约》第20条规定："发盘人在电报或信件内规定的接受期间，从电报交发时刻或信上载明的发信日期起算，如信上未载明发信日期，则从信封上所载日期起算。发盘人以电话、电传或其他快速通信方法规定的接受期间，从发盘送达被发盘人时起算。"《民法典》第482条也作了同样的规定："要约以信件或者电报作出的，承诺期限自信件载明的日期或者电报交发日期开始计算。信件未载明日期的，自投寄该信件的邮戳日期开始计算。要约以电话、传真等快速通信方式作出的，承诺期限自要约到达受要约人时开始计算。"例如，甲公司以电报形式在4月3日向乙公司发出要约，有效期为10天，乙公司在4月6日收到该要约，则该要约的起算时间为4月3日，有效期至4月13日，即只有甲公司在4月13日之前收到乙公司的承诺，合同才成立。如果甲公司是以信件方式发出要约的，而信件中没有注明日期，则以该信件的邮戳日期开始计算。如果邮戳日期为4月3日，则起算日就为此天。

3）发盘的撤回与撤销

（1）发盘的撤回

发盘的撤回（Withdrawal）是指发盘人在发盘发出之后，在其尚未到达受盘人之前，即在发盘尚未生效之前，将发盘收回，阻止它生效。由于发盘没有生效，原则上发盘可以撤回。《联合国国际货物销售合同公约》第15条第2款规定："一项发盘，即使是不可撤销的，得予撤回，如果撤回通知于发盘送达被发盘人之前或同时，送达被发盘人。"《民法典》也有与《联合国国际货物销售合同公约》相同的规定。

（2）发盘的撤销

发盘的撤销（Revocation）是指发盘人在其发盘已经到达受盘人，即在发盘已经生效的情况下，将发盘取消，解除发盘的效力。关于发盘的撤销国际上有不同的解释：大陆法系认为，发盘人应该受发盘的约束，不得随意撤销，除非发盘人在发盘中表明不受约束；英美法系认为，即使是在有效期之内的发盘，对发盘人原则上是无约束力的，在未收到受盘人接受通知之前，可以随时撤销或修改其发盘的内容，但对经签字、封蜡，经认证和有对价的发盘，在规定的有效期之内，无权撤销。这种规定对受盘人来说是缺乏保障的，因此，英美法系也在考虑修改上述规定。例如，美国的《统一商法典》规定，货物买卖中，在一定条件下，可以承认无对价的发盘在有效期内不得撤销，条件是：第一，发盘人必须是商人；第二，有效期不得超过三个月；第三，发盘必须以书面形式订立，并经发盘人签字。

《联合国国际货物销售合同公约》第16条对英美法系和大陆法系在此问题上的分歧，进行了协调并作出了折中的规定："在未订立合同之前，发盘得以撤销，如果撤销通知于被发盘人发出接受通知之前送达被发盘人。但在下列情况下，发盘不能撤销：①发盘写明接受发盘的期限或以其他方式表示发盘是不可撤销的；②被发盘人有理由信赖该项发盘是不可撤销的，而且被发盘人已本着对该项发盘的信赖行事。"在发盘没有规定接受期限或者没有以其他形式表明发盘是不可撤销的，而且从发盘的内容中可以推断出发盘人不可撤销的意思表示，在这种情况下，如果受盘人为履行合同做了准备工作，如买方是受盘人，已经申请开立信用证或在FOB条件下，买方已经办理订舱手续等，发盘人就不能撤销此项发盘。

4）发盘效力的终止

《民法典》第478条规定："有下列情形之一的，要约失效：（1）要约被拒绝；（2）要约被依法撤销；（3）承诺期限届满，受要约人未作出承诺；（4）受要约人对要约的内容作出实质性变更。"在国际贸易中，还盘也可以使发盘失效。

发盘的失效，即发盘的消灭，是指发盘丧失了对发盘人和受盘人的法律约束力。发盘失效后，发盘人如果还想与受盘人订立合同，只能重新发盘；发盘失效后，被发盘人又向发盘人表示承诺，也不能导致合同成立。受盘人在拒绝发盘后，如果表示后悔，可以向发盘人发出撤回拒绝的通知，但该通知必须于拒绝发盘的通知到达发盘人之前或同时到达，才能产生撤回拒绝发盘的效力。

5）发盘的注意事项

（1）发盘要谨慎，不能对外盲目报价

在对外洽商时，究竟用发盘还是询盘，一定要根据洽商交易的实际情况、市场变化和被发盘人的特点来灵活运用。发盘与询盘的主要区别是二者的法律效力不同。发盘具有法律约束力，易引起被发盘人的注意，有利于迅速达成交易，但缺乏灵活性。询盘不具有法律约束力，或因保留了最后确认权，所以当情况有变化时，可以修改交易条件或不确认，比较灵活，有充分回旋余地。正因为如此，询盘往往得不到被发盘人的重视，不易迅速达成交易。

（2）要掌握发盘的技巧和策略

发盘人为了了解市场的情况可以对外询盘，将市场情况摸清后，可以根据情况再对外发盘，争取有利条件成交。

（3）要正确掌握和区分发盘的分类方法

《联合国国际货物销售合同公约》将发盘分为两种：一种是不可撤销的发盘（Irrevocable Offer）；另一种是可撤销的发盘（Revocable Offer）。无论是哪种发盘，对发盘人来说均有约束力，只不过前者约束力更大一些。另外，在对外发盘时，除采用谈判和函电方式外，还可以采用固定的书面格式，如报价单、价格表等，这些书面形式的发盘一般都有保留条件，除双方另有规定外，一般不具有约束力。

9.2.2 接受

《联合国国际货物销售合同公约》第18条第1款对接受的定义是："被发盘人声明或作出其他行为表示同意一项发盘，即是接受，缄默或不行动本身不等于接受。"《民法典》对接受的定义是："承诺是受要约人同意要约的意思表示。"

1）构成接受的要件

（1）接受必须是由受盘人作出

接受必须由受盘人作出才有效，其他人对发盘表示同意，不能构成接受。如果其他人通过某种途径知悉发盘的内容，而向发盘人表示接受，该"接受"只是其他人向原发盘人做的一项新的发盘，除非原发盘人表示同意，否则合同不能成立。但是，受盘人的代理人代受盘人作出接受视为有效。

（2）接受必须是同意发盘提出的交易条件

接受的内容必须与发盘的内容相符，才表明交易双方就有关的交易条件达成了一致意见。原则上来说，接受应该是无条件的、无保留的。但在国际贸易的实际业务中，当受盘人表示接受时，往往对发盘的内容作出某些添加、限制或修改，又叫有条件的接受（Conditional Acceptance）。例如，把支付方式由即期信用证改为托收；把FOB条件改为CIF条件；把包装条件从散装改为袋装等。有条件的接受不是真正有效的接受，而是还盘的一种形式，实际上是对发盘的拒绝。

为了适应现代商业的需要，尽量促使交易的达成，不因受盘人对发盘内容作出某些添加、限制或修改而影响合同的成立，《联合国国际货物销售合同公约》将接受中对发盘的条件所作的变更分为：实质性变更（Material Alteration）和非实质性变更（Non-material Alteration）。《联合国国际货物销售合同公约》第19条规定："对发盘表示接受但载有添加、限制或其他更改的答复，即为拒绝该项发盘，并构成还盘。但是，对发盘表示接受但载有添加或不同条件的答复，如所载的添加或不同条件在实质上并不变更该项发盘的条件，除发盘人在不过分迟延的期间以口头或书面通知反对其间的差异外，仍构成接受；如果发盘人不作出这种反对，合同的条件就以该项发盘的条件以及接受通知内所载的更改为准。有关货物价格、付款、质量和数量、交货地点和时间，一方当事人对另一方当事人的赔偿责任范围或解决争端等的添加或不同条件，均视为在实质上变更发盘的条件。”

根据上述解释，应当把有条件的接受与在肯定接受的前提下提出某种希望或建议区分开来。前者是对发盘提出了新的附加条件，视为对发盘的拒绝。后者只是在肯定接受的前提下提出某种希望或建议，这不是一项条件，无论发盘人同意与否，都不影响交易的达成。

（3）接受必须在发盘的有效期内作出

这是一项有效接受必须遵守的原则，如果发盘明确规定了有效期，受盘人只有在有效期内作出接受才有效；如果发盘未明确规定有效期，按照国际贸易惯例，应在合理时间内作出接受才有效。

（4）接受应由被发盘人采用声明或作出其他行为的方式表示，并且这种表示传达给发盘人才有效

接受必须由受盘人以某种方式向发盘人表示出来。如果受盘人在心里接受对方的发盘，但默不作声或不作任何其他行动表示对发盘的同意，在法律上并不构成接受。《联合国国际货物销售合同公约》第18条第1款规定：“缄默或不行动本身不等于接受。”

受盘人表示接受的方式有两种：一种是用声明作出表示，即受盘人用口头或书面形式向发盘人表示同意发盘。这是国际贸易中最常见的表示方法；另一种是用行为作出表示，即根据发盘的意思或依当事人之间已经约定或确立的贸易习惯所作出的行为，通常由卖方发运货物或由买方支付价款来表示。

2）接受生效的时间

关于接受生效的时间，大陆法系和英美法系有很大出入。

大陆法系采用“到达主义”原则，即承诺的通知于到达要约人时生效；而英美法系采用“投邮主义”原则，采取信件、电报方式作出承诺，承诺通知一经投邮立即生效。

《联合国国际货物销售合同公约》原则上采用“到达主义”，同时规定了例外情况。《联合国国际货物销售合同公约》第18条第3款规定：“如果根据该项发盘或依照当事人之间确立的习惯做法和惯例，被发盘人可以作出某种行为，例如与发运货物或支付价款有关的行为，来表示同意，而无须向发盘人发出通知，则接受于该项行为作出时生效，但该项行为必须在上一款所规定的期间内作出。”

3）逾期接受

如果接受通知超过发盘规定的有效期或发盘未规定有效期而超过合理时间才到达发盘人，则成为一项逾期接受（Late Acceptance），或迟到的接受。逾期接受在一般情况下不能视为一项有效的接受，不具有法律效力。

《联合国国际货物销售合同公约》第21条第1款规定：“逾期接受仍有接受的效力，如果发盘人毫不迟延地用口头或书面将此种意见通知被发盘人。”

《联合国国际货物销售合同公约》第21条第2款规定：“如果载有逾期接受的信件或其他书面文件表明，它是在传递正常、能及时送达发盘人的情况下寄发的，则

该项逾期接受具有接受的效力，除非发盘人毫不迟延地用口头或书面通知被发盘人：他认为他的发盘已经失效。”

例如，甲向乙发出要约，内容为“可供货号M33运动衬衫500打，每打200美元，CIF上海，6月装运，以不可撤销即期信用证付款。5月20日之前答复有效”。事后，甲在5月28日收到乙的答复。按照《联合国国际货物销售合同公约》的规定，如果乙是在5月25日发出承诺通知的，甲保持沉默，则合同不成立，除非甲毫不迟延地通知乙接受承诺，合同成立；如果乙是在5月10日发出承诺通知的，由于传递的延误致使28日才到，甲保持沉默，则合同成立，除非甲毫不迟延地通知乙，认为要约已经失效，合同不成立。

根据《联合国国际货物销售合同公约》的上述规定，发盘人收到受盘人的逾期接受时，应认真查明造成逾期接受的原因，然后根据不同原因，对其进行不同的处理。

4）接受的撤回或修改

接受的撤回（Withdrawal）是指接受通知尚未到达发盘人之前，受盘人采取取消原接受通知的行为。《联合国国际货物销售合同公约》第22条规定：“接受得予撤回，如果撤回通知于接受原应生效之前或同时，送达发盘人。”在接受撤回问题上《联合国国际货物销售合同公约》与大陆法系的规定相一致，但英美法系则认为接受在发出时生效，因此接受不能撤回。对此，我们应该特别注意，以免在实际业务中产生纠纷和争议。

接受不能撤销。接受通知一经到达发盘人即不能撤销，因为接受一经生效，合同即告成立。如果撤销接受，在实质上已属于毁约行为，应该承担毁约的法律责任。

5）表示接受时应注意的问题

在进出口业务中，表示接受来自两个当事人：一个是出口商表示接受；另一个是进口商表示接受。

（1）由我国外贸企业表示接受时应该注意的问题

① 接受时应该对洽商的函电或谈判记录进行认真核对，经核对认为对方提出的各项交易条件已经明确、肯定、无保留时，再予接受。如果发现不清楚之处，应向对方澄清之后，再表示接受。

② 接受可以简单表示，如“你20日电接受”，也可详细表示，即将洽商的主要交易条件再重述一下，表示接受。一般来讲，对一般交易的接受，可采用简单形式表示，但接受电报、传真或信函时需要注明对方电报、传真或信函的日期或文号；对大宗交易或交易洽商过程比较复杂的，为慎重起见，在表示接受时，应该采用详细叙述主要交易条件的形式。

③ 表示接受应在发盘规定的有效期内进行，并严格遵守有关时间的规定。

④ 表示接受前，应该详细分析对方的报价，准确识别对方函件性质是发盘还是询盘。如果将对方的询盘误认为是发盘表示接受，可能暴露我方接受的底价和条

件，使我方处于被动地位；如果将对方的发盘误以为是询盘，将可能失去成交的机会。

（2）由国外客户表示接受时应注意的问题

① 要认真分析国外客户的接受是一项有效的接受，还是一项有条件的接受。如果对方是有效的接受，则交易即告达成。反之，如果对方在表示接受时，对主要交易条件有修改或提出保留条件，即属于还盘性质，针对此种情况，根据我方的经营意图决定同对方继续进行洽商还是停止洽商。

② 在对待国外客户的接受时，要坚持“重合同、守信用”的原则。如果发生出口货物价格上涨或支付货币汇率下浮等对我方不利的情况，我方仍应该同国外客户达成交易，订立合同，维护我方的信誉。

9.3 国际货物买卖合同的订立

国际货物买卖合同是指营业地处于不同国家的当事人之间由卖方向买方交付货物并转移货物所有权、买方向卖方支付货款的合同。合同一经成立并生效，就对合同双方当事人产生约束力，也是发生违约行为时进行补救、处理争议的依据。

9.3.1 合同的基本内容与形式

1）合同的基本内容

一份完整的国际货物买卖合同一般由3个部分组成：

（1）约首（Head/Preamble）。约首即合同的首部，通常包括合同的名称、合同的编号、合同签订的日期和地点、订约双方当事人的名称和地址等。有的合同还用序言形式说明订约的意图并放在约首。

（2）正文（Body）。正文是合同的主题部分，一般以合同条款的形式具体列明交易的各项条件，规定双方的权利和义务。正文部分一般包括下列合同条款：品名、品质、数量、包装、价格、支付、运输、保险、检验、索赔、不可抗力和仲裁等。

（3）约尾（Witness Clause）。约尾即合同的尾部，主要说明合同的份数、附件及其效力、使用的文字、合同生效的时间、合同适用的法律以及缔约双方当事人（法定代表人或其授权人）的签字等。

2）合同的形式

合同的形式是指合同当事人意思表示一致的外在表现形式。《联合国国际货物销售合同公约》第11条规定：“销售合同无须以书面形式订立或书面证明，在形式方面也不受任何其他条件的限制。销售合同可以用包括人证在内的任何方法证明。”这说明国际货物买卖合同在形式上不受限制。《民法典》第469条规定：“当事人订立合同，可以采用书面形式、口头形式或者其他形式。”但是在《民法典》

中还规定："法律、行政法规规定采用书面形式的，应当采用书面形式。当事人约定采用书面形式的，应当采用书面形式。"

（1）书面形式

《民法典》第469条规定："书面形式是合同书、信件、电报、电传、传真等可以有形地表现所载内容的形式。以电子数据交换、电子邮件等方式能够有形地表现所载内容，并可以随时调取查用的数据电文，视为书面形式。"

国际货物买卖合同的订立采用书面形式的主要原因是：书面合同是合同成立的标志；书面合同是合同生效的标志；书面合同是双方当事人履行合同的依据；书面合同是合同当事人处理和解决争议的依据；书面合同是法院和仲裁机构受理案件进行判决或裁决的依据；书面合同在司法实践中举证比较方便。

在国际货物买卖中，书面销售合同的名称和形式繁多，均无特定的限制。一般有销售合同、销售确认书、销售协议书、备忘录，以及来往的电报、电传、传真、电子数据交换和电子邮件等可以有形地表现所载内容的形式。当前在我国的进出口业务中，书面合同主要使用买卖合同和销售确认书。

①买卖合同

买卖合同（Sales Contract）的内容比较全面、详细。除了包括主要合同条款，如货物名称、品质规格、数量、包装、单价、总值、交货、支付方式之外，还包括一般合同条款，如保险、商品检验、异议索赔、仲裁和不可抗力等。出口商草拟提出的合同称为销售合同；进口商草拟提出的合同称为购货合同。使用的文字是第三人称语气。这种合同形式的特点是内容比较全面，对双方的权利和义务以及发生争议的处理均有详细规定。签订这种合同适合于大宗货物或成交金额较大的交易。

②销售确认书

销售确认书（Sales Confirmation）是合同的简化形式。销售确认书的内容一般包括货物名称、品质规格、数量、包装、单价、总值、交货期、装运港和目的港、支付方式、运输标志、商品检验等条款。对于异议索赔、仲裁和不可抗力等一般条款都不予列入。这种格式的合同，适用成交金额不大、批次较多的轻工日用品、土特产或者已经有包销、代销等长期协议的交易。

（2）口头形式

口头形式的合同，简称口头合同，是指当事人只以口头意思表示而不用文字表达协议内容的合同。口头形式的优点在于方便快捷，缺点在于发生合同纠纷时难以取证，不易分清责任。口头形式适用于能及时结清的合同关系。对于不及时结清的、较重要的合同，不宜采用口头形式。

（3）其他形式

订立合同的其他形式主要指以行为方式表示接受订立的合同。例如，根据当事人之间长期交往中形成的习惯做法，或发盘人在发盘中已经表明受盘人无须发出接受通知，可直接以行动作出接受而订立合同，就属于这种形式。

9.3.2 合同成立的时间

1)《民法典》的规定

(1) 承诺生效时合同成立。

(2) 采用数据电文形式订立合同的，承诺到达时间为合同成立时间。

(3) 采用合同书形式订立合同的，自双方当事人签字或者盖章时合同成立。

(4) 采用信件或数据电文等形式订立合同的，双方当事人可以在合同成立之前要求签订确认书。签订确认书时合同成立。

(5) 法律、行政法规规定或者当事人约定采用书面形式订立合同，双方当事人还未采用书面形式但一方当事人已经履行主要义务，对方接受的，合同成立。

(6) 采用合同书形式订立合同，在签字或盖章之前，一方当事人已经履行重要义务，对方接受的，该合同成立。

2)《联合国国际货物销售合同公约》的规定

《联合国国际货物销售合同公约》第23条规定："合同于按照本公约规定对发盘的接受生效时订立。"

从上述内容来看，《民法典》和《联合国国际货物销售合同公约》对于合同成立时间的规定大体相同。

9.3.3 合同生效的要件

买卖双方在各项交易条件达成协议后，并不意味着此项合同一定有效，根据各国合同法规定，一项合同，除买卖双方就交易条件通过发盘和接受达成协议外，还需要具备以下要件，才是一项有效的合同，才能得到法律的保护。

1) 合同当事人必须具有签约能力

签订买卖合同的当事人主要为自然人或法人。按各国法律的一般规定，自然人签订合同的行为能力，是指精神正常的成年人才能签订合同；未成年人、精神病人、禁治产人订立合同必须受到限制。关于法人签订合同的行为能力，各国法律一般认为，法人必须通过其代理人，在法人的经营范围内签订合同，即越权的合同不能发生法律效力。

2) 合同必须有对价或约因

英美法系认为，对价（Consideration）是指当事人为了取得合同利益所付出的代价。法国法律认为，约因（Cause）是指当事人签订合同所追求的直接目的。按照英美法系和法国法律的规定，合同只有在有对价或约因时，才是法律上有效的合同，无对价或无约因的合同，是得不到法律保障的。

3) 合同的内容必须合法

许多国家往往从广义上解释"合同内容必须合法"，其中包括不得违反法律、不得违反公共秩序或公共政策，以及不得违反善良风俗或道德3个方面。

4）合同必须符合法律规定的形式

世界上大多数国家，只对少数合同要求必须按照法律规定的特定形式订立，而对大多数合同，一般不从法律上规定应当采取的形式。《民法典》第469条规定："当事人订立合同，可以采用书面形式、口头形式或者其他形式。"

5）合同当事人的意思表示必须真实

各国法律都认为，合同当事人的意思表示必须是真实的才能成为一项有约束力的合同，否则这种合同无效。

为了使签订的合同能得到法律上的保护，我们必须了解上述合同生效的各项要件，并依法行事。

9.3.4　签订合同时应该注意的问题

（1）必须贯彻我国的对外贸易方针政策，特别要体现平等互利的原则，我们既反对对方把片面维护一方利益的条款订入合同，也不把对方不愿意接受的条款强加于人。

（2）必须符合合同成立的有效要件，即双方当事人的意思表示必须一致和真实；当事人都有订约行为能力；合同标的物、内容必须合法。

（3）合同内容应该与洽商达成的协议内容一致，同时在条款的规定上必须严密，要明确责任，权利、义务对等。切记避免订立多种解释的任意性和不确定性的条文，特别是对可能引起合同性质改变的内容，尤应慎重。如果有些条款事先未商妥，订入书面合同之前，要进一步协商，达成协议才可以订入。

（4）合同各条款间必须协调一致，不能互相矛盾。例如，在数量条款规定溢短装时，支付方式为信用证，其保证金额就应该规定有增减幅度。以CFR或FOB条件成交，在保险条款中应订明"保险由买方自理"。关于签约后发生的额外费用负担，如运费上涨、港口封冻的绕航费等，也可在合同中明确规定由何方负担。

□ 本章小结

交易磋商（Business Negotiation）是指买卖双方以买卖某种商品为目的而通过一定程序就交易的各项条件进行洽商并最后达成协议的全过程。

交易磋商分为口头形式和书面形式。

交易磋商的程序一般分为询盘、发盘、还盘和接受4个环节。

国际货物买卖合同是指营业地处于不同国家的当事人之间由卖方向买方交付货物并转移货物所有权、买方向卖方支付货款的合同。合同一经成立并生效，就对合同双方当事人产生约束力，也是发生违约行为时进行补救、处理争议的依据。

一份完整的国际货物买卖合同一般由约首、正文和约尾3部分组成。

合同成立的要件包括合同当事人必须具有签约能力；合同必须有对价或约因；合同内容必须合法；合同必须符合法律规定的形式；合同当事人的意思表示必须真实。

□ 复习思考题

随堂测验

1.什么是交易磋商？交易磋商一般包括哪些程序？

2.什么是发盘，构成一项有效发盘的条件有哪些？

3.发盘的撤回与撤销有什么区别？简述《联合国国际货物销售合同公约》对发盘的不可撤销情况的规定。

4.什么是接受？接受的构成条件是什么？

5.在接受时应注意哪些问题？

6.简述《联合国国际货物销售合同公约》对逾期接受的规定。

7.请分别从进口商和出口商的角度说明，在表示接受时应注意哪些问题。

8.简述国际货物买卖合同的基本内容和主要形式。

9.一项具有法律约束力的合同应具备哪些条件？

10.签订合同时应注意什么问题？

□ 典型案例

1.某年11月4日顺达公司应瑞典TG公司的请求，报价棉花500吨，CIF斯德哥尔摩价格每吨340欧元，即期装运，要约有效期至11月24日。TG公司收到发盘后，请求顺达公司："降低价格，延长要约有效期。"顺达公司回电将价格减至每吨320欧元，延长要约有效期至11月30日。TG公司接收到顺达公司的来电后又请求顺达公司："增加数量，再次延长要约有效期。"顺达公司再次回电将数量增加到800吨，延长要约有效期至12月10日。TG公司于12月6日来电表示接受。顺达公司在接到TG公司承诺时，发现棉花产量因受灾害影响，国际市场价格暴涨。顺达公司不愿意成交，复电称："由于国际市场价格变化，货物在接到承诺电报前已售出，不能提供货物。"TG公司不同意这一说法，认为承诺是在要约有效期内作出的，是有效的，坚持要顺达公司按要约的条件履行合同，并提出要求顺达公司"执行合同或者赔偿价差损失6万欧元，否则将起诉至法院"。请问双方之间的买卖合同是否成立？

分析与提示：

交易磋商的一般程序应包括邀请发盘、发盘、还盘、接受和签订合同等环节，其中发盘和接受是交易成立的基本环节，也是合同成立的必要条件。本案例的关键问题是如何认识合同订立的程序。一般来说，订立合同必须经过两个程序，即发盘和接受。在本案例中，经过推迟的发盘有效期是12月10日，TG公司的承诺于12月6日到达，是有效接受，合同应于12月6日成立。顺达公司以"由于国际市场价格变化，货物在接到承诺电报前已售出，不能提供货物"为由不履行合同，是完全没有法律依据的违约行为。因此，双方之间的买卖合同已经成立。

2.2010年12月，深圳甲公司与英国乙公司签订530号合同，甲公司向乙公司购买法国产青霉素针剂15万瓶，总价款8万美元。2011年3月20日，乙公司向国家食品药品监督管理局申请并取得了《进口药品注册证》。《进口药品注册证》规定，青霉素针剂的生产厂为：Teajon Co.，原产地为法国。甲公司在得到乙公司已获取许可证的通知后于2011年4月10日开出信用证。信用证规定了唛头标志、药品产地、单价、总价款和价格术语。

2011年5月30日，货到目的港。经目的港海关查验，发现该批药品的标签、批号、合同号、唛头标志与《进口药品注册证》允许进口的药品完全不符。2011年8月28日，目的港所在地的食品药品监督管理局出具《进口药品检验报告书》，确认“本品由于生产厂牌与提供的《进口药品注册证》的生产药厂名称不符，不准进口”。

甲公司在得知上述书面文件后立即通知乙公司，要求更换货物。乙公司致函甲公司表示，希望重新申请《进口药品注册证》。双方为此进行了多次协商，但时至2011年11月13日仍未有结果。于是甲公司不得不将货物退至法国马赛港，但乙公司拒绝收回该批货物，货物又被退至中国大连港。

由于双方的争议得不到解决，甲公司于2012年3月4日提起仲裁。甲公司称，乙公司的行为已经构成根本违约，要求解除530号合同，请求乙公司返还货款及利息、总货款价值10%的预期利润，承担退货运费及利息和货在马赛港因乙公司无理拒收而发生的仓储保管费用以及中国海关关税等。

乙公司辩称，已经正确履行530号合同，所交货物完全符合合同规定。由于甲公司迟开信用证，导致生产厂商无法及时通知甲公司，但商品的实际品质与乙公司向食品药品监督管理局申报的样品的品质完全一致。在货物未能通关的情况下，甲公司不积极申请《进口药品注册证》，导致货物最终未能入关。乙公司要求甲公司承担自交货时至目前的利息和全部损失，要求甲公司接受货物，不同意承担甲公司提出的任何损失。

问：英国乙公司在合同的履行过程中是否根本违约？双方合同是否可以解除？甲公司的法律请求是否合理？

分析与提示：

（1）保证货物规格与申领的许可证上载明事项完全一致是本合同执行的必要条件。

根据中国《药品进口管理办法》的规定，进口药品必须申请《进口药品注册证》(或者《医药产品注册证》)，或者《进口药品批件》后，方可办理进口备案和口岸检验手续。

根据上述规定，获得《进口药品注册证》并保证实际履行的货物品种和厂商与注册证载明的内容完全一致是药品进入中国的必备条件。在本案中，乙公司申领到《进口药品注册证》，但乙公司运抵中国的药品经检验与许可证核定的药品完全不同。由此可见乙公司未能履行其应负的合同义务，导致货物无法通关。

（2）乙公司的违约行为导致合同解除条件产生。

《联合国国际货物销售合同公约》第49条规定：“买方在以下情况下可以宣告

合同无效：卖方不履行其在合同或本公约中的任何义务，等于根本违反合同。”本案中，乙公司的行为已经导致其根本性违约，甲公司有权宣布解除合同。

（3）乙公司应当承担的责任范围。

乙公司应当归还甲公司已经支付的货款和支付之日至裁决作出之日的利息；同时，包括由于乙公司违约导致退货返运法国和因乙公司无理拒绝接受退货而运回中国全过程中，甲公司发生的全部运费、仓储和保管费及其利息。对于利润损失，如甲公司可以提供充分的证明，应予以支持；对于海关关税，因为合同项下的货物被禁止进口，应不缴纳海关关税，甲公司预交的海关关税，可向中国海关申请索回，不作为损害赔偿的请求要求乙公司支付。

过去几十年，国际贸易和多边主义的发展，给绝大多数国家带来了益处。作为受益者，中国一直致力于维持多边合作的国际秩序，尤其是自2001年加入世界贸易组织以来，中国为维持和发展国际贸易体系发挥了积极作用。

3. S公司在某年8月12日向其客户A公司寄出一份商品目录，介绍了S公司经营的各式男女手套，并附有精美的图片。8月20日A公司回电表示对其中的货号为308A、309B、311B的女式手套感兴趣，每个货号订购100打，并要求大、中号各半，10月交货，请S公司报价。8月22日S公司发盘如下：女式羊毛手套300打，货号为308A、309B、311B各100打，大、中号各半，CIF旧金山价格每双12美元，纸箱装，10月装运，即期不可撤销信用证支付，8月30日复到有效。8月28日A公司回电表示：你8月22日电悉。价格过高，CIF旧金山价格每双10美元可接受。次日S公司去电表示：你8月28日电悉。CIF旧金山最低价每双11美元，9月5日复到有效。9月3日，S公司收到A公司的电开信用证，其中单价为每双11美元，包装条款中注明纸箱装，每箱15打，其他与发盘相符。S公司审证时发现A公司对包装条款所作的添加。S公司的习惯包装是每箱10打，考虑到交货期临近，若提请修改，恐怕难以按时交货，另外，即使按信用证要求包装，也不会增加费用。但到9月20日，储运部门通报，公司库存中没有可装15打手套的纸箱，现有纸箱一种为可装10打的习惯包装，另一种为可装20打的包装。S公司随即与纸箱厂联系，因每箱15打的纸箱很少见，纸箱厂不能供应。附近的几个纸箱厂也是如此答复。在此情况下，S公司一方面四处落实箱源，另一方面于9月10日去电A公司，表示包装条款不能接受，要求改为每箱装10打或20打。

请依据案例分析：上述每箱15打纸箱装的包装条款是否达成？

分析与提示：

根据《联合国国际货物销售合同公约》的规定，上述对发盘中包装条款的修改属非实质性修改。由于S公司未在不过分迟延的时间内向被发价人通知反对意见，则接受有效，据此成立的合同就应以发盘内容及附有非实质性修改内容的接受为准，因此每箱15打纸箱装的包装条款已达成。

4. 某年3月15日，A公司向新加坡客户G公司发盘：报童装兔毛衫200打，货号CM034，CIF新加坡价格每打100美元，8月装运，即期信用证付款，3月25日复到有效。3月22日收到G公司答复如下：你方3月15日发盘收到。报价过高，若价格降至每打90美元可接受。A公司次日复电：我方报价已是最低价，降价之事歉难考虑。3月26日G公司又要求航邮一份样品以供参考。3月29日，A公司寄出样品，并函告对方：4月8日前复到有效。4月3日，G公司回函表示接受发盘的全部内容，4月10日送达A公司。经办人员视其为逾期接受，故未作任何表示。

7月6日，A公司收到G公司开来的信用证，并请求用尽可能早的航班出运。此时因原料价格上涨，公司已将价格调整至每打110美元，遂于7月8日回复称：我公司与你方此前未达成任何协议，你方虽曾对我方发盘表示接受，但我方4月10日才收到回函，此乃逾期接受，无效。请恕我方不能发货，信用证已请银行退回。如果你方有意成交，我方重新报价每打CIF新加坡110美元，9月交货，其他条件不变。

7月12日，G公司来电：我方曾于4月3日接受发盘，虽然回函于4月10日才送达你方，但因你我两地之邮程需3天时间，尽管我方接受发盘在传递过程中出现了失误，但你我两国均为《联合国国际货物销售合同公约》的缔约国，根据《联合国国际货物销售合同公约》第21条第2款的规定，你方在收到我方逾期接受后未作任何表示，这意味着合同已经成立，请确认你方将履行合同，否则，一切后果将由你方承担。

请分析：G公司的上述观点是否正确？

分析与提示：

本案例争议双方所在国均为《联合国国际货物销售合同公约》的缔约国，因此应按《联合国国际货物销售合同公约》的有关规定处理。关于逾期接受，《联合国国际货物销售合同公约》认为一般无效，但也有例外情况。《联合国国际货物销售合同公约》第21条规定："（1）逾期接受仍有接受的效力，如果发盘人毫不迟延地用口头或书面将此种意见通知被发盘人；（2）如果载有逾期接受的信件或其他书面文件表明，它是在传递正常、能够及时送达发盘人的情况下寄发的，则该项逾期接受具有接受的效力，除非发盘人毫不迟延地用口头或书面通知被发盘人：他认为他的发盘已经失效。"根据这条规定，不管什么原因造成的逾期接受，发盘人都有权决定它有效还是无效，只要采取相应的行动即可。A公司4月10日收到逾期接受后，如果及时复函表示发盘已失效，则该接受无效，合同不成立。

此案的教训是，在收到逾期接受时，首先要判断造成逾期的原因。如果难以判断，则根据具体情况采取不同做法，或去电确认有效或表示发盘已失效。置之不理会产生纠纷，陷入被动，造成不必要的损失。

5.某年9月28日，A服装公司与海外B公司签订售货确认书一份，双方约定由A服装公司按B公司提供的生产制作通知单和样衣为B公司加工色织格子男装，付款方式为不可撤销即期信用证。

此后，A服装公司至B公司指定的面料厂家上海某公司购得面料后，投入生产。至11月8日交货期，大货已基本就绪，尚有些包装待整理，经协商B公司同意延长至同月15日交货，并安排在11月11日验货。但B公司于11月14日才派人验货。经验收合格，A服装公司要求立即确认，但B公司称确认书未带，回去后立即邮寄过来。同时检验中，A服装公司发现B公司指定的面料含毛量不符合要求，当地海关确认后要求B公司改唛头，B公司同意后A服装公司即重新刷唛头。由于服装已装箱，工作量大，为此，双方又重新确定交货期为11月25日，信用证需续，B公司同意。但过后B公司音信全无。

11月17日，该批服装经当地海关检验合格，并于同年11月21日取得出境货物通关单。

11月22日，B公司向A服装公司传真一份报告，认为加工质量中存在摁扣与袋盖脱开、袖笼误差等问题。A服装公司收件后即于同月23日二次回传真，载明：B公司传真的验货报告已收，因服装属于手工成品，会有瑕疵，且检查出来的属小毛病，现A服装公司对B公司提出的缺点已全部返工，请再次来厂查货。修改的信用证尚未到达A服装公司，请尽快解决，如处理不及时，引起的一切后果由B公司负责。

12月2日，A服装公司收到某律师行传真一份，称：受B公司指示要求A服装公司在4天内向B公司承认违约责任，并作出赔偿，否则终止合同。A服装公司即于同月4日传真至B公司，称B公司早已违反合同，要求B公司继续履行合同，并承担违约责任和赔偿损失。

因B公司未再次验收也未提货，A服装公司于12月7日诉至法院。诉讼中各方当事人对上述事实和证据一致认可，法院予以确认。

原告A服装公司诉称：A服装公司认为，B公司要约加工服装为假，而销售面料为真，导致A服装公司直接经济损失二百余万元。请求法院判决B公司继续履行合同，并支付货款；诉讼费由被告负担。

被告B公司辩称：B公司与A服装公司签订合同，明确规定按生产通知单的要求生产，完成后由客户检验。但A服装公司制作中未按合同要求生产，经B公司多次指出，仍未通过客户验收。A服装公司未按合同履行义务，应承担违约责任。B公司要求终止合同符合法律规定，请求驳回A服装公司的诉讼请求。

庭审中，B公司提供海外某检定公证有限公司的检定报告一份及声明书，检定报告日期为次年4月9日。报告载明：本公司曾受B公司聘用在中国检验了A服装公司的下列托运货品，外观做工品质偏差、有钮扣从口袋盖脱开、袖笼相差一英寸等。B公司以此证明A服装公司所加工的服装有质量问题。A服装公司对该报告提出异议，认为系伪证。法院认为在A服装公司生产期间，B公司确曾派人到场验货，并签订补充协议，但其并未提出质量异议，且B公司不能证明海外某公证有限公司即为当时的检验部门及检验人员，且A服装公司不予认可，故该检定报告和声明书不具法律效力，不能作为本案的有效证据使用。

问：A服装公司加工的服装是否符合质量要求？合同是否要继续履行？

分析与提示：

A服装公司与B公司签订的售货确认书符合加工承揽合同的特征，属加工承揽合同。A服装公司加工的服装符合质量要求，合同有效，须继续履行。

合同签订后，A公司按约履行加工义务，期间双方因交货期限等原因又签订的补充协议有效。

补充协议签订后，B公司未按协议规定将修改后的信用证交A服装公司，在得到通知的情况下B公司未予验货，应视为放弃权利，属违约，应承担继续履行合同的民事责任。

B公司要求终止履行合同的抗辩理由无事实和法律依据。

A服装公司要求B公司继续履行合同并支付加工价款的诉讼请求应予以支持。

□ 拓展阅读

拓展阅读 1

"千封邮件，不抵线下见面"！

拓展阅读 2

企业出口订舱难！迟延出运怎么办？

拓展阅读 3

关于出口企业如何在交易中识别买方主体的几点建议——以首次交易为例

第10章/电子商务

学习目标

熟悉和掌握电子商务的基本概念、特点及分类；了解电子商务与传统国际贸易模式的差异以及在国际贸易中应用电子商务的优势和存在的问题；学习电子商务发展中的第三方物流和支付系统、电子合同以及企业发展与电子商务的相关知识。

21世纪以来，在经济全球化和信息全球化的大背景下，各国经济贸易合作日益密切，信息技术飞速发展，互联网在全球范围内迅速普及，电子商务得到了蓬勃发展，迅速成为国际贸易发展与竞争的焦点。电子商务利用其快捷而方便的经营模式，通过互联网为国家间贸易合作提供了便利，不仅逐渐改变了国际贸易的经营方式，为国际贸易提供了一个更大的操作市场和新的主体，而且改变了传统的中间组织。2008年的金融危机给电子商务的发展壮大提供了契机，传统“集装箱”式的贸易模式受到数额小、速度快的订单模式的严重冲击，导致许多传统贸易企业破产倒闭，而电子商务企业如雨后春笋般蓬勃发展，已经成为各国经济发展的重要模式。可以预见，电子商务将会逐渐成为未来国际贸易业务运作的主要方式。

10.1 电子商务概述

10.1.1 电子商务的概念

电子商务目前在国内外还没有一个统一的定义，但是通常情况下，其概念可以从狭义和广义两个角度理解。狭义的电子商务（Electronic Commerce，EC）是指利用计算机网络，主要是互联网和内联网买卖商品、服务、信息的过程。广义的电子商务（Electronic Business，EB）是指包括电子交易在内的，利用计算机网络技术进行的全部商业活动，它不仅包括商品和服务的买卖，而且包括客户管理、与商业伙伴的协调、市场分析、信息学习和交换活动等，这些商业活动发生在公司内部、公司与公司之间、公司与客户之间，包含了企业所有的经营活动。

不同的国际组织对电子商务的定义也略有出入：

世界贸易组织（WTO）在电子商务专题报告中指出，电子商务就是通过电信网络进行的生产、营销、销售和流通活动，它不仅是基于互联网（Internet）的交易活动，而且是所有利用电子信息技术（Information Technology，IT）来解决问题、降低成本、增加价值、创造商业和贸易机会的商业活动，包括通过网络实现从原材料查询、采购、产品展示、订购到出品、储运、电子支付等一系列的贸易活动。

联合国经济合作与发展组织（OECD）认为，电子商务是发生在开放网络上的包含企业之间（Business to Business，B2B）、企业和消费者之间（Business to Customer，B2C）的商业交易。

国际商会1997年在世界电子商务大会上认为，电子商务是指对整个贸易活动实现电子化。从涵盖范围方面来看，电子商务可以定义为交易各方以电子交易方式而非当面交换或直接面谈方式进行的任何形式的商业交易；从技术方面来看，电子商务是一种多技术的集合体，包括交换数据、获得数据以及自动捕获数据等。

我国政府的观点是，电子商务是网络化的新兴经济活动，即基于互联网、广播电视网和电信网等电子信息网络的生产、流通和消费活动，而不仅仅是基于互联网的新兴交易或流通方式。电子商务涵盖了不同经济主体内部和主体之间的经济活动，体现了信息技术网络化应用的根本特性，即信息资源高度共享、社会行为高度协同所带来的经济活动的高效率和高效能。

10.1.2　电子商务的分类

按照不同的角度可以对电子商务进行如下的分类：

1）按电子商务参与交易的对象分类

（1）B2B模式

B2B（Business to Business）模式是电子商务历史最长、发展最为完善的商业模式。B2B模式是企业与企业之间通过网络进行信息、产品和服务的相互交换。B2B模式能最大限度地降低企业的信息来源成本，将企业的内部网通过B2B电子商务平台紧密地与客户联系起来，使企业与企业之间达到资源共享的目的，从而整合供应链和价值链，这是整个商业模式实现利润的根源。从更深意义上说，B2B模式不仅是一种建立在网络基础上的交易模式，而且作为一种商业交流平台，为企业与企业之间的战略合作提供坚实的基础。合作性是B2B模式的基础，任何一个企业即使其拥有强大的战略团队和出众的科研实力，都无法单独实现B2B模式所达到的对供应链和价值链整合的效果。通用汽车公司深陷债务危机的实例验证了跨国公司的泥足深陷以及新型企业的强势崛起，其中的原因就是跨国公司对信息科技的变革缺少足够的警觉性，而新型企业通过建立B2B电子商务平台更好地分享产品以及服务的信息，在企业发展战略上更高一筹。B2B电子商务平台的代表实例是阿里巴巴网站。

（2）B2C模式

B2C（Business to Customer）模式是指企业针对个人而开展的电子商务活动，是我国最早产生的电子商务活动。它的特点是需要面对大量的客户，从寻找客户（客户下购买订单）到完成客户洽谈（确认订单）、订货、配送、支付、开具发票等诸多环节，将信息流、资金流和物流在电子商务应用中完整地实现，具体表现为以下4点：

一是客户通过呼叫中心下订单，并且对由电话所产生的订单进行统一管理、统一全程跟踪。

二是客户通过网站下订单，同时通过呼叫中心完成咨询、投诉建议、售后服务、报修和理赔等事项。

三是企业通过电视、平面、短信等广告模式进行市场宣传，客户通过呼叫中心下订单，实现销售过程。

四是通过电话、短信进行市场调查、宣传和销售。市场调查是市场营销整个领域中的一个重要元素，它把消费者、客户和营销者通过信息联系起来，通过电话以及其他途径（短信）与客户建立起信任关系，并在建立关系的过程中，了解和发掘客户的需求并满足其需求。同时可针对特定客户，开展有针对性的电话销售。

（3）C2C模式

C2C（Customer to Customer）模式是指客户与客户之间开展的商务活动。最为人们熟知的C2C模式是网络在线拍卖，为买卖双方提供一个在线交易平台，使卖方可以主动提供商品上网拍卖，而买方可以自行选择商品进行竞价。最有代表性的C2C模式是美国的eBay网站；而在中国，最早运用C2C模式的网站是淘宝网。

（4）C2B模式

C2B（Customer to Business）模式是客户对企业间的商务活动，即团购。C2B模式最早是在美国发展并流行起来的，其核心内容是通过将数量庞大的分散用户聚集在一起从而形成一个强大的购买团体，由客户发布自己需要的东西和要求的价格，然后由企业决定是否接受客户的要约。在中国，C2B模式的代表实例是现在各大网站进行的团购项目。

（5）B2G模式

B2G（Business to Government）模式是指企业与政府之间的电子商务，这种商务活动覆盖了政府与企业之间的各项事务，政府机构通过互联网进行工程的招投标和政府采购，利用电子商务方式实施对企业行政事务的管理，包括管理条例发布以及企业与政府之间各种手续的报批，利用电子商务方式发放进出口许可证，为企业通过网络办理交税、报关、出口退税等业务。这种电子商务的模式在企业与政府之间架起一座桥梁，提高了政府的形象与行政效率。

（6）C2G模式

C2G（Customer to Government）模式是指消费者与政府之间的电子商务，是政府利用互联网与个人之间的商务活动，是电子政务的有机组成部分。虽然C2G模式的电子商务平台目前还不多，但是未来的应用前景广阔，其应用领域包括居民的登记、统计和户籍管理、社会福利金的支付、报税与纳税、政府主持的拍卖等。

2）按交易的商品形式分类

（1）直接电子商务

直接电子商务是指商品或服务交易的全过程，包括订购、支付、交付和售后服务等都是在网上直接完成的。直接电子商务涉及的多是无形的货物或服务，如网上银行、网上订票、网上证券交易，以及计算机软件、娱乐内容等的联机订购等。直接电子商务使买卖双方跨越了空间的局限，充分发挥了网上销售的优势——快捷、便利、运作成本低，具有广阔的市场前景。

（2）间接电子商务

间接电子商务是指商品交易中的洽谈、订购、支付等部分环节在网上进行，而其他环节如商品的配送依赖于网下完成的电子商务。间接电子商务涉及的是有形货物的电子订货，如书籍、食品、服装、电脑及零配件等，这种形式的电子商务在现实中还要依靠完善的流通渠道或物流服务来完成实际的交货。

此外，电子商务按照使用的网络分类，可分为EDI网络电子商务、互联网电子商务、内联网电子商务等类型；按照交易的商品内容分类，电子商务还可分为有形商品电子商务和无形商品电子商务等类型。

10.1.3　电子商务的特点

电子商务作为在信息化、网络化条件下发展起来的国际贸易的新手段和新方法，相比传统的商务活动，有其自身的特点：

1）交易虚拟化

在传统商务中，市场是一个物理意义上的地方。而电子商务借助互联网进行贸易活动，从贸易的洽谈、商务合同的签订、运输协议的安排到款项的支付等都可以通过互联网这个虚拟的贸易平台进行，交易者无须见面，突破了商务活动时间和空间的局限。

2）交易成本低

电子商务使得买卖双方的交易成本大大降低，具体表现在：降低了信息传递成本，用网络取代信件、电话、传真，缩短了信息传递时间；买卖双方通过网络进行商务活动，减少了中间商环节；互联网使买卖双方即时沟通供需信息，使零库存生产销售成为可能，大大降低了库存成本；企业利用内联网实现办公自动化和无纸化，提高内部信息传递的效率，降低管理成本等。

3）交易高效化

电子商务是提供给买卖双方进行交易的一种高效的服务方式，并为交易双方提供了极大的方便。买卖双方通过网络高效地寻找对方，并进行有效的交流。卖方通过信息技术有针对性地向买方推送信息，买方也可以通过网络选择性价比最高的卖家。电子商务的高效化还体现在信息的丰富性上，在传统商务中，信息的丰富性和广泛性是相互抵销的，即信息的接受者越广泛，信息的丰富性越低。而互联网则促成了同时利用文字、声音和视频向大众传播丰富信息的方式。除以上方面，在国际贸易中，电子商务在原材料采购、产品生产、银行汇兑、保险、货物托运申报等方面都体现了高效性。

4）交易透明化

互联网极大地提高了信息密度。信息密度是指市场参与者可以获取信息的数量和质量。电子商务技术降低了信息的收集、储存、加工和传递成本，并且极大地提高了信息的流动性、准确性和时效性。一方面，信息密度使得价格和成本更加透明化。价格透明指的是消费者可以很容易地在市场上找到各种不同的价格。成本透明是指消费者可以发掘商家采购某些产品的真实成本。另一方面，信息密度使买卖双方从交易的洽谈、签约到货款的支付、交货等整个过程都在网络上进行，通畅快捷的信息传输可以保证各种信息之间互相核对，也可以防止伪造信息的流通。

10.2 电子商务与国际贸易

10.2.1 电子商务与传统国际贸易模式的差异

与传统国际贸易模式相比，电子商务有其难以比拟的优势，如突破了传统地理范围的限制、受贸易保护影响较小、涉及中间商少、价格低廉和利润率高等。但同时也存在明显的通关、结汇和退税障碍，贸易争端处理不完善等劣势。通过对二者进行对比，可以看出其中的差异，见表10-1。

表10-1 电子商务与传统国际贸易模式的对比

	传统国际贸易模式	电子商务
接触消费者方式	面对面，直接接触	通过互联网平台，间接接触
业务模式	基于商务合同的业务模式	借助互联网电子商务平台（B2C、C2C）
交易环节	复杂（生产商—贸易商—进口商—批发商—零售商—消费者），涉及中间商众多	简单（生产商—零售商—消费者，或生产商—消费者），涉及中间商较少
价格和利润率	价格高，利润率相对低	价格实惠，利润率高
订单类型	大批量、少批次、订单集中、周期长	小批量、多批次、订单分散、周期相对较短
产品类目	产品类目少，更新速度慢	产品类目多，更新速度快
规模和速度	仅面向与本国缔结贸易协定的国家或地区，受贸易保护的影响，市场规模大，但受地域限制，增长速度相对缓慢	面向全球市场，基本不受贸易保护的限制，市场规模大，增长速度快
支付手段和争端处理	正常贸易支付，具备健全的争端处理机制	借助第三方支付，争端处理不畅、效率低
对物流要求	通过空运、集装箱海运来完成，物流因素对交易主体影响不明显	通常借助第三方物流企业，一般以航空小包的形式完成，物流因素对交易主体影响明显
企业规模	企业规模大，受资金约束程度高，变化困难	企业规模小，受资金约束程度低，变化灵活

1）交易环节上的差异

传统国际贸易的信息流、资金流和物流是分离的，而通过B2C电子商务可以在一个平台上完成，而且可以同时进行。传统国际贸易发生在企业与企业之间，过度依赖传统销售、买家需求封闭、订单周期长、汇率风险高、利润空间低等问题长期存在。而在跨境小额贸易模式下，传统外贸中间商的环节被延伸到了零售环节，打破了原来的国外渠道如进口商、批发商、分销商甚至零售商的垄断，企业面对的客户群不单是消费者，还有个体批发商、零售商，有效减少了贸易环节，价值链缩短，交易渠道更加扁平化，从而降低了渠道成本，让企业获得更多利润，消费者享受更多实惠。

2）产业链条上的差异

传统贸易企业大都从事加工贸易，处于代工地位，产品设计和市场营销等功能明显偏弱，产品附加值低。而在电子商务模式下，企业掌控完整产业链条。由于信息集聚带来的外部经济性，企业在利用跨境电子商务平台的过程中可以获得最新的行业资讯、竞争对手的情况以及国外消费者的消费习惯、地区分布等信息，通过论坛向成功者学习经验和教训，并从市场数据方面为产品研发、市场营销和售后服务提供支撑。

3）运营成本上的差异

电子商务避免了传统国际贸易模式下人员的大量外出谈判和参展活动，也减少了各国的分支机构，从而降低了海外办公支出、交通和住宿费；突破了地理位置的局限，有利于在更广阔的市场空间寻找商业伙伴；电子商务平台可以通过大规模生产前的预售活动，帮助品牌扩大总需求和测试市场反应，进而帮助企业降低库存风险，提高营运资金的周转效率；电子商务平台采用智能化管理模式，将顾客需求与企业产品研发、生产和库存管理有机结合起来，从而缩短产品开发周期，降低生产采购成本和物流仓储成本，提高供应链的效率和准确性。

4）产品差异化上的差异

与传统国际贸易模式相比，电子商务的产品类目多、更新速度快，具有海量商品信息库、个性化广告推送、口碑聚集消费需求、支付方式简便多样等优势，并且面对的是全球消费者，市场潜力巨大；企业可以通过电子邮件、BBS、社区网络等在线调研及沟通获得大量的产品和消费者个人数据，并综合运用网站优化策略、差异化服务策略、关系营销策略和搜寻引擎营销策略开展全方位的售前、售中和售后服务；由于掌握更多的顾客数据，跨境电子商务企业能使用CAD和CAM技术来设计和生产出差异化、定制化产品；通过企业产品网站的声频、视频和图像来介绍企业产品，并提供在线咨询、网上订购、订单查询和售后服务等增值服务，从而更好地为客户提供技术支持，展示自身与众不同的企业形象，在虚拟的网络环境中塑造自己的品牌。

5）与时代变化融合上的差异

跨境电商进入了全球零售时代。据人民日报报道，2020年，我国跨境电商零售进口规模已突破1 000亿元。2018年11月，商务部等六部门印发《关于完善跨境电子商务零售进口监管有关工作的通知》，明确在北京等37个城市试点，2020年试点进一步扩大至86个城市及海南全岛。2021年3月，首届中国跨境电商交易会在福州举办，共吸引2 363家企业参展，覆盖全球33个跨境电商平台。据不完全统计，此次展会共达成意向成交金额超35亿美元。海关数据显示，2020年我国跨境电商进出口额达1.69万亿元，同比增长31.1%。跨境电商已逐渐成为外贸高质量发展新引擎。跨境电商的迅速发展对传统的商业模式提出了强有力的挑战。

10.2.2 电子商务在国际贸易中的优势

与传统国际贸易模式相比，电子商务有着明显的优势和顽强的生命力。

首先，降低成本。以往传统的商业销售模式是通过生产商、批发商、零售商将货物销售给顾客。然而，电子商务以互联网为媒介，交易双方通过互联网直接进行交易，减少了产品销售的中间环节，变成了厂家直接销售产品到顾客手中，不但节省了店面租金、人员支出，也在很大程度上节省了传统跨境贸易货物几经周转所带来的附加成本，整个贸易成本大大降低。

其次，提高贸易效率。随着网络的不断发展，信息透明化，信息流通无障碍，借助互联网上的各种交易平台，买方可以轻松、快捷地在全球范围内找到信誉良好、货源稳定的供应商，而卖方也可以在最短时间内找到合适的买家。电子商务加强了生产商与顾客之间的交流，而且生产商也更能把握和感知顾客的需求和想法，使生产出来的产品能更好地适应客户的个性化需求，提供更好的服务，同时也最大限度地节约了经营和管理的成本。

再次，扩大销售市场。电子商务使企业在销售领域上破除了对时间和空间的限制，为企业提供了一群潜在的消费群体。随着互联网和移动科技的高速发展，电子商务对于企业销售的推动作用也在进一步加强。通过网站和其他移动电子平台，企业可以最大限度地介绍自己的产品和服务，冲破了空间和时间的限制，世界各地只要是互联网能触及的地方，企业的产品和服务就能进行相应的宣传和推广。例如，在南非的客户能通过网络购物买到中国生产的螺丝刀。

最后，电子商务在影响外贸企业销售的同时也在影响着消费者的消费模式。电子商务不仅可以让消费者通过电脑或移动客户端足不出户就买到自己喜欢的商品，而且可以量身定做自己所需的个性化商品。电子商务的应用为顾客提供了大量的产品信息，方便顾客收集、比较，最后作出购买决策。这使得顾客在空间和时间上突破了以往的诸多限制，从而在更合理的价格和质量上购买到自己满意的产品，特别是在购买国外产品时，无须像传统贸易一样去考察市场，可以直接在网络上进行产品信息收集、产品比较、订购等所有程序，实现购买、付款和运输配送的全程服务。

10.2.3 电子商务发展中的问题

信息科技逐渐成为产业革命的主导力量，在社会和经济生活的各个领域中，尤其是商品流通方面，电子商务已经成为最为活跃的概念之一。虽然通过电脑或移动客户端进行的跨境交易如今已成为各国和地区间贸易的潮流，但不可忽视的是，电子商务仍然存在一些问题。

1）电子商务发展所依赖的网络信息基础和规范问题

电子商务为企业开展国际贸易提供了快捷、方便、规范的技术和网络环境，配套完善的信息基础设施是开展电子商务活动的基础。但是，各国在网络基础设施、网络安全和保密条件、网络管理规范、网络技术标准、通信速度、网络法规等方面的发展水平不一致，这成为各国和地区间发展跨境电子商务的制约因素。

2）安全性问题

电子商务是新兴产业，消费者、企业甚至政府部门对电子商务都有安全性需求，既要求计算机网络系统硬件和软件安全，又对交易者身份的真实性、信息的完整性、保密性有要求。而在现实情况中，电子商务存在信息被篡改、破坏、身份识别、信息泄露等风险，在跨境电子商务中，这些风险更大。比如，电子交易信息在网络传输过程中，极有可能流失。如果第三方对消费者进行身份识别，就可能假冒消费者身份，产生欺诈等恶劣的商业行为。遭到黑客的侵袭而泄露信用卡信息、对在线交易中传输数据安全性的担忧等因素成为当前电子商务发展普及的主要制约因素。

3）电子商务的物流问题

物流管理是企业正常运营和可持续发展的重要保障。企业生产经营活动表现为物质资料流入转化和流出过程，如果物流系统失灵，企业整体经营活动秩序将被打乱。而目前世界各国使用的电子商务物流方式主要是第三方物流，运输方式主要靠航空运输，物流成本较高、物流信息资源的整合能力不高、各阶段物流衔接协调性较差等问题还制约着跨境电子商务的发展。

此外，在电子商务发展过程中，还存在着诸如电子商务人才缺乏、信用体系建设不完善、技术标准制定不规范等阻碍跨境电子商务发展的制约因素。

10.3 电子商务的第三方物流与支付系统

10.3.1 电子商务第三方物流

1）电子商务第三方物流概述

随着电子商务这种新兴贸易形式在全球范围内得到普及，物流作为电子商务活动中的重要环节，一直被认为是电子商务的瓶颈。物流的作用是帮助企业完成经营活动、实现经营目标。与普通电子商务活动相比，跨境电子商务的时间、空间跨度更大，范围更广，如何采用合理、高效的物流模式进行贸易，成为企业能否成功经营的一大关键因素。

第三方物流（Third Party Logistics）是指由供方和需方之外的第三方去完成物

流服务的运作方式。这里的“第三方”是一个外部服务提供者，可以为物流的交易双方提供部分或全部物流功能。可以说，第三方物流在某种程度上是物流专业化的体现。第三方物流实现了物流的专业化、社会化，其重要性得到了世界范围内越来越多企业的认可。

2）电子商务第三方物流的特点

根据电子商务的实际发展状况，可以看出，国内外诸多电子商务巨头的物流模式都是第三方物流。相关数据显示，美国大多数企业使用第三方物流服务后可以获得的益处包括：作业成本可降低62%；服务水平可提高62%；核心业务可集中56%；雇员可减少50%。具体来说，第三方物流主要有以下几个方面的特点：

（1）有效降低物流成本

电子商务的交易范围涵盖全球，下游客户位置分散，要求企业具备很强的货物集散能力，但作为一个新兴企业是很难做到的。第三方物流具有经营跨境电子商务企业所不具备的规模经营优势和专业优势，使企业从物流业务获益的同时为电子商务企业提供运输、仓储和配送等服务，从而可以使电子商务企业的物流成本得到大幅度降低。举例来说，敦煌网与DHL、联邦快递等国际物流巨头保持密切合作，其买家根据卖家提供的信息，可以批量购买或者选择先少量购买样品，快递公司一般在一定金额范围内会代理报关，如此一来，以网络庞大的业务量为基础，可使中小企业的同等物流成本至少下降50%。

（2）保障企业致力于主营业务

跨境电子商务企业将物流业务以合同方式委托给第三方物流企业，可以减少库存占用资金以及固定资金的投入，提高企业资金周转速度。通过专业的、高效的物流运作，降低运输成本，充分利用有限资源，集中财力、人力、物力发展本企业的主营业务，增强自身核心竞争力，从而更快地构建覆盖全球的商业营销体系，取得在全球同行业中的竞争优势。

（3）节约社会资源

跨境电子商务业务运输距离远、货物运量大，各个电子商务企业自成一家的物流体系会形成重复建设的浪费，而将所有物流需求集中于专业化的第三方物流企业，可以有效整合物流资源，更加便捷地实现全球资源的跨国传递。

10.3.2 电子商务支付系统

一些电子支付系统已经被开发出来用于在互联网上支付购买的商品。目前，电子支付系统主要包含电子货币、网上支付、移动支付和第三方支付。

电子货币是指用一定金额的现金或存款从发行者处兑换并获取代表相同金额的数据，通过使用某些电子化办法将该数据直接转移给支付对象，从而能够清偿债务。按支付方式可将电子货币分为储值卡型电子货币、银行卡型电子货币、电子支票和电子现金，其中最常见的是后三种。在电子现金中，比特币是最为典型的数字货币。

网上支付是指客户、商家、网络银行之间使用安全电子手段，利用电子现金、银行卡、电子支票等支付工具通过互联网传送到银行或相应的处理机构，从而完成支付的整个过程。网络银行依托于传统银行，实现银行与客户之间安全、方便、实时的连接，向客户提供全方位的银行业务服务，相当于虚拟的银行柜台。网上支付成本更低，在为客户提供便利的同时，也扩大了商业银行的客户来源和经济效益。

移动支付也称手机支付，就是用户使用移动终端（通常是手机）对消费进行支付的方式。移动支付主要有两种：一种是直接通过手机账单收取费用，由通信运营商代收费，由于这种方式有通信运营商超越经营范围之嫌，因此一般只限于彩铃等业务；另一种是通过客户的银行账户或信用卡账户扣除，手机只是一个信息通道，将客户的银行账户与手机号绑定，如中国移动的手机钱包等。

第三方支付是指第三方平台提供商通过采用通信、计算机和信息安全技术，在商家、客户和银行之间建立连接，从而实现从消费者到银行、商家的货币支付、现金结转等服务，如支付宝、PayPal等。其目的在于一方面约束买卖双方的行为，提供信用担保，减少网上交易的不确定性，增加网上交易成交的可能性，确保交易中资金流和物流的双向流动；另一方面为商家开展B2B、B2C交易提供技术支持和其他增值服务，但一般不直接从事具体的电子商务交易活动。例如，图10-1所示的支付宝交易流程。

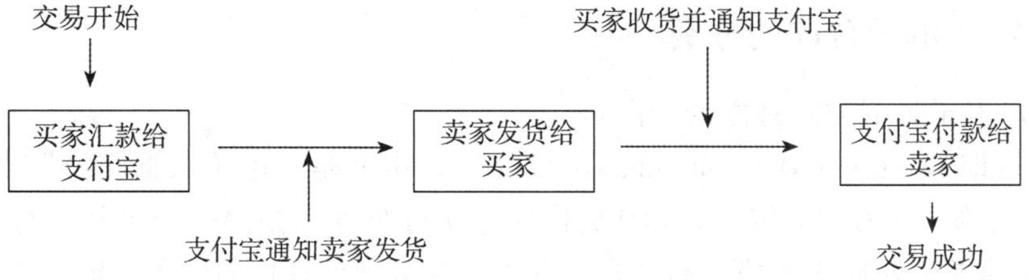

图10-1　支付宝交易流程

10.4　电子合同

《民法典》第464条规定：“合同是民事主体之间设立、变更、终止民事法律关系的协议。”电子合同可以界定为当事人利用电子手段、光学手段或其他类似手段订立的合同。在当前具体表现为当事人利用网络采用电子数据交换、电子邮件等方式订立合同。电子合同是合同的一种特殊形式，其特殊性表现为订立合同的形式或手段发生了变化。由于电子邮件和EDI等电子形式的广泛应用，电子合同的订立、合同形式、合同成立的时间和地点、合同内容的确定以及签字等方面都与传统规则不同，形成一套特殊的法律规则。

10.4.1 电子合同与传统合同的区别

1）合同订立的环境不同

订立电子合同的双方或多方和传统合同的各方不一样，大多未曾谋面。电子合同的买方和卖方都在虚拟的空间活动，其行为依靠密码的辨认或认证机构的认证。

2）合同形式不同

传统合同的合同形式在贸易中常常为店堂交易，将商家所开具的发票作为合同的依据。而在电子合同往往金额较小，其所载信息是数据电文，不存在原件与复印件的区分，无法用传统的方式进行签名和盖章。

3）合同订立的各环节发生了变化

要约与承诺的发出和收到的时间较传统合同复杂，合同成立和生效的构成条件也有所不同。传统合同的生效地点一般为合同成立地点，但采用数据电文形式订立的合同，收件人的主营业地为合同成立的地点，若没有主营业地，则其经常居住地为合同成立的地点。

4）合同当事人的权利和义务有所不同

在电子合同中，既存在由合同内容所决定的实体上的权利和义务关系，又存在由特殊合同形式产生的形式上的权利和义务关系。

5）电子合同的履行与支付较传统合同复杂

10.4.2 电子合同的分类

1）以电子数据方式订立的合同

EDI，即Electronic Data Interchange的缩写，中文是“电子数据交换”。根据国际标准化组织（ISO）的定义，EDI是将商务或行政事务按照一个公认的标准，形成结构化的事务处理或文档数据格式，利用计算机到计算机的电子传输方法订立的合同。一个生产企业的EDI系统，通过网络收到一份订单，该系统可以自动处理该订单，检查订单是否符合要求，向订货方发确认报文，通过企业管理系统安排生产，向零配件供应商订购配件，向交通部门预订货运集装箱，到海关等部门办理出口手续，通知银行结算并开具EDI发票，从而将整个订货、生产、销售过程贯穿起来。相对于传统的交易方式，EDI大大节约了交易的时间和费用，使贸易流转更为迅速，从而实现了低费用、高效益的商业目的。但是，由于EDI主要是通过购买专用增值网服务才能实现，因此安全性强，但费用较高。同时由于需要专业的EDI操作人员，并需要贸易伙伴也使用EDI，这阻碍了一些中小企业的使用。随着网络技术的迅速发展，基于Internet、使用可扩展表示语言的EDI正逐渐取代传统的EDI。

EDI不同于电子商务，二者的概念不完全相同。相对于电子商务而言，EDI所覆盖的范围要小。EDI所处理的对象只局限于国际贸易所涉及的特定信息，而电子商务所处理的对象则要大得多，它涉及经济、政治、社会文化等各个领域。

EDI是电子商务的一个重要组成部分，是企业对企业电子商务的基础。电子商务包含EDI，也可以说EDI是实现电子商务的一种手段。

2）以电子邮件方式（E-mail）订立的合同

以电子邮件（E-mail）方式订立的合同是指以网络协议为基础，从终端机输入文字、图片或声音等，最后通过邮件服务器将其传送到另一个终端的合同。它是互联网上最频繁的应用之一。电子邮件具有快捷、方便、低成本的优势，在很多方面都超过了传统的电子邮件投递业务。较之EDI合同，以电子邮件方式所订立的合同能更清楚地反映订约双方的意思表示。但电子邮件在传输过程中容易被截获、修改，故安全性较差。为此，在电子交易中，应当鼓励订约双方使用电子签名，以确保电子邮件的真实性。当然，对于现实生活中存在的双方在交易过程中均认可的未使用电子签名邮件，仍应当依当事人的约定确认其效力。

3）电子格式的合同

电子格式的合同是指由商品或服务的提供人通过计算机程序预先设定的合同条款，以规定其与相对人之间的法律关系，并适用于不特定相对人，相对人不得加以改变，必须点击“同意”后才能订立的合同。这种通过网络所订立的电子合同可以分为点击型和协商型两种。

（1）点击型合同

点击型合同系指由商品或服务的提供人通过计算机程序预先设定合同条款的一部分或全部，以规定其与相对人之间的法律关系，相对人必须点击“同意”后才能订立的合同。点击型合同通常用于零售，购物人所需要的只是选择满意的商品，阅读“购物协议”，若同意，则键入自己的信用卡号码和密码，从而完成购物程序。

（2）协商型合同

协商型合同通常用于公司间的交易行为，合同标的较大。在成交前，合同文本需要经过多次商讨和修改，合同的传递通常是通过电子邮件方式。当合同形成最终稿件后，通过互联网签署，发送的合同中附有电子签名。这种经过协商后通过网络生效的电子合同，被称为“协商型合同”。

10.4.3 电子合同的有关法律问题

1）合同订立的主体如何确认

由于互联网是个虚拟世界，人们不能像传统商务活动那样面对面进行交易，因此很容易产生冒用他人名义进行商务活动，以及网站如何认定相对人是否为无民事行为能力或限制民事行为能力人等一系列法律问题。电子合同未必具有传统概念下的书面正式文本，此时所谓的签字盖章也就有了新的概念和方式，这就是电子签名。

电子签名是指用符号及代码组成电子密码进行“签名”来代替书写签名或印章，它采用规范化的程序和科学化的方法，用于鉴定签名人的身份以及对一项数据电文内容信息的认可。它还能验证出文件的原文在传输过程中有无变动。

我国《民法典》没有对电子签名问题作出规定，其中第490条规定：“当事人采用书面形式订立合同的，自当事人均签名、盖章或者按指印时合同成立。”这里并未考虑到电子签名的诸多特殊问题。

2004年8月28日，我国《电子签名法》经过全国人民代表大会常务委员会通过，并于2005年4月1日正式实施。《电子签名法》的实施是我国产生电子合同实际应用的基础，它使电子合同在法律上得到认可。《电子签名法》出台后，网上数字签名生成的文件和传统盖章及手写的文件有同样的法律效应。

身份认证（Authentication）是与数字签名相关的一项重要制度。传统的签名笔迹可以被模仿，而电子签名势必也会有被仿造的危险。因此，需要权威机构对数字签名进行管理和认证，这种机构被称为CA（Certificate Authority）机构。它的主要功能是签发管理电子商务证书，产生、管理使用者密钥以及CA密钥管理等。网络交易人向认证机构申请证书时，需提交本人的身份证或护照等，经CA机构验证后，签发证书。证书上包括持证人的名字，证书的有效期限以及持证人的公开密钥等。在做交易时，向对方提交证书证明自己的身份，若对方无把握，则可要求认证机构进行验证，双方可相互验证身份。很显然，认证机构在网络安全方面扮演着相当重要的角色。

2）要约的撤回与撤销

在传统国际贸易中，要约（Offer）可以撤回，只要撤回通知早于或与该要约同时到达受要约人。在电子合同的订立过程中，要约的撤回和撤销是十分复杂的问题。首先，撤回几乎是不可能的，因为在网络中要约的传递和接受几乎是同时发生的，目前还没有一种传递方式，能让自由文本的撤回通知先于发盘到达或同时到达受要约人。在网络交易的环境中，要约人没有撤销通知的标准格式，只有用自由文本来撤销，不能使撤销通知在受要约人发出接受通知之前或在要约人收到受要约人的接受作出之前到达受要约人。

3）接受的生效和撤回

在网络交易中，接受（Accept）的含义及其成立条件，与传统贸易是一样的，即受要约人发出的接受被要约人电脑接收时，构成要约的接受，合同的成立，宜采用大陆法系的“到达主义”原则。在传统国际贸易中，接受是可以撤回的，只要撤回通知在接受生效之前或同时到达要约人。而在网络贸易中，由于电子计算机发出的接受在瞬间就能送达对方，接受一经送达要约人，合同就已成立，再撤回接受就等于撤销合同。因此接受是不能撤回的。

我国《民法典》第137条规定：“以对话方式作出的意思表示，相对人知道其内容时生效。以非对话方式作出的意思表示，到达相对人时生效。以非对话方式作出的采用数据电文形式的意思表示，相对人指定特定系统接收数据电文的，该数据电文进入该特定系统时生效；未指定特定系统的，相对人知道或者应当知道该数据电文进入其系统时生效。当事人对采用数据电文形式的意思表示的生效时间另有约定的，按照其约定。”从中可以看出，我国《民法典》中的合同部分坚持了“到达主义”的传统。与之不同的是，英美法系采取“发送主义”，即以承诺发出的时间与地点作为合同成立的时间与地点。

4）电子合同的效力问题

随着电子合同的发展，不少国家已经意识到运用法律确定电子合同效力的必要性。联合国国际贸易法委员会1996年6月采用了《电子商业示范法》。该法指出：因为数码信息具有以后被引用的可能性，足以担当书面文件的任务，不能仅仅因为信息采用的方式是数码信息而否定其法律效力、有效性和可强制执行性。

我国《民法典》已将传统的书面合同形式扩大到数据电文形式。《民法典》第469条规定："以电子数据交换、电子邮件等方式能够有形地表现所载内容，并可以随时调取查用的数据电文，视为书面形式。"这实际上已赋予了电子合同与传统合同同等的法律效力。

10.5 电子商务盈利模式与基本业务流程

10.5.1 电子商务盈利模式

电子商务企业的盈利模式较多，概括起来有7种。

1）佣金

企业通过第三方电子商务平台参与电子商务交易，只要注册为电子商务企业的会员，每年不需交纳会员费，就可以享受网站提供的服务，但在买卖双方交易成功后，收取一定佣金。比如，敦煌网就采取佣金制，免注册费，佣金比例为2%~7%。

2）会员费

企业通过第三方电子商务平台注册为电子商务企业的会员，每年交纳一定的会员费，才能享受网站提供的各种服务，不用缴纳佣金。目前，会员费已成为各国电子商务企业最主要的收入来源。比如，阿里巴巴网站收取中国供应商、诚信通两种会员费。中国供应商又称阿里巴巴国际站，其2021年入驻费用条件为：基础会员费2.98万元/年，高级会员费8万元。诚信通会员费为6 688元/年。

3）广告费

网络广告是门户网站的主要盈利来源，同时也是电子商务企业的主要收入来源，如阿里巴巴网站的广告根据其在首页位置及广告类型来收费；中国化工网有弹出广告、漂浮广告、文字广告等多种形式供用户选择。

4）竞价排名费

一般是指企业为了促进产品的销售，希望在电子商务网站上的信息搜索中将自己的排名靠前，进而通过会员费等竞价的形式提升这种搜索的排名。阿里巴巴的竞价排名是诚信通会员专享的搜索排名服务，当买家在阿里巴巴搜索供应信息时，竞价企业的信息将排在搜索结果的前3位，能够被买家第一时间找到；中国化工网的化工搜索是建立在全球最大的化工网站上的化工专业搜索平台，对全球近20万个化工及化工相关网站进行搜索，搜录的网页总数达500万个，同时采用搜索竞价排名方式，确定企业排名顺序。

5）增值服务

电子商务网站除了为企业提供贸易供求信息以外，还提供一些独特的增值服务，如企业认证、独立域名、提供行业数据分析报告、搜索引擎优化等。

6）线下服务

线下服务主要包括展会、期刊、研讨会等。通过展会，供应商和采购商可以面对面交流，许多中小企业都比较青睐这种方式。期刊主要是关于行业资讯等信息，期刊中也可以植入广告。

7）商务合作

商务合作主要包括广告联盟、与政府及行业协会合作、与传统媒体合作等。广告联盟通常是网络广告联盟，如亚马逊通过这个方式已经取得了不错的成效，但在我国联盟营销还处于萌芽阶段，大部分网站对于联盟营销还比较陌生，国内做得相对比较成熟的几家广告联盟有百度联盟、谷歌联盟等。

10.5.2 电子商务基本业务流程

电子商务基本业务流程可以分为常规流程和制造业流程两个部分。

1）常规流程的步骤

第一步，商业客户向销售商订货，首先要发出“用户订单”，该订单应包括产品名称、数量等一系列有关产品信息。

第二步，销售商收到“用户订单”后，根据“用户订单”的要求向供货商查询产品情况，发出“订单查询”。

第三步，供货商在收到并审核完“订单查询”后，给销售商返回“订单查询”的回复。主要包括供货商有无货物等情况。

第四步，销售商在确认供货商能够满足商业客户“用户订单”要求的情况下，向运输商发出有关货物运输情况的“运输查询”。

第五步，运输商在收到“运输查询”后，向销售商回复运输查询的情况。例如，有无能力完成运输，或有关运输的日期、线路、方式等。

第六步，在确认运输无问题后，销售商即刻给商业客户的“用户订单”一个满意的回答，同时要给供货商发出“发货通知”，并通知运输商运输。

第七步，运输商接到“发货通知”后开始发货，接着商业客户向支付网关发出“付款通知”。

第八步，支付网关向销售商发出交易成功的“转账通知”。

2）制造业流程的步骤

第一步，接收客户订单，解析EDI（Electronic Data Interchange）标准数据，并保存订单必需数据，将其存入数据库（Data Base，DB）。

第二步，将订单（Purchase Order，PO）信息上传至企业资源计划（Enterprise Resource Planning，ERP）系统。

第三步，B2B（Business to Business）系统返回订单信息给客户。

第四步，ERP系统创建生产命令，生产现场管理系统（SFC）下载生产命令，安排生产，产生相关产品数据。

第五步，B2B获取ERP传递IDoc[①]信息，将其存入B2B的数据库（DB），同时依据已经有的ShipID[②]从SFC的数据库中获取货物数据、包装列表等。

第六步，B2B生成运单。

第七步，接收客户对运单的确认。

第八步，将发票发送给客户。

□ 本章小结

1.电子商务的概念：狭义上，电子商务是指在国际互联网（Internet）上寻找商机并完成交易的行为。例如，网上采购、网上支付、网上拍卖与网上订阅等。广义上，电子商务是指通过现代信息技术手段从事各种商务活动。

2.电子商务按参与对象分类可分为B2B、B2C、C2C、C2B、B2G、C2G等模式；按交易商品形式分类可分为直接电子商务、间接电子商务。

3.电子商务的特点包括交易虚拟化、交易成本低、交易高效化和交易透明化。

4.电子商务与传统国际贸易模式的差异性较大，主要表现在交易环节、产业链条、运营成本、产品差异、与时代融合等方面。

5.在国际贸易中应用电子商务具有降低成本、提高贸易效率、扩大销售市场以及为消费者带来便捷等优势。但是，电子商务也存在信息基础不规范、安全性低、物流水平较低等问题。

6.在电子商务中使用第三方物流可以有效降低成本，保障企业致力于主营业务，节约社会资源。

7.互联网上的电子支付系统包括电子货币、网上支付、移动支付和第三方支付。

8.电子合同是当事人利用电子手段、光学手段或其他类似手段订立的合同。目前，电子合同具体表现为当事人利用网络采用电子数据交换、电子邮件等方式订立合同。

9.电子合同与传统合同的主要区别是合同订立的环境和形式不同、合同订立的各环节发生了变化、合同当事人的权利和义务有所不同，以及电子合同的履行与支付较传统合同复杂。

10.电子合同主要分为以电子数据方式订立的合同、以电子邮件（E-mail）方式订立的合同和电子格式的合同，而电子格式的合同又可分为点击型合同和协商型合同。

---

① IDoc（Intermediate Document），是一种系统间通用的数据交换格式，通过IDoc接口可以实现企业管理系列软件（System Applications and Products，SAP）系统与其他系统之间的数据交换。

② ShipID，即每票货物的ID码，可用ShipID查询、追踪货物。

11.电子商务企业的盈利模式较多，概括起来有7种，分别是佣金、会员费、广告费、竞价排名费、增值服务、线下服务和商务合作。

12.电子商务企业的基本业务流程可以分为常规流程和制造业流程两个部分。

□ 复习思考题

随堂测验

1.什么是电子商务？

2.电子商务的分类有哪些？

3.与传统国际贸易相比，电子商务有哪些特点？

4.简述电子商务中B2B及C2C的含义和特点。

5.简述电子商务应用于国际贸易中的优势。

6.电子商务发展中存在哪些问题？

7.简述第三方物流概念及特点。

8.简述第三方物流对电子商务的影响。

9.简述第三方支付的含义和目的。

10.简述电子合同的含义和分类。

11.简述电子商务企业的7种盈利模式。

□ 典型案例

京东商城是我国著名的以3C产品为主营业务的B2C购物商城。自2004年年初上线以来，京东商城一直保持年均200%~300%的速度增长。截至2020年第三季度，京东商城活跃的用户购买数为4.416亿，拥有十万多家店铺（数据来源：公司财报，华经产业研究院整理），在线销售家电、数码通信、计算机、家居百货、服装服饰、母婴、图书、食品等11大类数万个品牌70余万种优质商品，日订单处理量超过15万，网站日均浏览量超过3 500万次。

复盘中国近十几年的电商大战，B2C电商强手如林，为什么在阿里巴巴这座大山的笼罩下只有京东走得最为长远，背后正是源于京东采取低价进行品类扩张与投入巨资自建物流等曾饱受行业争议的做法，以及面对这些批评与争议时刘强东不为所动的战略耐性。接下来复盘一下京东的发展史。

京东创建于2004年，最初聚焦于3C类产品。自2008年开始，在创始人刘强东的带领下，京东一方面投入大量资金进行图书、家电等新品类的扩张与价格战，另一方面大力投入资金进行自有仓储物流体系建设。

京东的这种做法受到外界很多批评与质疑。2008年，当京东将商品品类扩充到图书领域时，当当网李国庆公开抨击刘强东，直言其扩张思路有问题，“放着每年4千亿规模的服装市场不发力，却与当当争夺300亿图书市场，这是既没有战略也不懂事”。李国庆还说：“任何一个企业都不能通吃，不可能所有品类都做，任何一个品类不管电商不电商，不能同时选择最多，价格最低，服务最好，把三个都做到极致。”

2011年8月，京东商城发表官方声明，称因与支付宝合作已到期，京东商城已经全面停用支付宝。用户除了无法使用支付宝服务外，使用支付宝账号登录的功能也一并被停用。

在弃支付宝而去之后，京东商城转与银联合作，向客户提供“银联无卡快捷支付”服务。

2011年秋季，恰逢中秋、国庆双节销售旺季，京东商城在大家电品类上推出了总额高达10亿元的优惠券派送活动，创国内家电行业销售史上的最高纪录。根据活动规则，9月14日至10月7日期间，凡京东商城用户每天都可领取1 000减50、2 000减100、5 000减300、10 000减800四种面额的电子优惠券各1张，优惠券自领取之日起至次日24点前有效，可用于购买空调、冰箱、电视、洗衣机等10余类大家电商品，家电优惠即刻生效。以每天10万人领取优惠券，平均每人领取500元保守估算，此次活动期间，京东商城总体发放的优惠总额超过10亿元。

2012年，京东宣布“所有大家电保证比国美、苏宁等连锁店至少便宜10%”，向传统家电零售连锁巨头国美、苏宁发起挑战。苏宁创始人张近东在内部对苏宁高管说：“我们是大人，京东还是小孩子，大人打小孩，不是一个量级的。”

2015年，当京东开始成为阿里巴巴唯一的竞争对手时，阿里巴巴集团董事长马云在接受时任第一财经总编秦朔采访时评论京东：“现在中国互联网的很大问题，就是靠做大交易量来融资。这种商业模式5年都赚不到钱的。”“什么叫商业模式？商业模式最重要的考核指标之一，就是实现规模化盈利。在没有规模化盈利的情况下，都只能称为商业行为，而不能称为商业模式。”

无论外界如何批评与质疑，刘强东依旧我行我素。其一方面通过激进的价格战进行新的商品品类扩充，一方面将融来的大多数钱投资到自有仓储物流体系建设中去，这导致企业迟迟不能盈利。据《财经》杂志报道，2012年因为价格战造成的巨额亏损，导致京东饱受质疑，第四次融资非常艰难，耗时七个月才最终达成，可融资后第一个月，刘强东立即宣布在物流方面继续投入50亿元。

就在一路批评与质疑声中，京东不仅实现了全品类的扩张，还建立起了电商企业中最强大的自有仓储物流体系，京东最终正是依靠丰富、低价的商品与自有物流带来的优质配送体验所向披靡，相继将亚马逊、当当、苏宁与国美甩到了后面，站到了中国B2C电商领域的王者之巅，并成为阿里巴巴在电商领域最强劲的竞争对手。

根据以上内容对京东的发展进行简要概括：

（一）京东的竞争对手

1.综合购物类的网站，比如淘宝、亚马逊、当当，由于它们所经营的商品有很大重叠之处，价格、物流成本方面可以进行直接的比较，因此会造成直接的竞争。

2.垂直购物类的网站，比如凡客、好乐买、红孩子等，这些网站都有自己的主营商品，因此对于京东的产品扩展是一种挑战。

3.新近兴起的团购网站，针对某些特定的消费区域，由于其低廉的价格对消费者极其有利，从而冲击了现有的电子商务零售局面，夺走了部分市场。

4.如国美、苏宁等大型家电连锁商场自己建立的电子商务网站，也会对京东商城构成不小的威胁。

5.那些传统的线下零售企业，比如专卖店、大卖场等，间接地与其构成竞争，也会吸引相当一部分消费者。

（二）京东的目标客户

1.从需求上分析，京东的主要客户是计算机、通信、消费类电子产品的主流消费人群。

2.从年龄上分析，京东主要顾客为20~35岁之间的人群。

3.从职业上分析，京东的主要顾客是公司白领、公务人员、在校大学生和其他网络爱好者。

4.京东的目标不是跟国美、苏宁争抢客户，而是把大学毕业生培养成京东的用户。

（三）京东的核心竞争优势

1.最大的自建物流和仓储系统。

京东集团的物流集成设施是全中国电商领域中规模最大的，具有中小件、大件、冷藏冷冻仓配一体化服务电商物流仓储系统，在全球也处于领先地位。截至2017年年底，京东集团在全国建有8大物流中心，占地总面积达到1 000万平方米，大型仓库的数量为486个。京东拥有9万人的物流配送队伍，为客户提供专业化服务，其主要业务有京准达、极速达、211限时及次日达等，保障了用户享受到方便快捷的物流配送服务。

2.自主研发的信息系统。

信息系统是京东集团的软实力，它保证了京东的运营效率，也是京东的核心优势之一。自成立以来，京东的信息系统主要包括管人、管钱、管物的功能。管人是指公司的人力资源系统，管钱是指公司的财务信息系统，管物是指库存管理、物流管理信息系统。并且京东的信息系统根据业务发展需要适时更新和升级，这得益于京东自身的技术研发团队。京东的信息系统非常强大，它把下单、支付、发货流程细分至34个环节，这个系统小到可以监督配送员用了多少胶带和纸箱，大到可以直接在线向供应商下订单。京东把控流程中尽可能多的环节以提升供应链的效率和服务品质。自2008年该系统就能满足订单查询和跟踪功能，用户可以直接查询物流信息，解决物流矛盾。京东所有的工作人员都基于信息系统开展工作，其真正连接了业务和运营环节的线上与线下的每一个环节，是京东的核心优势。

3.渠道商业化，重视合作方。

京东打通供应商渠道，进货成本更低，保证了价格方面的优势。京东早期并不能跟厂商、供应商进行直接的资金往来，而是通过中间的经销商。主要原因是供应商不愿直接向京东提供赊销而承担坏账风险，而更愿意将风险转移给经销商。

2012年与2013年，京东启动了渠道商业化战略，不再跟经销商合作，而是与品牌商直接合作。为此，京东甚至放弃赊购，而是直接向供应商付现以赢得信任。京东对供应商的付款周期一般在40天左右，与供应商达成了互利共赢的合作。京东的渠道商业化战略产生了良好的效果，赢得了更多的产品渠道，同时也获得了许多优质的供货商伙伴。京东集团和各种产品的各类品牌厂商都有长时间的合作，销售的电商产品质量有保证，且产品价格比线下实体店要低，既有价格优势又有品牌优势，这为京东带来了良好的客户基础。

4.打造完美的用户体验。

京东自成立以来，持续不断地完善用户体验，主要包括三个方面：

第一，坚守正品行货，不卖假货的底线。京东早期在品类选择上很严格，在成立的前7年，京东只做了5个品类，主要原因就是选择容易保证产品质量的品类，防止品类过多导致次品泛滥，从而影响用户体验。

第二，实行低价销售。京东的销售毛利率很低，因为其一直保持低价策略，京东一直努力节约成本提高效率，更多让利给消费者和供应商。

第三，打造无缝的完整服务链条。从用户下单到交易真正完成，包括退换货完成，京东大概有34个大的节点，100多个具体操作流程，只有所有流程保证不出问题，才能满足用户体验。为此，京东保证配送人员的服务质量，为配送员提供有竞争力的收入和成长空间。同时也实行一套严格的管理制度。产品、价格、服务，是决定用户体验好坏的因素，京东依靠自身物流系统、信息系统、财务系统的支撑，将这三者有效进行了融合，打造了完美的用户体验。

（四）对京东发展的建议

1.创新商业模式做好转型准备。

2.提升环节协同效率，形成整体最优。京东应该通过保持、增强价值链环节协同，加强“品牌、客户、市场”一体化建设，保持、提升市场占有率，最终实现企业目标。

3.加强品牌建设，凝炼自身内功，明确品牌内涵、提升品牌效应、实施差异化竞争是京东最好的选择。即便在价格上竞争，也应该遵守起码的商业道德底线。正如中国电子商务研究中心专家的建议，杜绝恶性竞争，自觉如实宣传；注重产品质量，加强售后服务，提高用户体验；注意差异化，不要千篇一律；把诚信放在重要位置，对顾客负责。

4.稳步提升市场份额，培养忠诚客户。

电子商务企业对追求市场占有率最大化的想法和动机是完全正常的，其关键是采取低价策略获得的客户能否真正转化为企业的忠诚客户。京东在市场占有率较高的基础上，需要着重考虑如何建立客户黏性、培养客户忠诚度。

□ 拓展阅读

拓展阅读 1

跨境电商“一件代发”商业模式、法律风险及合规建议

拓展阅读 2

“618”跨境电商“精耕细作”推动行业迈向高质量发展

第11章/出口合同的履行

学习目标

通过本章的学习，要求重点掌握出口交易的基本程序及各个环节以及信用证的审核与修改，能够理解与掌握履行出口合同各个环节的相关注意事项等基本内容，学会出口交易的规范操作。

合同履行，是指合同当事人双方依据合同条款的规定，实现各自享有的权利，并承担各自负有的义务。《民法典》第509条规定："当事人应当按照约定全面履行自己的义务。当事人应当遵循诚信原则，根据合同的性质、目的和交易习惯履行通知、协助、保密等义务。当事人在履行合同过程中，应当避免浪费资源、污染环境和破坏生态。"

出口合同的履行工作是整个出口工作的最后阶段，其特点是涉及面广，工作环节多，手续繁杂，时间性强，且影响履行的因素很多。履行出口合同的程序，一般包括备货、催证、审证、改证、租船、订舱、报关、报验、保险、装船、制单、结汇等工作环节。在这些工作环节中，以货（备货）、证（催证、审证和改证）、船（租船、订舱）、款（制单、结汇）4个环节的工作最为重要。为了使各环节的工作互相衔接，防止出现脱节现象，必须做好"四排""三平衡"的工作。所谓"四排"，是指以买卖合同为对象，根据履行合同的进程卡片反映的情况，其中包括信用证是否开到，货源是否落实，进行分类得出4种类型：一是有证有货；二是有证无货；三是无证有货；四是无证无货。通过"四排"，发现问题，及时解决。所谓"三平衡"，是指以信用证为对象，根据信用证规定的装运期和信用证有效期的远近，结合货源、船源情况，分轻重缓急，力争做到货、证、船三方面的衔接和平衡，防止出现有货无船、有船无货等脱节现象。做好了上述各项工作有利于提高企业的履约率和经济效益。图11-1描述了在CIF术语、议付信用证方式下出口合同履行程序。

11.1 备货与报验

为了保证按时、按质、按量交付约定的货物，在订立合同之后，卖方必须及时落实货源，备妥应交的货物，并做好出口货物的报验工作。

11.1.1 备货

备货是指出口企业根据出口合同的规定，准备好应交付的货物，以保证按时出

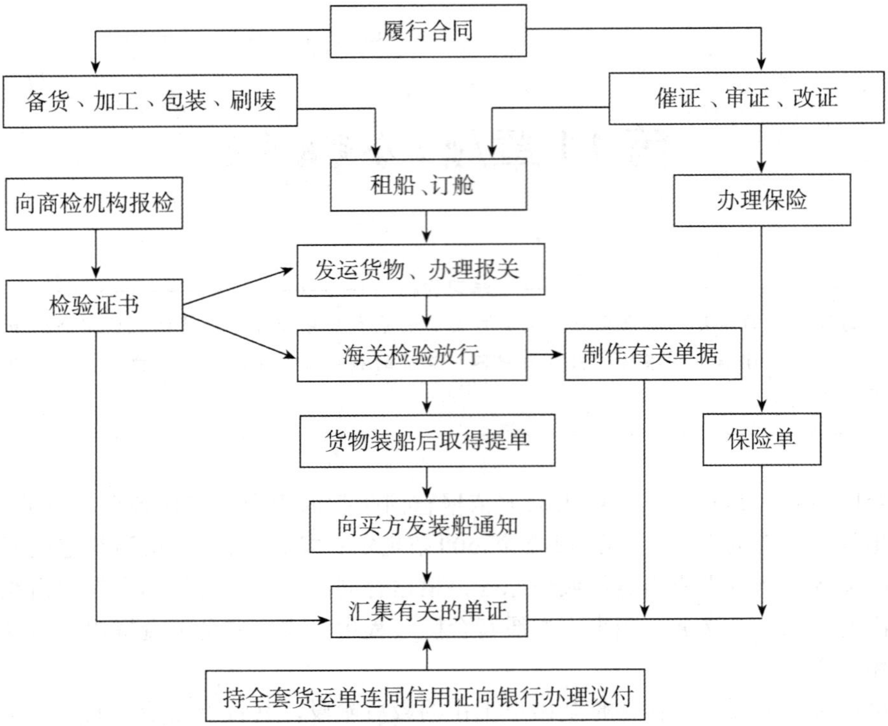

图 11-1　在CIF术语、议付信用证方式下出口合同履行程序

运的工作。备货工作主要包括出口部门及时与生产部门或供货部门安排货物的生产、加工、收购和催交，核实应交货物的品质、规格、数量和交运时间，并进行必要的包装、刷制运输标志以及办理申报检验和领证等。备货时应注意以下几个问题：

1）备货的时间

备货要及时，并严格按照销售合同以及信用证上规定的期限交货。对生产加工中的货物应限定期限交货；对国内运输中损坏的货物应及时加工整理；对外埠的货物应提早运到港口仓库或附近仓库。

2）货物的质量

保证货物品质、花色品种符合合同规定。交付的货物品质、规格必须符合合同或信用证的要求，如果不符，应进行筛选、加工和整理直至达到要求。

3）货物的数量

保证货物数量符合合同规定，而且应留有余地，以备必要时作为调换之用，如果合同中有约定溢短装条款，则应考虑满足多装、短装部分的需要。另外，对货物的出厂数、仓库数、进港数、装船数都应严格掌握，留有记录。避免多装、少装、漏装、错装。

4）货物的包装

为保证货物包装符合合同规定，应核查包装材料、包装方法、填充物、形状、单件重量、内包装件数是否正确，外包装是否牢固，有无破漏、开包、水渍，运输标志是否正确等。如发现包装不良或破损，应及时修整或调换。另外，对于货物的运输标志，应严格符合合同规定，要求清楚、醒目、大小适当，注意防止错刷、漏刷以及外文字母倒置等问题的出现。

5）货物外包装的运输标志

正确刷制运输标志，主要对4个方面有重要作用：一是符合运输要求和有关国家海关的规定；二是保证货物被适当处置；三是掩盖包装内货物的性质；四是帮助收货人识别货物。具体来说，应注意以下几点：

（1）运输标志应符合有关进出口国家的规定。

（2）包装上的运输标志应与所有出口单据上对运输标志的描述一致。

（3）有些国家海关要求所有的包装箱必须单独注明重量和尺寸，甚至用公制，或英语或目的国的语言注明。为此，应注意有关国家的海关规定。

（4）运输标志应该在包装箱的表面都刷制，以防货物丢失。

（5）运输标志应简洁，并且能提供充分的运输信息。

（6）在运输包装上的运输标志应尺寸适中，使相关人员在一定距离内能够看清楚。根据通行做法，就一般标准箱包装而言，刷制的运输包装字母的尺寸至少为4厘米高。

（7）所有包装上的运输标志必须用防水墨汁刷写。

11.1.2　报验

商品检验是对外贸易业务的一个重要环节。无论是进口合同，还是出口合同都必须对商品检验作出规定。通过商品检验，借以鉴定商品的品质、数量和包装是否符合合同规定的要求。对出口货物应该及时办理出口报验手续，保证出口货物按时、按质、按量运出，以维护和提高我国对外贸易的信誉；而对进口货物也应该进行及时的检验，发现问题能及时对外索赔，以维护我国进口商的正当权益。

报验是指出口商品的生产、经营单位和进口商品的收用单位或代理接运单位，按《商检法》的规定，向商检机构办理检验、鉴定手续。

《商检法》规定："一切出口商品都必须经过检验，未经检验或检验不合格的，不准出口。属于法定检验的商品，或合同规定须经中国检验检疫机构检验出证的商品，在货物备齐后，应向检验检疫机构申请检验。只有取得出入境检验检疫机构签发的合格的检验证书，海关才准放行。经检验不合格的货物，一律不得出口。"

报验一般应在商品出运前一周内提出申请，报验时应填写"出口报验申请单"，并随附有关报验单证。

1）出口商品的报验单证

（1）出口商品报验时，报验人应提供货物买卖合同（确认书）、信用证副本以及出口货物报关单等通关用的凭证。

（2）申请预验的商品，应提供必要的检验依据，经本地区预验的商品需在本地区换证出口时，应加附由该地商检机构签发的预验结果单；经其他商检机构检验的商品，必须加附发运地商检机构签发的“出口商品检验换证凭单”正本。

（3）凡必须向商检机构办理卫生注册及出口质量许可证的商品，必须交付商检机构签发的卫生注册证书、厂检合格单或出口质量许可证。

（4）冷冻、水产、畜产品和罐头食品等应办理卫生证时，必须交付商检机构签发的卫生注册证书及厂检合格单。

2）出口商品的报验要求

（1）报验人必须按规定认真填写要求报验的检验申请单，每份申请单只限填报一批商品，做到书写工整，字迹清楚，不得随意涂改，项目填写齐全，译文准确，中英文内容一致，加盖报验单位公章。

（2）报验人对所需检验证书的内容如有特殊要求应预先在检验申请单上申明。

（3）申请报验时应按规定缴纳检验费。

（4）报验人应预先约定抽样、检验和鉴定的时间，并提供进行抽样和检验鉴定等必要的工作条件。

（5）已报验的出口商品，如国外开来信用证修改函时，凡涉及与商检有关的条款，报验单位应及时将修改函送商检机构，办理更改手续。

（6）报验人如因特殊原因需撤销报验时，经书面申明原因后，可办理撤销。

（7）报验人领取证书时应如实签署姓名和领证时间。对证书应妥善保管，不得丢失。各类证书应按其特定的范围使用，不得混用。

经检验合格，由商检机构签发检验证书，或在“出口货物报关单”上加盖检验印章。发货人应在签发证书之日起60天内报运出口，逾期报运出口的，应重新申报检验。

对于不属于法定检验范围的出口商品，可以由生产、经营单位或委托其他检验机构检验，海关对其进行定期或不定期的抽查，抽查不合格的，不准出口。

11.2 催证、审证和改证

如果出口合同采用的是信用证付款条件成交，则一般会有催证、审证和改证3个环节。

11.2.1 催证

催证是指出口商根据买卖合同的规定催促进口商及时开立信用证的行为。买方按约定时间开证是卖方履行合同的前提条件，尤其是大宗交易或按买方要求而特制的商品交易，买方及时开证更为必要，否则卖方无法安排生产和组织货源。然而，有时在买卖合同签订后，进口商在下面几种情况下往往会拖延开证或拒绝开证：①合同订立后行市下跌；②买方的下家买货人违约；③市场发生变化或买方资金困难；④进口国或地区突然实施贸易或外汇管制；⑤开证行倒闭。对此，出口商应通过函电或其他途径催促对方及时开证。有时在出口商打算提前装运时，也可根据货源和航运等情况，催请进口商提前开证。催证的目的主要是提醒进口商按时开证以确保合同如期履行，因此，出口商应结合上述情况做好催证工作，及时提请对方按约定时间办理开证手续。

11.2.2　审证

审证是指受益人对国外银行开来信用证的内容进行审核的行为。当进出口双方约定采用信用证方式支付时，进口商通过银行开立的信用证内容应与买卖合同的规定相一致。但在实际业务中，由于种种原因，如工作的疏忽、电文传递的错误、贸易习惯的不同、市场行情的变化或进口商有意用开证的主动权加列有利于其自身利益的条款等，经常出现信用证的内容与买卖合同的规定不一致的情形。为保证安全收汇和顺利履行合同，受益人（出口商）在收到信用证后，应以买卖合同为依据，及时地对信用证进行认真、细致的审核，如果发现不符，则必须要求进口商修改。

出口商在审证时，应注意下列事项：

1）开证行资信情况的审核

这是由出口地银行和出口商共同审核的内容。主要针对开证行的政治背景、资信状况、经营作风、来往业务、收汇考核等进行审查。如果开证行所在国家或地区政局不稳或者开证行本身资信较差，则可以要求进口商通过通知银行或出口商可以接受的其他银行对信用证加具保兑，或采取分批出运、分批收汇等措施来保障收汇的安全。

2）开证行付款责任的审核

一是要注意审查信用证是否为不可撤销的信用证，可撤销的信用证由于无须通知受益人或未经受益人同意可以随时撤销或变更，应该说对受益人是没有付款保证的，对于此类信用证，不应接受。《UCP 600》只承认不可撤销的信用证。

二是要注意审核信用证内是否加“限制性”条款或其他“保留”条件。例如，规定“本信用证须待进口许可证批准后另行通知生效”或“本证仅在受益人开具回头信用证并经本证申请人同意接受后才生效”。对于这类信用证，受益人必须等到所附条件满足并取得有关文件后，即信用证生效后才能交货。另外，还要注意审核信用证中是否有保证付款的责任文句，以及信用证是否未按照合同要求加具保兑等内容。

3）信用证受益人和开证人的名称和地址的审核

受益人应特别注意信用证上受益人的名称和地址应与其印制好的文件上的名称和地址相一致，并审核买方的公司名称和地址的写法是不是也完全正确，在填写发货票时照抄信用证上写错了的买方公司名称和地址是有可能的，如果受益人的名称不正确，将给今后的收汇带来不便。另外，在非海运的情况下，如航空运输，为了保证出口商安全收回货款，航空运单的收货人一般应写明是银行。

4）适用惯例的审核

审核信用证是否受国际商会《跟单信用证统一惯例》的约束，可以在具体处理信用证业务中，对于信用证的有关规定有一个公认的解释和理解，避免因对某一规定的不同理解而产生争议。例如，“THIS CREDIT IS SUBJECT TO THE UNIFORM CUSTUMS AND PRACTICE FOR DOCUMENGTARY CREDITS 2007 REVISION ICC PUBLICATION NO.600.”

5）信用证金额及支付货币的审核

主要审核的内容包括：

（1）信用证金额是否与合同金额相一致。

（2）信用证中的单价与总值要准确，大小写并用且内容要一致。

（3）如果数量上可以有一定幅度的伸缩，如有5%的溢短装，则信用证的支付金额也应允许有一定的伸缩幅度。

（4）如果在金额前使用了“大约”一词，其意思是允许金额有10%的伸缩。

（5）货币币种是否与合同一致。例如，合同规定的币种是“英镑”，而信用证使用的是“美元”。

6）有关信用证有效期、到期地点、装运期的审核

（1）有效期的审核

按惯例，信用证都必须规定一个交单付款、承兑或议付的到期日，未规定到期日的信用证不能使用。信用证中规定的到期日在业务中常被称为有效期（Expiry Date），是银行承担兑付责任的最迟期限，同时也是约束受益人提交单据的最晚期限。例如，受益人交单晚于到期日，此信用证也就失效了，银行有权拒付。因此审证时要注意信用证是否有到期日、到期日是否过短等内容。信用证的到期日应与装运期有一定的时间间隔，以便在装运货物后有足够的时间办理制单结汇工作，通常到期日规定为装运日后的第15天。

（2）到期地点的审核

信用证的到期地点实际上就是交单地点。如果到期地点在出口国，出口商只要在交单期和有效期内将单据交到出口地银行即可。如果信用证在国外到期，有关单据必须寄送国外，由于出口商无法掌握单据到达国外银行所需的时间且容易延误或丢失，有一定的风险，因此一般应提请修改，否则必须提前一个邮程（邮程的长短应根据地区远近而定）以最快方式寄送单据。在我国的出口业务中，信用证的到期地点通常都规定在我国到期，这对我国出口商较为有利。

（3）装运期的审核

信用证的装运期必须与合同规定一致，当来证太晚，无法按期装运时，出口商应及时申请国外买方延展装运期限。信用证有效期与装运期应有一定的合理间隔，以便在装运货物后有足够的时间办理制单结汇工作，信用证有效期与装运期规定在同一天的，称为“双到期”。应当指出的是，“双到期”是不合理的，受益人是否就

此提出修改，应视具体情况而定。在实际业务中，应将装运期提前一段时间，以便有合理的时间来制单结汇。

7）分批装运与转船的审核

（1）分批装运

《UCP 600》规定："除非信用证另有规定，允许分批装运；含有一套或数套运输单据的交单，如果表明在同一种运输方式下经由数件运输工具运输，即使运输工具在同一天出发运往同一目的地，仍将被视为部分发运；信用证规定在指定时期内分期支款及/或发运，其中任何一期未能按期支款及/或发运，除非信用证另有规定，否则信用证对该期以及以后各期均告失效。"因此，对信用证的分批装运条款要仔细审核，要与合同规定一致。

（2）转船

《UCP 600》规定："除信用证另有规定外，货物允许转运；即使信用证禁止转运，只要提单上证实有关货物已由集装箱、拖车或子母船运输，银行仍可接受注明将要发生或可能发生转运的提单。对于提单中包含的声明承运人保留转运权利的条款，银行将不予置理。"因此，对信用证的转船条款也要仔细审核，并与合同规定一致。

8）议付单据的审核

信用证项下要求受益人提交的议付单据通常包括商业发票、保险单、海运提单、装箱单、原产地证明、检验证书以及其他证明文件。如果发现有不适当的规定和要求，则应酌情作出适当处理。一般要审核下面几个方面的内容：

（1）审核来证要求提供的单据种类份数及填制方法。

（2）审核信用证规定的单据能否提供或及时提供。例如，一些需要认证的单据如使馆认证、出口许可证、检验证明等能否及时办理和提供。

（3）信用证对单据是否有特殊的要求。例如，规定受益人提交的单据中要包括"由买方签发的提货证明"或"检验证书应由申请人授权的签字人签字"。这类信用证实际上受申请人或其代理人控制，受益人收款没有保障，故不应接受。

（4）单据的规定是否与合同条款一致，前后是否有矛盾。例如，运输方式是空运，却要求提供海运提单；价格条款是FOB，保险应由买方办理，而信用证中却要求提供保险单等。

9）有关货物描述的审核

通常信用证是根据合同的约定开出的，因此要审核来证中对有关品名、数量或重量、规格、包装和单价等项内容的记载，是否与合同的规定相符，是否有附加特殊条款等。如果信用证与合同的规定有出入，受益人应该提出修改信用证，尤其是一些与合同规定相差较远的条款。但是，对于一些不是实质性的条款，为了节省时间和改证费用，也可按信用证要求酌情处理。

10）其他特殊条款的审核

审查来证中有无与合同规定不符的其他特殊条款，如果发现有对己方不利的附加特殊条款，一般不宜接受；如对己方无不利之处，而且也能办到，可酌情灵活掌握。比如，信用证中指定船龄、船籍、船公司或不准在某港口转船等条款，或1/3正本提单直接寄送客人的条款，如果接受以上条款，则随时面临货款两空的危险，因为此类条款是不合理的，带有明显的欺诈性。又如，如果接收客检证作为议付文件的条款，则受益人正常处理信用证业务的主动权很大程度上掌握在对方手里，从而影响安全收汇。

11.2.3 改证

1）受益人主动要求改证

受益人在审证过程中如发现信用证内容与合同规定不符，或发现受益人不能接受的条款，应及时提请开证申请人修改。受益人改证时要注意以下问题：

（1）受益人要求修改信用证时，应该及时向开证申请人提出，由申请人向开证行提交修改申请书，再由开证行向通知行发出修改通知，然后经通知行通知受益人。

（2）《UCP 600》规定："除本惯例第38条另有规定外，凡未经开证行、保兑行（如有）以及受益人同意，信用证既不能修改也不能撤销。"对于不可撤销信用证中任何条款的修改，都必须取得当事人的同意后才能生效。

（3）在同一信用证上如有多处需要修改的，应当一次提出，避免多次修改信用证的情况。

（4）《UCP 600》规定："不允许部分接受修改，部分接受修改将被视为拒绝接受修改的通知。"如果一份修改通知书中包括多项内容，要么全部接受，要么全部拒绝，部分接受修改的内容是无效的。

（5）对信用证中非改不可的坚决要改，可改可不改的，或经过适当努力可以办到而并不造成损失的，则可酌情处理。

2）申请人主动要求改证

如果改证要求是由申请人主动提出的，也应该征求有关当事人的同意，特别要确认受益人是否接受修改。《UCP 600》规定："在受益人向通知修改的银行表示接受该修改内容之前，原信用证（或包含先前已被接受修改的信用证）的条款和条件对受益人仍然有效。受益人应发出接受或拒绝接受修改的通知。如受益人未提供上述通知，当其提交至被指定银行或开证行的单据与信用证以及尚未表示接受的修改的要求一致时，则该事实即视为受益人已作出接受修改的通知，并从此时起，该信用证已被修改。"

11.3 办理托运、投保、报关和装船

11.3.1 托运

在国际货物买卖中，如果采用CIF或CFR术语成交，则根据《INCOTERMS®2020》

的规定，出口方必须自负费用和风险与承运人订立运输合同，同时负责租用适航的船舶或向班轮公司订妥必要的舱位。目前，我国的出口80%左右是通过海运来完成的，如大宗货物，需要办理租船手续，成交数量不大的，则采用班轮运输。对于出口商来说，如果货物采用班轮运输，那么在备货及落实信用证的同时，就应该开始着手订舱。在向班轮公司租订舱位（箱位）时，出口商应了解各个班轮公司的船舶、船期、挂靠港及船舶箱位数等具体情况。班轮公司会利用各种媒体和渠道定期发布本公司船舶、船期及运价信息。同时，一些中介机构，如上海航运交易所等也会定期发布各种航运信息以供托运人在订舱时参考。

托运订舱流程如下：

（1）出口企业在货、证齐备后，填制订舱委托书，随附商业发票、装箱单等其他必要单据，委托货代代为订舱。

（2）货代接受订舱委托后，缮制货物托运单（Booking Note，B/N），随同商业发票、装箱单等其他必要单证一同向船公司办理订舱。

（3）船公司根据具体情况，如接受订舱则在托运单的几联单据上编写与B/L号码一致的编号，填上船名、航次，并签章，即表示已确认托运人的订舱，同时把配舱回单、装货单（Shipping Order，S/O）等与托运人有关的单据退还给托运人。

装货单是接受了托运人提出装运申请的船公司，签发给托运人的用以命令船长将承运的货物装船的单据。它既是装船的依据，又是货主用以向海关办理出口货物申报手续的主要单据之一。对于托运人来讲，它是办妥货物托运的证明；对船公司或其代理来讲，它是通知船方接受装运该批货物的指示文件。

（4）托运人持船公司签署的装货单，填制出口货物报关单、商业发票、装箱单等，连同有关的其他出口单证向海关办理出口货物报关手续。

（5）海关根据有关规定对出口货物进行查验，如同意出口，则在装货单上盖放行章，并将装货单退还给托运人。

（6）托运人持海关盖章的由船公司签署的装货单要求船长装货。

（7）装货后，由船长的大副签署大副收据（Mate's Receipt，M/R），交给托运人。

（8）托运人持大副收据，向船公司换取正本已装船提单凭以结汇。

11.3.2 投保

在以CIF术语成交时，一般是由出口商作为投保人去向保险公司办理投保手续。具体流程是：

（1）根据合同或信用证的规定，在备齐货物确定装船出运后，一般是在收到船公司有关配船的资料，如在船公司签署配舱回单后，出口商应该在货物装船前向保险公司填制一份海运出口货物投保单，这是保险公司接受投保、出具保单的依据。投保人投保时，应将货物名称、保额、运输路线、运输工具、开航日期、投保险别等一一列明。

（2）保险公司收到出口商递交的投保单后，根据有关规定，经审核后确定是否承保。如果保险公司同意承保，则向投保人发回承保回执，其中列明保险单号、保单日期、投保日期，并向其收取保费。

（3）出口商则凭保险公司发回的承保回执缮制保险单，并将保险单交送保险公司确认签署。经保险公司签署后的保险单，即成为向银行进行议付的重要单据之一。

11.3.3 报关

报关是指进出境的运输工具负责人、进出口货物的收货人和发货人或其代理人向海关提出办理进出口货物手续的过程。向海关报关的人或单位称为报关人。需要向海关办理报关手续的企业，应向海关提出书面申请，经海关审核后办理注册登记手续。办理了上述手续的企业，可以直接向海关办理进出境运输工具、货物的报关手续。进出口收货人和发货人指派的具体向海关办理报关手续的人，应经过海关培训、考核，未向海关办理注册登记手续的进出口收货人和发货人，不得直接向海关办理报关手续，而应委托具有报关业务资格的报关企业或国际货运代理公司代理报关。

出口报关流程如下：

1）申报

（1）出口货物的发货人在根据出口合同的规定，按时、按质、按量备齐出口货物后，应当向运输公司办理租船、订舱手续，准备向海关办理报关手续，或委托专业（代理）报关企业办理报关手续。

（2）需要委托专业或代理报关企业向海关办理申报手续的企业，在货物出口之前，应在出口口岸就近向专业报关企业或代理报关企业办理委托报关手续。接受委托的专业报关企业或代理报关企业要向委托单位收取正式的报关委托书，报关委托书以海关要求的格式为准。

（3）准备好报关用的单证是保证出口货物顺利通关的基础。一般情况下，报关应准备的单证除出口货物报关单外，主要包括：托运单（下货纸）、发票、贸易合同、出口收汇核销单及海关监管所涉及的各类证件。

申报应注意的问题是报关时限。报关时限是指货物运到口岸后，法律规定发货人或其代理人向海关报关的时间限制。出口货物的报关时限为装货的24小时以前。不需要征税费、查验的货物，自接受申报起1日内办结通关手续。

2）查验

查验是指海关已接受报关单位的申报，并以已经审核的申报单为依据，通过对出口货物进行实际的核查，以确定其报关单证申报的内容是否与实际进出口的货物相符的一种监管方式。

（1）通过核对实际货物与报关单证来验证申报环节所申报的内容与查证的单、货是否一致，通过实际的查验发现申报、审单环节所不能发现的瞒报、伪报和申报不实等问题。

（2）通过查验可以验证申报、审单环节提出的疑点，为征税、统计和后续管理提供可靠的监管依据。海关查验货物后，均要填写一份验货记录。

验货记录一般包括查验时间、地点、进出口货物的收货人和发货人或其代理人名称、申报的货物情况，查验货物的运输包装情况（如运输工具名称、集装箱号、尺码和封号）、货物的名称、规格型号等。需要查验的货物自接受申报起1日内开出查验通知单，自具备海关查验条件起1日内完成查验，除需缴税外，自查验完毕4小时内办结通关手续。

3）征税

根据《中华人民共和国海关法》的规定，进出口的货物除国家另有规定外，均应征收关税。关税由海关依照海关进出口税则征收。需要征税费的货物，自接受申报1日内开出税单，并于缴核税单2小时内办结通关手续。

4）放行

（1）对于一般出口货物，在发货人或其代理人如实向海关申报，并如数缴纳应缴税款和有关费用后，海关在出口装货单上盖“海关放行章”，出口货物的发货人凭以装船起运出境。

（2）签发出口退税报关单，海关放行后，在出口退税专用报关单上加盖“验讫章”和已向税务机关备案的海关审核出口退税负责人的签章，退还报关单位。报关单的有关内容必须与船公司传送给海关的舱单内容一致，才能顺利进行核销退税。

11.3.4 装船

在办理完报关手续后，托运人即可要求承运人装船。货物装船以后，应及时向买方发出装船通知（Shipping Advice），以便买方了解装运情况，做好进口接货和办理进口手续的准备。特别是按CFR术语成交的出口合同，由买方办理保险，如果由于卖方没有及时发出装运通知使买方漏保，则货物在运输途中的一切损失由卖方承担。装运通知一般包括的内容有合同号（S/C NO.）、信用证号（L/C NO.）、装运货物（GOODS）、总值（VALUE）、数量（QUANTITY）、包装件数（PACKAGES）、毛重（G. W.）、净重（N. W.）、体积（MEAS.）、船名（VESSEL）、装运港（FROM）、目的港（TO）、预计起航日期（Estimated Time of Departure，ETD）、预计到达日期（Estimated Time of Arrival，ETA）。

11.4 出口制单

货物装运后，出口企业应立即按照信用证的规定，准确缮制单据，并在信用证规定的交单日期前将各种单据交到指定银行办理承付手续。出口制单的基本原则是“单证相符、单单相符、单货相符”，并要求做到“正确、完整、及时、简洁、整洁”。开证行只有在审核单据与信用证规定完全相符时，才承担付款的责任。因此，各种单据是否正确、完备，与安全、迅速地收汇有着直接的关系。信用证项下的单据（Documents）种类很多，通常根据这些单据的作用和性质不同，可以分为主要单据和辅助单据两种。主要单据包括汇票、商业发票、提单、保险单等；辅助单据包括商检证书、出口许可证、原产地证书、装箱单和重量单等。

11.4.1 汇票

汇票（Bill of Exchange，Draft）是出票人签发的，委托付款人在见票时或在指定日期无条件支付确定的金额给收款人或持票人的票据。汇票的主要内容和缮制方法如下：

1）出票条款

出票条款又称出票根据，在托收方式下，应填写“For Collection”或填写合同、订单的号码；在信用证方式下，应按信用证要求填写。一般情况下，出票条款具有3项内容：信用证号、开证行名称和开证日期。如果信用证规定有利息条款，则应在此处填写，如注明“××利息由××支付”。

2）付款人

在托收方式下，付款人为买方；在信用证方式下，以信用证开证行或其指定的付款行为付款人，若信用证未加说明，则以开证行为付款人。

3）受款人

在信用证方式下，受款人通常为议付行；在托收方式下，受款人通常是托收行，一般做成指示式抬头，如Pay To Order of ×× Bank。

4）汇票金额

汇票金额的大小写必须相符。在托收方式下，汇票金额应与发票金额一致；在信用证方式下，若信用证没有规定汇票金额，则应与发票金额一致；若采用部分托收、部分信用证方式结算，则两张汇票金额各按规定填写，二者之和等于发票金额。

5）汇票号码

汇票号码一般按发票号码填写。

6）出票地点及出票日期

在托收方式下，汇票的出票地点应为委托人向委托行办理托收手续的地点，汇票的出票日期以托收行寄单日填列；在信用证方式下，汇票的出票地点一般为议付地点，出票日期一般填写议付日期，通常位于汇票的右上方。

信用证的汇票条款举例：

Drafts in duplicate at sight bearing the clauses “Drawn under ×× L/C No ×× dated ××”.

即期汇票一式两份，注明“根据××银行信用证××号，日期××开具”。

Drafts to be accompanied by the documents marked ×× below.

汇票必须随附下列注有××的单据。

Accompanied by the following documents marked ×× in duplicate.

随附下列注有××的单据一式两份。

11.4.2　商业发票

商业发票（Commercial Invoice）是出口商开具的装运货物的清单，发票全面反映了合同内容。发票的主要作用是供进口商凭以收货、支付货款和进出口商记账、报关、纳税的凭据。在不用汇票的情况下（如付款信用证、即期付款交单），发票代替汇票作为付款的依据。发票没有统一的格式，其内容应符合合同规定，在以信用证方式结算时，还应与信用证的规定严格相符。发票是全套货运单据的中心，其他单据均参照发票内容缮制，因而制作不仅要求正确无误，还应排列规范，整洁美观。发票的主要内容和缮制方法如下：

1）发票抬头人

发票抬头人通常为国外进口商。当使用信用证方式时，除非另有规定，发票抬头人应为开证申请人。托收发票抬头应填写进口商。

2）发票号码、合同号码、信用证号码及出票日期

发票号码由出口商自行按顺序编制。合同号码和信用证号码应与信用证所列的一致，若信用证无此要求，也应列明。出票日期不应与运单日期相距太远，但必须在信用证交单期和有效期之内。

3）装运地和目的地

装运地和目的地应与信用证所列一致，目的地应明确具体，若有重名，应写明国别。

4）运输标志（唛头）

凡来证有指定唛头的，按来证制作。若无规定，由托运人自行制定。以集装箱方式装运，可以集装箱号和封印号码取代。运输单据和保险单上的唛头，应与发票一致。

5）货物名称、规格、包装、数量和件数

关于货物的描述应符合合同规定，还必须与信用证上所用文字完全一致。例如，列明重量时应列明总的毛重和净重。

6）单价和总值

单价和总值必须准确计算，与数量之间不可有矛盾，应列明价格条件（贸易术语），总值不可超过信用证金额，如是超值发票，银行可以接受，也有权拒收。另外要注意《UCP 600》的规定："商业发票使用的货币必须与信用证的货币相同。"

7）附加证明

附加证明有以下几种：（1）加注费用清单，如运费、保险费和FOB价；（2）注明合同号码、进口许可证号、外汇批准号；（3）注明生产商名称、原料来源地的证明文句。

8）出单人名称

发票由出口商出具，在信用证方式下，必须是信用证的受益人。《UCP 600》规定："商业发票可以只标明出单人名称而不加签署。"但习惯都签字盖章，如需签字，来证中应明确规定，如"Signed Commercial Invoice"。

信用证对商业发票的规定举例：

Signed commercial invoice.

经签署的商业发票。

4% discount should be deducted from total amount of the commercial invoice.

扣除商业发票总金额的4%作为折扣。

11.4.3 提单

提单是指用以证明海上货物运输合同和货物已经由承运人接收或装船，以及承运人保证据以交付货物的单证。提单中载明的向记名人交付货物，或按照指示人的指示交付货物，或向提单持有人交付货物的条款，构成承运人据以交付货物的保证。提单的主要内容和缮制方法如下：

1）托运人

托运人一般为信用证的受益人。如果开证人为了贸易上的需要，要求做第三者提单（Third Party B/L），也可照办。

2）收货人

如果属于记名提单，则可填上具体的收货公司或收货人名称；如果属于指示提单，则填为"指示"（Order）或"凭指示"（To Order）；如果需在提单上列明指示人，则可根据不同要求，作成"凭托运人指示"（To Order of Shipper）、"凭收货人指示"（To Order of Consignee）或"凭银行指示"（To Order of ×× Bank）。

3）被通知人

被通知人一般是船公司在货物到达目的港时发送到货通知的收件人，通常是进口商在目的港的代理人，有时也为进口商本人。在信用证项下的提单，若信用证上对提单被通知人有具体规定，则必须严格按信用证要求填写。如果是记名提单或收货人指示提单，且收货人又有详细地址，则此栏可以不填；如果是空白指示提单或托运人指示提单，则此栏必须填列被通知人名称及详细地址。否则，船方就无法与收货人联系，收货人也不能及时报关提货，货物甚至会因超过海关规定申报时间而被没收。

4）装货港与卸货港

装货港应填列实际装船港口的具体名称。卸货港应填列货物实际卸下的港口名称。如属转船，第一程提单上的卸货港填转船港，收货人填第二程船公司；第二程提单装货港填上述转船港，卸货港填最后目的港，如果由第一程船公司出联运提单（Through B/L），则卸货港即可填最后目的港，提单上列明第一程和第二程船名。如经某港转运，要显示"VIA ××"字样。在运用集装箱运输方式时，目前使用"联合运输提单”（Combined Transport B/L），提单上除列明装货港、卸货港外，还要列明“收货地”（Place of Receipt）、“交货地”（Place of Delivery）以及“第一程运输工具”（Pre-carriage by）、“海运船名和航次”（Ocean Vessel，Voy. No.）。填写卸货港，还要注意同名港口问题，如属选择港提单，就要在此栏中注明。

5）货名、件数和包装种类

在信用证项下，货名必须与信用证上规定的一致，但可以用统称表示。件数和包装种类要按箱子实际包装情况填列。但应该注意的是，集装箱内货物的件数要详细填写，不能只列出集装箱的件数。

6）唛头、毛重和尺码

信用证有规定的，必须按规定填写。否则，按发票上的唛头填写。散装货可注明“N/M”或“In Bulk”。除信用证另有规定外，重量一般以千克为单位，仅填写毛重即可。货物体积以立方米为单位填写。

7）运费和费用

一般为预付（Freight Prepaid）或到付（Freight Collect）。例如，以CIF或CFR条件出口，一般均填上“运费付讫”字样，千万不可漏列。否则，收货人会因运费问题提不到货。虽然可查清情况，但是拖延提货时间，也将造成损失。又如，以FOB条件出口，一般均填上“运费到付”字样，除非收货人委托发货人垫付运费。

8）提单的签发、日期和份数

提单必须由承运人或船长或其代理人签发，并应明确表明签发人身份。值得注意的是，《UCP 600》规定：“代理人代船长签发时无须注明船长名字。”这解决了实际业务中的不便。一般表示方法有CARRIER或CAPTAIN或“AS AGENT FOR THE CARRIER：××”等。

提单签发日必须与来证规定的装运期一致，是装船完毕的日期。如果卖方估计货物无法在信用证装期前装上船，应尽早通知买方，要求修改信用证，而不应利用“倒签提单”“预借提单”等欺诈行为取得货款。

提单份数一般按信用证要求出具，如“FULL SET OF”一般理解为包括一份或一份以上正本及若干份副本。当其中一份正本完成提货任务后，其余各份失效。《UCP 600》规定：“如果信用证使用诸如一式两份（in Duplicate）、两张（in Two Fold）、两份（in Two Copies）等术语要求提交多份单据，则可以提交至少一份正本，其余份数以副本来满足。但单据本身另有相反指示者除外。”

信用证提单条款举例：

Full set shipping（company's）clean on board bill of lading marked“Freight Prepaid”to order of shipper endorsed to ×× Bank，notifying buyers.

全套装船（公司的）清洁已装船提单应注明“运费付讫”，以装船人指示为抬头，背书给××银行，通知买方。

Bills of lading must be dated not before the date of this credit and not later than Aug. 15，2020.

提单日期不得早于本证的日期，也不得迟于2020年8月15日。

11.4.4 保险单

保险单（Insurance Policy）又称大保单，是保险人与被保险人之间订立的保险合同的凭证，是被保险人索赔、保险人理赔的依据。在CIF或CIP条件下，出口商在向银行或进口商收款时，提交符合销售合同及/或信用证规定的保险单据是出口商的义务。保险凭证（Insurance Certificate）又称小保单，与保险单有同等的效力。但是，如果信用证要求提交“Insurance Policy”，则出口商不能使用保险凭证。我国保险公司大都签发大保单。保险单主要内容和缮制方法如下：

1）被保险人

被保险人即投保人。在CIF或CIP条件下，出口货物由出口商申请投保，在信用证没有特别规定的前提下，信用证受益人为被保险人，并加空白背书，以转让保险权益。

2）标记、包装及数量

标记指运输标志，应和提单、发票及其他单据上的标记一致。通常在标记栏内注明“按××号发票”（as per Invoice No. ××）。包装及数量应与发票内容相一致。

3）保险货物名称

可参照商业发票中描述的商品名称填制，也可填货物的统称。信用证有时要求所有单据都要显示出信用证号码，可在本栏空白处填制。

4）保险金额

按信用证规定金额投保，若信用证未规定，则按CIF或CIP价格的110%投保。

5）保费及费率

保费及费率一般没有必要在保险单上表示。该栏仅填“As Arranged”。但来证如果要求标明保费及费率，则应打上具体保费及费率。

6）装载运输工具

海运货物应填写船名和航次。若需在中途转船，且在投保时已确定第二程的船名，则应把第二程船名也填上；若第二程船名未能预知，则在第一程船名后加注“and/or steamers”。

7）开航日期、起运地和目的地

开航日期、起运地和目的地参照提单填写，如“as per B/L”。

8）承保险别

承保险别是保险单的核心内容。它主要规定了保险公司对该批货物承保的责任范围，也是被保险人在货物遭到损失后，确定是否属保险公司责任的根据。承保险别应按投保资料缮制，并要严格符合信用证条款的要求。

9）赔付地点和赔付代理人

一般为保险公司在目的地或就近地区的代理人。

10）保险单签发日期和地点

保险单的出单日期不迟于提单或其他货运单据签发日期，以表示货物在装运前已办理保险。

信用证保险条款举例：

Insurance Policy/Certificate in 2 fold issued for 110% of the invoice value，covering Institute Cargo Clause A and War Clause，stating claims payable in Holland by claims paying agent.

保险单或保险凭证2份，按发票金额的110%开出，投保协会货物条款A险和战争险，声明可在荷兰由赔付代理赔付。

11.4.5　装箱单和重量单

装箱单（Packing List or Packing Specification）又称包装单、码单，是用以说明货物包装细节的清单。装箱单的作用主要是补充发票内容，详细记载包装方式、包装材料、包装件数、货物规格、数量、重量等内容，便于进口商或海关等有关部门对货物的核准。

装箱单所列的各项数据和内容必须与提单等单据的相关内容一致，还要与货物实际情况相符。装箱单无统一格式，各出口商的装箱单大致相同。其主要内容和缮制方法如下：

1）出口企业名称和地址

出口企业的名称、地址应与发票同项内容一致，缮制方法相同。

2）单据名称

单据名称通常用英文粗体标出。常见的英文名称有：Packing List（Note），Packing Specifications，Specifications。实际使用中，应与信用证要求的名称相符，倘若信用证未作规定，可自行选择。

3）装箱单编号

装箱单编号一般填发票号码，也可填合同号。

4）出单日期

出单日期填发票签发日，不得早于发票日期，但可晚于发票日期1~2天。

5）唛头

与发票的唛头相一致。

6）品名和规格

品名和规格必须与信用证的描述相符。规格包括商品规格和包装规格。

7）数量

数量填写实际件数，若品质规格不同，则应分别列出，并累计其总数。

8）单位

单位是指外包装的数量单位，如箱、包、桶等。

9）毛重

毛重填入包括包装在内的每件货物的重量，规格不同要分别列出，并累计其总量。

10）净重

净重填写每件货物的实际重量，并累计其总量。

11）尺码

尺码填写每件包装的体积，并标明总尺码。

12）签章

出单人签章应与商业发票相符，如果信用证规定中性包装，此栏可不填。

重量单（Weight List/Weight Note）是指按照装货重量（Shipping Weight）成交的货物，在装运时出口商必须向进口商提供的一种证明文件，它证明所装货物的重量与合同规定相符。货到目的港缺少重量单时出口商不负责任。按照卸货重量（Delivered Weight）成交的货物，如出现纠纷，在货物缺少重量单时，则进口商必须提供质量证明书，才可向出口商、轮船公司或保险公司提出索赔。

重量单与装箱单作用基本相同，重量单上所包括的内容除了装箱单上的内容以外，需要尽量清楚地表明商品每箱毛重、净重以及总重量的情况，供买方在安排运输、存仓时参考。

在具体业务中，卖方须提供这两种单据，或只提供其中一种，主要根据国外来证的规定及商品性质来决定。

举例：

Packing list detailing the complete inner packing specification and contents of each package.

载明每件货物内部包装的规格和内容的装箱单。

11.4.6 原产地证书

原产地证书（Certificate of Origin）是卖方应进口商的要求，自行签发或向特定的机构申请后由其签发的，证明出口商品的产地或制造地的一种证明文件。它是决定出口产品在进口国受何种关税待遇的重要证明文件，也是进口国对某些国家或某种商品采取控制进口额度和进口数量的依据。我国海关总署和中国国际贸易促进委员会（以下简称“贸促会”）分别代表官方和民间机构对外签发产地证。常见的原产地证明有一般原产地证书和普惠制产地证。

1）一般原产地证明

一般原产地证明简称产地证，是指中华人民共和国出口货物原产地证明书。它是证明中国出口货物符合《中华人民共和国货物原产地规则》，确实是中华人民共和国原产地的证明文件。海关与贸促会都可签发一般原产地证明，其签发格式统一，编号统一，并统一由国家指定机构印制发放，有长城水印防伪花纹。当出口商需要时，向海关或贸促会购买。在每批货物报关出运前3天，根据信用证、合同规定缮制，并按要求向上述机构申请签发。申请时，提交全套已制好的原产地证书及合同、商业发票和装箱单的副本各一份，海关或贸促会在证书（一正三副）正本上盖章，并留一份黄色副本备查。其缮制要求如下：

（1）出口商（Exporter）。按实际填写，信用证项下为受益人。

（2）收货人（Consignee Full Name，Address，Country）。一般填写进口商名称、地址及所在国。

（3）运输方式和路线（Means of Transport and Route）。按信用证或合同规定，填写起运地、目的地及采用的运输方式。

（4）目的地国家或地区（Country/Region of Destination）。一般应与最终收货人或最终目的港国别或地区一致，不能填中间商国家或地区的名称。

（5）供出证方使用（For Certifying Authority Use Only）。由签证机构在签发后发证书、补发证书或加注其他声明时使用，一般留空不填。

（6）标记唛码（Marks & No.）。按照发票上所列唛头填写完整。若没有唛头，则填“N/M”，不得留空不填。

（7）品名及包装种类和件数（Description of Goods，Number and Kind of Packages）。一般应按商业发票填写，品名要具体，不得概括；包装种类和件数要按具体单位填写总的包装件数，并在阿拉伯数字后加注英文表述，末行要打上表示结束的符号****，以防添加。若货物为散装，则在品名后加注“In Bulk”。

（8）HS编码（HS Code）。按规定填写，不得留空。

（9）数量或重量（Quantity or Weight）。填写出口货物的量值及商品计量单位，若无则填重量。

（10）发票号码及日期（Number and Date of Invoice）。

（11）出口商声明（Declaration by the Exporter）。已事先印好，由出口公司填写签发地点、日期，由专人签字并盖公章，且不得重合。

（12）证明（Certification）。由海关或贸促会签发，地点、日期应手签并盖章。

2）普惠制产地证（Form A）

普惠制是发达国家向发展中国家出口制成品或半成品货物时，普遍给予的一种关税优惠待遇的制度。凡享受普惠制待遇的商品，出口方一般应向给惠国提供原产地证书（Form A）（澳大利亚可使用发票加注有关声明文句代替；新西兰使用Form 59A）。该证书纹面为绿色扭索型图案，由出口商在货物发运前5天自行缮制，连同该证书申请及商业发票送交各地商检机构审核，商检机构接受申请后，审核无误即签发正本一份进行议付（副本由出口商自己签章），除6、8、10、11、12栏不能更改外，其他各栏也只能更改一处，并要加盖国家商检机构更正章。普惠制产地证的内容及缮制如下：

（1）出口商名称、地址及所在国（Exporter's Business Name，Address，Country）。此栏是强制性的，必须填上出口商的全称和详细地址，包括街道及门牌号码等。

（2）收货人名称、地址、国家（Consignee's Name，Address，Country）。一般

为给惠国的收货人名称，不能填中间商名称。

（3）运输方式和路线（Means of Transport and Route）。按信用证或合同规定，填写起运地、目的地及采用的运输方式。

（4）供官方使用（For Official Use）。由签证机构根据需要填写。

（5）商品项目编号（Item Number）。有几种商品，就给其编几个号码，如1、2、3等。若只有一种商品，此栏填1。

（6）标记唛头（Marks & No. of Packages）。应按实际填写，若唛头过多可利用第7、8栏。

（7）品名及包装种类和件数（Descripion of Goods，Number and Kind of Packages）。一般应按商业发票填写，品名要具体，不得概括；包装种类和件数要用阿拉伯数字和英文同时表示，末行要打上表示结束的符号****，以防添加。若货物为散装，则在品名后加注“In Bulk”。

（8）原产地标准（Origin Criterion）。原产地标准是证书的核心，根据规定填写，要求如下：

① 完全产自出口国的产品在输往给惠国时，填写“P”。向澳大利亚和新西兰出口时，可不必填写。

② 经过出口国充分制作或加工的产品，在输往下列国家时，其填写要求为：在加拿大，对于在两个或两个以上受惠国内加工或制作且符合原产地标准的产品，填“G”，其他填“F”；在日本、挪威、瑞士和欧盟国家，填“W”，其后填明出口产品HS编码的前四位税则号如：“W”9618；在白俄罗斯、保加利亚、捷克、匈牙利、哈萨克斯坦、波兰、俄罗斯、乌克兰和斯洛伐克，对于在出口受惠国增值的产品，填“Y”，其后注明进口原料和部件的价值在出口产品离岸价格中所占的百分比，如“Y”45%，对于在一个受惠国生产而在另一个或其他受惠国制作或加工的产品，填“PK”；在澳大利亚和新西兰，本栏不必填写，在第12栏作出适当申报即可；在美国，对于出口单一国家生产的货物，填“Y”，对于被认定的国家集团生产的货物，填“Z”，其后填明本国原料的成本或价值加上直接加工成本在该出口货物出厂价中所占的百分比（如“Y”35%或“Z”35%）。

（9）数量或重量（Quantity or Weight）。填写出口货物的量值及商品计量单位，若无则填重量。

（10）发票号码及日期（Number and Date of Invoice）。

（11）出口商声明（Declaration by the Exporter）。已事先印好，由出口公司填写签发地点、日期，由专人签字并加盖公章，公章应为中英文对照章，且签字与公章不得重合。

（12）证明（Certification）。由商检机构签发，地点、日期应手签并盖章。

除了上述介绍的主要单据外，有时根据信用证和合同的规定还可能要求出具其他文件，如纺织品产地证、检验检疫证、出口许可证、装船通知等。

11.5 出口结汇

出口结汇是指在出口商完成装运和交货工作后，收缴货款的工作，一般而言，出口结汇的方式有3种：收妥结汇、定期结汇和出口押汇。不同的银行，其具体的结汇做法不一样。即使是同一个银行，针对不同的客户信誉度，以及不同的交易金额等情况，采用的结汇方式也有所不同。下面简单介绍3种结汇方式：

11.5.1 收妥结汇（Settlement on Receipt of Reimbursement）

收妥结汇又称先收后结，是指议付行在收到出口商递交的全套出口单据后，经审核无误，将出口单据寄向国外索汇。但是，议付行不立即将货款划给出口商，而要等接到国外银行将票款收入议付到指定账户的贷记通知单时，即按当日外汇牌价，将货款折成人民币付给出口商。

11.5.2 定期结汇（Settlement in a Fixed Period after Negotiation）

定期结汇是指议付行根据向国外付款行索偿所需要的时间，加上银行处理工作的必要的、合理的时间，预先确定一个固定的结汇期限，并与出口商约定该期限到期后，无论是否已经收到国外付款行的货款，都将主动按当日外汇牌价将票款金额折成人民币付给出口商。

11.5.3 出口押汇（Negotiations under Guarantee）

出口押汇是指信用证受益人在向银行提交信用证项下单据议付时，议付行根据受益人的申请，凭其提交的全套单证相符的单据作为质押进行审核，审核无误后，参照票面金额将款项垫付给受益人，然后向开证行寄单索汇，向受益人收取押汇利息和银行费用，并保留追索权的一种出口融资业务。

1）特点

（1）客户在办理押汇业务后，可比正常出口程序提前利用出口款项，最大效用地使用资金；

（2）押汇手续简便，操作快捷，若符合条件，当天申请，即日入账；

（3）在开证行拒付的情况下，议付行有权向出口商追索款项。

2）申请条件

（1）必须是具备经营出口业务权限的各类企业；

（2）资信状况和经营效益良好，无不良记录的公司；

（3）原则上要求申请人在议付行开有基本存款账户或一般账户，具有一定规模的结算量。

3）办理程序

（1）出口商填写“押汇申请书”；

（2）出口商将全套出口单据交给议付行，并提供近期财务报表及进出口合同、营业执照等证明材料；

（3）审查无误后，议付行按一定比例扣除利息及有关费用，将余款支付给出口商；押汇利率以押汇当日同期伦敦银行间同业拆放利率（LIBOR）为基础增加一定幅度。

11.6 出口退税

出口退税（Export Rebates）是指对出口商品已征收的国内税部分或全部退还给出口商的一种措施，这也是国际惯例。1994年1月1日开始施行的《中华人民共和国增值税暂行条例》规定，纳税人出口货物，税率为零。对于出口商品，不但在出口环节不征税，而且税务机关还要退还该商品在国内生产、流通环节已负担的税款，使出口商品以不含税的价格进入国际市场。企业货物出口后，税务部门应按照出口商品的进项税额为企业办理退税。由于税收减免等原因，商品的进项税额往往不等于实际负担的税额，如果按出口商品的进项税额退税，就会产生少征多退的问题，于是就有了计算出口商品应退税款的比率——出口退税率。

11.6.1 出口退税登记的一般程序

（1）有关证件的送验及登记表的领取。企业在取得有关部门批准其经营出口产品业务的文件和市场监督管理部门核发的工商登记证明后，应于30日内办理出口企业退税登记。

（2）退税登记的申报和受理。企业领到“出口企业退税登记表”后，即按登记表及有关要求填写，加盖企业公章和有关人员印章后，连同出口产品经营权批准文件、工商登记证明等证明资料一起报送税务机关。

（3）税务机关经审核无误后，即受理登记。

（4）核发出口退税登记证。税务机关接到企业的正式申请，经审核无误并按规定的程序批准后，核发给企业“出口退税登记证”。

（5）出口退税登记的变更或注销。当企业经营状况发生变化或某些退税政策发生变动时，应根据实际需要变更或注销退税登记。

11.6.2 出口退税附送材料

（1）报关单。报关单是货物在进口或出口时进出口商向海关办理申报手续，以便海关凭此查验和验放而填具的单据。

（2）出口销售发票。它是出口商根据与进口商签订的销售合同填开的单证，是外商购货的主要凭证，也是出口商财会部门凭此记账作为出口产品销售收入的依据。

（3）进货发票。提供进货发票主要是为了确定出口产品的供货单位、产品名称、计量单位、数量、是否是生产企业的销售价格，以便划分和计算确定其进货费用等。

（4）结汇水单或收汇通知书。结汇水单是银行向出口方出具的，货款已经到账的证明。

（5）属于生产企业直接出口或委托出口的自制产品，凡以到岸价CIF结算的，还应附送出口货物运单和出口保险单。

（6）有进料加工复出口产品业务的企业，还应向税务机关报送进口料件的合同编号、日期、进口料件名称、数量、复出口产品名称，进料成本金额和实纳各种税金额等。

（7）产品征税证明。

（8）出口收汇已核销证明。

（9）与出口退税有关的其他材料。

11.7　索赔和理赔

在国际贸易合同履行过程中，往往由于达成交易所需的时间长，涉及的因素繁多、手续繁杂、当事人多，法律条文及惯例各异，加上国际市场变幻莫测，一方当事人往往有可能在市场行情发生变化时，不履行或不完全履行合同义务，致使另一方当事人的权利受到损害，从而导致索赔和理赔，甚至引起争议。此时往往涉及索赔和理赔问题。对出口商而言，索赔对象可能涉及的当事人包括买方、承运人及银行。

11.7.1　向买方索赔

根据《联合国国际货物销售合同公约》的规定，收受货物和支付货款是买方的两项基本义务。一旦买方违反上述某一项义务，卖方有权依照合同或有关法律规定，采取补救措施。根据《联合国国际货物销售合同公约》及有关国际惯例及/或法律的规定，卖方可以采取的补救方法如下：

1）请求买方履行合同义务或规定一段额外的合理时间让买方履行其义务

按照《联合国国际货物销售合同公约》的规定，如果买方违约，如买方不按合同规定的时限开立信用证、拒绝承兑汇票、在FOB合同中未按时派船接货，卖方可以要求买方履行合同义务，包括支付价款、收取货物或履行其他义务，或者规定一段合理的额外时间，让买方履行其义务。此项补救方法需受以下两个条件的约束：①卖方尚未采取与实际履行相抵触的补救方法（如转售货物或解除合同等）。否则，卖方就不能再要求买方实际履行或规定一段合理时间让买方履行其义务。②上述要求仅限于当事人之间，法院无义务按《联合国国际货物销售合同公约》的规定判令买方实际履行或规定一段合理时间让买方履行其义务。

当然，卖方在主张上述权利时应注意：一是，在要求买方履行上述义务时，若货物在卖方手中，则卖方有保全货物的义务。例如，堆在码头的货物，应及时放进仓库，以免日晒雨淋造成对货物的损害。二是，在要求买方履行上述义务时，并不影响卖方对由于买方延期付款或延迟接货蒙受的损失提出损害赔偿的权利。换言之，因买方违约造成的损失，卖方照样可以索赔。因此，卖方在同意买方延期履行义务时，应当保留对买方因延迟履行合同可能造成的损失的索赔权。否则，有可能被理解为已放弃在合同履行完毕后再要求买方赔偿损失的权利。

2）撤销合同

按照《联合国国际货物销售合同公约》第64条的规定，在下列情况发生时，卖方有权撤销合同，从而解除双方当事人的合同义务：

（1）买方不履行合同或已经构成根本违反合同，即买方的违约行为使卖方遭受重大损失，以致实质上剥夺了卖方根据合同有权得到的实际利益。但是，根据实践，买方不按合同规定的时间履行支付货款或收取货物的义务，并不一定达到根本违反合同的程度。因此，买卖双方可在合同中规定解除合同的条件，如“买方所租船舶应于5月11日前抵达指定装运港，由于载货船舶延迟到达，卖方有权撤销合同，因此而使卖方遭受的任何损失和额外费用均需由买方负担”。这时，只要载货船舶延迟到达，卖方则可通知撤销合同。

（2）虽然买方不履行合同不属于根本违反合同，但是如果卖方已经给买方规定了一段合理的额外时间，让买方履行其义务，而买方在这段额外时间仍未履行义务，或买方声明将不在所规定的时间内履行其义务。在上述情况出现时，卖方有权撤销合同。例如，买卖合同规定，买方应于8月31日前将信用证开立，并送达卖方。在实际履行时，买方并未如期开证，卖方于9月1日通知买方开证，并规定应于9月5日前将信用证开到。事后，直到9月5日买方仍未将信用证开到卖方，或者买方在接到卖方的开证要求后，通知卖方不能开证，则卖方有权撤销合同。

（3）请求损害赔偿。这是一种最为常见的救济方法，且往往与其他救济方法合并在一起使用。例如，在买方拒收货物时，卖方往往不愿冒风险将货物长期留在自己手中，特别是易于腐烂的货物，或需要支出较高仓储费的货物，或货物在市场上走俏时，卖方宁愿选择较为快捷的方法处理，即宣告撤销合同，转售货物，同时向买方提出损害赔偿。

按照《联合国国际货物销售合同公约》的规定，损害赔偿的金额应相当于由于买方违约给卖方造成的包括利润在内的损失。这种损害赔偿不得超过违反合同一方在订立合同时，依照其当时已经知道或理应知道的事实和情况，对违反合同预料到的可能损失，具体有下列几种情况：①如果卖方已经以合理方式将货物转售，则请求损害赔偿金额为合同价格和转售价格之间的差额，再加上因买方违约而造成的其他损失。当然，卖方为保全货物提供的仓储费、运费以及其他合理费用均可从转售价格中予以扣除。②如果卖方没有转售货物，则损害赔偿金额为合同价格与解除合同时交货地的市价之间的差额，再加上因买方违约而造成的其他损失额。③如果买方延迟支付货款，则损害赔偿金额应为自拖欠之日起至支付之日止，按支付地银行的商业银行贷款利率计算的利息，加上由此造成的其他损失。

3）其他补救措施

各国的法律对买方违约的救济方法各有不同。除上述《联合国国际货物销售合同公约》的规定之外，尚有留置权和停运权等方法。①留置权。当货物仍在卖方占有之时，不论货物所有权是否已经转移，未收取货款的卖方在一定条件下可以对货物行使留置权，即把货物留下来作为支付价金的担保，直至买方支付全部价金为止。在卖方行使留置权时，应满足下列条件：一是货物并不是赊销，但付款期限已到；二是买方推动偿付能力。②停运权。按照英美法系的规定，在卖方已经交货，但货物尚在运输途中，即该货在承运人控制之下，尚未交付给买方时，卖方有权通知承运人停止将该批货物交付给买方，即停运权。卖方行使停运权，一般需要满足下列条件：一是虽然卖方已失去了对货物的占有，但是货物仍在运输途中，即买方或其代理人尚未从承运人或货物保管人处提取货物；二是买方无清偿能力。卖方不能仅因为买方尚未支付货款而行使停运权，只有在买方无清偿能力之时方能行使。所谓无清偿能力，是指在正常业务活动中停止支付债款，或不能支付已到期的债务，但不问其是否已达到破产的程度。

根据外贸实践，在向买方提出索赔时，应本着实事求是的原则，尽可能通过友好协商的办法解决，做到“有理、有利、有节”，以推进相互贸易关系的发展。

11.7.2 向承运人索赔

在不同合同项下，卖方向承运人索赔的内容与方法不同。

1）到货合同

在到货合同中，应由卖方负责订阅运输合同并将货物运抵买方。此时，如果运输公司未能履行其职责而造成对卖方的损害，卖方作为托运人有权提出索赔。运输公司应当负责的事项包括：货物未送达或货物短少，如货物在运输途中遭受盗窃；堆栈不当而发生损害；野蛮装卸造成货损；未经托运人同意，将货物装载于甲板并造成货物受损；无正当理由而变更航线、航期、取消入港等所受的损害。

在上述情况下，如果造成的损失明显，则卖方应于提货时（或提货前）向运输公司取得破损证明单，并申请公证，再以书面通知要求赔偿；如果破损不明显，提货时无法发现，则卖方应于提货后3日内，书面通知运输公司，并申请公证。

2）装运合同

在凭单交货的装运合同中，承运人在未见提单的情况下让收货人提走货物，此时，承运人须承担收货人不付款的责任，卖方则有权就此种损害直接向承运人提起索赔，而这往往也是卖方保护自身权益的一个有效途径。在海运条件下，按《海牙规则》的有关规定，托运人或收货人在收取货物时，如果发现货物灭失或损坏，则应在提货日起3天内，向运输公司提出索赔的书面通知；如果在提货时，双方已对货物进行了联合检验，托运人或收货人就无须再发上述索赔通知，有关索赔依据可事后补送；如果货主的索赔未被受理，则诉讼的时效为自货物交付之日起1年之内，如逾期不提起诉讼，运输公司可以免除对货物灭失或损害所负的一切责任。按《汉堡规则》的规定，托运人或收货人应于提取货物后15天内发出索赔通知，其诉讼时效规定为2年。

根据规定，卖方在向承运人提出索赔时，一般应随附下列文件：索赔信；提单正本或副本或运输合同；破损证明或由承运人、商检机构、保险公司及港务机构等会签的证明；公证报告；商业发票；装箱单或重量单。此外，还包括承运人要求的其他证明文件。

11.7.3 向银行索赔

在出口贸易中，卖方向银行索赔的现象比较少，且在不同的支付方式中，索赔情形会不一样。

1）托收方式下的索赔

在托收方式下，卖方对托收行的索赔只能基于银行未能行使代理人的职责。主要有两种情形：其一，在未征得卖方同意的情况下，托收行将单据凭信托收据借予买方，致使不能收回贷款；其二，托收行退单延误。在托收方式下，托收行对买方拒绝赎单不承担任何责任，但在买方拒绝赎单时，银行应及时将单据退还给卖方，否则托收行须承担由此造成的损失。

2）信用证支付方式下的索赔

在信用证支付方式下，在单证相符、单单相符的情况下，开证行有义务支付信用证项下的货款。因此，开证行在未提出有效异议的情况下拒绝赎单付款或迟延赎单付款，受益人有权就此向银行提出索赔。

□ 本章小结

出口合同履行涉及的环节很多、很复杂。以CIF术语、议付信用证方式下的出口合同为例，在履行此类合同的过程中，主要环节有：备货与报验；开立信用证；办理托运、投保、报关和装船；出口制单；出口结汇；出口收汇核销；出口退税；出口索赔和理赔。

开立信用证一般包括催证、审证、改证3个环节。

出口应缮制的单据主要有汇票、商业发票、提单、保险单、装箱单和重量单、原产地证书。

在国际贸易合同履行过程中，往往由于达成交易所需的时间长，涉及的因素繁多、手续繁杂、当事人多，法律条文及惯例各异，加上国际市场变幻莫测，一方当事人往往有可能在市场行情发生变化时，不履行或不完全履行合同义务，致使另一方当事人的权利受到损害，从而导致索赔和理赔，甚至引起争议。此时往往涉及索赔和理赔问题。出口商可能向买方、承运人及银行索赔。

□ 复习思考题

随堂测验

1.在履行外贸合同时，“四排”“三平衡”的内容是什么？

2.试简述在CIF术语、议付信用证方式下，我国出口商安排装运货物出口的一般程序（从委托货运代理装运到取得已装船提单），并试用图解对此程序进行说明。

3.在备货与报验环节中，备货需要注意哪些问题？

4.简述租船订舱的程序和应注意的问题。

5.开立信用证包括几个环节，分别简述各环节的内容。

6.在L/C方式下，我国出口结汇的方法主要有哪几种？它们都有什么不同？

7.在信用证中，什么是到期日、交单期和装运期，三者之间的关系是怎样的？在实际工作中，我们应该如何掌握？

8.在出口业务中，应如何做好审证工作？

9.我国出口结汇的方法有哪些？

10.出口商缮制的单据有哪几种？分别要注意什么问题？

11.某公司以CIF出口食品1 000箱，即期信用证付款，货物装运后，凭已装船清洁提单和已投保一切险及战争险的保险单，向银行收妥货款，货到目的港后经进口人复验，发现下列情况：一是该批货物共有10个批号，抽查20箱，发现其中有2个批号涉及的200箱内含沙门氏细菌超过合同约定的标准；二是收货人实收998箱，短少2箱；三是有15箱货物外表状况良好，但箱内共短少60千克。试分析以上情况，进口商应分别向谁索赔，并说明理由是什么。

12.在履行出口合同发生违约行为时，受损方通常可采取哪些补救措施？为什么要求损害赔偿是最重要的补救措施？

□ 典型案例

1.我国W生产企业在广交会上以FOB方式与英国M进口商签订了出口番茄酱合同，该合同约定8月装船，英国M进口商提供包装铁桶。双方签订合同后，我国W生产企业发现番茄酱在欧洲市场十分紧俏，国际市场行情一直在上涨。6月，英国M进口商按照惯常的条件将包装铁桶发运到中国口岸，并运往W生产企业。7月，欧洲番茄酱的价格比6月上涨了近20%，而且还有上涨的空间。W生产企业是第一次与英国M进口商合作，眼看这笔出口订单丧失了获得更多利润的机会，但也不想因为不交货而失去信用，因此就按照合同规定进行备货。8月，W生产企业备妥货物，并运往口岸储运仓库，海关需要对该批番茄酱进行出口检验。在出口检验时，海关发现该批货物的包装铁桶属于再次使用的旧桶，在进口时没有按正规程序进行报检，有漏检的情况，遂对该批出口货物拒绝出具商品检验证书，除非W生产企业缴纳罚款。W生产企业马上将发生的情况告知英国M进口商，并提出延期交货请求。英国M进口商多次催促W生产企业交货，但该货物被滞留在口岸的外贸仓库中。一直到9月底，英国M进口商还是要求W生产企业一定交货。试问：我国W生产企业是否必须要交货，其应如何解决上述出口合同履行过程中的问题？我们从此案例中可以吸取哪些教训？

分析与提示：

（1）W生产企业没必要履行合同。

（2）理由如下：首先，按照中国以及各国法律的规定，合同必须合法才能具有法律效力。也就是说，如果要这份合同具有法律效力，那么整份合同不能有不合法之处，否则合同不具有法律效力，自然也就无须履行。其次，按照合同，由英国M进口商提供包装铁桶，按照合同不能具有不合法之处这一原则，这里的"提供"明显指合法提供，而英国M进口商的漏检行为明显使这个"提供"的行为不合法。因此，这份合同不具有法律效力，W生产企业不再有提供发货的义务。

（3）W生产企业应尽快与英国M进口商磋商，寻求解决办法。例如，由英国M进口商缴纳罚款或由英国M进口商提供别的包装等。如果英国M进口商毁约，则W生产企业可以提出索赔要求。

（4）明确责任归谁，据理力争。同时，若在出口时有某些要求需要进口方执行，则出口方首先要了解进口国的相关法律，建议采用CIF术语。

2.国外来信用证的金额为：about USD 4 200，less 5% commission and 5% allowance (dis.)。信用证要求的商品是女式衬衫，单价为每件2.10美元，CIF London，共2 000件，我们应怎样缮制出口发票金额？

分析与提示：

首先应核对信用证，如果与信用证相符，按商业习惯在缮制出口发票时，应在总金额（单价×数量）中先扣除5%优惠（折扣）得出一个毛净价，然后在此基础上再扣除5%佣金，得出净价。具体制单如下：

Ladies Blouses

2 000 pieces @ USD 2.10　4 200.00

Less 5% allowance：210.00

——————————————————

3 990.00

Less 5% commission：199.50

——————————————————

CIF London net：USD 3 790.50

在既有折扣又有佣金的交易中，我们应掌握先扣除折扣，然后再计扣佣金，因为折扣部分是不应支付佣金的。

3.A公司与阿联酋迪拜B公司签订了一份出口合同，货物为1×20集装箱一次性打火机。不久B公司即开来一份不可撤销即期信用证，来证规定装船期限为1月31日，要求提供"Full set original clean on board ocean Bill of Lading…"（全套正本清洁已装船海运提单）。由于装船期太紧，A公司便要求B公司展期，装船期限改为3

月31日。B公司接受了A公司的要求修改了信用证。收到信用证并经全面审查后未发现问题，A公司在3月30日办理了货物装船，4月13日向议付行交单议付。4月27日接到收到议付行转来的开证行的拒付通知："你第××××号信用证项下的单据经我行审查，发现如下不符点：提单上缺少'已装船'批注。以上不符点已经与申请人联系，亦不同意接受。单据暂代保管，听候你方的处理意见。"A公司的有关人员立即复查了提单，同时与议付行一起翻阅与研究了《UCP600》的有关规定，证实了开证行的拒付是合理的。A公司立即电洽对方：提单缺少"已装船"批注是我方业务人员疏忽所致，货物确实是被如期装船的，而且货物将在5月3日左右如期到达目的港，我方同意对方在收到目的港船代的提货通知书后再向开证行付款赎单。B公司回复由于当地市场上一次性打火机的售价大幅下降，只有在我方降价30%后方可向开证行赎单。我方考虑到自己理亏在先，同时通过国内同行与其他客户又了解到，进口国当地市场价格确实已大幅下降，我方处于十分被动地位，只好同意降价30%，了结此案。

分析与提示：

（1）应尽早办理装运。A公司虽然在信用证规定的装船期限内办理了装运，满足了信用证的要求，但距B公司开证时已4个多月了。在这段时间内，由于货物本身的消费特征以及国际市场供求情况的变化，货物的当地市场价格有可能大幅下降，为避免价格下降给对方带来的损失（其实也为避免我方的损失），我方应尽快办理装运。在此案中，B公司曾多次来电要求我方尽早装运，但我方认为装运期仍未到，没有很合理地安排生产进度，以致在装船期临近时才办理装运，货物到港时已距B公司开证时5个多月，又恰逢当地市场价格下降，其实已为客户拒付货款埋下了伏笔。

（2）应严格按照信用证与《UCP600》的要求制作与审核单据。信用证要求提供"已装船"提单，我方应提供相应的提单，以便做到"单证相符"。根据《UCP600》的规定，除非信用证另有规定，提单应注明货物已装船或已装具名船只，可由提单上印就的"货物已装上具名船只"或"货物已装运具名船只"的词语来表示，在此情况下，提单的出具日期即视为装船日期与装运日期。在所有其他情况下，装上具名船只，必须以提单上注明货物装船日期的批注来证实，在此情况下，装船批注日期即视为装运日期。案例中的提单（提单上没有印就上述词语）则属于后一种情况，只要在提单上注明货物装船日期的批注就行了。如果我方业务人员能按照信用证的要求制作托运单（在托运单上注明要求提供"已装船"提单），承运人或其代理能根据托运单内容与《UCP600》的规定制作并签发提单，银行能根据信用证与《UCP600》来审核A公司交来的议付单据，那么上述损失也许就不会发生了。

因此，本案例的拒付带给我们的启示是，应在信用证的装船期内尽快办理装运，严格按照信用证与《UCP600》的要求制作与审核单据。

□ 拓展阅读

拓展阅读 1

小微出口企业合同拟定中应注意的问题

拓展阅读 2

国际货物买卖合同履行纠纷调解案

拓展阅读 3

细数出口企业履约过程中的那些“坑”

拓展阅读 4

柑橘属水果出口指引

第12章/进口合同的履行

学习目标

通过本章的学习，要求重点掌握进口交易的基本程序及各个环节，能够理解与掌握履行进口合同各个环节及进口索赔过程中的相关注意事项等基本内容，学会进口交易的规范操作。

国际货物买卖合同中，买方的基本义务是接货、付款。目前，我国进口合同大多以FOB价格条件成交，以信用证方式结算货款，该条件下合同履行程序如图12-1所示。买方的接货义务，主要是指按时派船接货和按时开立符合合同的信用证，买方在履行合同义务的同时，应随时注意和卖方接洽，督促其按合同履行交货义务。进口环节中还包括保险、审单付款、报关、检验以及可能的索赔等事项；进口商应与各有关部门密切配合，逐项完成。

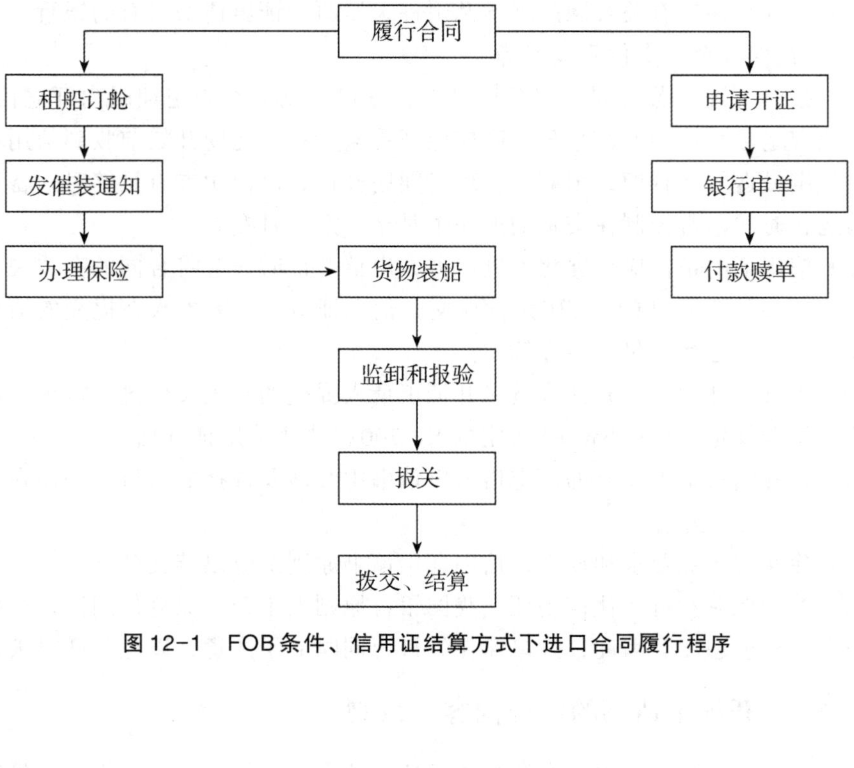

图12-1　FOB条件、信用证结算方式下进口合同履行程序

12.1 申请开证

进口合同签订后，进口方填写开证申请书向银行办理开证手续。开证申请书是银行开立信用证的依据，也是申请人与银行之间契约关系的法律证据。

开证申请书（Application for Issuing L/C）是进口商为通过银行向出口商开立信用证而向开证银行提交的申请文件，由进口商按照开证银行提供的标准格式来填写。开证申请书的内容是开证行对外开立信用证的依据，因此它的内容必须与进口合同的内容严格一致，这样才能保证信用证的内容与进口合同的内容一致，保证进口业务能够顺利进行。

12.1.1 申请开立信用证的基本要求

（1）提供准确的开证路线（L/C Guidance）。开证路线由受益人在签订合同后向申请人提供，通常包括Payee's Name，Address and A/C No.（收款人名、地址和账号），Name and Address of Payee's Bank（收款行名、地址）等内容。

（2）开证资料。首次到银行办理进口开证手续的企业应提交营业执照副本、企业有权从事外贸经营活动的文件原件、法定代表人授权书、被授权人的签样、外汇局备案表等。

（3）手续。递交有关合同的副本及附件，填写开证申请书（有的银行称开证承诺书），缴纳保证金，支付手续费等。

（4）按时开证。若合同规定开证日期，进口方则应在规定期限内开立信用证；若合同只规定了装运期的起止日，则应保证受益人在装运期开始前收到信用证；若合同只规定最迟装运日期，则应在合理时间内开证，以使卖方有足够时间备妥货物并予出运，时间通常控制在交货期前一个月至一个半月左右。

（5）信用证的条件应单据化。进口方在申请开证时，应将合同的有关规定转化成单据。比如，合同以CFR/CIF条件成交，信用证应要求受益人在提交的清洁已装船提单上注明“运费已付”字样等。

（6）银行单证中心的开证人员对开证申请人提交的有关文件进行审核，确认资料完整并符合规定，再按SWIFT规定的MT 700格式将信用证开出。

（7）在各银行事先印制的固定格式申请书中凡涉及选择的项目，一律在有关项目前打“×” 表示选中。

（8）除非有特殊要求和规定，信用证申请书原则上应以英文开立。

（9）关于保兑和可转让信用证。我国银行原则上不开立保兑信用证，对可转让信用证也持谨慎态度。因此，进口商在签订合同时应予注意，以免开证时被动。

12.1.2 开证申请书的主要内容与缮制

在外贸业务实践中，进口商填写的开证申请书，一般为一式三份，一份留业务部门，一份留财会部门，一份交银行，作为其开立信用证的依据。开证申请书应以合同为依据，按合同各项规定和要求填写。开证申请书的内容包括两部分：

一是要求开立信用证的内容，即开证申请人按照买卖合同条款要求开证行在信用证上列明的条款，这是开证行凭以向受益人或议付行付款的依据。

二是开证申请人对开证行的声明，用以明确各自责任，主要内容包括开证申请人承认开证行在其付清货款赎单之前，对单据及单据所代表货物有所有权。开证申请人保证单据到达后，如期付款赎单，否则，开证行有权没收开证申请人所交付的押金和抵押品，作为开证申请人应付价金的一部分。

信用证开证申请书一般用英文填写，尽管各银行使用的信用证开证申请书格式有所不同，但其内容及填写方法基本一致，一般包括如下内容：

（1）DATE（申请开证日期）。在申请书右上角填写实际申请日期。

（2）TO（致）。银行印制的申请书上事先都会印有开证银行的名称、地址，银行的SWIFT CODE、TELEX NO等也可同时显示。

（3）PLEASE ISSUE ON OUR BEHALF AND/OR FOR OUR ACCOUNT THE FOLLOWING IRREVOCABLE LETTER OF CREDIT（请开列以下不可撤销信用证）。如果信用证是保兑或可转让的，应在此加注有关字样。开证方式多为电开（BY TELEX），也可以是信开、快递或简电开立。

（4）L/C NUMBER（信用证号码）。此栏由银行填写。

（5）APPLICANT（申请人）。填写申请人的全称及详细地址，有的要求注明联系电话、传真号码等。

（6）BENEFICIARY（受益人）。填写受益人的全称及详细地址。

（7）ADVISING BANK（通知行）。由开证行填写。

（8）AMOUNT（信用证金额）。分别用数字和文字两种形式表示，并且表明币制。如果允许有一定比率的上下浮动，要在信用证中明确表示出来。

（9）EXPIRY DATE AND PLACE（到期日期和地点）。填写信用证的有效期及到期地点。

（10）PARTIAL SHIPMENT（分批装运）、TRANSHIPMENT（转运）。根据合同的实际规定打“×”进行选择。

（11）LOADING IN CHARGE、FOR TRANSPORT TO、LATEST DATE OF SHIPMENT（装运地/港、目的地/港的名称、最迟装运日期）。按实际填写，如果允许有转运地/港，则应清楚标明。

（12）CREDIT AVAILABLE WITH/BY（付款方式）。在所提供的即期、承兑、议付和延期付款4种信用证有效兑付方式中选择与合同要求一致的类型。

（13）BENEFICIARYS DRAFT（汇票要求）。金额应根据合同规定填写为发票金额的一定百分比。例如，发票金额的100%（全部货款都用信用证支付）；当一部分为信用证，另一部分为托收时按信用证下的金额比例填写。付款期限可根据实际填写即期或远期，如属后者必须填写具体的天数。信用证条件下的付款人通常是开证行，也可能是开证行指定的其他银行。

（14）DOCUMENTS REQUIRED（单据条款）。各银行提供的申请书中已印制的单据条款通常为十几条，从上至下一般为发票、运输单据（提单、空运单、铁路运输单据及运输备忘录等）、保险单、装箱单、质量证书、装运通知和受益人证明等，最后一条是OTHER DOCUMENTS，IF ANY（其他单据），如要求提交超过上述所列范围的单据就可以在此栏填写。比如，有的合同要求CERTIFICATE OF NO SOLID WOOD PACKING MATERIAL（无实木包装材料证明）、CERTIFICATE OF CONFORMITY（合格证明书）等。申请人在填制这部分内容时应依据合同规定，不能随意增加或减少。选中某单据后对该单据的具体要求（如一式几份、是否签字、正副本的份数、单据中应标明的内容等）也应如实填写，如果申请书印制的要求不完整，则应在其后予以补充。

（15）COVERING/EVIDENCING SHIPMENT OF（商品描述）。所有内容（如品名、规格、包装、单价、唛头等）都必须与合同内容相一致，价格条款里附带“AS PER INCOTERMS®2020”、数量条款中规定“MORE OR LESS”或“ABOUT”、使用某种特定包装物等特殊要求都必须清楚列明。

（16）ADDITIONAL INSTRUCTIONS（附加指示）。该栏通常体现为以下一些印制的条款：

① +ALL DOCUMENTS MUST INDICATE CONTRACT NUMBER（所有单据加列合同号码）。

② +ALL BANKING CHARGES OUTSIDE THE OPENING BANK ARE FOR BENEFICIARY'S ACCOUNT（所有开证行以外的银行费用由受益人承担）。

③ +BOTH QUANTITY AND AMOUNT FOR EACH ITEM××% MORE OR LESS ALLOWED（每项数量与金额允许××%增减）。

④ +THIRD PARTY AS SHIPPER IS NOT ACCEPTABLE（第三方作为托运人是不能接受的）。

⑤ +DOCUMENTS MUST BE PRESNTED WITHIN×× DAYS AFTER THE DATE OF ISSUANCE OF THE TRANSPORT DOCUMENTS BUT WITHIN THE VALIDITY OF THIS CREDIT（单据必须在提单日后××天送达银行，并且不超过信用证有效期）。

⑥ +SHORT FORM/BLANK BACK/CLAUSED/CHARTER PARTY B/L IS UNACCEPTABLE（银行不接受略式/不清洁/租船提单）。

⑦ +ALL DOCMENTS TO BE FORWARDED IN ONE COVER，UNLESS OTHERWISE STATED ABOVE（除非有相反规定，所有单据应一次提交）。

⑧ +PREPAID FREIGHT DRAWN IN EXCESS OF L/C AMOUNT IS ACCEPTABLE AGAINST PRESENTATION OF ORIGINAL CHARGES VOUCHER ISSUED BY SHIPPING CO./AIR LINE OR ITS AGENT（银行接受凭船公司/航空公司或其代理人签发的正本运费收据索要超过信用证金额的预付运费）。

⑨ +DOCUMENT ISSUED PRIOR TO THE DATE OF ISSUANCE OF CREDIT NOT

ACCEPTABLE（不接受早于开证日出具的单据）。

如果需要已印制的上述条款，可在条款前打“×”，对合同涉及但未印制的条款还可以做补充填写。

（17）NAME，SIGNATURE OF AUTHORISED PERSON，TEL NO，FAX，ACCOUNT NO（授权人名称、签字、电话、传真、账号等内容）。

开证行在收到开证申请书后首先要对客户（进口商）进行资信调查（如是否有足够的现汇资金或是否有批准的外汇用汇计划等），以决定进口商应缴纳保证金的数额。同时，还要审查开证申请书的内容，发现不妥之处（如开证申请书前后内容矛盾；与有关条款及国家的相关规定是否抵触等）提出修改意见，然后按照开证申请人的要求开立信用证。

出口商收到信用证后，如果提出修改信用证的请求，经进口商同意后，便可向银行办理改证手续。最常见的修改内容有展延装期和信用证有效期、变更装运港口等。

12.2　租船订舱、办理保险和审单付款

12.2.1　租船订舱

按照FOB条件成交的贸易合同，由进口方负责安排货物运输事宜，因此要根据货物的性质和数量来决定租船或订舱。需要整船装运的大宗货物，可租适当船舶承运；小批量的杂货，大多向班轮公司订舱。不论租船或订舱，均需办理租船或订舱手续。除个别情况外，一般均委托代理来办理，其具体手续是：进口方收到国外出口方发来的预计装运日期后，按合同填写进口租船订舱联系单（以下简称“联系单”）并提出具体要求，然后将其连同进口合同副本送交外运公司，委托其具体安排进口货物运输事宜。联系单的内容一般包括货名、重量、尺码、合同号、包装种类、装卸港口、交货期、买货条款、发货人名称和地址、电话或电传号等项目。如果有其他特殊要求事项，则应在联系单中注明。在办妥租船订舱手续后，应按规定的期限通知对方船名及船期，以便对方备货装船。同时，还应做好催装工作，随时掌握出口方的备货情况和船舶动态，催促出口方做好装船准备工作，对于数量大或重要的进口货物，在必要时可请我国驻外机构协助了解和督促对方履约，或派出人员前往出口地点检验监督，以利接运工作顺利进行。

在国外装船后，出口方应按合同规定的内容，用电报通知进口方以便办理保险和接货等手续。

12.2.2　办理保险

按FOB、CFR、FCA和CPT条件成交的进口货物，由我国进口企业自行办理保险。为简化投保手续和避免漏保，一般采用预约保险的做法，即被保险人（投保

人）和保险人就保险标的物的范围、险别、责任、费率以及赔款处理等条款签订长期性的保险合同。投保人在获悉每批货物起运时，应将船名、开船日期及航线、货物品名及数量、保险金额等内容以书面形式通知保险公司。保险公司对于属于预约保险合同范围内的商品，一经起运，即自动承担保险责任。

未与保险公司签订预约保险合同的进口企业，则采用逐笔投保的方式，在接到国外出口方的装船通知或发货通知后，应立即填写投保单，注明有关保险标的物的内容、装运情况、保险金额和险别等，交保险公司，保险公司接受投保后签发保险单。投保人缴付保险费后，保险单随即生效。

12.2.3 审单付款

货物装船后，在信用证方式下，出口方必须提交与信用证相符的单据向当地银行议付货款。当议付行寄来单据后，开证行必须对全套单据进行审核，经审核无误即通知进口方付款赎单。如果经银行审单发现单证不符或单单不符，应分情况进行处理。例如，拒付货款，但必须在5个工作日之内；相符部分付款，不符部分拒付；货到检验合格后再付款；凭卖方或议付行出具担保付款；要求国外改正单据；在付款的同时提出保留索赔权等。

12.3 报关、报验和拨交货物

12.3.1 报关

进口商付款赎单后，一旦货物运抵目的港，即应及时向海关办理申报手续。经海关查验有关的单据、证件和货物，并在提单上签章放行后，即可凭以提货。我国《海关法》第24条规定："进口货物的收货人应当自运输工具申报进境之日起14日内，出口货物的发货人除海关特准的外应当在货物运抵海关监管区后、装货的24小时以前，向海关申报。"进口货物的收货人超过前款规定期限向海关申报的，由海关按日征收CIF价格5%的滞报金。

进口报关需填写"进口货物报关单"并随同交验下列单据：①进口许可证和国家规定的其他批准文件；②提单或运单（结关后由海关加盖放行章发还）；③发票；④装箱单；⑤减税、免税或免验的证明；⑥报验单或检验证书；⑦产地证以及其他海关认为有必要提供的文件。

海关接受申报后，对进口货物实施查验。核对实际进口货物是否与相关单证所列相一致。查验一般在海关监管区域内的仓库、场所进行，对散装货物、大宗货物和危险品等，结合装卸环节，可在船边等现场查验。对于在海关规定到期查验有困难的，经报关人申请，海关可派人员到监管区域以外的地点查验放行。进口货物接受查验，缴纳关税后，由海关在货运单据上签章放行。收货人或其代理可持海关签章的货运单据提取货物。

12.3.2　监卸和报验

进口企业通常委托货运代理公司办理接货业务，可以在合同或信用证中指定接货代理。此时，出口商在填写提单时，在被通知人栏内应填上被指定的货运代理公司的名称和地址。船只抵港后，船方按提单上的地址，将“准备卸货通知”（Notice of Readiness to Discharge）寄交接货代理，接货代理应负责现场监卸。如果未在合同或信用证中明示接货代理，则可由进口方在收到船方寄来的“准备卸货通知”后，自行监卸。然而，在大多数情况下，可委托货运代理公司作为收货人的代表，现场监卸。监卸时如发现短卸，应会同船方和港务当局，填制“短卸报告”交由船方签认，并根据短缺情况向船方提出保留索赔权的书面声明。卸货时如发现残损，货物应存放于海关指定仓库，待保险公司会同海关检验后作出处理。

卸货后，货物可以在港口申请报验，也可在用货单位所在地报验。但存在下列情况之一的，应在卸货港口向海关报验：①用于法定检验的货物；②合同订明在卸货港检验的货物；③卸货时已发现残损、短少的货物；④货到检验合格后付款的货物；⑤合同规定的索赔期限很短的货物。

《联合国国际货物销售合同公约》规定：“卖方交货后，在买方有一个合理的机会对货物加以检验以前，不能认为买方已接受了货物；如果买方经检验，发现卖方所交货物与合同不符，买方有权要求损害赔偿甚至拒收货物。”因此，买方收到货物后，应在合同规定的索赔期限内对货物进行检验。

12.3.3　拨交货物

货物进口后，应及时向用货单位办理拨交手续。如果用货单位在卸货港所在地，则就近拨交货物；如果用货单位不在卸货港所在地，可将货物转运至用货单位所在地，由其自选验收，验收中发现问题，应及时请当地海关出具检验证明，以便在索赔有效期内对外提出索赔。在货物拨交后，外贸公司再与用货单位进行结算。

12.4　进口索赔

在履行进口合同过程中，往往因卖方未按期交货或货到后发现品质、数量和包装等方面与合同规定不符，致使买方遭受损失，需向有关方面提出索赔。虽然进口索赔事件不是每笔交易一定发生，但是为了维护买方的利益，对此项工作应当常抓不懈，随时注意，一旦出现卖方违约或发生货运事故，应切实做好进口索赔工作。

12.4.1　确定索赔对象

在国际贸易中，进口商品的索赔对象主要有卖方、承运人和保险公司。

1）向卖方索赔

《联合国国际货物销售合同公约》第30条规定：“卖方必须按照合同和本公约

的规定交付货物，移交一切与货物有关的单据并移交货物所有权。”如果发生卖方不交货、延迟交货，以及交货与合同规定不相符等，即构成卖方违约。此时，买方有权向卖方索赔。当然，对于不同性质的违约，买方可以行使的权利也不相同。

（1）卖方不交货

所谓卖方不交货，是指卖方不交货或不提交单据。《联合国国际货物销售合同公约》规定，买方可以采取以下几种救济方法：①要求实际履约。《联合国国际货物销售合同公约》规定，只要买方未采取其他与此相抵触的补救措施，买方完全可以要求卖方履行合同规定的义务。②解除合同。根据《联合国国际货物销售合同公约》的规定，卖方不交货属于根本性违反合同，买方可以解除合同；或卖方不交货，买方可以规定一段合理时间，让卖方履行其义务，如果卖方仍未按时交货，买方可以解除合同，宣布合同无效。③请求损害赔偿。根据《联合国国际货物销售合同公约》的规定，如果卖方不交货，买方可享有要求损害赔偿的任何权利。

（2）延迟交货

在国际货物买卖合同中，延迟交货是一种较常见的违约形式。在国际市场价格波动幅度较大时，常会给买方带来比较严重的损失。《联合国国际货物销售合同公约》规定，一旦卖方违约，买方可行使《联合国国际货物销售合同公约》允许的各种救济方法，包括解除合同和请求损害赔偿。

（3）卖方所交货物与合同不符

《联合国国际货物销售合同公约》规定，当卖方所交货物与合同不符时，买方可行使多种救济方法。但是，《联合国国际货物销售合同公约》要求买方在行使各种救济方法之前，有义务通知对方，否则买方将无权行使《联合国国际货物销售合同公约》所规定的各种救济方法。对卖方所交货物与合同不符的，买方可以采取的救济方法包括：①要求卖方交付替代货物。但是，《联合国国际货物销售合同公约》规定，此权利只有在卖方交货不符构成根本性违约时，方可行使。同时，买方要求卖方交付替代货物必须事先通知卖方。②要求卖方对不符合合同的货物进行修补。《联合国国际货物销售合同公约》规定，买方要求修补的通知必须在声称货物不符时或在发出不符通知后一段合理时间内作出。③要求减低货价。根据《联合国国际货物销售合同公约》的规定，减价的幅度应按实际交付的货物在交货时的价值与符合合同的货物在当时的价值之间的比例计算。但如卖方已对货物进行了修补，买方就不能再要求减低货价，只能请求损害赔偿。④解除合同。《联合国国际货物销售合同公约》规定，在下列两种情况下，买方可以主张解除合同：一是卖方所交货物不符合合同，构成了根本性违约；二是虽然卖方违约未构成根本性违约，但是卖方也未能在合理的时间内对货物进行修补或采取相应的补救措施，或卖方声明不采取补救措施。⑤请求损害赔偿。《联合国国际货物销售合同公约》规定，买方在卖方交货与合同不符时，可以要求损害赔偿，而且不因行使了其他救济方法而丧失请求损害赔偿的权利。

2）向承运人索赔

凡属下列情况者均可向船公司索赔：原装数量少于提单所载数量；提单是清洁提单，而货物有残缺情况，且属于承运人过失所致；货物所受的损失，根据租船合约有关条款应由承运人负责等。

3）向保险公司索赔

凡属下列情况者均可向保险公司索赔：由于自然灾害、意外事故或运输中其他事故的发生致使货物受损，并且属于承保险别范围以内的；凡船公司赔偿金额不足抵补损失的部分，并且属于承保范围内的。

12.4.2　提供索赔证据

对外索赔，首先，应制作索赔清单（货物损失细节及索赔金额），随附海关签发的商检证书、发票、装箱单、提单副本。其次，针对不同索赔对象还应随附其他有关证件，如系FOB或CFR合同，应随附保险单一份；向船公司索赔时，应另附由船长及港务局理货员签字的理货报告及船长签字的短卸或残损证明；向保险公司索赔时，应另附保险公司与买方的联合检验报告等。

12.4.3　确定索赔金额

关于索赔金额，除受损商品价值外，有关的其他费用也可提出。例如，商品检验费、装卸费、银行手续费、仓租、利息等都可包括在索赔金额内。至于包括哪几项，应根据具体情况确定。

12.4.4　掌握索赔期限

向责任方提出索赔，应在规定的期限内提出，过期提出索赔无效，在合同内一般都规定了索赔期限。向卖方索赔，应在约定期限内提出，若合同未规定索赔期限，则按《联合国国际货物销售合同公约》的规定，买方向卖方声称货物不符合合同的期限，是买方实际收到货物之日起2年；向船公司索赔的期限，按《海牙规则》规定，是货物到达目的港交货后1年；根据中国人民保险公司制定的《海洋运输货物保险条款》，向保险公司索赔的期限为货物在全部卸离海轮后2年。

在我国，在进口索赔时，属于承运人和保险公司责任的由外运公司代办；属于卖方责任的由进口公司直接办理。为了做好索赔工作，要求进口公司、外运公司、订货部门、海关等各有关单位密切协作，并做到检验结果公正，证据属实，理由充实，赔偿责任明确，并及时向有关方面提出赔偿要求，力争对货物所受到的损失如数取得补偿。

□ 本章小结

进口合同的履行涉及的环节主要包括申请开证，租船订舱、办理保险和审单付款，报关、报验和拨交货物，进口索赔。

在履行进口合同过程中，往往因卖方未按期交货或货到后发现品质、数量和包装等方面与合同规定不符，致使买方遭受损失，而需向有关方面提出索赔。为了维护买方的利益，应注意一旦出现卖方违约或发生货运事故，应切实做好进口索赔工作。对进口商而言，索赔可能涉及的当事人有卖方、承运人和保险公司。

□ 复习思考题

1.在履行以FOB条件成交，并以信用证结算的进口合同时有哪些主要环节？

2.申请开立信用证有什么要求？

3.简述进口报关的基本程序。

4.进口索赔时，应该注意什么问题？

5.履行进口合同的程序是什么？简述各个环节的内容。

6.如何分清进口索赔对象？办理对外索赔时应注意哪些问题？

随堂测验

7.某商人从国外进口一批初级产品，以CIF即期信用证付款。开证行、开证人已审单付款，并已将收到的货物向银行做了抵押贷款，后发现该批货物的提单日期倒签。请问买方是否有权以提单倒签而开证行未审出向开证行提出索赔？买方是否可以向卖方、承运人提出索赔？

□ 典型案例

1.我国A公司从外国W公司进口一批钢材，货物分两批装运，支付方式为不可撤销即期信用证，每批分别由中国银行开立一份L/C。第一批货物装运后，W公司在有效期内向银行交单议付，议付行审单后，即向W公司议付货款，随后中国银行对议付行作了偿付。A公司在收到第一批货后，发现货物品质不符合合同的规定，因而要求开证行对第二批L/C项下的单据拒绝付款，但遭到开证行拒绝。你认为开证行拒绝是否合理？

分析与提示：

开证行拒绝是有道理的。

在本案例中，开证行是按信用证支付原则，还是按买方要求，这是本案分析的焦点，根据“单单相符，单证一致”的信用证支付原则，开证行依信用证规定的支付原则行事是合法、合理的，这也是分析本案例开证行拒绝买方要求的关键。

在本案例中，货物买卖的支付方式为不可撤销即期信用证。根据《跟单信用证统一惯例》的规定，信用证一经开出，在有效期内不经受益人或有关当事人同意，开证行不得单方加以修改或撤销，即银行见票即付。因为信用证开出以后就成了独立于买卖合同的另一个交易关系，银行只对信用证负责，只要卖方提交符合信用证规定的单据，在单单一致、单证一致的条件下，银行承担无条件付款的义务。为此，开证行拒绝A公司提出对第二份信用证项下的交易拒绝付款的要求是合法、合理的，因为开证行只依据信用证，而不依双方合同的规定。

2.某公司从国外进口材料一批，进口时没有检验其成分含量，报关后放置在仓库近一年时间。要使用时，该公司发现货物发潮，怀疑进口时成分含量与规定不符，经检验证明怀疑正确。请问，该公司此时可否要求买方赔偿，或要求保险公司赔偿？

分析与提示：

本案例涉及索赔期限问题。关于合同的索赔，相关法律、法规都规定了诉讼时效。比如，对国际货物买卖合同的诉讼，《联合国国际货物销售合同公约》规定索赔期限为2年。对提单运输合同的索赔期限，《海牙规则》规定为1年。但是，一般来说，买卖合同都会规定一个索赔期限。比如，对一般货物规定到货后的30天内提出索赔，若过了索赔期限，就丧失了索赔权。保险合同也一样，尽管法律规定保险合同下的索赔期限为2年，但是被保险人应履行保险法规定的检验和及时通知义务。否则，保险人有权拒赔。

在本案例中，进口商对进口货物在一年之久的时间内没有进行检验，对买卖合同及保险合同来说都丧失了索赔权利。

3.某公司与国外某客户以CFR条件签订了一份小五金工具出口合同。合同中的检验条款规定：货到目的港后30天内检验，检验机构为设在进口国的世界著名的A检验机构。之后，出口商按期发货，进口商也按买卖合同规定支付货款。半年后，出口商收到进口商的索赔文件，文件上称上述小五金工具80%已锈损，并附有A检验机构出具的检验报告。试分析：进口商的索赔要求有无道理？出口商对此应如何处理？

分析与提示：

进口商的索赔要求是没有道理的。

理由如下：在本案例中，根据合同检验条款的规定“货到目的港后30天内检验”，即进口商的索赔时限为30天。而进口商提出索赔要求为合同履行半年后，其索赔时限已明显超出了合同规定的“货到目的港后30天内检验”。另外，在本案例中，进出口双方采取CFR术语成交，即采用凭单证交接货物的象征性交货条件，出口商按期发货，进口商支付货款，这说明进口商承认出口商所交货物的质量符合合同规定。因此，进口商的索赔要求没有道理，出口商可以不必理会。

4.李莹是广州特牧尔电子科技公司的业务员，在外贸论坛里发布业务求助信息如下：

“我的客户是南非的，之前已经说过是T/T的交易方式，但客户现在准备下样品单又提出说要等我们给了其提单之后才安排货款。我问了货代那边，提单是要物流把我们的货拉走了之后才有的，是这样的吗？请问我要跟客人如何沟通提前付款的问题？”

请分析李莹提出的问题。

分析与提示：

货到付款是指出口方在没有收到货款以前，先交出单据或货物，然后由进口方主动汇付货款的方法。这种方法实际上是一种赊账业务（Open Account Transaction）

或延期付款（Deferred payment）。俗称“先出后结”。

出口方在发货后能否按时顺利收回货款，取决于买方的信用。如果进口方拒不履行或拖延履行付款义务，出口方就要发生货款落空的严重损失或晚收款的利息损失。因此，除非进口方的信誉可靠，出口方一般不宜轻易采用此种方式。

本案例中，客户的要求就是一种货到付款的做法，俗称“后T/T”。这种做法对于出口商来说有很大的风险，有可能钱货两空，完全取决于对方的信用。

李莹可以拒绝对方的要求，或劝说对方采取“前T/T”，或者让对方先付一部分定金，出货后，也不能直接将提单正本给进口商，可将提单复印件发送给客户，等货到后，客户付了款再将正本提单放给对方。

□ 拓展阅读

拓展阅读1

乳品进口通关指南

拓展阅读2

进出口货物质量有问题需换货怎么办？

第13章/国际贸易方式

学习目标

通过本章的学习，掌握各种国际贸易方式，要求重点掌握独家经销、独家代理、招标投标等贸易方式。

贸易方式是指国际贸易中买卖双方所采用的各种交易的具体做法，大体可分为 两类：一类是单纯的商品购销方式，如单边出口和单边进口；另一类是与其他因素结合的复合的购销方式，即除正常贸易之外的各种贸易方式，主要包括代理、包销、定销、寄售、补偿贸易、易货贸易、加工贸易、租赁贸易等。本章所介绍的贸易方式属于第二类，这种方式具有很大的灵活性，能够适应国际贸易中各种不同的需要。各种贸易方式具有各自不同的特点和利弊，在实际业务中，外贸企业应根据不同国家和地区、不同的交易对象、不同的商品，选择可行性较强、风险较小、收益较大的贸易方式。

13.1 独家经销

13.1.1 独家经销的含义及特点

1）独家经销的含义

经销（Distribution）是指进口商（即经销商，Distributor）根据其与国外出口商（即供货商，Supplier）达成的协议，承担在规定的期限和地域内购销指定商品的一种做法。经销商与供货商通过订立经销协议（Distribution Agreement），确立了经销业务关系，就可以凭借双方的密切合作，达到推销约定产品的目的。

按照经销商的权限不同，可将经销方式分为两种：

（1）独家经销（Sole Distribution），也称包销（Exclusive Sales），是指经销商在协议规定的期限和地域内，对指定的商品享有独家专营权的经销方式。

（2）一般经销，也称定销，经销商有义务维护供货商的利益，甚至还要对经销商品进行技术服务、宣传推广，而供货商也需要向经销商提供种种帮助。在这种方式下，虽然经销商享有经销权，在购买货物上能够得到一定程度的优惠，但是经销商不享有独家专营权。供货商可在同一时间、同一地区内，委派不同的经销商来经销同类商品。

2）独家经销的特点

独家经销业务中，经销商与国外出口商之间的关系是买卖关系，国外出口商即供货人是卖方，经销商即包销商是买方。双方通过建立独家经销协议确立对等的权利和义务。只有包销人承担从供货人那里购进指定商品的义务，供货人才能给予其独家经营的权利。从法律上讲，供货人和包销人之间是货主对货主（Principal to Principal）的关系。供货人按照协议规定向包销人供应指定的商品，包销人以自己的名义买进商品，自行销售，自负盈亏，承担货价变动及库存积压的风险。包销人在协议规定的区域内转售这些商品时，也是以自己的名义进行的。接受转售商品的当地客户与国外出口商之间不存在任何关系。独家经销方式中各当事人的相互关系如图13-1所示。

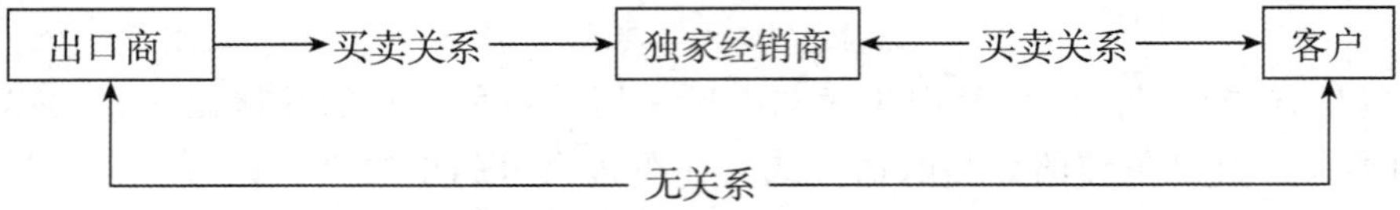

图13-1　独家经销方式中各当事人的相互关系

独家经销方式是一种通过签订协议来明确买卖双方在一定的期限内稳定的互惠互利关系。独家经销方式的优点就在于独家经销商在规定的地区经营，在市场开发上有专营权，国外出口商也可以在价格和支付方式上给予独家经销商一定的优惠，这样能够调动独家经销商的经营积极性，使其能够专心销售约定的商品并向用户提供高质量的售后服务，从而有利于国外出口商对市场销售进行长期规划和系统安排。对于国外出口商来说，采用独家经销的方式也是稳固市场、扩大销售的有效途径之一。

13.1.2　独家经销协议

独家经销协议（Exclusive Distribution Agreement）是独家经销商与国外出口商签订的用来规定双方权利和义务的法律关系的契约。签订协议的双方根据商品的特点、销售地区的情况及双方当事人的意愿加以确定。一般只规定双方当事人的权利、义务和一般交易条件，以后每批货的交付要依据经销协议订立买卖合同，明确价格数量和交货期甚至支付方式等具体交易条件。

独家经销协议的主要内容：

1）独家经销商品的种类、名称、规格

在独家经销的方式下，包销人经销的商品可以是供货人经营的全部商品，也可以是其中的一部分，根据具体的经营能力和资信情况来合理确定。如果供货人愿意将全部商品种类都交给包销人经营，还要考虑在以后再推出新产品时，是否也会无保留地交给包销人来独家经营，因此，最好在协议中作出明确规定。除此以外，还要在经销协议中明确经销商品的范围、同一类的商品不同的规格牌号，以便于执行。

2）独家经销商品的经销区域

经销区域是指包销人行使独家经营权的地理范围。在确定经销区域时，可以考虑业务发展的具体情况以及包销人的经营能力、经销网点的多少以及商品的性质等因素。经销区域可以根据具体的情况由双方协商加以确定，并非一成不变。需要注意的是，确定了经销区域后，供货人有在该区域内不再指定其他经销商经营同类商品的义务，包销人也不能在区域之外转售指定的商品。若独家经销区域太小，则不能充分调动包销商的积极性；若独家经销区域太大，则卖方所受限制的程度也越大。因此，合理确定独家经销区域，是保护双方利益的关键。一般做法是先就较小地区授予独家经销权，再根据独家经销实绩逐步扩大。另外，为维护卖方的权益，独家经销协议还应规定包销商不得将独家经销商品越区销售。

3）独家经销商品的经销期限

独家经销协议中要明确该协议生效和终止时间，必要的时候可能会涉及延期条款。一般都采用签字生效的做法，期限可以是一年或若干年，具体需要双方协商解决。延期条款可以采取经双方协商后延期的方式，也可以规定在协议到期前若干天没有提出终止通知的，可以继续延长一期。如果遇到以下的情况，也可以提前终止协议：

（1）协议双方其中一方有实质性违约行为，并且在接到另一方的要求改正其违约行为的书面通知后的一段时间内，未能加以改正。

（2）协议中任何一方发生破产清算或公司改组等严重的事项，另一方提出终止协议的书面通知。

（3）发生人力不可抗拒的事故造成协议落空，遭受事故的一方在一定的合理期限之后仍然无法履行协议规定的义务，另一方发出终止协议的书面通知。

独家经销协议的期限不宜过长，也不宜过短。例如，出口商给予包销商较长的期限，而经销商包而不销或成绩欠佳时，出口商就会陷入被动境地；相反，如果独家经销期限过短，则经销商就不愿大力推销，积极开拓，不能起到独家经销的应有作用。

4）独家经销商品的数量和金额

一般在独家经销协议中通常要规定独家经销商在一定期限内负责推销商品的数量或金额，这样既可以规定包销商的承购数额，也可以规定供货人应保证供应的数额，具有一定的双向约束力。

5）独家经销商品的作价方法

对于独家经销的商品可以采用规定的期限内一次作价，以固定价格为准，也可以采用分批作价。实际工作中，为了适应国际市场价格波动频繁、起伏较大的特点，一般均采用分批作价的方法。分批作价分两种情况：一是在独家经销协议的有效期限内，分别订立几个买卖合同，每个合同的价格均按当时国际市场的价格制定；二是在独家经销协议有效期限内划分若干个阶段，如每个月或每3个月双方协商确定一次价格，在此期间出口的货物均按双方确定的价格执行。这样可以降低价格变化带来的风险。

6）商标保护、广告宣传和市场报道

独家经销协议中应明确规定独家经销商在商品宣传广告方面应承担的责任。在销售工作中，如果发现独家经销商品的商标权或专利权受到损害，则应采取积极措施予以保护。

宣传推广活动范围很广，费用往往较大，在协议中一般只规定由独家经销商负责广告宣传并负担有关费用以及卖方提供必要的宣传资料的内容。

在独家经销方式下，独家经销商往往要使用卖方的商标、牌号，有可能产生商标、专利等的注册及侵权问题，因此，协议中应对此作出规定。另外，协议中应订立保密、不可抗力、适用法律及仲裁等条款。

7）例外规定

出口商在授予独家经销权时往往又保留一定的销售权限，即在独家经销协议中作出出口商直接销售的规定例外。这种例外规定通常适用于下列情况：根据政府间的协议出售商品；向独家经销地区的政府机构、国有企业招标的投标等。

13.1.3 采用独家经销方式应注意的问题

1）慎重选择适当的包销人

由于包销是包销人买断商品后再自行销售，因此包销人需要有一定的资金投入并能够承担销售风险。若包销商资金不足或缺少销售能力，则有可能形成“包而不销”或“包而少销”的情况。因此，对出口商来说，选择一个合适的包销商是成功地采用包销方式的关键所在。在选择独家经销商时，既要考虑其政治态度，又要注意其资信情况、经营能力及其在该地区的商业地位。一般来说，可以从往来客户中挑选对象，经过适当的考察和评价，并经过一定的试用阶段后，再作决定。

2）适当规定独家经销的商品范围及数量或金额

独家经销的商品范围及数量或金额要同客户的资信能力和出口商经营意图相适应。在一般情况下，独家经销商品的范围不宜过大。若范围太大，一旦包销商经营有困难，而出口商又不能直接与该地区的其他经销商直接成交，反而束缚了自己。独家经销数量或金额的大小，应参照出口商可供的货源和市场的容量，以及其经营意图。为了扩大销售某类商品，还可允许独家经销商超额承购，并对超额完成部分给予对方一定比例的奖金。

3）注意独家经销期限的规定方法

在规定包销期限时，可以采用两种方法：一是明确规定一个期限，如一年或两年，同时规定如包销商经营有方，成绩显著，可享受继续包销的优先权；一旦完不成任务，出口商有权随时撤销包销协议；二是不具体规定包销期限，但规定买卖任何一方有随时通知对方在一定时期之后撤销包销协议的权利。后一种规定比较灵活，但包销商可能有顾虑，担心随时撤销协议，影响其经营积极性。对包销地区范围的规定，一般不宜太广。

4）定期检查独家经销协议的执行情况

在签订独家经销协议后，不仅要逐笔检查每笔交易的执行情况，还需要定期检查协议的执行情况，以便根据不同情况采取必要的措施。当协议中约定的最低限额任务完成的进度缓慢且责任在对方时，出口商应予以督促并作侧面了解，需要中止协议的则应及早中止，以免延误。如果由于一时的形势变化使经销业绩受阻，要善于观察，谨慎处置。对于积极努力，完成任务好的经销商，出口商应予以延长期限、扩大商品种类及地区范围，并及早准备和联系对方。对于反馈的信息，特别是对方提出的关于改进、提高品质、包装以及扩大销售的合理化建议，出口商应认真、及时地予以考虑研究，凡是可行的，应在可能的范围内积极付诸实施。要求对方按协议、合同的规定履行义务，这也是经销商义不容辞的责任。

13.2　独家代理

13.2.1　独家代理的含义及特点

1）销售代理的含义

销售代理是代理的其中一种形式，更精确地说，它属于代理中的商业代理范畴。它是指出口商与国外代理商达成协议，出口商规定代为推销商品的期限和地区范围，国外代理商有负责代为推销商品的最低金额或数量以及反馈市场信息等义务。

销售代理又分为总代理、佣金代理和独家代理。

（1）总代理（General Agent）

总代理是委托人在指定地区的全权代表，它有权代表委托人从事一般商务活动和某些非商务性的事务。

（2）佣金代理（Commission Agent）

佣金代理是指不享有独家经营权的代理。在同一地区和期限内，委托人可同时委派几个佣金代理代表委托人的行为。

佣金代理根据推销商品的实际金额或根据协议规定的办法以百分率方式向委托人收取佣金。委托人可以直接与该地区的实际买主成交，无须给代理人佣金。在我国出口业务中，运用这种代理形式比较多。

（3）独家代理（Sole Agent or Exclusive Agent）

独家代理是在指定地区和期限内单独代表委托人，从事代理协议中规定的各有关业务的代理人。委托人在该地区内，不得再委托其他代理人。独家代理具有的专营权与独家经销所具有的专营权并不完全一样，除非协议另有约定，一般委托人也可直接与独家代理所代理地区的买主进行交易。为了不损害独家代理的利益，有些协议规定，凡委托人直接与独家代理所代理地区的买主达成的交易，仍然向独家代理计付佣金。

2）独家代理的特点

独家代理商和出口商之间的关系是委托代理关系，出口商是委托人，独家代理商是代理人，独家代理商为出口企业寻访客户，进行交易磋商，由代理商以自己的名义与第三者购货人订立合同。只是在特定情况下，根据协议规定由被授权代理人以出口企业的名义代订销售合同，由出口企业承担法律后果，独家代理商不负盈亏，不承担货价涨落的风险，只收取佣金。但由于代理商很多是以自己的名义与第三者购货人订立合同，因而由其向第三者承担法律责任。如果由于第三者不履行义务而致使委托人遭受损失，独家代理商应对委托人承担责任，因此，独家代理一般属于行纪合同性质。独家代理方式中各当事人的相互关系如图13-2所示。

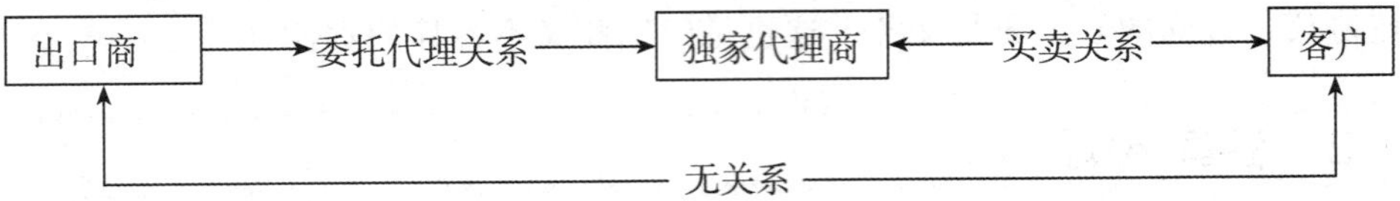

图13-2　独家代理方式中各当事人的相互关系

13.2.2　独家代理协议

独家代理协议是明确出口商和独家代理商之间的权利和义务的协议。协议的内容由双方当事人按照契约自由的原则，根据双方的意愿加以规定，主要包括以下内容：

1）协议名称及当事人

明确协议的名称，要把独家代理协议与独家经销协议区别开来，协议的法律性质及其权利和义务也由此可以明确。要确保签订的代理协议与所适用的法律的强制性规定无抵触。

协议还需要清楚地规定双方当事人的全名、地址。如果是商行或公司，必须注明商行或公司的完整称呼、法律地位、总办事处以及可以用来识别它的任何其他标志等。

2）代理的商品、区域和期限

协议要明确规定代理商品的种类、名称、规格以及代理权行使的地理范围，以防止日后由于授权不明确而产生纠纷。代理商品的范围，应根据出口企业的经营意图、代理商的规模、经营能力及资信等状况决定。代理协议的规定方法与包销协议的规定方法大体相同。

代理地区是独家代理商享有专营权的地区范围。代理地区的大小应根据代理商的经营能力及销售网络来决定，并考虑地区的政治区域划分、地理和交通条件以及市场差异程度。合理决定代理地区，是保护双方利益的重要一环。另外，为维护双方的权益，还应规定代理商不得将规定商品越区代理。

目前，我国的独家代理期限以一年居多。独家代理协议的期限不宜过长，但是也不能过短。如果出口企业给予代理商较长的期限，代理商不积极推销，出口商则会陷入被动境地；相反，如果期限过短，代理商则不大愿意大力推销商品、积极开拓市场。

3）代理人的权利与义务

这是代理协议的核心部分，主要包括以下内容：

（1）明确规定代理人的权利范围。例如，代理人是否有权利代表委托人订立合同或从事其他事务，以及明确其所享有的专营权。

（2）明确规定代理人在一定时期内的最低销售定额，并说明核定方法，以及完不成定额的处理办法。

（3）代理人应在代理权行使的范围内，保护委托人的合法权益。代理人不准在协议期间代理协议地区内的与本企业商品相竞争的其他企业的商品。代理人对于在代理地区内发生的侵犯委托人的知识产权等不法行为，有义务通知委托人，以便采取必要的措施。另外，代理人还负有保守商业秘密的责任。

（4）代理人应承担市场调研和广告宣传的义务。在独家代理协议中，往往规定代理人应定期或不定期向委托人汇报有关代理地区的市场情况，对代理的商品进行广告宣传。

4）委托人的权利与义务

委托人对客户的订单有权接受，也有权拒绝，对于拒绝订单可以不作任何解释，代理人也不能要求佣金。但对于代理人在授权范围内按委托人规定的条件与客户订立的合同，委托人应保证执行。委托人有义务维护代理人的合法权益，保证向代理人支付佣金。在独家代理的情况下，委托人要尽力维护代理人的专营权。如由于委托人的责任给代理人造成损失，委托人应予以补偿。

5）佣金的支付

佣金是代理人为委托人提供服务所获得的报酬。代理协议要规定在什么情况下代理人可以获得佣金。在独家代理协议中，通常规定如委托人直接与代理地区内的客户签订买卖合同，代理人仍可获取佣金。

佣金条款是代理协议中最重要的条款之一，要对计算佣金的基础、佣金率、佣金的支付时间和方法等内容作出明确规定。

（1）在代理协议中应明确是以成交额、实际交货额还是收汇额作为计算佣金的基础，同时这些金额是按FOB价计算，还是按CIF价计算等问题。

（2）佣金率的高低往往取决于代理商品的特点、市场上的习惯做法及委托人的经营意图等因素，佣金率一般在1%~5%。有时代理协议将佣金率与代理人的经营成绩相联系，根据代理人代理金额的大小决定其佣金率。

（3）代理协议中应明确规定佣金是委托人在收回货款后逐笔支付给代理人，还是定期同代理人结算，或是在代理协议中止时一次付清，目前比较流行的一种做法是，代理人将自己应得的佣金直接从付给委托人的货款中扣除。

（4）代理协议中通常规定，只要代理人在委托人授权的范围内代委托人进行了业务活动，就有权向委托人要求佣金。如果由于委托人的原因使交易未能达成，委托人仍要向代理人支付规定的佣金。

6）最低代销额

出口商只要将约定商品的销售权利指定给独家代理商专营后，即使独家代理商不努力推销，出口商也无法在代理地区内越过代理商主动销售约定商品。因此，为保障卖方的权益，应在协议中规定最低代销额。最低代销额一般以出口商实际收到的货款计算，计算的期限不宜太长也不宜太短，多数以半年或一年为计算最低代销额的期间。如果代理商由于其本身的能力而未能完成最低代销额，也应在协议中规定处理的方法。

7）宣传推广和商情报告

独家代理商对代理商品进行宣传推广是其义务。在独家代理协议中应当明确规定独家代理商有促进销售和宣传推广的义务，买方应提供宣传推广所必需的资料。独家代理商同时也承担定期或不定期向卖方提供商情报告的义务，报告的内容通常是关于代理商的工作情况、市场供销、竞争、有关进口国的政策法令及客户的反应等。

8）例外规定

在独家代理协议中，出口商在授予独家代理商专营权时往往需保留一定的销售权限，即在协议中作出出口商可以直接销售的例外规定。这种例外规定通常包括下列情况：政府机构或国有企业向委托人直接购货、进行国际招标或参与合资经营等。出口商在进行上述业务时，不受协议约束，也不付给独家代理商佣金或报酬，其销售额也不列入协议的最低代销额。协议还可规定独家代理商需要负责商品的售后服务以及保护委托人的知识产权等条款。

13.2.3　采用独家代理方式应注意的问题

1）慎重选择代理商

出口商委托代理商销售商品，主要是利用代理商熟悉销售地区的市场，有广泛的销售渠道。需要特别指出的是，代理商的商誉对商品的销售乃至出口商的形象有举足轻重的作用。选择一个代理商，不仅着眼于其销售能力，而且应重视其已有的商誉。当前国际市场上，有不少跨国公司进入了销售代理的领域，我国外贸企业应该借助跨国公司的良好信誉更好地开拓市场。

2）订立好独家代理协议

独家代理协议是确定出口商和代理商之间的权利和义务的法律文件，协议的订立是否科学合理，会直接影响业务的成败。在协议中应合理确定代理的商品、地区和期限。刚开始的时候，地区不宜过大，期限不宜过长，随着之后的合作情况逐渐进行调整。对于代理商品的数量或金额，也应根据实际情况合理规定，不能过高或过低。过高，则完不成定额，会产生不必要的纠纷；过低，则达不到扩大出口的目的。至于其他条款均可以根据双方的意愿，作出合理而明确的规定。

13.2.4 独家经销与独家代理的主要区别

（1）独家经销是买卖关系，双方当事人的关系是供货人和包销人的关系；独家代理是委托代理关系，双方当事人的关系是委托人和代理商的关系。

（2）独家经销是独家经销商以自己的名义买进商品、自购自销、自负盈亏，自己承担货价涨落等经营风险；独家代理是由代理商根据委托人规定的交易条件在约定的地区内推销代理商品、招揽订单、收取佣金，不占用资金，不承担经营风险。

（3）独家经销商买进商品后，自开信用证或以其他方式自行负责支付货款；而独家代理商招揽客户后，由实际买主向委托人开立信用证或支付货款。

13.3 寄售与展卖

在国际贸易中，对于交易商品提供现场看货的情况是比较少见的，而大部分情况是，交易当事人现场看货的情况无法实现。本节主要介绍寄售和展卖业务，即在国际贸易中为交易者提供的现场看货、按质论价的交易方式。

13.3.1 寄售

1）寄售的含义

寄售（Consignment）是一种委托代收的贸易方式，其一般做法是，寄售人（Consignor）先将准备销售的货物运往国外寄售地，委托当地代销人（Consignee）按照寄售协议规定的条件代为销售后，再由代销人向货主结算货款。

寄售是一种先运出后出售商品的委托代收的贸易方式。寄售人是卖方，又称委托人或货主，代销商又称受托人通过寄售出售的商品，要待货物售出后才由代销商将货款交付寄售人。寄售是寄售人为开拓商品的销路，委托国外代销商，扩大出口而采用的一种贸易方式。

2）寄售的特点

寄售与正常的出口销售相比，具有以下特点：

（1）寄售人与代销人是委托代收关系。代销人只能根据寄售人的指示代为处置货品，在委托人的授权范围内以自己的名义出售货物、收取货款并履行与买主订立的合同，但在货物售出前，其所有权仍属寄售人。

（2）寄售是由寄售人先将货物运至寄售地，然后再寻找买主的一种贸易方式，因此，它是凭实物进行的现货交易。

（3）在寄售方式下，代销人无须承担风险和费用，货物售出前的一切风险和费用均由寄售人承担。

3）寄售的利弊

（1）寄售的优点

① 采用寄售方式对于寄售人来说，有利于开拓市场和扩大销路；有利于寄售

人根据市场的供求情况，不断改进商品品质和包装，掌握销售情况，提高商品的竞争力并使商品卖出好价。通过寄售还可以与实际用户建立关系，开拓新的贸易渠道，便于尽快了解和适应当地的市场需求。

② 寄售通常是买主与货物直接见面，买主可以在交易现场按质论价，看货成交，即时采购，节省了交易时间，减少了风险和费用，为买主提供了便利。对寄售人开辟新市场、推销新产品有一定的作用。

③ 代销人一般在寄售方式中不需要垫付大量的资金，除了在出售前需要负责保管以外，也不需要承担商业风险，只需要提供销售服务就可以获取佣金。因此，寄售方式有利于调动那些有推销能力、经营作风好但资金不足的客户的积极性。

（2）寄售的缺点

① 承担的贸易风险大。寄售人要承担货物出手前的一切风险，包括在运输途中及到达目的地后的货物损失和灭失的风险，货物价格下跌和不能售出的风险，以及代销人资信不良而导致的损失。特别是货物到达目的地以后，如遇市场不景气，货物一时不能售出或代销商有意压低价格等情况，就使寄售人比较被动。

② 寄售人资金周转期长、费用增加、风险较大、收汇不很安全。在寄售方式下，货物售出前的一切费用开支，均由寄售人负担，而货款要等货物售出后才能收回，这不利于其资金周转。此外，一旦代销人违反协议，也会给寄售人带来意料不到的损失。

4）寄售协议

寄售协议是寄售人和代销人之间就双方的权利与义务，以及寄售业务中的有关问题签订的法律文件。寄售协议中一般应包括下列内容：协议性质、寄售地区、寄售期限、寄售商品名称、规格、数量、运输、保险、商品检验、定价方法、佣金的支付、贷款的首付，以及对未售出货物的处理办法等。

5）签订寄售协议需要注意的问题

（1）协议名称与双方的权利和义务

一般应列明“寄售协议”（Agreement of Consignment），以表明协议的性质。在协议中，应明确规定双方的权利和义务以及在售出前货物所有权仍属于寄售人，风险和费用一般也由寄售人承担。同时，规定在寄售货物售出时，所有权由寄售人直接转移给买方。

（2）寄售区域及寄售商品

寄售协议必须规定委托代销的商品及指定区域。

（3）寄售商品的定价方法

①规定最低限价。

代销人在不低于最低限价的前提下，可以任意出售货物；否则，必须事先征得寄售人同意。

②随行就市。

代销人认可在不低于当地市场价的情况下出售寄售商品，寄售人不做限价。这种做法，代销人有较大的自主权。

③销售先征求寄售人的同意。

代销人在得到买主的定价后，立即征求寄售人意见，确认同意后，才能出售货物。也有的寄售协议规定了一定时期的销售价格，由代销人据以对外成交。

④规定结算价格。

货物售出后，双方以协议中规定的价格进行结算。对于代销人实际出售的货物的价格，寄售人不予干涉。采用这种做法，代销人需承担一定的风险。

（4）佣金的支付

佣金是寄售人付给代销人作为其提供服务的报酬。除了采用结算价格方式以外，寄售人都应付给代销人一定数量的佣金。佣金结算的基础一般是发票的净售价，通常解释为用毛售价减去有关的费用（如已经包括在售价之内），如增值税、关税、包装费、保险费、仓储费、商业和数量折扣、退货的货款和延期付款的利息等。

关于佣金支付的时间和方法，做法各异。代销人可在货物售出后从所得货款中直接扣除代垫费用和应得佣金，再将余款汇给寄售人；也可先由寄售人收取全部货款，再按协议规定计算出佣金汇给代销人。佣金多以汇付方式支付，也有的采用托收方式收取。

（5）货款的收付

在寄售方式下，货款是在货物售出后收回。寄售人和代销人之间通常采用记账的方式向代销人收款。为了保证收汇安全，有的当事人再加订“保证收取货款条款”，或在协议之外另订“保证收取货款协议”，由代销人提供一定的担保。

（6）剩余商品的处理方法

由于寄售属于委托代收的方式，寄售商品在未售出之前所有权归寄售人，因此，在寄售协议中通常都写明，在寄售期结束后，未售出的商品代销人可以退给寄售人。当然，双方也可以作出其他约定，如有的规定剩余商品可作价卖给代销人，或者规定剩余商品自动转入下一个寄售期继续销售。

（7）明确寄售协议的性质

寄售协议属于行纪合同（或信托合同）性质。按照我国《民法典》的解释，行纪合同是行纪人以自己的名义为委托人从事贸易活动，委托人支付报酬的合同。在寄售业务中的代销人或行纪人，也是一个赚取佣金的受托人。

6）在寄售与代理方式下当事人的区别

在寄售与代理方式下当事人双方都是委托与被委托的关系，但又有不同：

第一，在寄售方式下，代销人有权以自己的名义与当地购货人签订合同，而代理人则是代表委托人签订合同，不以自己的名义与第三者签订合同。

第二，代销人与当地购货人之间签订的购销合同，合同双方的当事人则是正常的本人与本人的关系。代销人在当地购货人不履行合同时，有权以自己的名义起诉，代理人通常无此权利。

第三，代销人在委托人不执行寄售协议时，可以对委托人的货物行使留置权或将寄售货物作为担保或抵押。因此，在法律上寄售方式的代销人的权限往往大于代理方式的代理人。

13.3.2 展卖

1）展卖的含义及方式

展卖（Fairs and Sales）是利用展览会、博览会、展销会、交易会及其他会展形式，对商品实行展销结合，以展促销的一种贸易方式。

我国企业伴随着改革开放的步伐，参与展卖的方式也丰富了起来。企业既可以参与国外举办的展览会，也可以参加国内举办的大型展销会来推销自己的商品。近些年，很多国外的企业也参与到我国国内的展销会中来，这有利于我国企业与国外的企业同台公平竞争。展卖已经成了一种前景广阔的新兴产业。

在到海外参展时，展卖的形式有两种：一种是将货物通过签约方式全部卖给国外客户，双方是一种买卖关系，由客户在国外举办或参加展会。货价有所优惠，货款可在展会后结算或定期结算。另一种是货物的所有权不变，货物展出的价格由货主决定。国外的客户负责承担货物的约束、保险、劳务及其他费用，货物出售后收取一定手续费作为补偿。展出结束后，未售出的货物可以折价卖给合作的国外客户，或将货物运到其他地方继续参加展卖。

由于展卖有时候需要在国外参展，因此展卖往往与寄售相结合，在寄售的协议中可以规定，代销商在当地负责商品的展卖。

展卖的优点是有利于宣传出口商品，扩大影响，招揽潜在客户；有利于建立和发展客户关系，拓宽销售的地区和范围；有利于开展市场调研，听取消费者的意见，改进产品的质量，增强出口竞争力。

2）展卖方式

（1）国际博览会

国际博览会（International Fair）也称国际集市，是指在一定地点由一国或多国联合定期举办的、邀请各国商人参加交易的贸易形式。

国际博览会的形式不仅为买卖双方提供了交易方便的平台，而且越来越多地作为产品介绍和广告宣传以打开销路，以及作为介绍新产品、新工艺以进行技术交流的重要方式。参加博览会的商人除进行现场交易外，还可通过这一机会同各国客户建立更广泛的商业关系。

国际博览会可以分为综合性和专业性两种类型。凡各种商品均可参加展出和交易的博览会属于综合性博览会，又称“水平型博览会”。比较著名的有智利的圣地亚哥和叙利亚的大马士革国际博览会，其展出期限长，展出规模大，而且对普通的公众开放。凡只限某类专业性商品参加展览和交易的博览会属于专业性博览会，又称“垂直型博览会”。比较著名的有纽伦堡玩具博览会、慕尼黑体育用品博览会和法兰克福消费品博览会等，这些博览会都是专业性很强的国际博览会。

（2）中国进出口商品交易会

中国出口商品交易会（Chinese Export Commodities Fair）又称广交会，是由中国各进出口公司与国外客户共同参加的一种集展览与交易为一体的商品展销会。我国于1957年春天举办了首届广交会，以后每年春秋两季各举办一次。多年来，中国利用广交会定期邀请国外客户来华集中洽谈贸易，根据“平等互利、互通有无”的对外贸易原则，以出口为主，进出口结合，有买有卖，形式多样，极大地促进了中国的对外贸易发展，加强了中国同世界各国的经济联系。自2007年春季第101届起，中国出口商品交易会改名为中国进出口商品交易会。

中国进出口商品交易会加强了与各国客户的广泛联系，便于了解国外市场动态，熟悉客户的资信和作风，有利于生产部门和其他有关部门直接听取客户对产品的要求和反映。另外，中国进出口商品交易会采取看样成交的方式，从而有利于及时发现问题并予以解决。

除了中国进出口商品交易会以外，近年来在我国各地还定期开展各种类型的会展业务。例如，在上海、天津、大连、青岛、昆明、哈尔滨、乌鲁木齐等地举办的交易会、博览会或洽谈会，以及在深圳举办的高新技术成果交易会，均产生了巨大的社会影响和经济效益。

另外，在某些商品的产地或出口口岸等地，还举办一些专业性的小型交易会，简称 小交会，如地毯交易会、工艺品交易会、服装交易会、化工产品交易会等。小交会的特点是专业性强，成交高度集中，交易方式灵活，对于推销新小商品起到了积极作用。

3）使用展卖方式应注意的问题

展卖的经济效益不是靠一次展卖会上的销售额来衡量的，它的作用主要体现在展卖会上建立的广泛的客户关系，往往会给参展者带来数量可观的订单。要想获得成功的展会效果，需要注意以下问题：

（1）选择适当的展卖商品

展卖这种贸易方式并不是所有的商品都适用，它主要适用于一些品种规格复杂，用户对造型、设计要求严格，而且性能发展变化较快的商品，如机械、电子、轻工、化工、工艺、玩具、纺织等商品。选择参展商品时要注意先进性、新颖性和多样性，要能反映现代科技水平，代表时代潮流。

（2）选择好合作的客户

在去国外参加展会之前，必须慎重地选择好合作的客户。对客户的经营能力、资信能力都要有充分的了解。国外的客户必须对国外的市场非常熟悉，有较为广泛的业务销售网络，通过国外的客户宣传商品，扩大商品的国际影响力，联系各界人士，对展卖的成功具有至关重要的作用。

（3）选择合适的展出地点

通常在选择展卖的地点时要考虑展会的交易是否比较集中，市场的潜力如何，是否有很好的发展前途和是否为该商品的集散地。同时，还应该考虑展出的场地、旅馆、通信、交通等基本设施所能提供的方便条件和服务收费水平。

（4）选择适当的展卖时机

选择适当的展卖时机主要是针对那些季节性较强的商品来说的。一般来说，应选择该商品的销售旺季进行展卖，每次展出的时间不宜过长，以免成本过高，影响经济效益。

13.4 招标、投标与拍卖

招标、投标与拍卖都是传统的贸易方式，招标、投标主要运用于大宗的物资采购和工程承包业务，拍卖主要用于艺术品、初级产品和某些无形资产的交易中。它们的相同之处是，交易的组织者通过一定的方式，在特定的场合，吸引众多的交易对象参与竞争，以争取获得最大的经济效益。

13.4.1 招标与投标

1）招标与投标的含义

招标与投标是相互关联的两个不同的概念，是一种贸易方式的两个方面。

招标（Invitation to Tender）是指招标人（买方）发出招标通知，说明采购的商品名称、规格、数量以及其他条件，邀请投标人（卖方）在规定的时间、地点，按照一定的程序进行投标的行为。

招标分为公开招标和邀请招标两种。公开招标是指招标人通过招标公告的方式邀请不特定的人或者其他组织投标。邀请招标是指招标人以投标邀请的方式邀请特定的法人或其他组织投标。

投标（Submission of Tender）是指投标人（卖方）应招标人的邀请，按照规定的时间向招标人递价，争取中标的行为。

招标、投标方式与逐笔售定的方式相比，有很大的不同。在招标、投标方式中，投标人是按照招标人规定的时间、地点和交易条件进行竞卖，在一般情况下，双方没有反复磋商的过程，投标人发出的投标书是一次性报盘。鉴于投标是一种竞卖方式，卖方之间的竞争使买方在价格及其他条件方面尚有较多的比较和选择余地。因此，在大宗物资的采购中广泛运用这一方式。

2）招标与投标的一般程序

商品采购的招标与投标业务，基本包括4个步骤：招标、投标、开标与评标和签订协议。

（1）招标

所谓招标就是指一次招标与投标业务的第一阶段。招标包括3项基本工作：招标通告、制定招标文件和对投标人进行资格预审。

①招标通告

招标可分为公开招标和非公开招标两种。正式的国际公开招标通常是在招标人所在国普遍发行的、带有权威性的报刊及其他宣传媒介上（有时同时使用本国和英文两种文字）刊登招标通告。我国的国际公开招标通告通常刊登在《人民日报》上，有的也刊登在省市一级的报纸上，有的招标通告还要根据规定在国外的指定媒体上刊登。另外，还要向驻国外的商务机构或者驻本国的外国商务机构发出招标通告的副本，使国内外更多的厂商有机会参加投标。在进行非公开招标时，则只有少数在这一行业内享有盛誉并可靠的公司或那些在过去的业务交往中建立了良好关系的厂商才能得到招标通知。

②制定招标文件

招标必须事先制定好招标文件（Bidding Documents），或称标书。招标文件概括地说就是招标的贸易条件和技术条件，它是投标人编制投标书的依据，也是招标人与中标的投标人日后订约的基础。招标条件可由招标人独立制定，也可吸收专业化的咨询公司或者工程建筑公司参加并制定成册，投标人支付一定的款项后即可索取。招标条件与一般买卖合同的贸易条件不同，不是由买卖双方洽商决定，而是由招标人单方面指定。一般说来，投标人没有讨价还价的余地。

③对投标人进行资格预审

投标人的自信和能力是投标人能否胜任招标任务的基础，也是投资效益和安全的保证。因此，即使是公开招标也并不是任何企业均可参加投标的，特别是国际公开招标和一些国家的较大项目的招标，都要对投标人进行资格预审（Prequalification）。投标人必须按照招标人的要求，在限期内提供能够反映其能力和资信的证明文件和资料，预审不合格者就不能参加投标。使用外国政府贷款和国际金融组织贷款的项目，一般还要有合格的货源国的限制。

（2）投标

投标是指由卖方或承包人在指定的时间内，按照招标的要求，报出价格和必要的其他条件，争取中标的行为。参加投标的一方称为投标人。参加投标时必须做好以下工作：

①认真研究招标文件

投标人参加投标的前提是承认全部招标条件，因此投标人首先应当认真研究招标文件，针对招标人提出招标采购的商品、成套设备的规格质量要求、运输条件、保证金条款以及其他限制性条款，衡量自己的生产能力、技术条件以及生产管理经验能否胜任，是否能达到招标要求。投标人只有在确信有充分把握时方可进行投标。

②确定适当的价格

投标作价既要有竞争性，又要留有余地。现在招标要从质量、技术、交货期、服务、实力等多方面来衡量，标价并非决定中标与否的唯一因素，但仍不失为一个重要条件。因此，标价必须具有竞争性，除特殊情况外，也应保持一定的利润空间。在决定标价前，投标人一定要掌握国际市场的价格水平，估计其趋势，注意竞争者的情况，并精确计算有关项目的成本费用。因为投标是一个有效期较长的发盘，所以订立标价要留有余地。一旦报出，就不能随意撤回或者撤销。否则，招标人有权没收投标保证金。

③提供投标保证金

为了防止投标人在投标后撤销投标，或中标后拒不签订合同，招标人通常要求投标人在投标前提供投标保证金（Bid Bond）。投标保证金可以缴纳现金，也可以提供银行出具的保证书（L/G）或备用信用证（Standby L/C）。保证金一般为总价的3%~10%，未中标的，保证金可以在评标后退回。

④认真制作投标文件

投标人在决定投标后，就要根据招标文件的要求和规定填报有关表格，编写技术说明和绘制图纸等。凡招标文件所规定的贸易条件和技术条件都不得更改或修正，且所采用的术语前后要一致。投标文件必须按规定打印清楚。不管是独家投标还是几家联合投标，投标名义人只能是一个。招标人一般不接受两个或两个以上的并列厂商署名的投标。

⑤正确及时递送投标文件

投标文件必须在规定期限内送达招标人所规定的地址。凡是在规定期限以后收到的投标文件均属无效。投标文件可以密封邮寄，也可以派专人送达或经由当地代理人递交。

（3）开标与评标

在投标期截止后，招标人即可将收到的投标文件进行启封和评估，从而选定对其最为有利的投标人作为供货人或承包商。被选中的投标人就是这一招标活动的中标人。

①开标

开标有公开开标和秘密开标之分。公开开标是按照招标人规定的时间地点，在投标人或其代理人出席的情况下，当众拆开密封的投标文件，宣读文件内容。秘密开标是在没有投标人参加的情况下，由招标人自行选定中标人。招标人可根据自身的需要和招标的内容，选择不同的开标方式。一般情况下，物资和劳务采购由于除所报的价格条件外，其他条件一般差别不大，而价格是区别投标优劣的主要标志，因此对这些商品的招标，大多采用公开开标的方式，可以根据最低标价选定中标人。承包工程等的招标除价格以外，其他条件往往对整个报价产生实质性影响，需要招标人对这些条件逐项分析比较，才能选定中标人。因此，对一些较复杂的大型工程的承包项目的招标，往往采用秘密开标的方式。实际上，开标往往只是一种形式，对一次具体的招标没有实际意义。通常开标日只是把投标人的投标内容公布于众，并不当场确定中标人。

②评标

评标或审标书就是招标人对投标书的贸易条件、技术条件及法律条件进行评审、比较，选出最佳投标人作为中标人。评标的基本原则是公正性、准确性和保密性，因此一切投标的评议程序都是保密的。具体地说，评标要进行以下3项工作：

第一，审核投标文件内容是否符合招标条件的要求，包括招标文件的贸易条件和技术条件。

第二，比较各投标人投标内容的优劣利弊，包括价格、质量、交货期等。在招标大、中型工程项目或采购机器设备时，还必须对大量的技术指标、施工安装、培训技术人员等条件及其他服务项目逐项进行比较。

第三，审查中标候选人的履约能力。为了确保选定的中标人是具有履行招标条款能力的最优投标人，先选定几个中标候选人，分别为第一中标候选人、第二中标候选人等。对初步选定的中标候选人还必须进行最后的资格补审，审定其生产能力、信贷能力。如经审核第一中标候选人确实可信，即为该次招标的中标人。否则，依次以第二、第三中标候选人替补。

此外，在评标时还要参考国家的立法条例或行政命令，对民族企业或有过联系的大公司实行倾斜，有的要看所提供的信贷条件，不一定完全按照最低标价评定。此外，在评标时也要防止投标人之间在表面竞争掩盖下的实际互相勾结。如果出现所有标价都大大超过国际市场的平均水平，或只有个别厂商投标，缺乏竞争性等情况，评标结果也可能是招标人拒绝全部投标。

（4）签订协议

签订协议是招标与投标活动的最后阶段，即在得出评标结果后，招标人以书面形式通知中标人，在规定的时间内到招标人所在地与招标人签订买卖协议或承包项目协议，并按规定缴付履约保证金。这些协议条款实际上与普通的商品买卖协议或承包项目协议很少有区别，也可能完全没有区别。但是，有时也涉及运输方式或适用本国商船、本国劳工及工程项目的特殊条款。

在贷款项目下，协议签订后并不意味着交易最后达成。协议需递交贷款人审批。因此，在协议中必须增加协议生效条款。这样，在协议签订后，招标人需要填写协议批准申报单及招标评估报告，连同协议一并报送贷款人，经贷款人审批同意后，协议方告生效。招标人可据以通知供货人或承包商，宣告交易最后达成。

3）使用招标与投标方式应注意的问题

世界各国进行的招标程序和条件基本相同，但由于各国的招标法令或传统习惯不同，各国的招标程序和条件也有差异。通常招标是在招标人的所在国，按照该国的有关法令和传统习惯进行的。招标人也可在其他国家或地区进行招标，这样就得遵照该国或地区的有关法令和习惯办理。组织一次招标，需要有一个专门的招标机构，对招标的全过程进行全权管理。可以委托一个能胜任的专业招标机构代办，也可以自行抽调一些人员，组织一个固定的或临时的机构，专责处理招标事务。

13.4.2 拍卖

1）拍卖的含义

拍卖（Auction）是指由专营拍卖业务的拍卖行接受货主的委托，在一定的地点和时间，按照一定的章程和规则，以由买主公开叫价竞购的方法，最后由拍卖行把货物卖给出价最高的买主的一种现货交易方式，也是一种历史悠久的交易方式，在今天的国际贸易中仍被采用。通过拍卖成交的商品，通常是品质难以标准化，或按传统习惯以拍卖出售的商品，如艺术品、古玩、裘皮、茶叶、烟草、羊毛、木材以及水果和花卉等。另外，有些不动产和无形资产的交易也往往采用拍卖方式。

2）拍卖的特点

国际上货物拍卖方式有以下特点：

（1）拍卖是在一定的机构内有组织地进行的

拍卖一般都是在拍卖中心或拍卖机构的统一组织下进行的。拍卖机构可以是由公司或协会组成的专业拍卖行，专门接受货主委托从事拍卖业务；也可以是大型贸易公司内部设立的拍卖行；还可以是由货主临时组织的拍卖会。

（2）拍卖具有自己独特的法律和规章

拍卖不同于一般的进出口贸易。这不仅体现在交易磋商的程序和方式上，也体现在合同的成立和履行的问题上，许多国家的买卖法对拍卖业务有专门的规定。除此之外，各个拍卖行有自己的章程和规则，供拍卖时采用。

（3）拍卖是一种公开竞买的现货交易

拍卖采用事先看货、当场叫价、落槌成交的做法。拍卖开始前，买主可以查看货物，做到心中有数。拍卖开始后，买主当场出价、公开竞买，由拍卖主持人代表货主选择交易对象。成交后，买主即可付款提货。

3）拍卖的出价方法

（1）增价拍卖

增价拍卖也称“买主叫价拍卖”，是由拍卖人宣布预定的最低价格，然后由买主竞相加价，直至出价最高时，由拍卖人接受并以击槌动作宣告达成交易。它经常运用在艺术品的拍卖中，主要有买方叫价和卖方叫价两种形式。

① 买方叫价拍卖，又称“有声拍卖”，以拍卖市场当众宣布预先确定的最低价格为起点，然后由竞买人根据拍卖条件规定的加码额度竞相加价，直至出价最高时由拍卖市场接受，并以木槌击板宣告成交。

② 卖方叫价拍卖，又称“无声拍卖”，由拍卖人提高叫价，买主按事先规定的拍卖条件用手势、举牌、点头或其他方式表示接受，直至无人再出高价时由拍卖市场接受并以木槌击板宣告成交。

（2）减价拍卖

这种方式也称“买方叫价拍卖”或“荷兰式拍卖”，是由拍卖人先开出最高价格，然后由拍卖人逐渐减低叫价，直到有人表示接受而达成交易。减价拍卖经常用于拍卖现货商品和水果、蔬菜等。

（3）密封递价拍卖

密封递价拍卖也称“招标式拍卖”，是由拍卖人事先公布每批商品的具体情况和拍卖条件，然后竞买者在规定的时间内将密封标书递交给拍卖人，由拍卖人选择条件最合适的表示接受而达成的交易。一般用于处理库存物资，以及海关处理货物如木材、烟草、皮毛等商品。此种方法应用得不是很普遍。

4）拍卖的一般程序

（1）准备阶段

货主事先把商品运到拍卖人指定的仓库，由拍卖人进行挑选、整理、分类、分批标号。拍卖人还要印发拍卖目录，并刊登广告。货主在办理委托事项时，要与拍卖行订立委托拍卖合同，合同中一般要规定以下内容：

① 双方当事人的名称、地址；

② 拍卖货物的名称、规格、数量、质量；

③ 拍卖的时间、地点；

④ 拍卖品的交付时间、方式；

⑤ 佣金及其支付的方式、期限；

⑥ 价款的支付方式、期限；

⑦ 违约责任；

⑧ 其他事项。

拍卖行在此期间还要负责编印拍卖目录。所有经过挑选分批待售的货物都要载入目录。在拍卖目录中，一般要列明商品的种类，每批货的号码、等级、规格、数量、产地，拍卖的次序及拍卖条件。拍卖目录通常在拍卖日期前10天至半个月编印完毕，并提供给打算参加拍卖会的买主作为指南。

拍卖行在拍卖前一段时间要发布拍卖公告，公告的主要内容包括：

① 拍卖的时间、地点；

② 拍卖的标的；

③ 拍卖标的展示的时间、地点；

④ 参与竞买须办理的手续；

⑤ 其他事项。

（2）察看货物

由于拍卖是看货成交的现货交易，买主必须事先对拍卖货物进行察看。准备拍卖的商品都存放在专门的仓库中，在规定时间内，允许参加拍卖的买主到仓库察看货物，有些还可抽取样品，分析试用。察看货物的目的，是使买方进一步了解货物的品质状况，以便按质论价。

（3）正式拍卖

正式拍卖是在规定的时间和地点，按照一定的拍卖规则和章程，逐批喊价成交。正式拍卖人认为无人再出高价时，就以击槌来表示接受买主的喊价，拍卖人击槌后，就表示竞买停止，交易达成，买主就在标准合同上签字。

（4）付款和提货

拍卖成交后，买主按规定付款和提货。拍卖是公开进行竞买的方式，对卖方来说，看货出价，可以卖个好价；对买方来说，可以按照自己愿出的价格，购买符合自己需要的货物。

拍卖商品的货款，通常都以现汇支付。货款付清后，货物的所有权随之转移，买方凭拍卖行开出的栈单（Warrant）或提货单（Delivery Order）到指定的仓库提货。提货也必须在规定的期限内进行。在仓库交货前，拍卖人控制着货物，并有义务妥善保管货物。作为卖方的代理人，拍卖人享有要求货款的留置权，即在买方付清货款之前，拍卖人有拒绝交货的权利，除非拍卖条件中允许买方在提货后的一定期限内付清货款。

拍卖行为交易的达成提供了服务，并收取一定的报酬，通常称为佣金（Commission）或经纪费（Brokerage）。佣金的多少没有统一的规定，可以由买卖双方与拍卖行共同约定，如果当事人没有约定，按照习惯，拍卖行可以向买卖双方各收取不超过成交价5%的佣金。收取佣金的比例，一般按照成交价一定百分比的原则确定。

拍卖未成交的，拍卖行可以向委托人收取约定的费用；对收取的费用未作约定的，可向委托人收取为拍卖支出的合理费用。

拍卖结束后，由拍卖行公布拍卖单，其内容主要包括：售出商品的简要说明、成交价、拍卖前公布的基价与成交价的比较等。这些材料反映了拍卖商品的市场情况及国际市场价格，也是两次拍卖的间隔期内，商人进行交易、掌握价格的重要参考资料。

5）使用拍卖方式应注意的问题

（1）公平交易问题

在拍卖业务中，买卖双方必须遵循公平竞争的原则，并遵照拍卖行的规章办事。在拍卖过程中，有些货主为了卖高价，自己参与竞买，或者雇用其他人参与竞买，哄抬价格，误导不明真相的竞买人，这是法律所禁止的。另外，竞买人也会为了自己单方面的利益，私下串通，压低价格。这些做法与招标、投标业务中的串通投标相类似，均构成违法行为，违反了公平交易的原则，属于操纵市场、限制竞争的行为。我国《拍卖法》第30条规定："委托人不得参与竞买，也不得委托他人代为竞买。"该法第37条规定："竞买人之间、竞买人与拍卖人之间不得恶意串通，损害他人利益。"

（2）关于品质的责任问题

由于拍卖前允许买主查验货物，买主对所要购买货物的实际品质心中有数，而后再按质论价，因此，一般来说，拍卖后很少发生索赔现象。而且，许多拍卖条件中都规定："买方对货物过目或不过目，卖方对品质概不负责。"这一般是指货物的缺陷按通常的检查手段可发现的，则由买主根据自己的业务水平和判断能力来决定出价标准。但是，对于有些货物存在的隐蔽缺陷，即凭借一般的查验手段不能发现的质量问题，还是允许买主提出索赔的。

我国《拍卖法》第18条规定："拍卖人有权要求委托人说明拍卖标的的来源和

瑕疵。拍卖人应当向竞买人说明拍卖标的的瑕疵。"《拍卖法》第61条规定："拍卖人、委托人在拍卖前声明不能保证拍卖标的的真伪或者品质的，不承担瑕疵担保责任。"

（3）拍卖主持人的职责

拍卖主持人要有足够的业务知识，而且作为货主的委托人，有义务遵照其与货主之间达成的协议，谨慎行事。主持人有权按照自己的方式描述货物，以利于吸引买主，但其描述应与所售的货物相符。根据英国标准拍卖条件的解释，拍卖主持人对货物的描述或声明，只是表示了单方面的意见，买主仍需依据自己的判断行事。我国《拍卖法》第20条规定："拍卖人接受委托后，未经委托人同意，不得委托其他拍卖人拍卖。"第21条规定："委托人、买受人要求对其身份保密的，拍卖人应当为其保密。"第22条规定："拍卖人及其工作人员不得以竞买人的身份参与自己组织的拍卖活动，并不得委托他人代为竞买。"

（4）解决争议的方式

在拍卖进行过程当中，如果发生争议，如究竟谁是出价最高者，一般由拍卖主持人决定。但是，如果当事人一方不同意主持人意见，可到场外进行协商，若协商不成，则可将争议提交仲裁。仲裁裁决为最后裁决，双方必须遵守。

13.5 期货交易

13.5.1 期货交易的含义和特点

1）期货交易的含义

期货交易是一种在特定类型的固定市场，即期货市场（Futures Market）或商品交易所（Commodity Exchange），按照严格的程序和规则，通过公开喊价的方式，买进或卖出某种商品期货合同的交易。

现代期货交易是在期货交易所内进行的。目前，期货交易所已经遍布世界各地，特别是美国、英国、日本、中国香港、新加坡等国家和地区的期货交易所在国际期货市场上占有非常重要的地位。其中交易量比较大的著名交易所有：美国的芝加哥商品交易所（CBOT）、纽约商品交易所（COMEX）；英国的伦敦金属交易所（LME）；日本的东京工业品交易所、东京谷物交易所；中国香港的期货交易所以及新加坡的国际金融交易所等。

就商品期货交易而言，交易的品种基本上都是供求量较大、价格波动频繁的初级产品，如谷物、棉花、食糖、咖啡、可可、油料、活牲畜、木材、有色金属、原油以及贵金属如金、银等。

此外，随着金融创新不断发展，金融期货交易成为发展最快、交易最活跃和影响最大的期货交易。

2）期货交易的特点

（1）标准合同交易为主

期货交易市场不是买卖实际货物的市场，而是买卖品质、规格、数量、包装、交货地点和方式、检验、支付、解决争议等条款及内容都已经标准化了的期货合同的市场，买卖双方只需协商确定价格和交货期两项条款，以及合同份数。据此，人们通常把在商品期货交易所中进行的标准合同交易称为“买空卖空”，买进期货合同的一方称为“多头”，而卖出合同的一方称为“空头”。在进行期货合同交易时，买卖双方并不直接见面，而是通过经纪人来进行。当然，买卖双方在合同到期时也可以要求交收实际商品来结清，但这种情况在期货合同交易中极为罕见，一般不超过交易总额的2%。如果期货合同的持有人需要以实物抵偿，则必须在7个工作日之内，书面通知清算所。

（2）特殊的清算制度

从理论上讲，当期货合同所规定的交货期限届满时，必须收交实际货物。但是，在许多的商品期货市场都设立了清算制度或财力雄厚的清算所（Clearing House），负责处理在商品交易所内达成的所有交易的结算和合同的履行。在期货市场上，买卖双方达成交易后，均需立即在清算所进行登记。登记后，买卖双方即不再存在合同责任关系，而是分别与清算所建立合同关系，清算所分别成为期货合同的卖方和买方。

在期货市场上，清算办法主要有对冲和实物清算两种。所谓对冲，是指当期限即将到达时，原来卖出货物的一方可以通过伺机买进同一时期交货的期货合同来抵充卖出的货物，而本来买进货物的一方则可以选择恰当的时机卖出同一交货期的期货合同来抵充买进的货物。通过对冲，买卖双方只与价格发生关系，而不必牵涉实际货物的买卖。所谓实物清算，是指期货经营者只买不卖（“多头”）或只卖不买（“空头”），而规定的货款，则由清算所将收到的仓单交给处于多头地位的经营者，并向其收取价款的做法。

（3）严格的履约保证金制度

为了防止因交易一方丧失偿付能力逃避合同义务，而使交易的另一方蒙受损失，确保期货交易合同的履行以及清算制度的正常运行，各个商品期货交易市场中的清算所都施行了严格的履约保证金制度。该制度一般包括原始押金（Original Margin）缴纳制度和亏损补交押金制度。原始押金是指在每笔交易达成时，买卖双方均需向清算所缴纳合同金额的一定百分比，一般为5%~10%，作为押金。亏损补交押金制度，是指清算所在每个交易日结束时，对每位会员进行盈亏测算，对所有会员的每笔交易进行名义上的结算，然后将该名义结算价格与会员在当日收市前的最后一个成交价（Close Price）进行比较，一旦发现会员名义亏损已经超出规定的百分比（占押金的比例），清算所便会立即向该会员发出补交一定金额押金的通知，会员在接到通知后，必须在次日期货交易所开市前按规定补交押金。否则，清算所有权终止该会员的交易，并按结算价对其交易进行清算。

13.5.2　套期保值

1）套期保值的含义

套期保值又称海琴（Hedging）或对冲交易，是期货交易市场上交易者将期货交易与现货交易结合的一种市场行为。其基本做法是在买进（或卖出）实际货物的同时或前后，在期货交易所卖出（或买进）相等数量的期货合同作为保值。由于期货市场和实货市场的价格趋势一般来说是一致的，涨时俱涨，跌时俱跌，因此实货市场的亏（盈）可从期货市场的盈（亏）中得到弥补和抵销。套期保值分为卖期保值（Selling Hedging）和买期保值（Buying Hedging）两种。

套期保值的作用就是通过期货交易转移现货交易的价格风险，并获得这两种交易相配合的最大利润。套期保值之所以能够起到转移现货价格波动风险的作用，是因为同一种商品的价格在现货市场和期货市场及各地变化趋势上是基本一致的，涨时俱涨，跌时俱跌。因此，套期保值交易者经常在购入现货的同时在期货市场上卖出期货，或在出售现货的同时买入期货。由于在期货市场和现货市场出现相反的交易，因此通常会出现一亏一盈的情况。套期保值就是希望以期货市场的盈利来弥补现货交易中可能遭受的损失。

2）套期保值的做法

（1）卖期保值（Selling Hedge）

卖期保值是指套期保值者根据现货交易情况，先在期货市场上卖出期货合同（或称建立空头交易头寸），然后再以多头进行平仓的做法。通常生产商在预售商品时，或加工商在采购原料时，为了避免价格波动的风险，经常采取卖期保值的做法。

一些手头持有现货的个人或企业或丰收在望的农场主或拥有大量库存的经销商，担心新货登场价格下跌从而蒙受损失，便可在期货市场卖出期货合同以达到保值的目的。由于从事保值者处于卖方地位，因此称为“卖期保值”。

例如，某商家6月1日储有10 000蒲式耳2号软红冬小麦，当时距新麦收割仅4~6星期，而且作物生长良好，麦价可能下跌，当时小麦现货价为每蒲式耳3.50美元，7月期货价为3.60美元。为了保值，该商家便在期货市场抛出7月小麦期货合同2份（每份5 000蒲式耳），这样便可以把价格风险转嫁给别人，但以实货价格与期货价格同步移动为条件。7月新麦登场，该商家终于找到买主以每蒲式耳3.30美元成交，即下跌0.20美元。如果期货亦同样下跌0.20美元，即跌至每蒲式耳3.40美元，该商家便在交易所补回2份小麦期货合同以抵销先前抛出的2份期货合同。这样，该商家以期货市场上每蒲式耳盈利0.20美元抵销其在现货市场上亏损的0.20美元。但是，如果收割前天气突然变坏，小麦现货陡升每蒲式耳0.20美元，该商家便可以每蒲式耳3.70美元售出存货。只是期货价也上升，在该商家补回2份期货合同时，每蒲式耳需要支付3.80美元，而每蒲式耳亏损0.20美元，因此，该商家所得仍为每蒲式耳3.50美元。

（2）买期保值（Buying Hedge）

与卖期保值正好相反，买期保值是指套期保值者根据现货交易情况，先在期货市场上买入期货合同（或称建立多头交易头寸），然后再以卖出期货合同进行平仓的做法。通常中间商在采购货源时，为避免价格波动，固定价格成本，经常采用买期保值的做法。

例如，某大豆加工商按目前价格水平与某食品生产商达成协议，在6个月后加工商出售豆油给食品生产商。由于大豆加工商手上尚无加工豆油的原料，因而担心如果豆价上涨，其豆油销售利润将减少。为了回避价格可能上涨的风险，大豆加工商在期货市场买进6个月后交货的大豆期货合同。5个半月后，当大豆加工商在实货市场购买大豆时，价格已上涨，但由于其已经在期货市场上进行了买期保值，此时期货市场的大豆价格也相应上涨，其便可用期货市场出售对冲先前买进的合同所获的盈利，补偿实货市场中的亏损，从而保证原定的豆油销售利润。

套期保值既适用于商品市场的保值，也适用于金融市场的保值，其做法基本相同。当然，市场的变化并不总尽如人意。上述两例实货市场与期货市场价格变化同向又同步，期货合同盈（亏）恰好抵补实货市场的亏（盈）的情况是不多的。由于实货市场与期货市场的发展和变化趋势从长期来看是相同的，因此套期保值可以在一定程度上转移和减少风险，但不一定能全部转移风险或弥补、抵销实货交易的全部损失，而且，如果处理不当，还会得不偿失。

3）在进行套期保值交易时应注意的问题

（1）虽然套期保值可以转移现货价格发生不利变动时的风险，但是也排除了交易者从现货价格有利变化中获得额外盈利的机会。从套期保值的做法中得知，卖期保值是为了防止现货价格的下跌，买期保值是为了防止现货价格的上升。但是，如果在卖期保值后，现货价格不降反升，或在进行买期保值后，现货价格不升反降，那么套期保值的结果往往会事与愿违。如此一来，就应该有选择地进行套期保值，只有在预计实物市场价格发生不利变化时，才进入期货市场进行套期保值。尽管这种观点有其合理性，但是必须建立在对今后一段时期内的价格走势作出正确判断的基础上，否则就要冒更大的风险。但是，由于商品市场价格变化莫测，要对其走势作出准确判断并非易事，这种做法也并不被普遍采用和接受。一般商人仍然习惯于在每笔实物交易后，做一笔套期保值的传统做法，以策安全。

（2）套期保值的效果往往取决于套期保值时或取消套期保值时实际货物和期货之间差价的变化，即基差的变化。

基差（Basis）指的是在确定的时间内，某一具体的现货市场价格与期货交易所达成的期货价格之间的差额，如公式（13.1）所示。

基差 = 现货市场价格−期货市场价格　　（13.1）

在现货市场的实物交易中，商人之间经常用基差来表示现货的交易价格，特别是在签订非固定价格合同时，用基差来表示实际现货价格与交易所期货价格的关系。在实际业务中，基差并不是固定不变的，它时刻随着两个市场的不同情况而发生变化，于是套期保值的效果也有所不同。套期保值的效果取决于基差的变化。从另一个角度来看，套期保值能够转移现货价格波动的风险，但是最终无法转移基差变动的风险。然而，在实践中，基差的变化幅度远远小于现货价格变动的幅度，交易者的基差变化是可以预测的，而且也易于掌握。

（3）由于期货合同都规定了固定的数量，因此每份合同代表一定量的期货商品，如芝加哥商品交易所的小麦期货合同，代表5 000蒲式耳的小麦；伦敦金属交易所的铜期货合同，代表行市25公吨的铜。但是，在实物交易中，商品的数量是根据买卖双方的意愿达成的，不可能与期货合同的要求完全一致。因此，在套期保值时，若实物交易的数量与套期保值的数量不一致，则会影响套期保值的效果。

13.6　对销贸易

13.6.1　对销贸易的含义及特点

1）对销贸易的含义

对销贸易是指在一系列互惠前提下，将进出口两笔交易结合起来的贸易方式的总称。对销贸易在易货贸易的基础上，融合了发展过程中客观所需要的多种因素，产生了远超出易货的交易形式，形成了当今的概念。随着国际经济合作的加强和国际贸易的进一步发展，今后还可能出现新的对销贸易的交易形式。

2）对销贸易的特点

对销贸易目前在国际上仍然没有一个统一的解释，虽然它已经发展成为一种全球性的贸易方式。一般意义的理解是在互惠的前提下，由两个或者两个以上的贸易方达成协议，将进口和出口相结合，以出口抵补或部分抵补进口为共同特征的一系列贸易方式的总称。

对销贸易是一种将进出口相结合的贸易，一方的出口必须以进口为条件，体现了互惠的特点，双方都为对方创造了出口。这不同于传统的现汇进出口贸易。对销贸易还是一种以出口抵补或者部分抵补进口为基本特征的贸易。一方从外国进口，不一定要用现汇支付，可以用向对方出口货物的方式来抵补进口所需要的货款。

13.6.2　对销贸易的种类

目前世界上对对销贸易的划分方法并不统一，从交易的具体形式来划分一般包括易货、回购、清算协定项下的交易、补偿贸易、互购、抵销、平行贸易（Parallel Trading）以及转手贸易等。不同的国家和组织对对销贸易的划分也不尽相同。

美国国际贸易委员会（US International Trade Commission，ITC）和美国对销贸易协会（The American Countertrade Association，ACA）将对销贸易划分为易货、互购、回购、抵销、清算协定项下的交易和转手贸易6个种类。

1）易货

易货贸易是在买卖双方之间进行的货物或劳务等值或基本等值的直接交换，不涉及现金的收付。通过易货贸易，交易双方可以在不增加外汇支出的情况下，以商品或劳务的互换来实现本国所需商品的贸易。采用易货贸易交易时，交易双方当事人以一份易货合同确定交易商品的价值，确定作为交换的商品或劳务的种类、规格、数量内容。为了减少用于交换的商品或劳务的价格波动所造成的影响，一般的易货贸易均为一次性交易，并且合同履约期较短。

以单纯的物物交换为主要特点的交易方式的优点就在于它能调剂余缺，促成对外支付手段匮乏的国家和企业间进行贸易，从而有利于国际贸易的发展；有利于以进带出或以出带进；可以避免或减少与合同交货有关的货币转移。同时，这类交易一般履约期短（通常为一年之内），降低了交易双方由于所交换商品的市场价格的波动所带来的风险。在国际货币体系不稳定的情况下，这方面的优点更为显著。因此，易货交易方式被许多发展中国家以及一些西方国家所采用。

需要注意的是，这种以纯粹的物物交换为主要特征的贸易方式，在国际贸易的实践中有着一定的局限性：

（1）交易双方进行交换的货物无论在数量、品质，还是规格等方面，都必须是对方所需要的或可以接受的。在实际业务中，尤其是在当前的国际贸易中，商品种类繁多，规格复杂，从事国际贸易的商人专业化程度较高，要找到这种合适的交易伙伴有时是相当困难的，这就给这类贸易方式在国际贸易中的应用带来了一定难度。

（2）在易货方式下，最大的风险就是已交付货物的一方可能收不到另一方交付的货物。因此，交易方往往强调等值交换并同时进行。这在实际业务中难度较大，尤其是对于货物需要国际运输，因某些原因彼此开立信用证又有困难的交易方来说，由于路途遥远，各种情况复杂，货物有时无法按约定时间交付，从而增加了交易的风险。

（3）交易的开展要受双方国家经济互补性的制约。一般而言，两国的经济发展水平、产业结构差异越大，其互补性也越强，产品交换的选择余地也越大；反之，彼此交换产品的难度则越大。各国的贸易实践已充分证实了这一点。

由于存在着上述易货贸易的局限，因此在实际的国际贸易中单纯地采用易货贸易的并不多见。

2）互购

互购又称对购（Reciprocal Trade）或平行交易（Parallel Trade），是最简单、最常用的对等贸易形式。互购是一种最常见的现汇交易，是指一方向另一方出口商品或劳务的同时，承担以所得款项的一部分或全部向对方购买一定数量或金额的商品或劳务的义务。在互购协议下，交易双方一般要签订两份相互独立的合同。第一份合同，即基础合同或主合同，规定出口方出口商品的质量、数量等有关内容。第二份合同则主要规定出口方购买互购贸易商品的义务。这两份合同由互购协议联结起来。互购协议往往作为一揽子协定的一部分，与贷款协议、援助计划和部分现金支付相结合使用。

互购贸易的特点是交货期较短（一般为1~5年），两笔交易都用现汇支付，一般是通过信用证即期付款或付款交单来进行，有时也可采用远期信用证来支付。它与传统的现汇交易的不同之处在于，先出口的一方在第一份合同中作出回购对方货物的承诺，从而把先后两笔不一定等值的现汇交易结合在一起。因此，先出口的一方除非是接受远期信用证，否则不存在垫付资金的问题；相反，还可以在收到出口货款至支付进口回头货价金的这段时间里，利用对方资金，而且在随后的谈判中处于比较有利的地位。对于先进口的一方来说，利用互购贸易有利于带动本国商品的出口，不过它非但得不到资金方面的好处，而且还要先付出一笔资金。另外，由于互购是先实现出口方对今后所作的承诺，这种承诺由于种种原因，往往又只是一些原则性的承诺，这就不可避免地给以后的交易带来一定的不稳定性，即先进口的一方面临承诺有可能得不到履行的风险。

互购贸易对于先出口的一方来说，无论在资金周转，还是在随后的谈判地位方面都是比较有利的，因此一些经济发达的国家凭着技术上的优势，往往占有这种有利的地位，比较愿意采用这种贸易方式。互购贸易也成为目前比较常见的贸易方式。

3）回购

回购，即补偿贸易（Compensation Trade），是在信贷基础上进行的，指提供机器设备或交钥匙工厂（Turn-key Plant）的出口方，接受进口方以该机器设备或工厂所生产的产品支付部分或全部价款的做法。有时双方也可以通过协议，由机器或设备的出口方购买进口方提供的其他产品。回购方式做法比较简单，而且有利于企业的成本核算，使用较为广泛。所回购的商品一般在卖方所在市场销售或用于制成品的生产，卖方对回购产品的质量也较为关心和重视。但是，由于回购商品要等进口的机器设备安装投产后才能进行，因此交易期限往往较长，有时长达5~10年，甚至更长。

在实际的贸易中，回购贸易涉及的金额较高（通常为数亿美元）、期限较长（一般为5~20年），因此，往往要涉及设备出口方向进口方提供融资的问题，即由设备进口方以赊购方式购进技术或设备，然后以向对方返销该技术或设备所生产出来的相关产品取得的款项分期偿还进口设备的价款和利息，或偿还贷款及利息，这是回购贸易最常见、最基本的做法。

在当前的国际贸易中，有时所交易的设备本身不产生物质产品，或其直接产品不为对方需要或不好销售。在这种情况下，也可由双方协议，由设备进口方提供双方所能接受的其他产品偿付进口。这种做法比较复杂，双方当事人往往会在产品的选定问题上发生分歧而使交易延缓，甚至无法达成。从设备进口方的角度来看，为了不影响其正常的出口外汇收入，一般不愿用其传统出口商品作为抵补，而愿意提供一些拟扩大出口或争取出口的次要产品。但从设备供应方的角度来看，通常希望取得在国际市场上好销或其需要的产品。这两方面的统一有时是很难做到的。

4）抵销

抵销是一方在进口诸如国防、航空或宇航、计算机、信息交流等设备时，以先期向另一方或出口方提供的某种商品或劳务、资金等抵销一定比例进口价款的做法。抵销的方式可以是为了生产该设备而提供零部件、投入资金、转让技术以及技术培训、项目研究开发等。抵销贸易在发达国家之间以及发达国家与发展中国家之间的军火交易或大型设备交易中常被采用。抵销贸易中常见的交易方式有合作生产、许可生产、分包商生产、海外投资、技术转让等。

按照返销商品的种类不同，抵销贸易可以分为直接抵销和间接抵销两种类型。

在直接抵销的情况下，先出口的一方同意回购其出口产品中所使用的零部件或与该产品有关的产品。这种方式通常涉及某种形式的合作生产、许可生产、分包商生产、外国投资或技术转让。例如，先出口方与进口方合作生产这些零部件，或提供技术支持、人员培训或进行投资。这种直接抵销又称“行业参与”或行业合作。

在间接抵销的情况下，先出口方同意从进口方购买与其出口产品不相关的产品，如原材料等。例如，20世纪80年代初“两伊战争”中，伊拉克通过向法国输出原油部分抵补从法国进口的大量军用物资；芬兰在1986年向法国返销等值4亿法郎的造纸机器，以抵销从法国购买的反坦克装备；希腊与法国抵销贸易的10%是由希腊向法国提供服务（如旅游服务）来偿付的。

抵销作为一种重要的方式出现在国际舞台上，西方国家将它作为一种争夺大型工厂设备和技术许可交易的方法，它还可为西方国家提供长期有保证的能源产品、原材料或制成品。同时，军火、飞机等巨额交易也常用这种方式。从本质上看，这种方式已突破商品交换的范围，成为直接投资和通过贸易进一步推动国际化进程的一种特殊方式。这种通过抵销贸易进行的投资已应用到旅游业、商业及其他能够获利的产业。与我国进行过抵销贸易的国家包括美国、法国、德国、澳大利亚、加拿大和英国等。

5）清算协定项下的交易

清算协定（Clearing Agreement）项下的交易又称记账易货贸易，多用于政府之间根据记账清算协定而进行的交易。双方政府各自提出在一定时期（通常为一年）内提供给对方的商品种类、进口金额相等，经双方协商同意后签订易货协定书，然后根据此协定书的有关规定，由各自的贸易公司签订具体的进出口合同，分别交货。两国政府根据签订的清算协定，在双方的银行账户上互相记账，双方银行凭装运单证在对方国家于本行开立的账户记账，然后由双方银行按照约定的期限结算。

按照两国政府签订的双边贸易清算协定进行的交易，都必须通过国家银行的特定账户的结算单位进行清算。结算单位不直接以现金折算，而是代表购买协议国制造的产品的购买力单位。在清算时，虽然双方账户都要使用一定的货币计算和结账，但是这种约定的货币是不可兑换的。在一定时期终了时，双方账户如果出现不平衡，只要不超过约定的“摆动额”，原则上顺差方不得要求对方用自由外汇支付，而只能以货物抵冲，即通过调整交货速度，或由逆差方增交货物予以抵补。转手贸易则是为从事这种贸易的交易方能够取得可自由兑换的硬通货而产生的。

6）转手贸易

转手贸易又称三角贸易（Triangular Trade），这种方式主要涉及两个以上的当事人，是许多互惠国家和签订双边贸易清算协定的国家之间的产物。转手贸易主要分为简单的转手贸易和复杂的转手贸易。有顺差的国家根据记账贸易将回购的货物运到国际市场上，为了加强其产品的竞争能力，以低于市场的价格转售货物，从而取得硬通货。这是一种简单的转手贸易。复杂的转手贸易是在记账贸易下有顺差的国家，用该顺差以高于市场价的价格从第三国企业购进本来需要自由外汇才能换得的其所需的设备或其他产品，由该第三国企业用该顺差从记账贸易下的逆差国家购买约定的货物，在其他市场转售，最后取得硬通货。

转手贸易能够以高于市场价的价格出售其产品，也能够以换得的记账贸易下的顺差从发展中国家购进其认为有利可图的出口商品。从发展中国家的角度分析，对于顺差国家来说，转手贸易的结果是，其将双边贸易账户下出口的商品转售到西方市场换取现汇，有利于将记账贸易项下的顺差变为可兑换的硬通货，从而用于从西方市场进口其必需的物资，以避开由于货币不能自由兑换带来的财政困难，减少因外汇匮乏而产生的一些问题。但是，对于逆差国家来说，其非但拿不到任何硬通货，还可能因为对方的低价转手而影响其对西方市场的正常出口和其产品的国际市场价格。因此，许多发展中国家对这种转手贸易持反对态度。这也是转手贸易在数量上和重要性方面，从20世纪50年代的全盛时期跌落下来的重要原因之一。

13.7 加工装配贸易

13.7.1 加工装配贸易的含义及特点

1）加工装配贸易的含义

加工装配贸易是来料加工和来件装配的总称，是一种委托加工的贸易方式。来料加工（Processing with Customers Materials）是国外客户作为委托方，提供原材料、辅料以及/或包装物料，委托国内的生产企业作为承接方，按委托方所提出的品质、规格、款式等要求，以本身具有的厂房设备、技术劳动力，加工成成品以后，运交委托方在国外销售使用，承接方收取约定的工缴费（加工费）。来件装配（Assembling with Customers Parts）是指由国外委托方提供零部件、元器件或包装物料，委托国内生产商按其工艺设计要求进行装配，成品交委托方处置，承接方按约定收取工缴费（装配费）。在对外加工装配业务中，根据需要可由委托方提供一些加工装配所需要的机器设备，承接方以工缴费进行补偿，这种做法应属于加工装配结合补偿贸易的交易。

2）加工装配贸易的特点

（1）对外加工装配业务不同于一般的进出口贸易，是一项有进有出，进口与出口紧密结合的交易。贸易的原材料、零部件的进口和制成品的出口都不涉及所有权的转移，属于一种委托加工的劳务贸易范畴。一般的进出口贸易涉及货物的买卖和所有权的转移，加工装配贸易进口的料、件，经过加工装配，与劳务技术相结合，成为合格的成品而出口。然而料、件的所有权始终属于委托方，承接方只收取加工装配的工缴费。因此，加工装配贸易实质上是一种以商品为载体的劳务出口的形式，工缴费是劳务出口的货币表现。

（2）对外加工装配贸易所需要的料、件，是由国外委托方提供的。加工装配后的成品也运交委托方在国外市场销售使用，因此作为承接方不必为采购原材料、零部件而筹措外汇资金，也无须承担成品销售的风险。

（3）承接加工装配一方，对来料、来件不拥有所有权而只有使用权，即只能对来料进行加工，对来件进行装配，并收取一定的加工装配的工缴费。因此，如果对来料、来件使用不当，管理不善，或在加工装配时超过正常的损耗，均需要承担一定的责任。

（4）国外委托方承担接收全部加工装配合格成品和支付约定工缴费的责任。

对于承接方来讲，加工装配贸易可以发挥本国的生产潜力，补充国内原材料的不足，为国家增加外汇收入；可以引进国外的先进技术和管理经验，有利于提高生产、技术和管理水平；有利于发挥承接方劳动力众多的优势，增加就业机会，繁荣地方经济。对于委托方来讲，开展此项业务可以降低其产品成本，增强竞争力，有利于委托方所在国的产业结构调整。

13.7.2 加工装配贸易的种类

加工装配贸易传统上可以分为来料加工和来件装配、进料加工。20世纪90年代末期，我国企业在海外投资中开展的境外加工贸易，也可以看作加工装配贸易的新形式。

1）来料加工和来件装配

来料加工和来件装配的概念已经在前面进行了介绍，在此主要介绍一下来料加工和来件装配的基本做法。

对承接业务的机构而言，主要有以下3种形式：一是外贸（工贸）企业直接对外承接业务，然后交由本企业加工装配生产；二是外贸企业对外承接来料、来件加工装配业务，对内提供料、件，委托工厂加工装配；三是接受加工装配的工厂参加对外谈判，进行对外技术交流，同外贸公司一起对外签订合同，工厂在生产和交货方面直接承担交货责任，外贸企业收取一定的手续费。

从用料的比重来看，有全部来料、来件的纯加工装配业务，也有部分采用国产料件的，其中国产料按实际价值收取外汇。

在来料、来件如何作价方面有两种不同做法：一种是来料、来件和加工成品均不作价，只收取加工装配的工缴费；另一种是来料、来件和加工成品分别作价，即外商提供的料、件和我方缴付的成品分别作价订入加工装配贸易合同中，或由双方根据料、件和成品的价值分别订立进出口合同，其间的差额就是工缴费。

2）进料加工

进料加工一般是指从国外购进原料，加工生产出成品再销往国外。由于进口原料的目的是扶植出口，因此又称为“以进养出”。进料加工除了包括进口轻工、纺织、机械、电子等行业的原材料、零部件、元器件，加工、制造或装配出成品再出口外，还包括从国外引进农、牧、渔业的优良品种，经过种植或繁育出成品再出口。

进料加工与来料加工有相似之处，都是“两头在外”的加工贸易，但是二者有明显的不同。第一，在来料加工的过程中，原料运进和成品运出属于同一笔交易，均未发生所有权的转移；而在进料加工的过程中，原料的进口和成品的出口是两笔不同的交易，均发生了所有权的转移，原料供应者和成品购买者之间也没有必然的联系。第二，在来料加工中，承接方不用考虑原料的来源和成品的销路问题，不承担商业风险，只收取工缴费，因此对于广大中小企业就比较合适；而在进料加工中，承接方是赚取从原料到成品的附加价值，要自筹资金、自寻销路、自担风险、自负盈亏。这项业务在规模较小的企业中就难以展开。

进料加工的具体做法，大致有以下3种：

（1）先签订进口原料的合同，加工出成品后再寻找市场和买主。这种做法的好处是，进料时可选择适当时机，在价格较低时购进，而且一旦签订出口合同，就可尽快安排生产，保证及时交货，交货期一般较短。但是，在采取这种做法时，要随时了解国外市场的动向，保证所生产的产品能适销对路，否则产品没有销路，就会造成库存积压，影响企业的经济效益。

（2）先签订出口合同，再根据国外买方的订货要求，从国外购进原料，加工生产，然后按合同的规定交货。这种做法包括来样进料加工，即由卖方先提供样品，承接方根据其样品的要求再从国外进口原料，加工生产。这种做法的优点是，产品的销路有了保障。但是，承接方要注意加工成品所需要的原料来源必须落实，否则会影响到成品的质量，甚至导致无法按时交货。

（3）对口合同方式，即与国外客户签订进口原料合同的同时签订出口成品的合同，原料的提供者也是成品的购买者。但这两个合同相互独立，分别以现汇结算。采用这种做法时，原料来源和成品销路均有了保证，但是它的适用面较窄，不易成交。在实际做法中，有时原料提供者与成品购买者可以是不同的人。

3）境外加工贸易

境外加工贸易是指我国企业以现有的设备、技术在国外进行直接投资的同时，利用当地的劳动力开展加工装配业务，以带动和扩大国内设备、技术、原材料、零配件出口的一种国际经济合作方式。

境外加工贸易是在海外进行投资办厂的基础上，结合开展来料加工或进料加工，其目的是促进我国设备、技术以及原材料的出口。

13.7.3 加工装配贸易应注意的问题

加工装配贸易的注意事项主要是从签订的加工装配合同内容考虑的，接受外商委托承接加工装配业务，要签订一份加工装配合同。加工装配合同是明确规定委托方和承接方之间的权利、义务和责任的法律文件。对外加工装配合同的订立与一般的买卖合同相同，其条款与一般的进出口合同有相似之处，但也有其不同的内容。对于订立承接加工装配合同，需要注意以下几个方面的问题：

1）关于来料、来件

料、件是开展加工装配业务的物质基础。料、件的优劣涉及成品质量的高低。而成品的质量又关系到委托方的销售及其声誉，因此委托方对料、件的质量自然十分重视，并要求料、件的质量达到一定的质量标准。但是，长途运输有可能使料、件变质受损，因此做好加工装配业务的首要步骤是要在加工、装配合同中明确来料、来件的品质要求，并加强对来料、来件的验收保管，保证收进的料、件符合质量要求，防止散失受损。如果使用一部分承接方自有或在本国内购置的料、件，则需事先洽定质量标准及定价办法。

为了保证加工装配业务有序进行，料、件的及时均衡供应，并有一定的周转量是十分必要的。因此，在签订加工装配合同时，委托方和承接方应该对来料、来件的时间和数量以及未能如期如数到达的责任作出具体明确的规定。同时，对加工期长、装配量大的合同或协议，为了照顾对方的资金周转，可采用分期分批的方式，但要规定分期分批的具体时间和数量。

2）关于加工装配的成品

按时、按质、按量地交付加工装配成品，是承接方的合同义务。它关系到产品的销售经营，因此在合同中对成品的质量规格及交付时间、交付数量必须作出明确的规定。

关于成品的质量，除了应在合同中进行必要的文字说明外，视交易需要，也可以采取封样以确定实物标准，封样既可由双方会同加封，也可委托海关加封。为了保证商品质量，有的加工装配合同还可加订技术条款，例如，由委托方派技术人员传授必要的加工装配技术及检验产品质量的方法，或由承接方派出人员去委托方所在地学习。

对于交货时间和数量，应根据加工装配能力在合同中明确规定，但应以料、件能按时按质按量到达加工装配地点为前提。为防止可能产生的意外，在确定成品交付时间和数量条款时应适当留有余地。

3）关于工缴费

工缴费是加工装配业务双方共同关心的中心问题。对于委托方来说，之所以愿意委托承接方加工装配，其根本点就在于利用承接方较低的劳动力费用，使其有利可图，获取较高的利润率；对于承接方来说，当然要争取尽可能高的经济效益。所以，在核定工缴费时既要合理又要有竞争性。所谓合理，就是要与实际生产成本，包括按工时计算的工资、设备折旧、水电、运输、仓储、保险、利息及税费等支出相当。所谓有竞争性，就是要以国际劳务价格，特别是邻近地区的工资水平为依据，还要考虑到承接方国内当前的劳动生产率及其与国外的差距。同时，还要防止因工缴费过低而打击同类产品的正常出口。此外，核定工缴费时还应考虑加工装配批量的大小和所使用货币的汇率趋势，必要时还应订立外汇保值条款。

4）关于消耗定额与合格率的核定

在洽商加工装配合同时，双方必须设定一个合理的料、件消耗定额和成品的合格率，二者既不能偏高，也不宜过低，否则承接方难以做到。若设定得过高，则委托方势必把损耗转嫁给承接方，从而降低工缴费。同样，成品合格率设定得过高，承接方也不容易做到，违约受罚的机会多；若设定得过低，也会导致委托方压低加工装配费。因此，在设定这两个指标时，要深入调查研究，切实根据生产能力和技术水平的实际情况确定。如果一时难以准确核定，则开始时可暂定一个临时指标，在经过一段加工或装配的时间后再进行调整。

5）关于工缴费的支付方式

加工装配业务的特点是进口与出口紧密结合，不能脱节，结算方式也应适应这个特点，既要保障承接方权益和收汇安全，又要便利贸易，并照顾到委托方资金的周转。在实际业务中，对于工缴费的支付有两种情况：一种是来料、来件与成品均不计价，加工装配以后由委托方支付工缴费；另一种是来料、来件与成品分别作价，其差额即为工缴费收入。对于后者，必须坚持先售后付的原则，即在收妥成品出口货款以后，再支付进口料件价款，以避免垫付外汇。

至于具体的支付方式，一般都应采用以银行为中介的国际贸易通常使用的支付方式。例如，在上述第一种情况下，可考虑采用即期不可撤销信用证、即期付款交单托收，或成品交付若干天前汇付（信汇、电汇或票汇）等方式。而在上述第二种情况下，可考虑采用以下方式：①开信用证方式，即来料、来件用远期信用证，或成品出口用即期信用证；②来料、来件用承兑交单托收，成品出口用即期信用证或即期付款交单或汇付等方式。在确定进口料、件远期付款期限时，承接方必须把生产、运输、单证流转、议付收汇所需时间一并考虑在内，并适当留有余地，以确保成品货款收取在先，料、件款项支付在后。

此外，料、件进口与成品出口一般应使用同一种货币，避免发生汇兑差额和增加不必要的换算手续。

6）关于保险

在对外加工装配业务中，料、件的进口与成品的出口都需要投保货物运输险。料、件进口后在整个加工装配过程直至成品装运出口这一阶段，为防止火灾、雷电、洪水、飓风、地震等自然灾害而造成料、件、半成品短少、碰撞、发霉、沾污的损失，也应该投保财产综合险。从法律责任来说，由于料件和除工缴费外的成品的所有权均属于委托方，按理应由委托方负责办理保险并支付保险费。而成品中所含的工缴费部分，在交货前，其所有权仍为承接方所拥有，则应由承接方投保并支付保险费。但是，上述运输险与财产综合险，不管由哪一方投保，所自负的保险费最终都将体现为加工装配的成本。根据中国人民保险公司有关条例，如上述运输险与财产综合险结合在一起，投保一揽子综合险，其保险费可较分别投保低30%。从实际业务来看，在加工装配期间的财产综合险和成品出口运输险，由承接方办理较为方便易行。如果承接方能进一步将料、件进口运输险一并承办，投保一揽子综合险，则具有节约保险费、降低成本的作用，其支付的保险费也可随同工缴费向委托方收取。对这些问题委托方和承接方应当在洽谈加工装配合同时加以考虑，并作出明确的规定。

□ 本章小结

本章介绍了进入国际市场的各种贸易方式，贸易方式除了通常采用的逐笔销售外，还有包销、代理、寄售、拍卖和投标、加工装配、期货贸易、国际租赁、补偿贸易、许可贸易、国际工程承包、劳务输出等方式。这些方式的性质、特点、作用、适用的对象都不同。例如，许可贸易是技术贸易的主要形式，其对象是专利、商标、计算机软件、专有技术等无形资产；国际劳务合作是无形贸易的重要组成部分，是劳务作为商品进入国际市场的基本形式。对交易性质来说，包销则属于买卖关系；代理、寄售属于代理关系；招投标属于竞卖关系；拍卖属于竞买关系等。同时，本章对主要贸易方式的基本做法和注意事项等进行了阐述，有助于我们开拓国际市场。

□ 复习思考题

随堂测验

1.何谓独家经销方式？何谓独家代理方式？

2.包销与代理分别有哪些优缺点？在包销与代理协议中应注意哪些问题？

3.独家经销方式与独家代理方式的主要区别有哪些？

4.什么是寄售？寄售的方式有哪些特点？

5.寄售方式对于寄售人有何利弊？

6.什么叫拍卖？它有几种形式？

7.展卖方式对于拓展商品的市场有哪些明显的优势？

8.什么是期货交易？期货交易具有哪些基本特征？

9.为什么说套期保值可以转移现货交易的风险？

10.什么是对销贸易？对销贸易有什么特点？

11.进料加工与来料加工有什么相同点和不同点？

12.什么是补偿贸易？它可以分为几类？补偿贸易的特征是什么？

13.什么是对外加工装配业务？简述这种贸易的特点和作用。

14.对外加工装配合同的主要内容有哪些？订立时应注意哪些事项？

□ 典型案例

1.某年9月，上海L厂向澳大利亚R公司出口一批全棉浴巾，但上海L厂本身并不具备外贸经营权，于是双方找到有外贸经营权的上海A公司要求合作，约定由上海A公司代理出口该批货物。11月初，澳大利亚R公司与上海A公司签订了进出口合同。合同写明卖方为上海A公司，买方为澳大利亚R公司，装运期为11月；付款方式为船运后60天电汇，质量以澳大利亚R公司代表在工厂验货为准。货到后，澳大利亚R公司认为，货物存在质量问题，造成其经济上的损失，因此拒不付款，并要求上海A公司予以赔偿；上海A公司则认为质量问题与己无关，是由澳大利亚R公司代表在工厂验货，应由厂方与澳大利亚R公司解决，并坚持要求澳大利亚R公司依约付款。次年6月3日由中国进出口商品检验机构澳大利亚分公司对货物进行了检验，认为的确存在质量问题，澳大利亚R公司遂向上海A公司寄发检验报告，并以防止进一步损失为由低价处理了该批货物，随后向上海A公司提出索赔。后来，澳大利亚R公司向中国国际经济贸易仲裁委员会上海分会提请仲裁，8月，仲裁庭开庭对本案进行审理，上海A公司从这笔业务中非但没有得到任何货款，还为此成为被申诉人，面临澳大利亚R公司经济赔偿的要求。

分析与提示：

本案例表面上为外贸代理关系，实际上是出口合同关系。上海A公司盲目信任作为生产厂家的上海L厂和外方买主澳大利亚R公司，非但没有与上海L厂订立委托协议，也根本没有注意到自身作为进出口合同一方当事人的法律责任和义务，导致其在合同履行过程中出现问题时，未获任何利益，却担负了全部责任。即使在仲裁中胜诉，其为此付出的代价也是巨大而不可弥补的。

2.某英国公司于某年1月从赞比亚购进A级铜2 500吨，进价每吨CIF伦敦2 224美元，以供英国内需。不料货到伦敦后，因市场饱和，且当地库存量很大，该公司一时难以找到买主，为防止价格下跌，便在伦敦金属交易所按每吨2 228美元售出6月交割的100个铜合同（按伦敦金属交易所的规定，每个铜合同为25吨）。此后，英国铜价一直走软，到5月铜价现货每吨已跌至2 220美元，于是该公司不得不在6月将2 500吨铜按每吨2 220美元售出。而伦敦金属交易所6月底交割的铜价，不仅未随现货下跌反而小幅上扬至每吨2 229美元，因当时盛传赞比亚和智利等产铜大国将压缩铜产量并将停止部分铜矿的开采，该公司因交割期已到只好按每吨2 229美元购进100个铜合同以对冲1月卖出的等量合同。结果该公司在现货上每吨损失4美元，在期货上不仅未能保值，反而雪上加霜每吨又损失1美元，两笔加在一起共损失12 500美元，由此可见套期保值并非毫无风险。但后来该公司根据现货疲软、价格一跌再跌，便预测期货价格亦难以攀高，一旦传言得以澄清，期货价格必将下挫，于是该公司便大胆做空，在7月初按每吨2 229美元售出100个9月交割的铜合同。果然不出所料，伦敦金属交易所铜的期货价自7月中旬便节节下滑，9月交割的期货价竟跌至每吨2 221美元。于是该公司于9月底按每吨2 221美元购进100个铜合同以对冲7月售出的等量合同，结果每吨赚8美元，2 500吨共赚20 000美元，减去先前亏损的12 500美元，还净赚了7 500美元。真可谓“山重水复疑无路，柳暗花明又一村”。

分析与提示：

在国际贸易中为防范和转移价格风险，进出口商通常在购进一笔现货的同时要到期货市场上抛售一笔交割期相同的等量期货，以避免因现货价格下跌而遭受损失，此做法称为“卖期保值”。另一种做法与之相反，称为“买期保值”，即在卖出一笔现货的同时在期货市场上购进一笔交割期相同的等量期货，以防止因现货价格上涨而遭受损失。这两种做法统称为“套期保值”。要达到套期保值的目的，需要操作者掌握好时机，否则也会出现风险。本案例若不是该公司后来预测正确，大胆做空，其损失是难以弥补的。本案例给我们的启示如下：

（1）要掌握好两种价格的趋同性。实现套期保值目的，是基于两种价格（期货和现货价格）涨时俱涨，跌时俱跌。但是，这种趋同性并不是绝对的，它不具有永久性，有时现货价格下跌，期货价格不但不跌反而上涨；而有时现货价格上升，期货价格不但不升反而下跌。如果出现这种情况，套期保值者就要遭受双重损失，因此，进出口商在每买进或卖出一笔现货的同时不一定非做套期保值不可。如果在买进现货后能判定其价格走势看涨，就不必进行套期保值。如果在卖出现货后能判定其价格走势看跌，也不必去做买期保值，否则，就会因保值而降低或抵销现货利润。当然，判定现货价格走势并非易事，其涉及诸多因素，许多进出口商只是在难以判断的情况下才冒双重风险进行套期保值。

（2）通过展期保值的方法避免风险。万一在“卖期保值”中现货价格下跌，而期货价格上涨，或在“买期保值”中现货价格上涨，而期货价格下跌时并非无计可施。如果发生上述情况，可采取展期保值的办法，以伺机解套。本案例中进口商之所以能最终获利就是采取展期保值的手法。所谓展期保值，就是不断地做空（在卖期保值的情况下）或做多（在买期保值的情况下），直至达到保值的目的或获利时止。现以卖期保值为例，若第一次卖空未能保值，则在期货合同到期时买进等量合同对冲平仓；接着再二次卖空，待合同到期时买进等量合同对冲平仓，如果此时已达到保值目的，甚至已获利则应终止套期保值，如无休止地做空或做多，则该行为就不是套期保值而是投机了。因此人们又将套期保值称为“换月交易”，而“换月”旨在保值，并非投机。

在国际贸易的发展历程中，中国从整个贸易关系网的边缘一步一步走到国际舞台的中心。中国持续发展对世界经济有着重大的意义。无论是自然条件、国家政策还是人力资源，对各国企业而言，在中国都有巨大的发展机会。并且，中国在国际贸易过程中的成功经验可以形成新的理论，更能有效地帮助发展中国家赶超发达国家。以中国经验和中国智慧为参照，实现构建人类命运共同体的目标定会在未来实现。

□ 拓展阅读

拓展阅读 1

寄售模式下的国际贸易纠纷案例

拓展阅读 2

新型贸易方式“市场采购”助中小微企业圆出口梦

主要参考文献

［1］祝卫．出口贸易模拟操作教程［M］．上海：上海人民出版社，2002.

［2］梁琦．国际结算［M］．北京：高等教育出版社，2005.

［3］国际商会中国国家委员会．UCP 600 ICC跟单信用证统一惯例（2007年修订本）［M］．北京：中国民主法制出版社，2007.

［4］黎孝先．国际贸易实务［M］．4版．北京：对外经济贸易大学出版社，2007.

［5］石玉川，周婷．国际贸易术语惯例与案例分析［M］．北京：对外经济贸易大学出版社，2007.

［6］徐进亮．国际结算管理与案例［M］．北京：对外经济贸易大学出版社，2007.

［7］徐景霖．国际贸易实务［M］．8版．大连：东北财经大学出版社，2008.

［8］国际商会中国国家委员会．国际贸易术语解释通则®2020［M］．北京：对外经济贸易大学出版社，2020.

［9］黄岚，王喆．电子商务概论［M］．2版．北京：机械工业出版社，2016.

［10］宋文官．电子商务概论［M］．4版．北京：清华大学出版社，2017.